Nacho Ferrer

Fútbol base
12 TEMPORADAS
(7-18 años) Prebenjamín – Juvenil

Propuesta de temario a largo plazo para una cantera de fútbol

WANCEULEN
EDITORIAL DEPORTIVA

Título: FÚTBOL BASE. 12 TEMPORADAS.

Autor: NACHO FERRER

Editorial: WANCEULEN EDITORIAL DEPORTIVA, S.L.
           www.wanceulen.com   infoeditorial@wanceulen.com

I.S.B.N.:   978-84-9993-310-8
Dep. Legal:
©Copyright: WANCEULEN EDITORIAL DEPORTIVA, S.L.
Primera Edición: Año 2013
Impreso en España:

Reservados todos los derechos. Queda prohibido reproducir, almacenar en sistemas de recuperación de la información y transmitir parte alguna de esta publicación, cualquiera que sea el medio empleado (electrónico, mecánico, fotocopia, impresión, grabación, etc), sin el permiso de los titulares de los derechos de propiedad intelectual. Cualquier forma de reproducción, distribución, comunicación pública o transformación de esta obra solo puede ser realizada con la autorización de sus titulares, salvo excepción prevista por la ley. Diríjase a CEDRO (Centro Español de Derechos Reprográficos, www.cedro.org) si necesita fotocopiar o escanear algún fragmento de esta obra.

Agradecimientos

A Marcela, mi sol.
A mis padres.
A mi familia y mis amigos.
A mis colegas de profesión.
A Fermín, Maya, Ron, Pati, Ali, silenciosos compañeros mientras escribo estas líneas de madrugada.

ÍNDICE

1. INTRODUCCIÓN 11
2. EL SELLO DE IDENTIDAD 15
3. METODOLOGÍA DE ESTE LIBRO 17
   3.1 Contenidos anuales 17
   3.2 Metodología del temario 17
   3.3 Pretemporada 19
   3.4 Aplicación práctica 19
   3.5 Clasificación de contenidos técnicos y tácticos 21
4. OBJETIVOS COMUNES 25
5. RELACIÓN DE OBJETIVOS ANUALES POR EDADES 27
   5.1 Prebenjamín (sub-8) 27
   5.2 Benjamín de primer año (sub-9) 28
   5.3 Benjamín de segundo año (sub-10) 29
   5.4 Alevín de primer año (sub-11) 30
   5.5 Alevín de segundo año (sub-12) 31
   5.6 Infantil de primer año (sub-13) 32
   5.7 Infantil de segundo año (sub-14) 33
   5.8 Cadete de primer año (sub-15) 34
   5.9 Cadete de segundo año (sub-16) 35
   5.10 Juvenil de primer año (sub-17) 36
   5.11 Juvenil de segundo año (sub-18) 37
   5.12 Juvenil de tercer año (sub-19) 38
6. GLOSARIO 39
   6.1. Objetivo principal específico 39
      6.1.1. Fomentar la pasión del niño por el fútbol 39
   6.2. Conceptos generales 40
      6.2.1. Jugar en equipo 40
      6.2.2. Mi posición 42
   6.3. Conceptos ofensivos 44
      6.3.1. Conceptos generales 44
         6.3.1.1. Pase 44
         6.3.1.2. Control 48
         6.3.1.3. Creatividad técnica 55
         6.3.1.4. Regate 58
         6.3.1.5. Finta 60
         6.3.1.6. Pierna menos hábil 62
         6.3.1.7. Conducción 63
         6.3.1.8. Tiro a puerta 68
         6.3.1.9. Definición 1xpt 70
         6.3.1.10. Remate a puerta 73
         6.3.1.11. Golpeo de cabeza 77
         6.3.1.12. Movimiento sin balón 79
         6.3.1.13. Orientación 93

- 6.3.1.14. Velocidad en el juego ... 99
- 6.3.1.15. Ritmo ofensivo ... 105
- 6.3.2. Conceptos clasificados según las fases del juego ... 109
  - 6.3.2.1. Fase de iniciación ... 109
  - 6.3.2.2. Fase de creación ... 129
  - 6.3.2.3. Fase de finalización ... 137
  - 6.3.2.4. Transición defensa-ataque ... 143
- 6.3.3. Conceptos específicos para cada demarcación ... 156
  - 6.3.3.1. Portero (ofensivo ... 156
  - 6.3.3.2. Porteros + defensas (ofensivo) ... 159
  - 6.3.3.3. Centrocampistas (ofensivo) ... 164
  - 6.3.3.4. Jugadores de banda (ofensivo) ... 174
  - 6.3.3.5. Delanteros (ofensivo) ... 176
- 6.4. Conceptos defensivos ... 185
  - 6.4.1. Conceptos generales individuales ... 185
    - 6.4.1.1. Entrada ... 185
    - 6.4.1.2. Marcaje ... 189
    - 6.4.1.3. Despeje ... 191
  - 6.4.2. Conceptos generales colectivos ... 194
    - 6.4.2.1. Repliegue ... 194
    - 6.4.2.2. Basculación defensiva ... 202
    - 6.4.2.3. Presión ... 225
    - 6.4.2.4. Transición ataque-defensa ... 238
    - 6.4.2.5. Juego aéreo y zonas de rechace ... 244
    - 6.4.2.6. Ritmo defensivo ... 250
  - 6.4.3. Conceptos clasificados por demarcaciones, por líneas o por grupos de demarcaciones o de líneas ... 252
    - 6.4.3.1. Porteros + defensas (defensivo) ... 252
    - 6.4.3.2. Defensas + centrocampistas (defensivo) ... 267
    - 6.4.3.3. Centrocampistas (defensivo) ... 272
    - 6.4.3.4. Delanteros (defensivo) ... 277
- 6.5. Conceptos de estrategia ... 282
  - 6.5.1. Conceptos de estrategia ofensiva ... 282
    - 6.5.1.1. Saque de meta ofensivo ... 282
    - 6.5.1.2. Saque de esquina ofensivo ... 283
    - 6.5.1.3. Saque de banda ofensivo ... 286
    - 6.5.1.4. Saque de centro ofensivo ... 288
    - 6.5.1.5. Saque de falta ofensivo ... 289
    - 6.5.1.6. Saque de penalti ofensivo ... 292
  - 6.5.2. Conceptos de estrategia defensiva ... 295
    - 6.5.2.1. Saque de meta defensivo ... 295
    - 6.5.2.2. Saque de esquina defensivo ... 296
    - 6.5.2.3. Saque de banda defensivo ... 298
    - 6.5.2.4. Saque de centro defensivo ... 300
    - 6.5.2.5. Saque de falta defensivo ... 301
    - 6.5.2.6. Saque de penalti defensivo ... 309

- 6.6. Otros conceptos 310
  - 6.6.1. Sistemas de juego 310
  - 6.6.2. Polivalencia 313
  - 6.6.3. Participación en la competición 314
  - 6.6.4. Reglas de juego 316
  - 6.6.5. Entrenamiento individual 318
  - 6.6.6. Rendimiento 319
  - 6.6.7. Sociedades 321
- 6.7. Conceptos de psicología 322
  - 6.7.1. Saber competir 322
  - 6.7.2. Imagen y responsabilidad 329
  - 6.7.3. Hábitos de comunicación 333
  - 6.7.4. Concentración 336
  - 6.7.5. Nivel de activación 338
  - 6.7.6. Compatibilidad escolar 339

7. EPÍLOGOS 343
   - 7.1. Propuesta de entrenamiento táctico para mejorar la velocidad en el juego ofensivo 343
   - 7.2. El técnico de fútbol base, ¿un entrenador de rendimiento frustrado? 349
8. ÍNDICE DE GRÁFICOS 353

1. INTRODUCCIÓN

Para el óptimo desarrollo y formación integral de los jóvenes futbolistas de la cantera de un club, los equipos que componen desde la base sus categorías inferiores deberían estar regidos por una planificación de contenidos común y progresiva, que al mismo tiempo dote de homogeneidad a todo el proceso de educación deportiva, pero que permita al jugador experimentar estilos y sistemas de juego diversos, con el fin de dotarle de una formación integral lo más amplia y variada posible.

En el fútbol base español, en la práctica y por lo general, escasean los planes a largo plazo. La metodología de planificación consiste básicamente en que el cuerpo técnico de un grupo parte cada año de cero y enseña a lo largo de la temporada todo lo que sabe. Y lo hace sin preocuparse demasiado de lo que ese equipo hubiera entrenado el curso anterior (en el peor de los casos, rompiendo deliberadamente con ello) e incluso sin tener mucho en cuenta la edad de los jugadores: el objetivo universal es que cuando concluya la temporada el grupo haya evolucionado y se parezca lo más posible al modelo de equipo de fútbol ideal que el entrenador tiene en su cabeza.

Esta metodología se hace aún más evidente cuando un mismo cuerpo técnico dirige por tercer o cuarto año consecutivo a un mismo grupo: ¿Y en esta cuarta temporada qué les enseñamos? Pues una vuelta de tuerca más sobre los conceptos ya asimilados en años anteriores, pero ¿es que no hay contenidos nuevos que en años anteriores hubieran quedado reservados para una edad posterior más adecuada?

Lo anterior es más una responsabilidad de los clubes que de los técnicos, pues éstos simplemente se adaptan a la estructura de metodología que establecen los coordinadores y directores técnicos y a partir de ahí trabajan lo mejor que pueden.

A pesar de no ser el descrito un modelo estructurado en el largo plazo y que hile una etapa formativa con la siguiente, este sistema de prueba-error funciona. La calidad de los técnicos es alta, la de los futbolistas igual o mayor y en definitiva cuando el jugador alcanza la madurez el balance es que se ha formado con bastante éxito, pues aunque sin mucho orden entre un año y el siguiente, los buenos conocimientos le llegan y él es capaz de darles forma y de evolucionar. La mejor muestra de todo ello es la alta cotización de los futbolistas españoles en todo el mundo.

Sin embargo, parece que podemos dar un paso más y dotar a esa buena materia prima para enseñar y para aprender con una estructura, un esqueleto, que ayude a optimizar ese proceso de formación.

Con ese fin, este libro es una propuesta de temario de contenidos tácticos, técnicos y psicológicos que contempla todas las edades de formación y que puede ser aplicado a cualquier club que desee impregnar con un orden a largo plazo y con una personalidad futbolística a su cantera.

Si sabemos en bruto qué conceptos queremos enseñar a lo largo de los 12 años que pasan desde que un niño es prebenjamín hasta que un hombre abandona la edad juvenil, se trata simplemente de distribuirlos, de poner un poco de orden sobre cuáles y en qué medida introducirlos de forma progresiva en cada edad, de manera que se reduzca al mínimo la posibilidad de que se ocasionen lagunas de aprendizaje o de que se repitan insistente y excesivamente los mismos contenidos.

Esta propuesta atiende a las siguientes características:

1. Se trata de un temario de contenidos tácticos y técnicos, junto a otros psicológicos que son inherentes al juego. No se detallan contenidos de educación o de preparación física, ni de entrenamiento específico de porteros, ni de nutrición o de prevención de lesiones.

2. Una de las premisas fundamentales es respetar, cuidar y fomentar al máximo la creatividad, tanto del jugador, como del cuerpo técnico:

    a. En el primer caso, el objetivo es no coartar, sino todo lo contrario, el talento individual innato y natural del futbolista mediante un excesivo academicismo. Cuidar lo que podríamos llamar 'el fútbol de la calle' y las cualidades innatas del joven jugador son una prioridad. Por ejemplo, la propuesta sería no limitar el talento regateador de un niño en edad alevín al imponerle un estilo de juego colectivo basado en el pase y el control.

    b. En el segundo caso, esta propuesta de temario huye de imponer a los entrenadores un estilo de juego concreto, un sistema de juego determinado y menos aún unos contenidos diarios de entrenamiento ya definidos y que sólo deben ser interpretados, adaptados y ejecutados por él. Sin la posibilidad de ser creativo, un cuerpo técnico de fútbol se marchita y pierde gran parte de su energía. Podremos establecer un marco estructurado en el que desarrolle su trabajo, pero el qué, el cómo y el cuándo serán competencia suya. La diversidad que aporte cada entrenador al futbolista será un componente interesantísimo para enriquecer la formación integral del chico.

3. No renuncia este temario a que el club pueda implantar en su fútbol base un estilo de juego propio o incluso un sistema de juego que, con variantes, sea básico y común. Pero, como se ha dicho, esto no se conseguirá mediante la imposición, sino que vendrá como consecuencia de un adecuado proceso de captación de los técnicos y de los jugadores. Incorporaremos entrenadores y futbolistas que se adapten al perfil que estamos buscando, no al revés: no firmaremos a un cuerpo técnico amante de un juego ofensivo y protagonista, y le obligaremos a enseñar a sus chicos a ceder la iniciativa al rival y a buscar el contraataque. Este temario es estándar y válido para cualquier filosofía de fútbol. Lo que le dará el matiz, el sello de identidad más propio del club, será el perfil de los técnicos que la desarrollen.

4. En cualquier caso, la propuesta no incide sobre la implantación de un único estilo de juego ni de un único sistema de juego, sino que opta por una formación integral que eduque deportivamente a jugadores inteligentes, capaces de manejar diferentes conceptos tácticos, con el fin de adaptarse a distintas situaciones del partido y del rival. En otras palabras, se trata de promocionar 'jugadores universales' que tendrán un sello de identidad determinado (definido en el capítulo 2).

5. El temario propone contenidos anuales para cada edad: qué conceptos debe haber trabajado el jugador (y deseablemente debe dominar) cuando finalice la temporada. Cuándo y cómo trabajarlos (su planificación) es algo que el cuerpo técnico deberá decidir. La exigencia a la que responderá el técnico es que esos objetivos hayan sido trabajados durante el año en la cantidad y calidad que se expresa en el temario.

6. Se trata de un temario que persigue el desarrollo individual de los jugadores por encima del funcionamiento colectivo de los equipos. El entrenamiento grupal es un medio para conseguir los objetivos individuales, pero no es un fin en sí mismo, al menos hasta la edad cadete. A partir de entonces, en función del club del que se trate y de sus preferencias y necesidades, los objetivos clasificatorios adquirirán un mayor peso. Siguiendo las pautas del libro 'Fútbol: El entrenador de éxito. Cómo obtener el máximo rendimiento de un equipo de fútbol'[1], los resultados y la clasificación de los equipos del fútbol

---

[1] Ferrer, Nacho (2012). *Fútbol: El entrenador de éxito*. Sevilla, Wanceulen Editorial Deportiva.

base de un club modesto son importantes, tanto para garantizar el más exigente contexto de competición (imprescindible para desarrollar el talento del futbolista), como para atraer a los mejores jugadores. Los clubes de élite, aunque también se ven obligados a mantener el prestigio de su fútbol base obteniendo títulos y buenas clasificaciones en los campeonatos, pueden centrarse en mayor medida en el desarrollo individual de los futbolistas, que será lo que posibilite su promoción al fútbol profesional, objetivo último de este tipo de canteras.

7. Aunque es importante detectar las carencias de los jugadores y corregirlas para garantizar su mejora, un punto clave de este temario consiste en poner el acento de forma especial no en las debilidades, sino en las fortalezas del futbolista. Si un chico es un excelente pasador, será adecuado que complementemos sus cualidades ofensivas con un buen desempeño cuando su equipo no tiene el balón, pero habrá que esforzarse sobre todo por explotar al máximo su don, que es el que le hace diferente de los demás. No hay que confundirse y esforzarse por igualar a los jugadores, de forma que no haya sobresalientes y suspensos, sino que todos sean aprobados: lo que buscaremos por encima de todo será potenciar el talento de los más dotados de forma innata.

Esta obra es ambiciosa, pero no estúpida ni arrogante. Desde el mismo momento en el que nació la idea de elaborar un temario de este tipo, el resultado ya era ampliamente incompleto. Si resulta imposible recoger en un libro la totalidad de los conceptos que una persona conoce sobre fútbol, cuánto lo será incluir todos los conocimientos que existen.

En este sentido, me hubiera gustado añadir otras 200 ó 300 páginas a este libro, repartidas en los diferentes conceptos del glosario y dejarlas en blanco para que el lector pudiera incorporar sus propias ideas. Lógicamente, no es posible, pero ahí queda la intención.

En definitiva, el objetivo de este libro nunca fue crear una obra perfecta que aspirara a incluirlo todo. Sí lo fue armar un esqueleto básico que ayude a las escuelas de fútbol a trabajar con una coherencia similar a las de los buenos sistemas educativos de cualquier materia, en los que el alumno aprende de manera progresiva y estructurada, al mismo tiempo que se respeta su singularidad y se fomenta su ánimo creativo.

2. EL SELLO DE IDENTIDAD

Como se ha dicho en la Introducción, el temario propuesto persigue promover jugadores con un perfil determinado, con un sello de identidad que pasaremos a definir a continuación. Queremos jugadores:

1. Que destaquen por su **calidad técnica**. Puede parecer una obviedad, pero para nada lo es desde el momento en el que el criterio de captación de muchos clubes se basa en aspectos físicos antes que en técnicos. Este punto se manifiesta de dos formas:

   - Captación de jugadores con una calidad técnica innata.
   - Formación mediante un modelo que potencia esa calidad técnica innata.

2. **Universales**. Tanto en lo que se refiere al estilo de juego como al sistema de juego. Este punto se encuentra muy condicionado por el país y por la cultura futbolística del lugar, pues no buscamos futbolistas totalmente universales, sino lo más universales posible dentro de una identidad que define al club al que pertenecen.

3. **Tácticamente formados**. Que posean una educación táctica integral, acorde tal vez a una filosofía de juego concreta, pero en cualquier caso amplia y profunda.

4. **Inteligentes** desde el punto de vista táctico. Que no sólo aprendan automatismos, sino que asimilen y entiendan los conceptos tácticos, de forma que sean capaces de escogerlos y de utilizarlos en función de las circunstancias del partido y del rival (las cuales son capaces de ver y de interpretar), siempre con el objetivo de competir en las mejores condiciones posibles para ser mejores que el contrario y ganar.

5. **Polivalentes**. La especialización en una demarcación es un requisito indispensable para la exitosa formación de un jugador. Sin embargo, perseguiremos el máximo grado de polivalencia posible, sin llegar a perjudicar al futbolista (que llegue la indefinición o a la confusión, con la consiguiente pérdida de rendimiento, al haberlo 'mareado' en demasiadas posiciones diferentes).

6. **Agresivos**. Tanto en posesión del balón, como sin él, queremos jugadores que busquen llevar la iniciativa en cada acción del juego, que lo hagan todo con decisión, con personalidad y con energía.

7. **Competitivos**. Buscamos fomentar en los jugadores la pasión por la competición. Que disfruten más cuanta más presión y más tensión acumule la situación que están viviendo. Fomentaremos igualmente sus ganas de ganar y su inconformismo.

8. **Esforzados en el entrenamiento**. Para ello, es imprescindible que desde pequeños tengan la máxima exigencia por parte de los entrenadores. Éstos deberán diseñar sesiones intensas y exigentes, lo que dará lugar de forma natural a jugadores acostumbrados a darlo todo en cada ejercicio. Nuevamente, la única forma de garantizar este punto es a través de una correcta captación de los técnicos.

9. **Valientes y con iniciativa**. Es decir, chicos con capacidad de tomar decisiones por sí mismos dentro del campo. No queremos jugadores excesivamente disciplinados que siempre cumplan las órdenes o que no cuenten con el arrojo suficiente en los momentos decisivos.

10. **Colectivos y solidarios**. Con una cultura de equipo arraigada. Dispuestos a sacrificarse por el colectivo y por sus compañeros. El futbolista es egoísta por naturaleza, pero buscaremos que lo sean en la menor medida posible.

11. **Con buena imagen**. Un club es en gran medida la imagen que sus miembros ofrecen de él. En este sentido, es importante para cualquier institución que sus jugadores aprendan a comportarse desde pequeños, tanto dentro como fuera del terreno de juego. Se trata de saber ganar, de saber perder, de tener respeto por el rival, por el cuerpo técnico, por el público y por el árbitro.

12. **Que aumenten el prestigio del club**. Los buenos resultados y las altas clasificaciones en los campeonatos son indispensables para que un club goce de prestigio dentro de su entorno. Las victorias y el rendimiento de los diferentes equipos del club serán importantes dentro de este temario. Siempre buscaremos ganar, aunque no será el objetivo más importante, al menos hasta la edad Cadete.

13. **Con cultura de club**. Queremos jugadores identificados con la institución a la que pertenecen, que sientan los colores, que manifiesten de forma natural los principios y la cultura deportiva y extradeportiva que definen al club en cuestión.

3. METODOLOGÍA DE ESTE LIBRO

3.1. CONTENIDOS ANUALES

El temario propuesto se basa en contenidos anuales cuyo entrenamiento el cuerpo técnico deberá planificar según su juicio a lo largo de la temporada. Lo hará, eso sí, de acuerdo a un criterio de prioridad o importancia que el libro detalla para cada uno de los conceptos y edades, tal y como se describe más adelante. A partir de esta base:

- El objetivo es haber entrenado esos conceptos en la cantidad y calidad expresadas. No lo es (el objetivo) que los jugadores y el equipo los hayan asimilado y desarrollado con éxito. Esto puede llevar varios años y dependerá de la dificultad del contenido y del nivel de los jugadores. La planificación de cada temporada recogerá los conceptos que hayan quedado pendientes del año anterior y éstos se arrastrarán sucesivamente hasta que sean asimilados.

- Se trata de contenidos mínimos. Es decir, como mínimo hay que incluir esos conceptos en la planificación. A partir de ese requisito, el cuerpo técnico tiene libertad para introducir otros que él crea necesarios, por ejemplo adelantando contenidos de etapas posteriores.

- El cuerpo técnico debería conocer bien los contenidos de todas las edades precedentes a la que entrena, especialmente de las inmediatamente anteriores.

3.2. METODOLOGÍA DEL TEMARIO

Para entender el temario, habrá que manejar dos documentos. En primer lugar, la Relación de objetivos anuales por categorías (capítulo número 5) y en segundo lugar, el Glosario (capítulo número 6). En el primero, se encuentran listados todos los contenidos que cada año deben ser entrenados. En el Glosario, cada uno de estos contenidos es desarrollado y su evolución, detallada de forma cronológica para cada edad.

En cada etapa, cada contenido tiene asociada una letra y un número:

- La letra es la importancia que el concepto adquiere respecto a los demás en un año determinado (A es la máxima importancia y C es la menor, mientras que R, de Rendimiento, indica que es un contenido ya asimilado, que se encuentra ahora al servicio de las necesidades que genere la competición).

- El número expresa los años en los que ese concepto ya ha sido trabajado ('In' indica que es un concepto en fase de Introducción y el símbolo + significa que se trata de una materia que se entrenará de forma secundaria dentro de tareas con otros objetivos principales o, en la fase de rendimiento, que ese contenido estará supeditado a las necesidades de la competición).

- En el capítulo 5 'Relación de objetivos anuales por edades', aparecen varios conceptos cuyo cuadrado negro para la letra y cuyo círculo blanco para el número están vacíos. Esto se debe a que ese contenido no se entrena, al menos de forma explícita, en esa edad.

Al finalizar cada temporada, el cuerpo técnico y sus responsables se reunirían para realizar un balance de los contenidos del año. Básicamente, habría que determinar:

- Verde. Contenidos asimilados por el grupo. No serían incluidos en la planificación de la temporada siguiente, aunque siempre podrían tener cabida si se detectaran carencias posteriormente.

- Amarillo. Contenidos asimilados sólo parcialmente por el grupo.

- Rojo. Contenidos no asimilados por el grupo. Éstos y los del punto anterior serían arrastrados a la planificación del año siguiente.

Sucede no pocas veces a lo largo del libro que un concepto con una valoración de prioridad 'C' incluye para ese año muchos contenidos. Y al revés, que uno con una valoración 'A' presenta muy pocos o incluso ninguno ('No hay objetivos nuevos en esta etapa'). Se trata de una circunstancia compatible:

En el primer caso, se entrenarán todos los contenidos, pero de acuerdo con la letra 'C' se hará sólo de forma superficial. La mayoría de ellos quedarán pendientes con un color amarillo o rojo para las temporadas siguientes.

En el segundo caso (poca materia para una letra 'A'), es de esperar que se hayan arrastrado contenidos de años anteriores, que recibirán una mayor importancia durante ese año.

3.3. PRETEMPORADA

Al iniciarse una nueva temporada, todos los grupos suelen sufrir altas y bajas. Puesto que los jugadores procedentes de otros clubes pueden no haber entrenado los mismos conceptos que el resto del grupo, el período de pretemporada sería utilizado para homogeneizar y reforzar en general los conceptos del año anterior (especialmente los de color verde), incidiendo especialmente en las nuevas incorporaciones.

Este período de prolongación del año pasado será igualmente interesante para los jugadores que ya estaban en el equipo, puesto que, al existir en esta propuesta de temario tanta flexibilidad en cuanto a los sistemas de juego, es probable que conceptos entrenados en años anteriores con un sistema deban ser repetidos al cambiar a otros. Eso nos retrasará a corto plazo, pero a largo (que es el que interesa) nos reportará una mayor inteligencia táctica y una mejor asimilación del concepto en cuestión.

Cuando entrenemos objetivos que procedan de años anteriores, podremos incrementar la dificultad mediante:

- Aumento de la oposición.
- Reducción del espacio.
- Introducción de condiciones y normas que obligan a la toma de decisiones bajo presión.
- Modificación del contexto. Resultado, minuto de juego, tiempo de ejecución.
- Incrementando la dificultad del objetivo que hay que conseguir.

3.4. APLICACIÓN PRÁCTICA

En la práctica, cuando un cuerpo técnico se dispone a planificar tomando como base este libro, debe hacerlo con una amplia libertad para interpretar a su manera los contenidos propuestos. Por ejemplo, en el siguiente enunciado:

Defensas + centrocampistas (defensivo)

② C

Infantil de segundo año (sub-14)
- Cambio de marcas entre el lateral y el centrocampista de banda cuando éste debe adelantar su posición para iniciar un movimiento colectivo de presión. GRÁFICO 1.

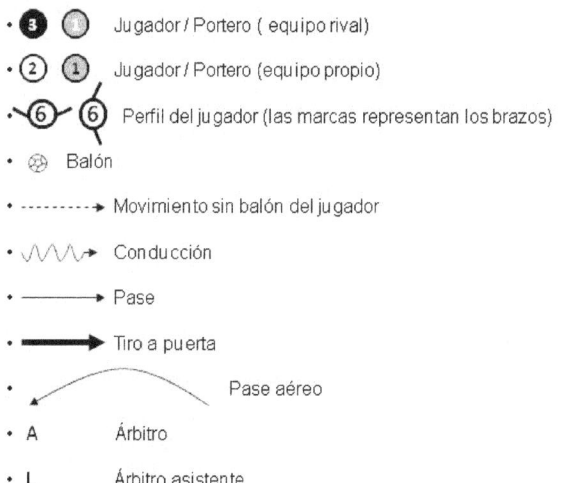

- ③ ① Jugador / Portero (equipo rival)
- ② ① Jugador / Portero (equipo propio)
- ⑥ ⑥ Perfil del jugador (las marcas representan los brazos)
- ⊕ Balón
- ·······➤ Movimiento sin balón del jugador
- ⌇⌇⌇➤ Conducción
- ────➤ Pase
- ━━━━➤ Tiro a puerta
- ⌒ Pase aéreo
- A Árbitro
- L Árbitro asistente

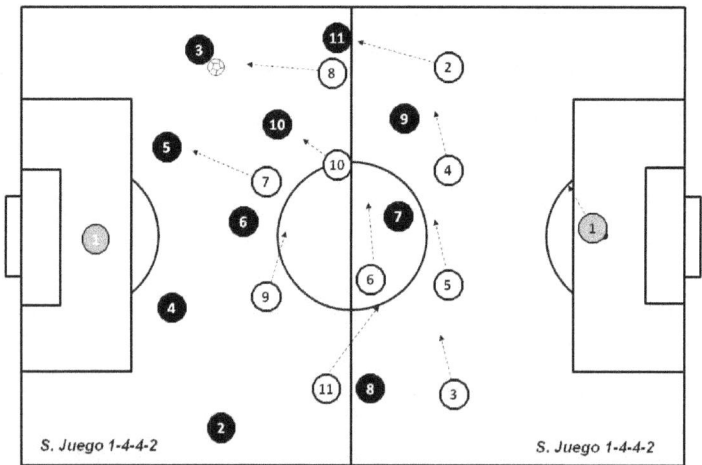

S. Juego 1-4-4-2   S. Juego 1-4-4-2

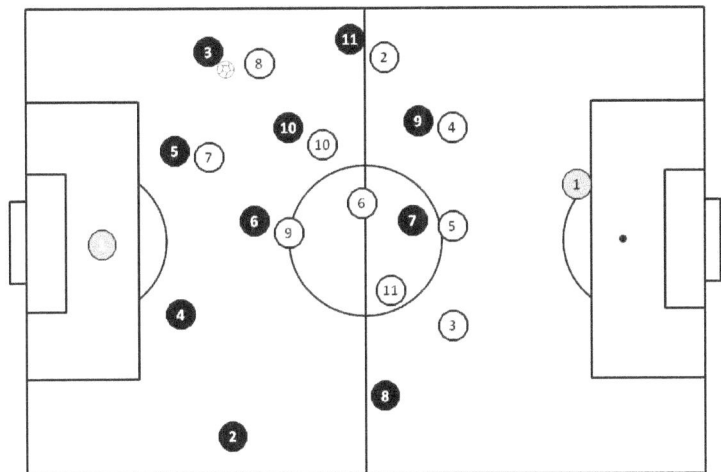

El cuerpo técnico analizará cómo este concepto se manifiesta en los sistemas de juego que ese año vayan a utilizar (en este caso, un 1-4-4-2) y diseñará las tareas que estime convenientes para que sus jugadores (sólo los jugadores de banda) puedan asimilar este concepto.

Teniendo en cuenta que la letra que acompaña a este concepto durante ese año es la C (prioridad baja), incluirá su entrenamiento en la planificación anual de acuerdo a esa relación de importancia respecto al resto de materias.

El número 2 indica que es el segundo año que el grupo entrena contenidos de Defensas + Centrocampistas (defensivo).

3.5. CLASIFICACIÓN DE CONTENIDOS TÉCNICOS Y TÁCTICOS

Los conceptos técnicos y tácticos son manejados de forma conjunta en el libro de la siguiente forma:

<u>Conceptos generales</u>
- Conceptos válidos tanto para la fase ofensiva, como para la defensiva.
    - Por ejemplo: Jugar en equipo o Mi posición.
    - Formación básica, genérica e integral del jugador.
    - Primeras etapas.

<u>Conceptos ofensivos</u>
- Conceptos generales.
    a. Por ejemplo: Pase, Control o Movimiento sin balón.
    b. Formación básica, genérica e integral del jugador.

c. Primeras etapas.
   d. Los principios puramente tácticos son agrupados a su vez en cuatro conceptos:
      i. Movimiento sin balón. Engloba todas las acciones, individuales y colectivas, que los jugadores pueden realizar cuando un compañero se encuentra en posesión del balón.
      ii. Orientación del juego. Recoge los principios que se refieren al 'dónde' y 'hacia dónde' se dirige el juego del equipo.
      iii. Ritmo ofensivo. Se trata de la rapidez con la que se realizan los principios ofensivos.
      iv. Velocidad en el juego. Es un concepto que merece un apartado individual, debido a su importancia. Es la suma de rapidez y precisión.
- Conceptos clasificados según las fases del juego.
   a. Por ejemplo, conceptos en: Fase de iniciación, Fase de creación o Transición defensa-ataque.
   b. Formación inscrita en el juego colectivo.
   c. Presentes en todas las etapas, pero con importancia y peso crecientes.
- Conceptos específicos de cada demarcación.
   a. Por ejemplo, conceptos específicos para: delanteros, medios centro o centrales.
   b. Formación basada en la especialización.
   c. Etapas avanzadas.

<u>Conceptos defensivos</u>
- Conceptos generales individuales.
   a. Por ejemplo: Repliegue, Entrada o Presión (perspectiva individual).
   b. Formación básica, genérica e integral del jugador.
   c. Primeras etapas.
- Conceptos generales colectivos.
   a. Por ejemplo: Repliegue, Transición ataque-defensa o Presión (perspectiva colectiva).
   b. Formación inscrita en el juego colectivo.
   c. Su entrenamiento está presente en todas las etapas, pero con importancia y peso crecientes.
- Conceptos clasificados por demarcaciones, por líneas o por grupos de demarcaciones o de líneas.

a. Por ejemplo: Porteros + defensas, Medios centro o Jugadores de banda.
   b. Formación inscrita en el juego colectivo y basada en la especialización.
   c. Etapas avanzadas.

En sus primeras etapas, los contenidos técnicos serán entrenados en muchas oportunidades mediante un método más analítico, buscando repeticiones y una fácil corrección y demostración por parte del cuerpo técnico. En los últimos años, hablamos normalmente de un entrenamiento integrado, en el que los gestos técnicos se encuentran implícitos en el ejercicio táctico. En caso de detectar carencias, se podría recurrir al método analítico.

Todos los principios técnicos y tácticos que reconoce la Escuela de Entrenadores están recogidos en la obra, pero algunos de ellos están incorporados dentro de otros conceptos. Por ejemplo, la pared la encontraremos dentro de Velocidad en el juego o los desmarques, los apoyos y las ayudas permanentes, dentro de Movimiento sin balón. Temporización defensiva se encuentra dentro de Entrada y de Presión.

4. OBJETIVOS COMUNES

Hay una serie de contenidos que, de manera sistemática, deben estar presentes en las planificaciones anuales de todas las edades.

Para no repetirlos, los recogeremos en esta breve relación:

- Creatividad.
    a. No restringirla. Potenciarla. Al que regatea y tiene talento para hacerlo no se le colocan límites.
    b. No igualar a los buenos y a los menos buenos. Mejorarlos a todos, pero potenciar las virtudes además de centrarnos en pulir los defectos.

- Permitir el error. El fallo conduce a la mejora. El futbolista debe atreverse a inventar, con el riesgo que esto conlleva. Un error individual puede ser fatal para el grupo a corto plazo, pero muy beneficioso como aprendizaje para el jugador que lo ha cometido en el largo.

- El fútbol es un juego. La diversión debe estar siempre presente.

- Potenciar las fintas: ofensivas (con balón y sin balón) y defensivas. El engaño marca la diferencia.

- Competitividad. Ganar y perder deberían ser factores habituales en las tareas en la mayor medida posible:
    a. Por un lado, acostumbrarán al jugador a desenvolverse en un ambiente en el que hay algo en juego.
    b. Por otro lado, la intensidad de la tarea aumentará, gracias al estímulo que supone la competición por sí misma.

- Intensidad y agresividad. Siempre presentes, tanto en ataque como en defensa, aunque se manifestarán de forma gradual, ya que en las primeras etapas primarán la calidad en la ejecución y el aprendizaje de los conceptos, antes que mejorar la rapidez con que se llevan a cabo.

- Lateralidad. Entrenar todas las acciones con ambas piernas y variando los perfiles. Siempre y para todo.

5. RELACIÓN DE OBJETIVOS ANUALES POR EDADES

PREBENJAMÍN (sub-8)

Objetivo principal específico
- [A] Fomentar la pasión del niño por el fútbol

CONCEPTOS GENERALES
- (in) [B] Jugar en equipo
- (in) [C] Mi posición

CONCEPTOS OFENSIVOS
Conceptos generales
- (in) [B] Pase
- (in) [A] Control
- (1) [A] Creatividad técnica
- (in) [B] Regate
- ○ ■ Finta
- (+) [B] Pierna menos hábil
- (in) [A] Conducción
- (in) [C] Tiro a puerta
- (in) [C] Definición 1xpt
- ○ ■ Remate a puerta
- ○ ■ Golpeo de cabeza
- (in) [B] Movimiento sin balón
- (in) [C] Orientación
- ○ ■ Velocidad en el juego
- ○ ■ Ritmo ofensivo

Conceptos clasificados según las fases del juego
- ○ ■ Fase de iniciación
- ○ ■ Fase de creación
- ○ ■ Fase de finalización
- ○ ■ Transición defensa-ataque

Conceptos específicos de cada demarcación
- ○ ■ Porteros (ofensivo)
- ○ ■ Porteros + defensas (ofensivo)
- ○ ■ Centrocampistas (ofensivo)
- ○ ■ Jugadores de banda (ofensivo)
- ○ ■ Delanteros (ofensivo)

CONCEPTOS DEFENSIVOS
Conceptos generales individuales
- (in) [C] Entrada
- ○ ■ Marcaje
- ○ ■ Despeje

Conceptos generales colectivos
- (in) [C] Repliegue
- ○ ■ Basculación defensiva
- ○ ■ Presión
- ○ ■ Transición ataque-defensa
- ○ ■ Juego aéreo y zonas de rechace
- ○ ■ Ritmo defensivo

Conceptos clasificados por demarcaciones, por líneas o por grupos de demarcaciones o de líneas
- ○ ■ Porteros + defensas (defensivo)
- ○ ■ Defensas +centrocampistas (defensivo)
- ○ ■ Centrocampistas (defensivo)
- ○ ■ Delanteros (defensivo)

CONCEPTOS DE ESTRATEGIA
Conceptos de estrategia ofensiva
- ○ ■ Saque de meta ofensivo
- ○ ■ Saque de esquina ofensivo
- ○ ■ Saque de banda ofensivo
- ○ ■ Saque de centro ofensivo
- ○ ■ Saque de falta ofensivo
- ○ ■ Saque de penalti ofensivo

Conceptos de estrategia defensiva
- ○ ■ Saque de meta defensivo
- ○ ■ Saque de esquina defensivo
- ○ ■ Saque de banda defensivo
- ○ ■ Saque de centro defensivo
- ○ ■ Saque de falta defensivo
- ○ ■ Saque de penalti defensivo

OTROS CONCEPTOS
- (in) [C] Sistemas de juego
- (1) Polivalencia
- (1) Participación en la competición
- (in) [C] Reglas de juego
- ○ ■ Entrenamiento individual
- (in) [C] Rendimiento
- ○ ■ Sociedades

PSICOLOGÍA
- ○ ■ Saber competir
- (in) [C] Imagen y responsabilidad
- ○ ■ Hábitos de comunicación
- ○ ■ Concentración
- ○ ■ Nivel de activación
- (in) [C] Compatibilidad escolar

Benjamín de primer año (sub-9)

Objetivo principal específico
- ■ Fomentar la pasión del niño por el fútbol

Conceptos generales
- (1) A Jugar en equipo
- (1) A Mi posición

Conceptos ofensivos
Conceptos generales
- (1) A Pase
- (1) A Control
- (2) A Creatividad técnica
- (1) A Regate
- (In) A Finta
- (+) B Pierna menos hábil
- (1) A Conducción
- (1) B Tiro a puerta
- (1) B Definición 1xpt
- (In) C Remate a puerta
- (In) C Golpeo de cabeza
- (1) A Movimiento sin balón
- (1) A Orientación
- (In) C Velocidad en el juego
- ○ ■ Ritmo ofensivo

Conceptos clasificados según las fases del juego
- (In) A Fase de iniciación
- (In) C Fase de creación
- (In) C Fase de finalización
- (In) C Transición defensa-ataque

Conceptos específicos de cada demarcación
- (In) A Porteros (ofensivo)
- ○ ■ Porteros + defensas (ofensivo)
- ○ ■ Centrocampistas (ofensivo)
- ○ ■ Jugadores de banda (ofensivo)
- ○ ■ Delanteros (ofensivo)

Conceptos defensivos
Conceptos generales individuales
- (1) A Entrada
- (In) C Marcaje
- (In) C Despeje

Conceptos generales colectivos
- (1) B Repliegue
- (In) C Basculación defensiva
- (In) C Presión
- (In) A Transición ataque-defensa
- ○ ■ Juego aéreo y zonas de rechace
- (In) C Ritmo defensivo

Conceptos clasificados por demarcaciones, por líneas o por grupos de demarcaciones o de líneas
- ○ ■ Porteros + defensas (defensivo)
- ○ ■ Defensas +centrocampistas (defensivo)
- ○ ■ Centrocampistas (defensivo)
- ○ ■ Delanteros (defensivo)

Conceptos de estrategia
Conceptos de estrategia ofensiva
- (In) A Saque de meta ofensivo
- (In) C Saque de esquina ofensivo
- (In) C Saque de banda ofensivo
- (In) C Saque de centro ofensivo
- (In) C Saque de falta ofensivo
- (In) C Saque de penalti ofensivo

Conceptos de estrategia defensiva
- (In) C Saque de meta defensivo
- (In) B Saque de esquina defensivo
- (In) C Saque de banda defensivo
- (In) C Saque de centro defensivo
- (In) B Saque de falta defensivo
- (In) C Saque de penalti defensivo

Otros conceptos
- (1) C Sistemas de juego
- (2) Polivalencia
- (2) Participación en la competición
- (1) C Reglas de juego
- (In) B Entrenamiento individual
- (1) C Rendimiento
- (In) C Sociedades

Psicología
- (In) B Saber competir
- (1) B Imagen y responsabilidad
- (In) B Hábitos de comunicación
- (In) C Concentración
- (In) C Nivel de activación
- (1) C Compatibilidad escolar

BENJAMÍN DE SEGUNDO AÑO (sub-10)

Objetivo principal específico
- Fomentar la pasión del niño por el fútbol

CONCEPTOS GENERALES
- (2) B Jugar en equipo
- (2) B Mi posición

CONCEPTOS OFENSIVOS
Conceptos generales
- (2) A Pase
- (2) A Control
- (3) A Creatividad técnica
- (2) A Regate
- (1) A Finta
- (+) A Pierna menos hábil
- (2) A Conducción
- (2) A Tiro a puerta
- (2) A Definición 1xpt
- (1) B Remate a puerta
- (in) C Golpeo de cabeza
- (2) A Movimiento sin balón
- (2) A Orientación
- (1) C Velocidad en el juego
- (in) C Ritmo ofensivo

Conceptos clasificados según las fases del juego
- (1) B Fase de iniciación
- (1) C Fase de creación
- (1) B Fase de finalización
- (1) C Transición defensa-ataque

Conceptos específicos de cada demarcación
- (1) A Porteros (ofensivo)
- ( ) ■ Porteros + defensas (ofensivo)
- ( ) ■ Centrocampistas (ofensivo)
- ( ) ■ Jugadores de banda (ofensivo)
- ( ) ■ Delanteros (ofensivo)

CONCEPTOS DEFENSIVOS
Conceptos generales individuales
- (2) A Entrada
- (1) B Marcaje
- (1) C Despeje

Conceptos generales colectivos
- (2) C Repliegue
- (1) C Basculación defensiva
- (1) C Presión
- (1) C Transición ataque-defensa
- (1) ■ Juego aéreo y zonas de rechace
- (1) C Ritmo defensivo

Conceptos clasificados por demarcaciones, por líneas o por grupos de demarcaciones o de líneas
- ( ) ■ Porteros + defensas (defensivo)
- ( ) ■ Defensas + centrocampistas (defensivo)
- ( ) ■ Centrocampistas (defensivo)
- ( ) ■ Delanteros (defensivo)

CONCEPTOS DE ESTRATEGIA
Conceptos de estrategia ofensiva
- (1) A Saque de meta ofensivo
- (1) C Saque de esquina ofensivo
- (1) C Saque de banda ofensivo
- (1) C Saque de centro ofensivo
- (1) C Saque de falta ofensivo
- (1) C Saque de penalti ofensivo

Conceptos de estrategia defensiva
- (1) C Saque de meta defensivo
- (1) C Saque de esquina defensivo
- (1) B Saque de banda defensivo
- (1) C Saque de centro defensivo
- (1) C Saque de falta defensivo
- (1) C Saque de penalti defensivo

OTROS CONCEPTOS
- (2) C Sistemas de juego
- (3)   Polivalencia
- (3)   Participación en la competición
- (2) B Reglas de juego
- (1) B Entrenamiento individual
- (2) C Rendimiento
- (1) C Sociedades

PSICOLOGÍA
- (1) B Saber competir
- (2) B Imagen y responsabilidad
- (1) B Hábitos de comunicación
- (in) C Concentración
- (in) C Nivel de activación
- (2) B Compatibilidad escolar

ALEVÍN DE PRIMER AÑO (sub-11)

Objetivo principal específico
- ■ Fomentar la pasión del niño por el fútbol

CONCEPTOS GENERALES
- ③ A Jugar en equipo
- ○ ■ Mi posición

CONCEPTOS OFENSIVOS
Conceptos generales
- ③ A Pase
- ③ A Control
- ④ A Creatividad técnica
- ③ A Regate
- ② A Finta
- ⊕ A Pierna menos hábil
- ③ B Conducción
- ② B Tiro a puerta
- ③ B Definición 1xpt
- ③ B Remate a puerta
- (In) C Golpeo de cabeza
- ③ A Movimiento sin balón
- ③ A Orientación
- ② C Velocidad en el juego
- ① B Ritmo ofensivo

Conceptos clasificados según las fases del juego
- ② A Fase de iniciación
- ② C Fase de creación
- ② C Fase de finalización
- ② B Transición defensa-ataque

Conceptos específicos de cada demarcación
- ② C Porteros (ofensivo)
- ① B Porteros + defensas (ofensivo)
- ① C Centrocampistas (ofensivo)
- ① C Jugadores de banda (ofensivo)
- ① B Delanteros (ofensivo)

CONCEPTOS DEFENSIVOS
Conceptos generales individuales
- ③ A Entrada
- ② B Marcaje
- ② C Despeje

Conceptos generales colectivos
- ③ C Repliegue
- ② C Basculación defensiva
- ② B Presión
- ② A Transición ataque-defensa
- ○ ■ Juego aéreo y zonas de rechace
- ② C Ritmo defensivo

Conceptos clasificados por demarcaciones, por líneas o por grupos de demarcaciones o de líneas
- ① C Porteros + defensas (defensivo)
- ○ ■ Defensas +centrocampistas (defensivo)
- ○ ■ Centrocampistas (defensivo)
- ○ ■ Delanteros (defensivo)

CONCEPTOS DE ESTRATEGIA
Conceptos de estrategia ofensiva
- ② A Saque de meta ofensivo
- ② C Saque de esquina ofensivo
- ② C Saque de banda ofensivo
- ② C Saque de centro ofensivo
- ② C Saque de falta ofensivo
- ② C Saque de penalti ofensivo

Conceptos de estrategia defensiva
- ② C Saque de meta defensivo
- ② C Saque de esquina defensivo
- ② C Saque de banda defensivo
- ② C Saque de centro defensivo
- ② C Saque de falta defensivo
- ② C Saque de penalti defensivo

OTROS CONCEPTOS
- ③ C Sistemas de juego
- ④ Polivalencia
- ④ Participación en la competición
- ③ C Reglas de juego
- ② B Entrenamiento individual
- ③ C Rendimiento
- ② C Sociedades

PSICOLOGÍA
- ② B Saber competir
- ③ B Imagen y responsabilidad
- ② B Hábitos de comunicación
- ① B Concentración
- (In) C Nivel de activación
- ③ B Compatibilidad escolar

ALEVÍN DE SEGUNDO AÑO (sub-12)

Objetivo principal específico
- ■ Fomentar la pasión del niño por el fútbol

CONCEPTOS GENERALES
- ④ C Jugar en equipo
- ○ ■ Mi posición

CONCEPTOS OFENSIVOS
Conceptos generales
- ④ A Pase
- ④ A Control
- ⑤ A Creatividad técnica
- ④ A Regate
- ③ A Finta
- ⊕ A Pierna menos hábil
- ④ B Conducción
- ④ B Tiro a puerta
- ④ B Definición 1xpt
- ③ B Remate a puerta
- (In) C Golpeo de cabeza
- ④ A Movimiento sin balón
- ④ A Orientación
- ③ B Velocidad en el juego
- ② B Ritmo ofensivo

Conceptos clasificados según las fases del juego
- ③ A Fase de iniciación
- ③ B Fase de creación
- ③ B Fase de finalización
- ③ B Transición defensa-ataque

Conceptos específicos de cada demarcación
- ③ B Porteros (ofensivo)
- ② B Porteros + defensas (ofensivo)
- ② B Centrocampistas (ofensivo)
- ② C Jugadores de banda (ofensivo)
- ② B Delanteros (ofensivo)

CONCEPTOS DEFENSIVOS
Conceptos generales individuales
- ④ A Entrada
- ③ B Marcaje
- ③ C Despeje

Conceptos generales colectivos
- ④ C Repliegue
- ③ B Basculación defensiva
- ③ C Presión
- ③ A Transición ataque-defensa
- ○ ■ Juego aéreo y zonas de rechace
- ③ C Ritmo defensivo

Conceptos clasificados por demarcaciones, por líneas o por grupos de demarcaciones o de líneas
- ② C Porteros + defensas (defensivo)
- ○ ■ Defensas +centrocampistas (defensivo)
- ① C Centrocampistas (defensivo)
- ① C Delanteros (defensivo)

CONCEPTOS DE ESTRATEGIA
Conceptos de estrategia ofensiva
- ③ A Saque de meta ofensivo
- ③ C Saque de esquina ofensivo
- ③ C Saque de banda ofensivo
- ③ C Saque de centro ofensivo
- ③ C Saque de falta ofensivo
- ③ C Saque de penalti ofensivo

Conceptos de estrategia defensiva
- ③ C Saque de meta defensivo
- ③ C Saque de esquina defensivo
- ③ B Saque de banda defensivo
- ③ C Saque de centro defensivo
- ③ C Saque de falta defensivo
- ③ C Saque de penalti defensivo

OTROS CONCEPTOS
- ③ C Sistemas de juego
- ③ Polivalencia
- ③ Participación en la competición
- ③ C Reglas de juego
- ③ A Entrenamiento individual
- ③ C Rendimiento
- ③ C Sociedades

PSICOLOGÍA
- ③ B Saber competir
- ④ B Imagen y responsabilidad
- ③ B Hábitos de comunicación
- ② B Concentración
- ① B Nivel de activación
- ④ B Compatibilidad escolar

INFANTIL DE PRIMER AÑO (sub-13)

Objetivo principal específico
■ Fomentar la pasión del niño por el fútbol

CONCEPTOS GENERALES
○ ■ Jugar en equipo
○ ■ Mi posición

CONCEPTOS OFENSIVOS
Conceptos generales
- ⑤ A Pase
- ⑤ A Control
- ⑥ A Creatividad técnica
- ⑤ A Regate
- ④ A Finta
- ⊕ A Pierna menos hábil
- ⑤ B Conducción
- ⑤ B Tiro a puerta
- ⑤ B Definición 1xpt
- ④ B Remate a puerta
- (In) C Golpeo de cabeza
- ⑤ A Movimiento sin balón
- ⑤ A Orientación
- ④ A Velocidad en el juego
- ③ B Ritmo ofensivo

Conceptos clasificados según las fases del juego
- ④ A Fase de iniciación
- ④ B Fase de creación
- ④ B Fase de finalización
- ④ A Transición defensa-ataque

Conceptos específicos de cada demarcación
- ④ A Porteros (ofensivo)
- ③ A Porteros + defensas (ofensivo)
- ③ B Centrocampistas (ofensivo)
- ③ B Jugadores de banda (ofensivo)
- ③ B Delanteros (ofensivo)

CONCEPTOS DEFENSIVOS
Conceptos generales individuales
- ⑤ A Entrada
- ④ B Marcaje
- ④ C Despeje

Conceptos generales colectivos
- ⑤ C Repliegue
- ④ B Basculación defensiva
- ④ C Presión
- ④ A Transición ataque-defensa
- (In) C Juego aéreo y zonas de rechace
- ④ B Ritmo defensivo

Conceptos clasificados por demarcaciones, por líneas o por grupos de demarcaciones o de líneas
- ③ B Porteros + defensas (defensivo)
- ① C Defensas +centrocampistas (defensivo)
- ② B Centrocampistas (defensivo)
- ② B Delanteros (defensivo)

CONCEPTOS DE ESTRATEGIA
Conceptos de estrategia ofensiva
- ④ A Saque de meta ofensivo
- ④ C Saque de esquina ofensivo
- ④ C Saque de banda ofensivo
- ④ C Saque de centro ofensivo
- ④ C Saque de falta ofensivo
- ④ C Saque de penalti ofensivo

Conceptos de estrategia defensiva
- ④ C Saque de meta defensivo
- ④ C Saque de esquina defensivo
- ④ C Saque de banda defensivo
- ④ C Saque de centro defensivo
- ④ C Saque de falta defensivo
- ④ C Saque de penalti defensivo

OTROS CONCEPTOS
- ⑤ C Sistemas de juego
- ⑥ Polivalencia
- ⑥ Participación en la competición
- ⑤ C Reglas de juego
- ④ A Entrenamiento individual
- ⑤ C Rendimiento
- ④ C Sociedades

PSICOLOGÍA
- ④ B Saber competir
- ⑤ A Imagen y responsabilidad
- ④ B Hábitos de comunicación
- ③ B Concentración
- ② B Nivel de activación
- ⑤ A Compatibilidad escolar

INFANTIL DE SEGUNDO AÑO (sub-14)

Objetivo principal específico
- ■ Fomentar la pasión del niño por el fútbol

CONCEPTOS GENERALES
- ○ ■ Jugar en equipo
- ○ ■ Mi posición

CONCEPTOS OFENSIVOS
Conceptos generales
- ⑥ A Pase
- ⑥ A Control
- ⑦ A Creatividad técnica
- ⑥ B Regate
- ⑤ A Finta
- ⊕ A Pierna menos hábil
- ⑥ B Conducción
- ⑥ A Tiro a puerta
- ⑥ B Definición 1xpt
- ⑤ A Remate a puerta
- ① B Golpeo de cabeza
- ⑥ A Movimiento sin balón
- ⑥ A Orientación
- ⑤ A Velocidad en el juego
- ④ A Ritmo ofensivo

Conceptos clasificados según las fases del juego
- ⑤ B Fase de iniciación
- ⑤ B Fase de creación
- ⑤ A Fase de finalización
- ⑤ A Transición defensa-ataque

Conceptos específicos de cada demarcación
- ⑤ B Porteros (ofensivo)
- ④ A Porteros + defensas (ofensivo)
- ④ A Centrocampistas (ofensivo)
- ④ A Jugadores de banda (ofensivo)
- ④ B Delanteros (ofensivo)

CONCEPTOS DEFENSIVOS
Conceptos generales individuales
- ⑥ A Entrada
- ⑤ B Marcaje
- ⑤ C Despeje

Conceptos generales colectivos
- ⑥ B Repliegue
- ⑤ A Basculación defensiva
- ⑤ C Presión
- ⑤ A Transición ataque-defensa
- (In) C Juego aéreo y zonas de rechace
- ⑤ B Ritmo defensivo

Conceptos clasificados por demarcaciones, por líneas o por grupos de demarcaciones o de líneas
- ⑥ B Porteros + defensas (defensivo)
- ② C Defensas +centrocampistas (defensivo)
- ③ A Centrocampistas (defensivo)
- ③ B Delanteros (defensivo)

CONCEPTOS DE ESTRATEGIA
Conceptos de estrategia ofensiva
- ⑤ A Saque de meta ofensivo
- ⑤ B Saque de esquina ofensivo
- ⑤ C Saque de banda ofensivo
- ⑤ C Saque de centro ofensivo
- ⑤ C Saque de falta ofensivo
- ⑤ C Saque de penalti ofensivo

Conceptos de estrategia defensiva
- ⑤ C Saque de meta defensivo
- ⑤ C Saque de esquina defensivo
- ⑤ C Saque de banda defensivo
- ⑤ C Saque de centro defensivo
- ⑤ C Saque de falta defensivo
- ⑤ C Saque de penalti defensivo

OTROS CONCEPTOS
- ⑥ B Sistemas de juego
- ⑦ Polivalencia
- ⑦ Participación en la competición
- ⑥ C Reglas de juego
- ⑤ A Entrenamiento individual
- ⑥ B Rendimiento
- ⑤ C Sociedades

PSICOLOGÍA
- ⑤ B Saber competir
- ⑥ A Imagen y responsabilidad
- ⑤ B Hábitos de comunicación
- ④ A Concentración
- ③ B Nivel de activación
- ⑥ A Compatibilidad escolar

CADETE DE PRIMER AÑO (sub-15)

Objetivo principal específico
- Fomentar la pasión del niño por el fútbol

CONCEPTOS GENERALES
- ○ Jugar en equipo
- ○ Mi posición

CONCEPTOS OFENSIVOS
Conceptos generales
- (7) A Pase
- (+) A Control
- (+) B Creatividad técnica
- (7) C Regate
- (+) B Finta
- (+) B Pierna menos hábil
- (+) B Conducción
- (7) B Tiro a puerta
- (7) B Definición 1xpt
- (6) B Remate a puerta
- (2) B Golpeo de cabeza
- (7) A Movimiento sin balón
- (7) A Orientación
- (6) A Velocidad en el juego
- (5) A Ritmo ofensivo

Conceptos clasificados según las fases del juego
- (6) B Fase de iniciación
- (6) A Fase de creación
- (6) B Fase de finalización
- (6) A Transición defensa-ataque

Conceptos específicos de cada demarcación
- (6) B Porteros (ofensivo)
- (5) B Porteros + defensas (ofensivo)
- (5) A Centrocampistas (ofensivo)
- (5) B Jugadores de banda (ofensivo)
- (5) A Delanteros (ofensivo)

CONCEPTOS DEFENSIVOS
Conceptos generales individuales
- (7) A Entrada
- (6) B Marcaje
- (6) B Despeje

Conceptos generales colectivos
- (7) A Repliegue
- (6) A Basculación defensiva
- (6) A Presión
- (6) B Transición ataque-defensa
- (1) B Juego aéreo y zonas de rechace
- (6) A Ritmo defensivo

Conceptos clasificados por demarcaciones, por líneas o por grupos de demarcaciones o de líneas
- (5) A Porteros + defensas (defensivo)
- (3) A Defensas +centrocampistas (defensivo)
- (4) B Centrocampistas (defensivo)
- (4) B Delanteros (defensivo)

CONCEPTOS DE ESTRATEGIA
Conceptos de estrategia ofensiva
- (6) B Saque de meta ofensivo
- (6) B Saque de esquina ofensivo
- (+) R Saque de banda ofensivo
- (6) C Saque de centro ofensivo
- (6) B Saque de falta ofensivo
- (6) C Saque de penalti ofensivo

Conceptos de estrategia defensiva
- (6) B Saque de meta defensivo
- (6) B Saque de esquina defensivo
- (6) C Saque de banda defensivo
- (6) C Saque de centro defensivo
- (6) B Saque de falta defensivo
- (6) C Saque de penalti defensivo

OTROS CONCEPTOS
- (7) A Sistemas de juego
- (8) Polivalencia
- (8) Participación en la competición
- (7) C Reglas de juego
- (6) A Entrenamiento individual
- (7) B Rendimiento
- (6) C Sociedades

PSICOLOGÍA
- (6) A Saber competir
- (7) A Imagen y responsabilidad
- (6) B Hábitos de comunicación
- (5) B Concentración
- (4) B Nivel de activación
- (7) A Compatibilidad escolar

CADETE DE SEGUNDO AÑO (sub-16)

Objetivo principal específico
- ■ Fomentar la pasión del niño por el fútbol

CONCEPTOS GENERALES
- ○ ■ Jugar en equipo
- ○ ■ Mi posición

CONCEPTOS OFENSIVOS
Conceptos generales
- (+) A Pase
- (+) A Control
- (+) B Creatividad técnica
- (+) C Regate
- (+) B Finta
- (+) B Pierna menos hábil
- (+) B Conducción
- (8) B Tiro a puerta
- (8) B Definición 1xpt
- (7) B Remate a puerta
- (3) A Golpeo de cabeza
- (8) A Movimiento sin balón
- (8) A Orientación
- (7) A Velocidad en el juego
- (6) A Ritmo ofensivo

Conceptos clasificados según las fases del juego
- (7) A Fase de iniciación
- (7) A Fase de creación
- (7) A Fase de finalización
- (7) A Transición defensa-ataque

Conceptos específicos de cada demarcación
- (7) B Porteros (ofensivo)
- (6) A Porteros + defensas (ofensivo)
- (6) A Centrocampistas (ofensivo)
- (6) B Jugadores de banda (ofensivo)
- (6) A Delanteros (ofensivo)

CONCEPTOS DEFENSIVOS
Conceptos generales individuales
- (+) A Entrada
- (7) B Marcaje
- (7) B Despeje

Conceptos generales colectivos
- (8) A Repliegue
- (7) A Basculación defensiva
- (7) A Presión
- (7) B Transición ataque-defensa
- (2) A Juego aéreo y zonas de rechace
- (7) A Ritmo defensivo

Conceptos clasificados por demarcaciones, por líneas o por grupos de demarcaciones o de líneas
- (6) A Porteros + defensas (defensivo)
- (4) A Defensas +centrocampistas (defensivo)
- (5) A Centrocampistas (defensivo)
- (5) B Delanteros (defensivo)

CONCEPTOS DE ESTRATEGIA
Conceptos de estrategia ofensiva
- (7) B Saque de meta ofensivo
- (7) B Saque de esquina ofensivo
- (+) R Saque de banda ofensivo
- (7) C Saque de centro ofensivo
- (7) B Saque de falta ofensivo
- (7) B Saque de penalti ofensivo

Conceptos de estrategia defensiva
- (+) R Saque de meta defensivo
- (7) B Saque de esquina defensivo
- (7) C Saque de banda defensivo
- (7) C Saque de centro defensivo
- (7) B Saque de falta defensivo
- (7) C Saque de penalti defensivo

OTROS CONCEPTOS
- (8) A Sistemas de juego
- (9) Polivalencia
- (9) Participación en la competición
- (8) C Reglas de juego
- (7) B Entrenamiento individual
- (8) B Rendimiento
- (7) C Sociedades

PSICOLOGÍA
- (7) A Saber competir
- (8) A Imagen y responsabilidad
- (7) B Hábitos de comunicación
- (6) A Concentración
- (5) A Nivel de activación
- (8) A Compatibilidad escolar

JUVENIL DE PRIMER AÑO (sub-17)

Objetivo principal específico
■ Fomentar la pasión del niño por el fútbol

CONCEPTOS GENERALES
- ○ ■ Jugar en equipo
- ○ ■ Mi posición

CONCEPTOS OFENSIVOS
Conceptos generales
- (+) A Pase
- (+) A Control
- (+) C Creatividad técnica
- (+) C Regate
- (+) B Finta
- (+) C Pierna menos hábil
- (+) B Conducción
- (+) R Tiro a puerta
- (+) R Definición 1xpt
- (+) R Remate a puerta
- (+) B Golpeo de cabeza
- (+) R Movimiento sin balón
- (+) R Orientación
- (8) A Velocidad en el juego
- (+) R Ritmo ofensivo

Conceptos clasificados según las fases del juego
- (8) A Fase de iniciación
- (8) A Fase de creación
- (+) R Fase de finalización
- (8) B Transición defensa-ataque

Conceptos específicos de cada demarcación
- (+) C Porteros (ofensivo)
- (+) B Porteros + defensas (ofensivo)
- (7) A Centrocampistas (ofensivo)
- (+) C Jugadores de banda (ofensivo)
- (7) R Delanteros (ofensivo)

CONCEPTOS DEFENSIVOS
Conceptos generales individuales
- (+) A Entrada
- (+) R Marcaje
- (+) R Despeje

Conceptos generales colectivos
- (+) R Repliegue
- (8) A Basculación defensiva
- (8) A Presión
- (+) R Transición ataque-defensa
- (3) A Juego aéreo y zonas de rechace
- (8) A Ritmo defensivo

Conceptos clasificados por demarcaciones, por líneas o por grupos de demarcaciones o de líneas
- (7) A Porteros + defensas (defensivo)
- (+) R Defensas +centrocampistas (defensivo)
- (+) R Centrocampistas (defensivo)
- (+) R Delanteros (defensivo)

CONCEPTOS DE ESTRATEGIA
Conceptos de estrategia ofensiva
- (+) R Saque de meta ofensivo
- (8) B Saque de esquina ofensivo
- (+) R Saque de banda ofensivo
- (+) R Saque de centro ofensivo
- (8) B Saque de falta ofensivo
- (+) R Saque de penalti ofensivo

Conceptos de estrategia defensiva
- (+) R Saque de meta defensivo
- (8) B Saque de esquina defensivo
- (8) C Saque de banda defensivo
- (8) C Saque de centro defensivo
- (8) C Saque de falta defensivo
- (+) R Saque de penalti defensivo

OTROS CONCEPTOS
- (9) A Sistemas de juego
- (1) Polivalencia
- (1) Participación en la competición
- (9) B Reglas de juego
- (8) R Entrenamiento individual
- (9) A Rendimiento
- (8) B Sociedades

PSICOLOGÍA
- (8) A Saber competir
- (9) A Imagen y responsabilidad
- (8) B Hábitos de comunicación
- (+) R Concentración
- (6) A Nivel de activación
- (9) B Compatibilidad escolar

JUVENIL DE SEGUNDO AÑO (sub-18)

Objetivo principal específico
- Fomentar la pasión del niño por el fútbol

CONCEPTOS GENERALES
- ○ Jugar en equipo
- ○ Mi posición

CONCEPTOS OFENSIVOS
Conceptos generales
- (+) A Pase
- (+) A Control
- (+) C Creatividad técnica
- (+) C Regate
- (+) B Finta
- (+) C Pierna menos hábil
- (+) B Conducción
- (+) R Tiro a puerta
- (+) R Definición 1xpt
- (+) R Remate a puerta
- (+) B Golpeo de cabeza
- (+) R Movimiento sin balón
- (+) R Orientación
- (9) A Velocidad en el juego
- (+) R Ritmo ofensivo

Conceptos clasificados según las fases del juego
- (9) A Fase de iniciación
- (9) A Fase de creación
- (+) R Fase de finalización
- (9) B Transición defensa-ataque

Conceptos específicos de cada demarcación
- (+) C Porteros (ofensivo)
- (+) B Porteros + defensas (ofensivo)
- (8) A Centrocampistas (ofensivo)
- (+) C Jugadores de banda (ofensivo)
- (8) R Delanteros (ofensivo)

CONCEPTOS DEFENSIVOS
Conceptos generales individuales
- (+) A Entrada
- (+) R Marcaje
- (+) R Despeje

Conceptos generales colectivos
- (+) R Repliegue
- (9) R Basculación defensiva
- (9) R Presión
- (+) R Transición ataque-defensa
- (+) R Juego aéreo y zonas de rechace
- (+) R Ritmo defensivo

Conceptos clasificados por demarcaciones, por líneas o por grupos de demarcaciones o de líneas
- (8) A Porteros + defensas (defensivo)
- (+) R Defensas +centrocampistas (defensivo)
- (+) R Centrocampistas (defensivo)
- (+) R Delanteros (defensivo)

CONCEPTOS DE ESTRATEGIA
Conceptos de estrategia ofensiva
- (+) R Saque de meta ofensivo
- (+) R Saque de esquina ofensivo
- (+) R Saque de banda ofensivo
- (+) R Saque de centro ofensivo
- (+) R Saque de falta ofensivo
- (+) R Saque de penalti ofensivo

Conceptos de estrategia defensiva
- (+) R Saque de meta defensivo
- (+) R Saque de esquina defensivo
- (+) R Saque de banda defensivo
- (+) R Saque de centro defensivo
- (+) R Saque de falta defensivo
- (+) R Saque de penalti defensivo

OTROS CONCEPTOS
- (+) R Sistemas de juego
- (1) Polivalencia
- (1) Participación en la competición
- (+) R Reglas de juego
- (9) R Entrenamiento individual
- (1) A Rendimiento
- (9) B Sociedades

PSICOLOGÍA
- (9) A Saber competir
- (+) A Imagen y responsabilidad
- (9) B Hábitos de comunicación
- (+) R Concentración
- (7) A Nivel de activación
- (1) C Compatibilidad escolar

JUVENIL DE TERCER AÑO (sub-19)

Objetivo principal específico
- Fomentar la pasión del niño por el fútbol

CONCEPTOS GENERALES
- ○ ■ Jugar en equipo
- ○ ■ Mi posición

CONCEPTOS OFENSIVOS
Conceptos generales
- (+) A Pase
- (+) A Control
- (+) C Creatividad técnica
- (+) C Regate
- (+) B Finta
- (+) C Pierna menos hábil
- (+) B Conducción
- (+) R Tiro a puerta
- (+) ■ Definición 1xpt
- (+) R Remate a puerta
- (+) B Golpeo de cabeza
- (+) R Movimiento sin balón
- (+) R Orientación
- (1) A Velocidad en el juego
- (+) R Ritmo ofensivo

Conceptos clasificados según las fases del juego
- (1) A Fase de iniciación
- (1) A Fase de creación
- (+) R Fase de finalización
- (1) B Transición defensa-ataque

Conceptos específicos de cada demarcación
- (+) C Porteros (ofensivo)
- (+) B Porteros + defensas (ofensivo)
- (+) R Centrocampistas (ofensivo)
- (+) C Jugadores de banda (ofensivo)
- (9) R Delanteros (ofensivo)

CONCEPTOS DEFENSIVOS
Conceptos generales individuales
- (+) ■ Entrada
- (+) R Marcaje
- (+) R Despeje

Conceptos generales colectivos
- (+) R Repliegue
- (1) R Basculación defensiva
- (1) R Presión
- (+) R Transición ataque-defensa
- (+) R Juego aéreo y zonas de rechace
- (+) R Ritmo defensivo

Conceptos clasificados por demarcaciones, por líneas o por grupos de demarcaciones o de líneas
- (9) B Porteros + defensas (defensivo)
- (+) R Defensas +centrocampistas (defensivo)
- (+) R Centrocampistas (defensivo)
- (+) R Delanteros (defensivo)

CONCEPTOS DE ESTRATEGIA
Conceptos de estrategia ofensiva
- (+) R Saque de meta ofensivo
- (+) R Saque de esquina ofensivo
- (+) R Saque de banda ofensivo
- (+) R Saque de centro ofensivo
- (+) R Saque de falta ofensivo
- (+) R Saque de penalti ofensivo

Conceptos de estrategia defensiva
- (+) R Saque de meta defensivo
- (+) R Saque de esquina defensivo
- (+) R Saque de banda defensivo
- (+) R Saque de centro defensivo
- (+) R Saque de falta defensivo
- (+) R Saque de penalti defensivo

OTROS CONCEPTOS
- (+) R Sistemas de juego
- (1) Polivalencia
- (1) Participación en la competición
- (+) R Reglas de juego
- (1) R Entrenamiento individual
- (1) B Rendimiento
- (1) R Sociedades

PSICOLOGÍA
- (1) A Saber competir
- (+) A Imagen y responsabilidad
- (1) B Hábitos de comunicación
- (+) R Concentración
- (8) A Nivel de activación
- (1) C Compatibilidad escolar

6. GLOSARIO

6.1. OBJETIVO PRINCIPAL ESPECÍFICO

6.1.1. Fomentar la pasión del niño por el fútbol

Se trata de un concepto que, aunque común e importante para todas las categorías (incluido en el capítulo 4 – Objetivos comunes), es especialmente relevante en la etapa prebenjamín y por este motivo es citado de forma explícita.

Antes que cualquier concepto deportivo o de formación, el principal objetivo que debemos perseguir en esta primera edad es potenciar al máximo el entusiasmo del niño por jugar al fútbol. Huiremos por lo tanto de la repetición excesiva de ejercicios analíticos y recurriremos frecuentemente a juegos y partidos.

6.2. CONCEPTOS GENERALES

6.2.1. Jugar en equipo

Jugar en equipo es un concepto que trataremos de forma específica en las primeras etapas y que servirá de base fundamental para la mayoría de los conceptos tácticos que entrenaremos en fases posteriores.

Se trata de que el jugador entienda y asimile qué significa que el fútbol sea un deporte colectivo y las implicaciones que esto conlleva.

Su entrenamiento específico abarcaría desde la edad Prebenjamín (sub-8) a la Alevín de segundo año (sub-12). Posteriormente, Jugar en equipo quedaría recogido de forma implícita en el entrenamiento táctico y en la dinámica general del grupo y recibiría un tratamiento específico sólo en el caso de detectar necesidades o carencias puntuales.

Prebenjamín (sub-8)
- Entender lo que es un juego de equipo en comparación con uno individual:
    o Si todos participamos, todos nos divertimos más.
    o El objetivo del fútbol – marcar gol – es un objetivo colectivo, de todo el grupo. No importa quién meta los goles, sino que el equipo los anote.
    o No hay jugadores que defienden y otros que atacan: todos atacamos y todos defendemos.
    o Porque somos varios jugadores, podemos repartirnos el terreno de juego, sin necesidad de tener que correr todos a todas partes. Enlazar con Mi posición.

Benjamín de primer año (sub-9)
- Incentivar de forma general los comportamientos deportivos basados en la transmisión del balón (en lugar de la acción individual).
- Trabajo en equipo (dentro o fuera del fútbol):
    o Todos ganamos, todos perdemos.
    o El grupo es más importante que el individuo. Es más importante que el grupo se divierta y alcance sus objetivos que el hecho de que yo me divierta y yo alcance mis objetivos.

- o El grupo es más fuerte si participan todos los individuos que si lo hacen sólo unos pocos: no es sólo que nos divirtamos más, sino que tendremos más posibilidades de ganar.
- o Esforzarse por dar lo mejor de uno mismo al grupo y por ayudar a los demás a dar lo mejor de sí mismos.

② **B**   *Benjamín de segundo año (sub-10)*
- Comunicación positiva. Cómo ayudar a mis compañeros a dar lo mejor de sí mismos mediante la comunicación. Enlazar con Hábitos de comunicación.

③ **A**   *Alevín de primer año (sub-11)*
- Todos los jugadores, en cualquier momento del partido, tienen su rol ofensivo (hasta los porteros) y su rol defensivo (hasta los delanteros): asimilación y aplicación práctica en entrenamientos y competición.
- La importancia del juego sin balón para el equipo: no sólo es importante el jugador que lleva el balón. Todos los que le rodean pueden intervenir y favorecer el juego del equipo con sus movimientos sin balón e incluso ser decisivos sin llegar a tocarlo (no obsesionarse con entrar en contacto con el balón: lo importante es el beneficio del grupo).
- La importancia específica del individuo dentro del grupo en el fútbol: este deporte necesita de las acciones individuales puntuales de los jugadores.

④ **C**   *Alevín de segundo año (sub-12)*
- No hay objetivos nuevos en esta etapa.

6.2.2. Mi posición

Mi posición es un concepto muy primario que debe servir de base para el entrenamiento de otros conceptos tácticos más avanzados, como los sistemas de juego, la colocación ofensiva y defensiva del equipo, el marcaje en zona y los movimientos ofensivos sin balón específicos de cada demarcación.

Se trata de iniciar a los jugadores en la práctica del fútbol a partir de unas posiciones predeterminadas, de una organización dentro del terreno de juego. Ocupar una zona del terreno de juego supondrá para ellos primero una limitación (pues no podrán intervenir en cualquier parte del campo y habrán de guardar una cierta disciplina) y posteriormente una ventaja (pues esa distribución racional permitirá al equipo desarrollar un mejor juego colectivo, dosificar mejor los esfuerzos de los jugadores y, en definitiva, aumentar el rendimiento del grupo).

Su entrenamiento se limitará a las etapas Prebenjamín (sub-8), Benjamín de primer año (sub-10) y Benjamín de segundo año (sub-11).

Prebenjamín (sub-8)
- Delimitar zonas amplias de las que un jugador o un grupo de jugadores no deben salir. El objetivo será lograr que los jugadores no persigan el balón por sistema, que no corran todos detrás de él. Entender que fuera de mi zona de acción hay otros compañeros: ahora es su turno. Enlazar con Jugar en equipo. GRÁFICO 99.

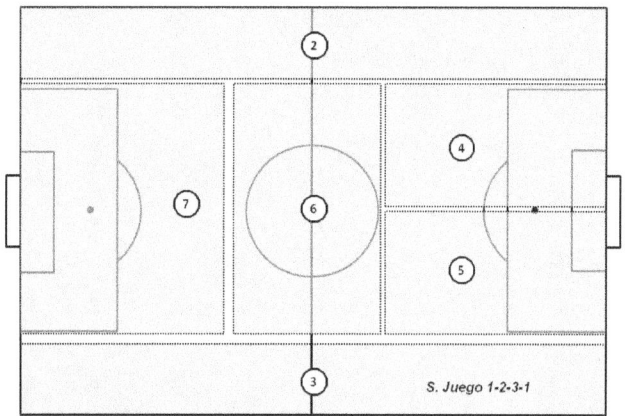

Benjamín de primer año (sub-9)
- Colocación en el sistema de juego.
    - Comenzar con una rígida colocación dentro de cada zona. El jugador no debe abandonar la zona en la que juega ni invadir la del compañero.

- Conforme los jugadores asimilen el objetivo anterior (y se introduzcan conceptos tácticos más avanzados), flexibilizar paulatinamente (sin prisa) la colocación.
- Introducir el perfil posicional de los jugadores respecto al balón, a las líneas que delimitan el terreno de juego y a la portería rival. Enlazar con Control y con Zona de iniciación. GRÁFICO 100.

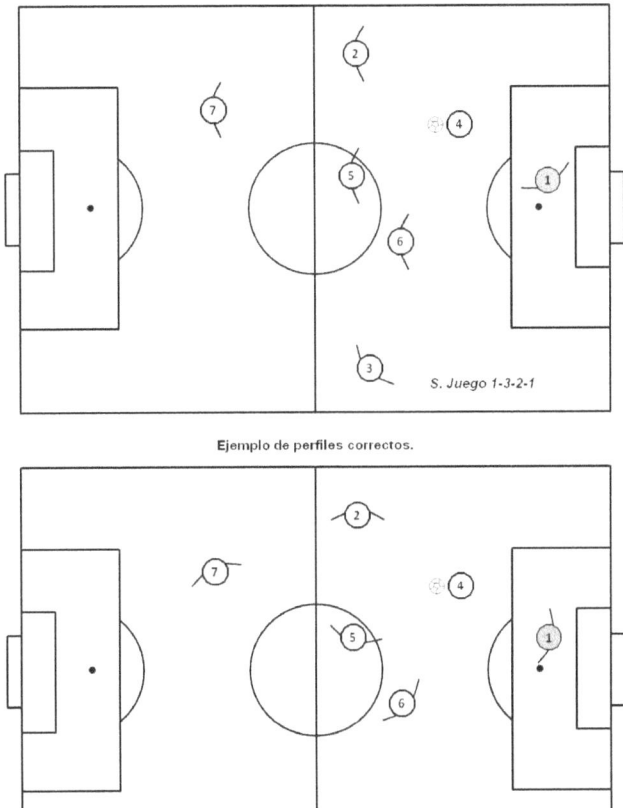

Ejemplo de perfiles incorrectos.

Ejemplo de perfiles correctos.

- Introducir el concepto de amplitud. En primera etapa de introducción es un concepto individual de posicionamiento. Invitar al jugador a no buscar siempre el balón por la parte central y a aprovechar las bandas. Tener paciencia porque el balón llegará. Y por otro, es un concepto de orientación del juego, de aprovechar a esos compañeros que están jugando por fuera. Enlazar con Orientación.
- Concepto general: pequeños en defensa, amplios en ataque. Enlazar con Transición defensa-ataque y con Transición ataque-defensa.

② B *Benjamín de segundo año (sub-10)*
- No hay objetivos nuevos en esta etapa.

6.3. CONCEPTOS OFENSIVOS

6.3.1. Conceptos generales

6.3.1.1. PASE

🔘 **B**   *Prebenjamín (sub-8)*
- Pase corto. Conceptos básicos: posición del pie de apoyo, lugar más idóneo para el impacto en el balón, balanceo de los brazos...
- Interior de ambos pies como superficie de golpeo prioritaria. Naturalidad en el golpeo: utilizar el interior de la pierna no dominante antes que forzar la postura buscando el golpeo con la pierna más hábil.
- Superficies secundarias: conocerlas.
- Entrenar el pase dentro de la secuencia control-pase. Enlazar con Control.
- De forma esporádica, introducir el golpeo al primer toque, como experimento.
- Prima siempre la precisión del gesto técnico sobre su rapidez.

① **A**   *Benjamín de primer año (sub-9)*
- Pase siempre bajo dos premisas: tenso y raso.
- Secuencia control-pase. Con qué pie controlo, en función de con qué pie quiero pasar. Enlazar con Control.
- Pase tras una conducción (distinto desde el punto de vista técnico del control-pase).
- Pase donde va el compañero, no donde está. Saber diferenciar entre un pase al pie y un pase al espacio.
- Pase por delante del compañero, no por detrás. Ver gráfico 78.

② **A**   *Benjamín de segundo año (sub-10)*
- Pase en profundidad. Es la mayor expresión de pasar donde va el compañero, no donde está.
- Superficies secundarias: utilizarlas como recurso y como herramienta, no como una forma de evitar el golpeo con la pierna no dominante.
- Introducir efectos en el golpeo al balón. Experimentar.
- Introducción al centro al área. Raso. Pase atrás para remate. Enlazar con Remate a puerta.

- Toma de decisiones. Intentar realizar el pase siempre a la pierna buena del compañero.
- Pase al primer toque. Optimizar el gesto técnico, aunque su uso en el juego no sea fomentado para evitar la precipitación y la falta de precisión. Enlazar con Ritmo ofensivo.

③ **A**   *Alevín de primer año (sub-11)*
- Pase de media distancia.
- Pase de larga distancia. Posición del pie de apoyo (más retrasada respecto al balón que en un pase corto), cuerpo hacia atrás, uso del empeine del pie (combinado o no con el interior).
- Golpeo a balón parado.
- Pase al primer toque: si el balón viene botando o en malas condiciones, lo primero es asegurarlo, bajarlo al suelo mediante un control, para después pasarlo (no se arriesga con un primer toque de mucha dificultad). Enlazar con Control.

④ **A**   *Alevín de segundo año (sub-12)*
- Toma de decisiones: pase al pie o pase al espacio. En función del juego, de la situación y de las características del compañero. Enlazar con Saber competir.
- Centro al área (en movimiento):
  o Levantar la cabeza, y mirar, antes de centrar.
    ▪ Pase raso.
    ▪ Pase aéreo.
- Pase de larga distancia. Enlazar con Control. En definitiva, el jugador no espera el balón, sino que va a por él; mientras, observa y analiza las posibilidades que tiene para pasar; toma la decisión de dónde dirigirá el pase posterior; realiza un control orientado (preferentemente con un solo toque) lo suficientemente alejado de sí mismo como para tener tiempo de armar el golpeo siguiente; realiza el golpeo en largo.
- Pase de larga distancia. Golpeo tras una conducción (distinto desde el punto de vista técnico del control-pase).
- Pase medio y largo a partir de un balón parado. Aplicación al saque de falta y al saque de esquina. Enlazar con Saque de falta y con Saque de esquina.
- Introducir efectos en el golpeo del balón en envíos de media-larga distancia. Experimentar.

⑤ **A** *Infantil de primer año (sub-13)*
- Finta en el pase. Enlazar con Finta.
    - Amagar con una acción distinta antes de realizar el pase. Toma de decisiones: la finta no es necesaria si no hay rivales que intervengan en la jugada.
    - Finta en el pase en profundidad en la zona de creación y finalización.
- Centro al área:
    - Gesto de golpeo mirando de frente a la línea de fondo (golpeo lateral, no frontal). GRÁFICO 117.

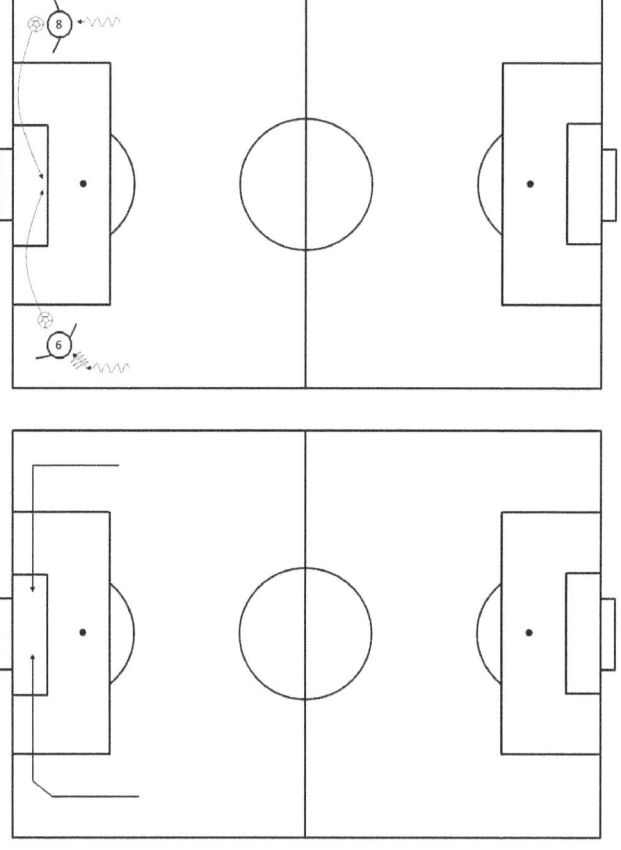

- Pase de larga distancia. Incidir en la rapidez en la secuencia toma de decisión-control-pase.

- Interpretar correctamente los movimientos sin balón del compañero y coordinar el pase con su movimiento real para que el compañero reciba cuando debe. Enlazar con Movimiento sin balón y con Control. Ver gráfico 39.
- Optimizar la acción técnica de primer toque, también en situaciones de mayor dificultad (procedencia del balón con mucha fuerza, botando, con fuerte oposición...).

⑥ A *Infantil de segundo año (sub-14)*
- Aplicar sobre el golpeo el efecto al balón más adecuado, según las circunstancias. Capacidad técnica y toma de decisiones.
- Aumentar la velocidad de ejecución en todas las acciones sin disminuir la precisión. Enlazar con Ritmo ofensivo y con Velocidad en el juego.

⑦ A *Cadete de primer año (sub-15)*
- Toma de decisiones: pase al pie o pase al espacio. En función de las características del rival, en comparación con el compañero. Enlazar con Rendimiento y con Saber competir.
- Fomentar el uso del primer toque, de acuerdo con las posibilidades técnicas del equipo y sin que ello suponga precipitación o pérdida de precisión.
- Cambio de orientación (pase en profundidad): leer los movimientos de finta sin balón del compañero y coordinar el pase con el movimiento real para que el compañero reciba cuando debe. Enlazar con Movimiento sin balón y con Orientación. Ver gráficos 30, 31, 52 y 111.
- Toma de decisiones. Centro al área:
    o Aéreo o raso en función de las circunstancias.

⊕ A *Cadete de segundo año (sub-16) – Juvenil de tercer año (sub-19)*
- Integrado en los calentamientos, dentro de las tareas tácticas y en el entrenamiento específico por demarcaciones.
- Entrenamiento específico si se detectan carencias o necesidades puntuales.

6.3.1.2. CONTROL

Prebenjamín (sub-8)
- Control orientado. El objetivo principal es crear el hábito de no parar el balón, sino orientarlo para realizar a continuación otra acción técnica.
- Naturalidad. No forzar la superficie de contacto. Realizar el control con naturalidad, con la superficie más adecuada (aunque la ejecución sea peor), sin forzar la postura del cuerpo para utilizar la que mejor dominamos.
- Un solo toque. Dos contactos con el balón para lograr controlarlo, mejor que tres; y uno, mejor que dos.
- Consciencia de que mediante el control elegimos la pierna y la superficie de contacto con la que realizaremos la acción posterior.

Benjamín de primer año (sub-9)
- No esperar el balón. Ir a su encuentro.
- El control se realiza en función del pie que quiero usar en la acción técnica posterior.
- Control orientado para pase corto posterior. Control muy cercano al pie con el que vamos a golpear a continuación.
- Control orientado para conducción posterior. El primer toque del control es también el primer toque de la conducción.
- Control orientado para tiro a puerta posterior. Introducción. Control más separado del pie con el que vamos a golpear a continuación. Nos servirá en alevín de primer año para entrenar el control para pase medio y largo.
- Secuencia control-pase. Enlazar con Pase. Automatizar mediante la repetición la secuencia control-pase en las siguientes dos modalidades:
  o Control con una pierna y pase con la otra.
  o Control y pase con la misma pierna.
- Perfil de control. Introducción. Explicar al jugador el concepto del perfil de control y dejar que experimente en las distintas situaciones dentro del campo. No se trata de girar el cuerpo cuando se entra en contacto con el balón, sino de ir en su busca habiendo adoptado ya el perfil adecuado. Enlazar con Mi posición y con Zona de iniciación. GRÁFICO 35.

Los jugadores número 6 y número 3 reciben el balón de espaldas a la portería contraria. Su perfil no es el adecuado, ya que no les permite tener una visión cómoda del entorno.

Un perfil adecuado facilita el control y la toma de decisiones para una acción posterior.

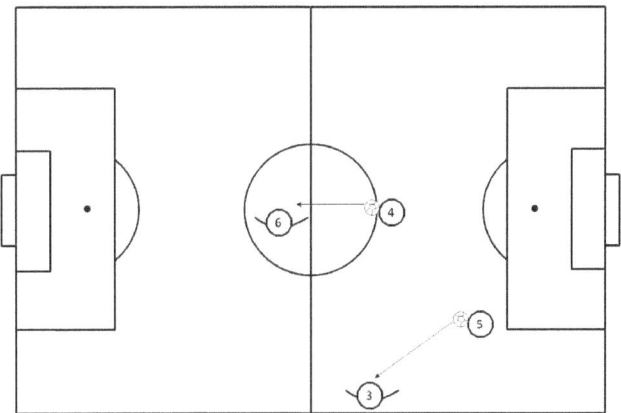

② **A**   *Benjamín de segundo año (sub-10)*
- Control orientado para regate posterior. El primer toque del control es también el primer toque del regate. Enlazar con Regate.

③ **A**   *Alevín de primer año (sub-11)*
- Perfil de control. Perfiles de control específicos según la demarcación (centrocampistas de banda) y la posición en el terreno de juego. Ver gráfico 35.
- Visión periférica. Mirar alrededor antes de controlar. Crear el hábito de mirar y saber qué tengo alrededor (porque he mirado) antes de centrarnos en la acción técnica de controlar el balón).
- Toma de decisiones. Uso de una o de dos piernas: control con una pierna y pase con la otra, o control y pase con la misma pierna, en función del perfil. GRÁFICO 36.

El jugador número 2 realiza el control y el pase con la misma pierna (derecha): abre cadera y busca amplitud para salir por fuera. El jugador número 3 realiza el control con la pierna izquierda y el pase con la derecha: busca proteger el balón con el control y dar rapidez a su acción al pasar con la pierna contraria.

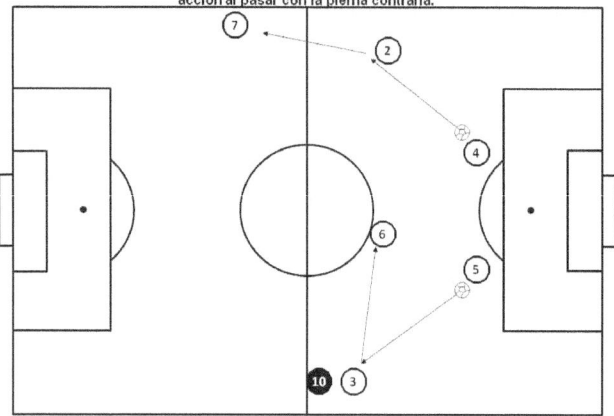

- Control de amortiguamiento. Evitar que el balón bote. Ir a su encuentro, no esperarlo.
- Control orientado para pase largo posterior. No esperar el balón, ir en su busca, control separado del pie con el que vamos a golpear a continuación (preferentemente, en un solo toque). Antes de controlar, es necesario saber dónde quiero enviar el balón en el pase posterior si quiero realizar la acción utilizando menos toques.
- Control con ángulo de 180°. GRÁFICO 37.

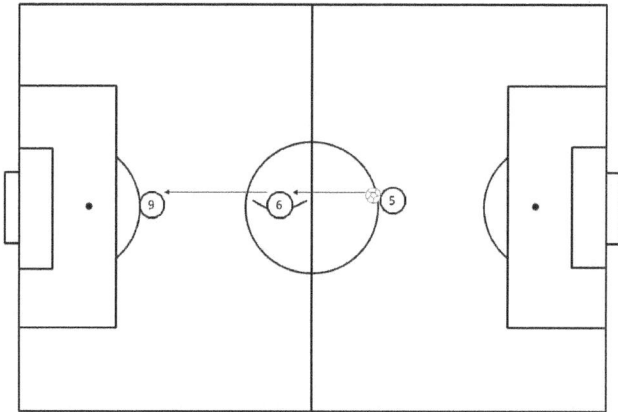

- Si el balón viene botando o en malas condiciones, lo primero es asegurarlo, bajarlo al suelo mediante un control, para después pasarlo (no se arriesga con un primer toque de mucha dificultad). Enlazar con Pase.

④ **A** *Alevín de segundo año (sub-12)*
- Perfil de control. Perfiles de control específicos según la demarcación (medios centro) y la posición en el terreno de juego. Ver gráfico 25.

- Finta en el movimiento sin balón previo al control, si hay desmarque (si hay rivales que intervengan en la jugada). Coordinar correctamente la finta para que no afecte a la calidad del control. Enlazar con Finta y con Movimiento sin balón.
- Control orientado con protección. Uso de los brazos y del cuerpo para proteger el balón de la presencia de un rival en el momento de realizar un control orientado.
- Visión periférica. Toma de decisiones. Además de mirar alrededor antes de controlar, interpreto y utilizo la información para tomar una decisión acerca de la acción posterior que voy a realizar.
- Toma de decisiones. Analizar si puedo orientar el control hacia la portería contraria y progresar con un pase o con una conducción, o si estoy obligado a tocar de cara o a proteger el balón y buscar una acción técnica de seguridad que permita conservar la posesión del balón. GRÁFICO 38.

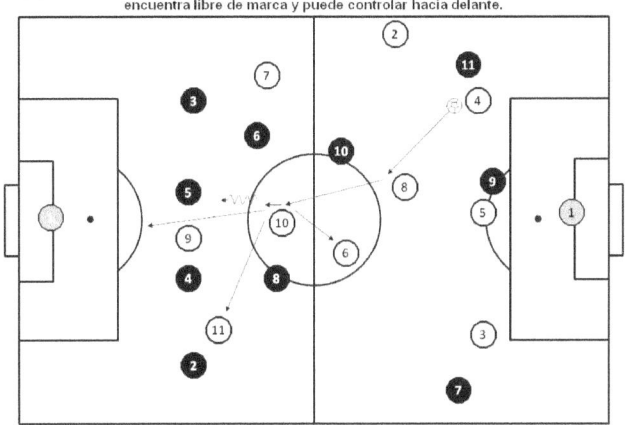

El jugador número 10 se equivocaría si decidiera tocar de cara sobre el número 6 porque se encuentra libre de marca y puede controlar hacia delante.

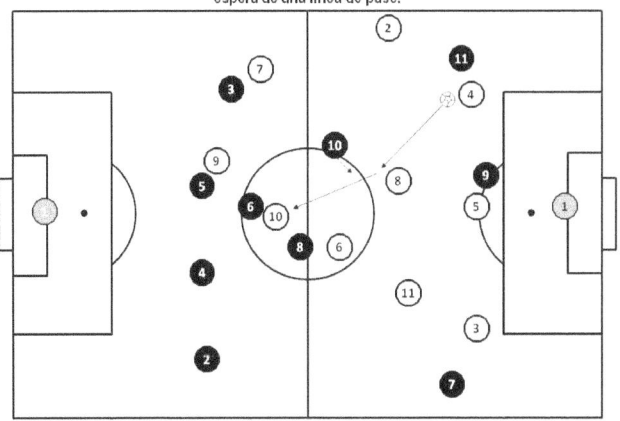

El jugador número 10 se equivocaría si decidiera girarse, puesto que se encuentra estrechamente marcado, muy aislado y alejado de la portería contraria. Al no tener posibilidad de tocar de cara, lo más adecuado sería optar por un control de cobertura, a la espera de una línea de pase.

- Control orientado para pase largo posterior. Enlazar con Pase. El jugador no espera el balón, sino que va a por él; mientras, observa y analiza las posibilidades que tiene para pasar; toma la decisión de dónde dirigirá el pase posterior; realiza un control orientado (preferentemente con un solo toque) lo suficientemente alejado de sí mismo como para tener tiempo de armar el golpeo siguiente; realiza el golpeo en largo.
- Control en la zona de finalización, con posibilidad de 1xpt:
    - Visión periférica. Tener una idea clara de la situación a mi alrededor antes de entrar en contacto con el balón.
    - Toma de decisiones previa al control. Decidir cómo quiero, al menos de momento, resolver la jugada posterior.
    - Perfil de control. Básico para finalizar la jugada con éxito.

⑤ **A**   *Infantil de primer año (sub-13)*
- Finta asociada al gesto técnico del control. El cuerpo da al rival una información falsa sobre las intenciones de control que tenemos. No es necesario tener un contrario cerca para justificar este tipo de fintas, puesto que serán útiles en cualquier parte del campo, con el fin de crear incertidumbre en el bloque defensivo rival. Por ejemplo: amago con los hombros el control hacia la derecha, pero lo realizo hacia la izquierda. Enlazar con Finta (en el pase: amago el control y toco de primeras; amago el pase de primeras y controlo orientado).
- En caso de que se produzca un desmarque de apoyo previo al control del balón, coordinar el movimiento de finta y el cambio de ritmo para estar en disposición de recibir el pase del compañero en el momento preciso, ni antes ni después. GRÁFICO 39.

El jugador número 11 realiza el movimiento sin balón demasiado tarde, por lo que cuando el número 3 está en disposición de pasarle el balón, debe frenarse para esperarle.

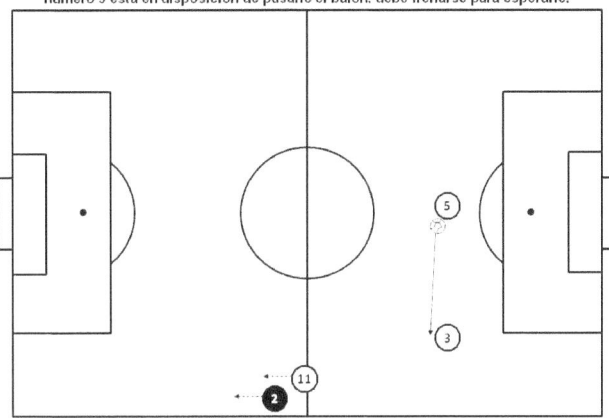

El jugador número 11 realiza el movimiento sin balón demasiado pronto, por lo que cuando se ha desmarcado y está en disposición de recibir el balón, el número 3 no lo está para darle el pase. El rival recupera la marca y el desmarque se pierde.

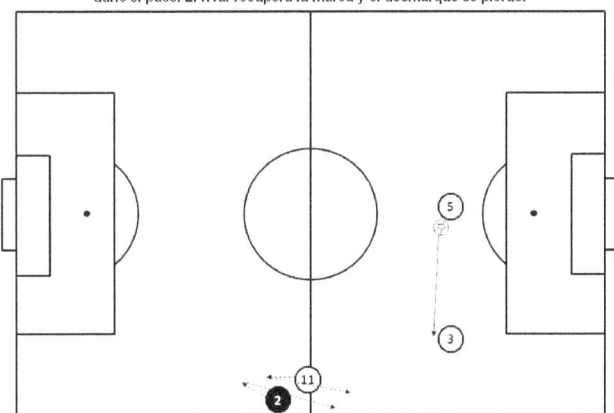

El jugador número 11 realiza el movimiento sin balón en el momento preciso, de forma coordinada con el pasador. Recibe el pase desmarcado, con espacio y con tiempo.

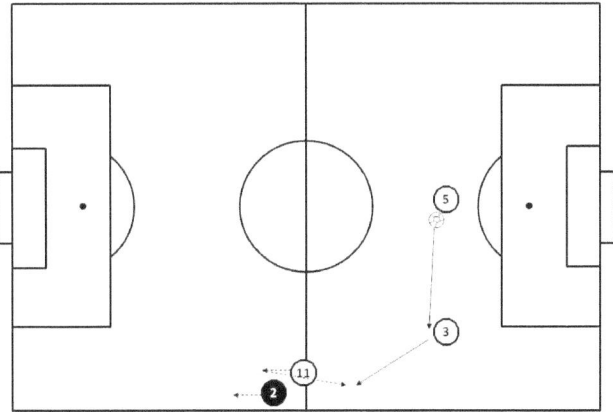

- Control de espaldas, con protección. Muy habitual en jugadores de medio campo para adelante, cuando no han podido perfilarse correctamente, debido a que reciben por la espalda la presión de un contrario. Normalmente, controles con parada o semi parada. Las premisas serán:
    - Ganar espacio y tiempo, saliendo al encuentro del balón.
    - En posición lateral (no con los pies en paralelo), bajar el centro de gravedad flexionando las rodillas, buscando ganar estabilidad.
    - Con el tren inferior ejerciendo de sólida base de sustentación, usar el trasero, la espalda y los brazos para alejar al contrario del balón, al cual controlaremos con la superficie más alejada de las piernas del rival.
    - Todo lo anterior debe ir asociado a la toma de decisiones, en función de la zona del campo y de la situación: tocar de cara, pasar e intentar una pared, intentar girar y encarar, girar con un regate de cobertura, buscar una falta a favor...
    - Enlazar con Centrocampistas (ofensivo) y con Delanteros (ofensivo).
- Visión periférica. Toma de decisiones. Pienso y decido la jugada posterior antes de recibir el balón.
- Visión periférica. Hablar al compañero cuando va a controlar un balón, facilitándole información acerca de la posición de los rivales. Será una ayuda muy útil si no ha tenido tiempo de mirar alrededor. Enlazar con Hábitos de comunicación.

(6) **A** *Infantil de segundo año (sub-14)*
- Coordinar los distintos pasos que pueden intervenir en el control del balón cuando el jugador se desmarca del rival:
    - Mirada periférica.
    - Toma de decisiones.
    - Inicio de los movimientos posteriores de forma coordinada con el pasador del balón para ofrecerle el apoyo en el momento apropiado. Ver gráfico 39.
    - Finta ofensiva previa al movimiento de desmarque.
    - Movimiento de desmarque. Cambio de ritmo.
    - Correcta orientación del cuerpo (perfil).
    - Finta ofensiva previa al control del balón.
    - Correcta acción técnica de control del balón, orientándolo en función de la acción técnica posterior.

- Control en la zona de finalización, con posibilidad de 1xpt. Enlazar con Definición 1xpt y con Fase de finalización:
    - Visión periférica. Tener una idea clara de la situación a mi alrededor antes de entrar en contacto con el balón.
    - Toma de decisiones previa al control. Decidir cómo quiero, al menos de momento, resolver la jugada posterior.
    - Perfil de control. Básico para finalizar la jugada con éxito.

⊕ **A**   *Cadete de primer año (sub-15) – Juvenil de tercer año (sub-19)*
- Integrado en los calentamientos, dentro de las tareas tácticas y en el entrenamiento específico por demarcaciones.
- Entrenamiento específico si se detectan carencias o necesidades puntuales.

6.3.1.3. CREATIVIDAD TÉCNICA

Creatividad técnica es la capacidad de un jugador para llevar a cabo las acciones técnicas de una forma personal e imaginativa, demostrando e incrementando su talento en el manejo del balón. La creatividad técnica se puede aplicar por lo tanto al dominio, al control, al pase, al regate, a la conducción y a todas las acciones técnicas ofensivas.

Ejemplos de creatividad técnica:

- Incorporación de todo tipo de fintas en la ejecución de las acciones técnicas.
- Golpear al balón experimentando efectos y superficies de contacto poco habituales.
- Controles del balón creativos, distintos de los académicos.
- Incorporación de malabarismos en el dominio del balón.
- Golpear al balón mediante la 'rabona'.
- Rematar a puerta de forma acrobática ('chilena', 'escorpión'...).
- Regates creativos y de alta exigencia técnica, como la ruleta.

① **A**   *Prebenjamín (sub-8)*
- Dominio del balón con todas las superficies. Secuencia 'un toque – un bote' para iniciar.
- Conducción.

② **A**   *Benjamín de primer año (sub-9)*
- Dominio del balón con todas las superficies. Secuencia 'un toque – un bote' para iniciar.

- Conducción.
- Regate.

③ **A**   *Benjamín de segundo año (sub-10)*
- Dominio del balón con todas las superficies.
- Conducción.
- Regate.
- Control.
- Golpeo con el pie.

④ **A**   *Alevín de primer año (sub-11)*
- Dominio del balón con todas las superficies.
- Conducción.
- Regate.
- Definición 1xpt.
- Control.
- Golpeo con el pie.

⑤ **A**   *Alevín de segundo año (sub-12)*
- Dominio del balón con todas las superficies.
- Conducción.
- Regate.
- Definición 1xpt.
- Control.
- Golpeo con el pie.
- Pase.
- Tiro a puerta.

⑥ **A**   *Infantil de primer año (sub-13)*
- Dominio del balón con todas las superficies.
- Conducción.
- Regate.
- Definición 1xpt.
- Control.
- Golpeo con el pie.
- Pase.
- Tiro a puerta.

⑦ **A**   *Infantil de segundo año (sub-14)*
- Mismos objetivos de la etapa anterior.

⊕ **B**   *Cadete de primer año (sub-15) – Cadete de segundo año (sub-16)*
- Integrado en los calentamientos.
- Mismos objetivos de la etapa anterior.

⊕ **C**   *Juvenil de primer año (sub-17) – Juvenil de tercer año (sub-19)*
- Integrado en los calentamientos
- Mismos objetivos de la etapa anterior.

Éstas son algunas propuestas de organización para entrenar la creatividad técnica:

Propuesta 1

Cada día, durante todo el año, se dedican diez minutos al inicio de la sesión divididos de la siguiente forma:

Primera parte. Calentamiento.

2' Deseablemente con un balón por jugador (o uno por parejas), en un espacio delimitado pero amplio los futbolistas tienen libertad para realizar las acciones técnicas que deseen.

Segunda parte. Cada sesión, dos jugadores reciben el encargo de pensar y proponer al día siguiente una acción técnica de cualquier tipo que entrañe algún tipo de dificultad o de innovación. En definitiva, que suponga un reto. Puede tratarse de una acción que el futbolista domine y pueda servir como ejemplo para sus compañeros o, todo lo contrario, una que no ejecute correctamente y que quiera aprender o mejorar.

A lo largo del año, una misma propuesta puede ser repetida si supone un reto que el grupo no consigue alcanzar. Lógicamente, el cuerpo técnico también podrá proponer sus propias tareas.

4' Propuesta 1. Explicación, práctica y corrección.

4' Propuesta 2. Explicación, práctica y corrección.

En la explicación, la práctica y la corrección, el cuerpo técnico supervisa la tarea y contribuye a la consecución de los objetivos por parte de todos los jugadores de la plantilla, pero serán éstos los principales protagonistas, sirviendo de ejemplo a los compañeros y ayudándose mutuamente a realizar con éxito la acción propuesta.

Propuesta 2

Partidos de 'patio de colegio' o 'fútbol de la calle': sin posiciones, sin correcciones, simplemente incentivando a los jugadores a inventar, a intentar cosas nuevas, a regatear...

En estos partidos, es muy interesante mezclar a jugadores de diferentes edades, pues los pequeños, a pesar de que entrarán poco en juego frente a los mayores, aprenderán de éstos y serán los principales beneficiados.

6.3.1.4. REGATE

Salvo excepciones, el regate debemos entrenarlo en situaciones de 2x1 o de 2x2 como mínimo. El 1x1 no es muy real, puesto que el regate se basa en muchas ocasiones en la incertidumbre que le genera al defensa la posibilidad de que pasemos el balón. Si no hay opción de pase, la situación se desvirtúa.

Asimismo, es conveniente que en estos ejercicios el objetivo a alcanzar por el regateador no sea una sola y pequeña portería, ya que será más fácil para el defensor evitar que le sobrepasen. En su lugar, la recomendación es situar una portería grande defendida por un portero, o varias mini porterías y que cualquiera de ellas sea válida o una línea horizontal amplia que sobrepasar para culminar el regate.

(In) B *Prebenjamín (sub-8)*
- Incentivar el regate.
    - El primer e indispensable paso para regatear es atreverse, tener valentía.
    - El que no la posee es difícil que la adquiera, por lo que el objetivo más básico es no coartar al que lleva el uno contra uno en la sangre, de forma innata.
    - Lo primero es fomentar que los jugadores se atrevan a encarar y a intentar el regate, siempre asociándolo a ejercicios cerca de la portería contraria, para que el jugador asocie desde el principio que es en esa zona donde debe regatear.
    - Al que regatea más de la cuenta no se le prohíbe, se le acerca al área rival.

① **A**   *Benjamín de primer año (sub-9)*
- Como un escalón superior de la conducción, como una progresión, comprender y experimentar las tres formas de regate. Pautas básicas para cada uno de ellos:
    o Regate por habilidad
    o Regate por cobertura
    o Regate por velocidad
- Regate en el uno contra uno frente al portero. Enlazar con Definición 1xpt.

② **A**   *Benjamín de segundo año (sub-10)*
- Potenciar la finta previa al regate, asociarla como un encabezado a la acción principal. Enlazar con Creatividad técnica.
- Potenciar de forma general el regate y que cada jugador alcance en este año su mayor desarrollo creativo y de éxito posible.

③ **A**   *Alevín de primer año (sub-11)*
- Creatividad técnica. Enlazado con este concepto, seguir experimentando y desarrollando la creatividad en el regate.
- Toma de decisiones. Zonas de seguridad (no es recomendable regatear; enlazar con Fase de iniciación) y zonas propicias para arriesgar (enlazar con Fase de creación y Fase de finalización).

④ **A**   *Alevín de segundo año (sub-12)*
- Creatividad técnica. Enlazado con este concepto, seguir experimentando y desarrollando la creatividad en el regate.
- Ampliar la variedad del repertorio de regates de cada jugador. Intentar fórmulas diferentes a las ya habituales para enriquecer al futbolista. Se trata sólo de un complemento: es importante ser conscientes de que el jugador debe potenciar los regates que mejor haga, aunque los repita, puesto que son los que más dominará y los que con más confianza llevará a cabo.
- Idem del punto anterior, en el regate uno contra uno frente al portero. Enlazar con Definición 1xpt.
- Toma de decisiones en las zonas propicias para arriesgar: ¿Pasar o regatear? Enlazar con Fase de creación y Fase de finalización.

⑤ **A**   *Infantil de primer año (sub-13)*
- Creatividad técnica. Enlazado con este concepto, seguir experimentando y desarrollando la creatividad en el regate.
- Regate saliendo de un control orientado:

- Que el primer toque del control sea también el primero del regate. Asociar al control, primer toque del control es el primer toque del regate. Enlazar con Control.
- Regate saliendo de un control orientado. Movimiento sin balón previo al control para ganar espacio y preparar el regate. Enlazar con Movimiento sin balón.

⑥ **B** *Infanti de segundo año (sub-14)*
- Creatividad técnica. Enlazado con este concepto, seguir experimentando y desarrollando la creatividad en el regate.
- Toma de decisiones. Regate partiendo de posición estática y regate partiendo de carrera, con el defensa retrocediendo. Elegir el tipo de regate que se va a utilizar en función de una u otra circunstancia.
- Regate partiendo de una posición de espaldas al rival. Usar la habilidad y la cobertura del cuerpo.
- Regate saliendo de un control orientado, variando la procedencia y la altura del balón que recibe el jugador.

⑦ **C** *Cadete de primer año (sub-15)*
- Creatividad técnica. Enlazado con este concepto, seguir experimentando y desarrollando la creatividad en el regate.
- Delimitar zonas prohibidas, como norma general, para el regate. Enlazar con Rendimiento.

⊕ **C** *Cadete de segundo año (sub-16) – Juvenil de tercer año (sub-19)*
- Integrado en los calentamientos, dentro de las tareas tácticas y en el entrenamiento específico por demarcaciones.
- Entrenamiento específico si se detectan carencias o necesidades puntuales.

6.3.1.5. FINTA

La finta puede ser asociada a casi todas las acciones técnicas (ofensivas y defensivas) del juego y a los movimientos tácticos sin balón. Es un factor que puede marcar la diferencia entre el buen jugador y el excelente.

Metodológicamente, en primer lugar debemos asegurarnos de la asimilación de la acción en sí misma y practicarla sin ningún tipo de finta. Incorporar el elemento de engaño es un paso posterior, necesario pero posterior. Si lo incorporamos demasiado pronto, podemos distraer el aprendizaje del gesto técnico o del movimiento táctico.

Excepción a todo esto es el regate, en el que la finta constituye una parte más, inherente, sobre todo en el regate de habilidad.

Como se ha hecho con otros conceptos, la finta podría haber sido suficientemente abordada incluyéndola únicamente dentro del entrenamiento de esos factores del juego. Sin embargo, su importancia hacía recomendable dedicarle un apartado específico.

Benjamín de primer año (sub-9)
- Empezamos experimentando libremente.
- Siempre hablamos de finta ofensiva con balón, asociada al regate o a la conducción.
- El jugador la hará por inercia y por intuición y la labor del cuerpo técnico es fomentar su uso.

Benjamín de segundo año (sub-10)
- La trabajaremos de forma específica proponiendo tipos de regate con finta previa en la parte de Creatividad técnica o en el entrenamiento específico de Regate.
- Finta en 1xpt. Potenciar su uso. Experimentar.
- Finta defensiva. Enlazar con Entrada.

Alevín de primer año (sub-11)
- Toma de decisiones: la finta no es necesaria si no hay rivales que intervengan en la jugada.
- Finta en el saque de banda. Enlazar con Saque de banda ofensivo.

Alevín de segundo año (sub-12)
- Finta ofensiva en los movimientos sin balón. Enlazar con Movimiento sin balón, con Control y con Fase de finalización.

Infantil de primer año (sub-13)
- Finta asociada al gesto técnico del control. Enlazar con Control.
- Finta asociada al gesto técnico del pase. Enlaza con Pase.

Infantil de segundo año (sub-14)
- Fomentar la finta en la zona de finalización (con y sin balón).

Cadete de primer año (sub-15) – Juvenil de tercer año (sub-19)
- Integrado en los calentamientos, dentro de las tareas tácticas y en el entrenamiento específico por demarcaciones.

- Entrenamiento específico si se detectan carencias o necesidades puntuales.

6.3.1.6. PIERNA MENOS HÁBIL

Como se refirió en el capítulo 4, Objetivos comunes, el concepto de lateralidad siempre estará presente en todas las edades, en todo momento: cada ejercicio que hagamos debe contemplar el uso de las dos piernas.

Sin embargo, podemos preparar contenidos específicos para entrenar la pierna menos hábil.

Por ejemplo, organizando un ejercicio o un partido de cualquier tipo en el que, de forma predominante y en la medida de lo posible, sólo se debe utilizar la pierna menos hábil. Se pitará falta cuando esta norma se incumpla (a criterio del cuerpo técnico). Como en todos los ejercicios que tienen un fin de mejora técnica, es recomendable que el número de jugadores sea bajo respecto al número de balones (o de partidos), con el fin de lograr el mayor número de contactos y de experiencias de juego con la pierna menos hábil.

⊕ **B** *Prebenjamín (sub-8) – Benjamín de primer año (sub-9)*

⊕ **A** *Benjamín de 2º año (sub-10) – Infantil de 2º año (sub-14)*

⊕ **B** *Cadete de primer año (sub-15) – Cadete de segundo año (sub-16)*
- Integrado en los calentamientos, dentro de las tareas tácticas y en el entrenamiento específico por demarcaciones.
- Entrenamiento específico si se detectan carencias o necesidades puntuales.

⊕ **C** *Juvenil de primer año (sub-17) – Juvenil de tercer año (sub-19)*
- Integrado en los calentamientos, dentro de las tareas tácticas y en el entrenamiento específico por demarcaciones.
  o Entrenamiento específico si se detectan carencias o necesidades puntuales.

6.3.1.7. CONDUCCIÓN

A *Prebenjamín (sub-8)*
- Conducción para espacios reducidos: muchos toques, balón pegado al pie y cabeza arriba.
- Distintas superficies de contacto. Entrenar todas.
- Cambios de dirección, manejando correctamente las superficies.
- La precisión prima sobre la velocidad de ejecución y de desplazamiento.

A *Benjamín de primer año (sub-9)*
- Distintas superficies de contacto. Escoger la más adecuada en cada circunstancia.
- Cambios de ritmo. Se introducen aceleraciones y deceleraciones sin llegar a perder precisión.
- Finta. Diferentes amagos con el cuerpo y con las piernas. Experimentar. Enlazar con Finta.
- Conducción con oposición lateral. Cobertura del balón y carga. Utilización de la superficie de contacto más adecuada, en función de la posición del rival.

A *Benjamín de segundo año (sub-10)*
- Conducción con oposición lateral. Utilización de la superficie de contacto más adecuada, en función de la situación dentro del terreno de juego.
- Cambios de ritmo combinados con cambios de dirección y con oposición lateral. Correcto uso de las superficies de contacto.
- Transición al regate. Pasar de la conducción al regate: regate lanzado (en carrera).
- La precisión sigue primando sobre la velocidad de ejecución y de desplazamiento.

B *Alevín de primer año (sub-11)*
- No hay objetivos nuevos en esta etapa.

B *Alevín de segundo año (sub-12)*
- Conducción con oposición lateral. Utilización de los brazos y del cuerpo para mantener al contrario alejado del balón.

- Velocidad de ejecución y de desplazamiento. Sin perder precisión, aumentamos la exigencia en cuanto a velocidad de ejecución y de desplazamiento. Esta exigencia será creciente a partir de esta etapa.
- Toma de decisiones. Pase o conducción. Hay determinadas situaciones del juego en las que la conducción es la mejor opción. Por ejemplo:
    - En la fase de iniciación, cuando un central sale conduciendo desde atrás para dividir la presión del rival. Enlazar con Fase de iniciación. GRÁFICO 32.

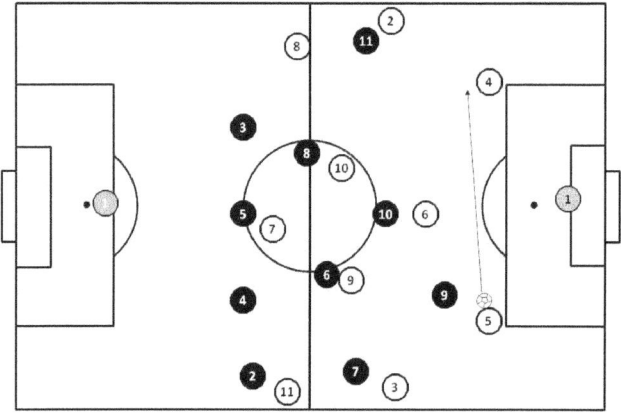

Sin un marcaje definido, el número 4 elige conducir en lugar de pasar el balón. Esta acción provocará desajustes en el sistema defensivo del rival, lo que abrirá nuevas posibilidades de juego ofensivo.

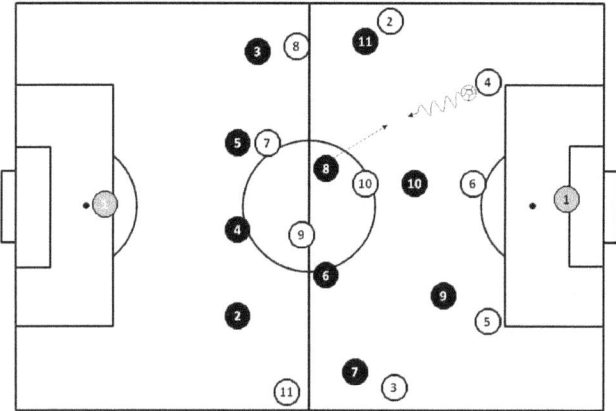

Por ejemplo, una situación de 2x1 de los jugadores 4 y 10 frente al 8 rival.

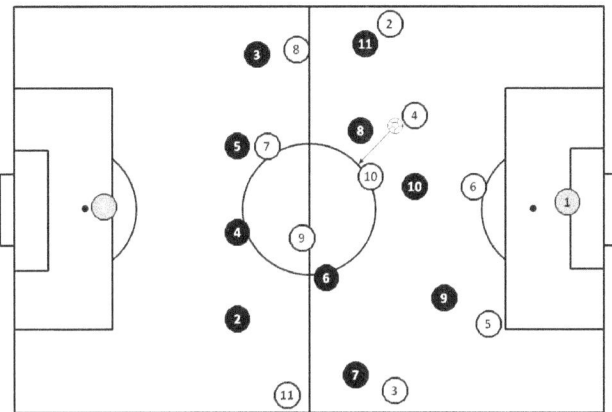

- En una acción ofensiva con superioridad numérica, en la que el poseedor del balón conduce buscando al rival para, una vez que le ha atraído, pasar a su compañero. GRÁFICO 33.

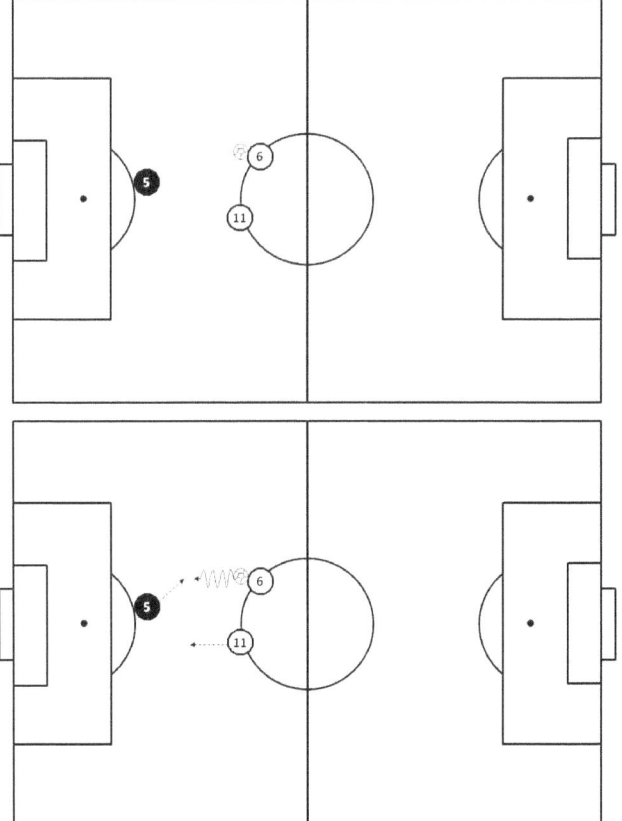

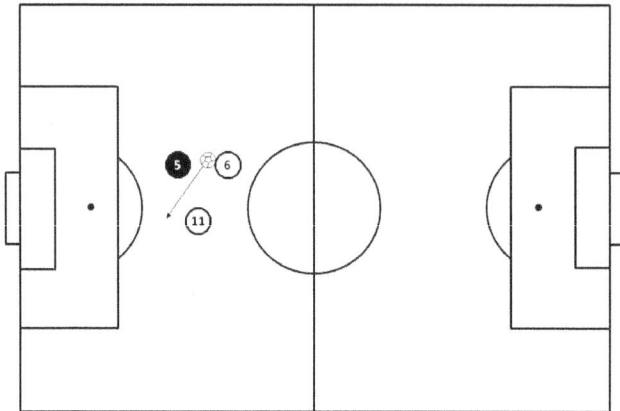

- o Cuando no existe una línea de pase hacia ningún compañero y el poseedor del balón conduce para ayudar a crearla.
- o Cuando se encara una oportunidad de gol y la conducción puede ayudar a optimizar las posibilidades de éxito.
- o Cuando existe un espacio libre que, ocupado mediante una conducción, permite al equipo ganar metros en la elaboración del juego. Enlazar con Fase de iniciación. GRÁFICO 34.

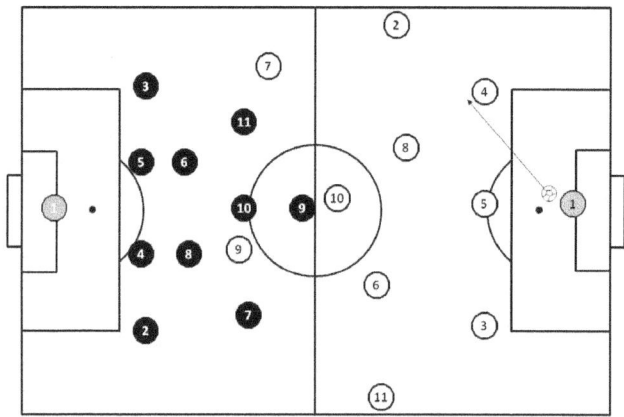

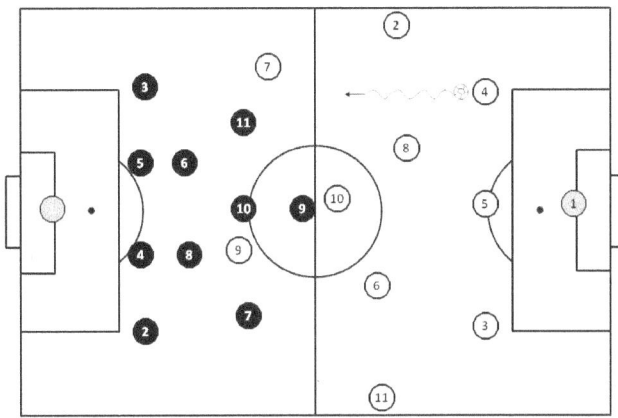

La conducción del jugador número 4 permite al equipo empezar a elaborar su juego ofensivo desde la zona del campo adecuada, teniendo en cuenta el planteamiento defensivo del rival.

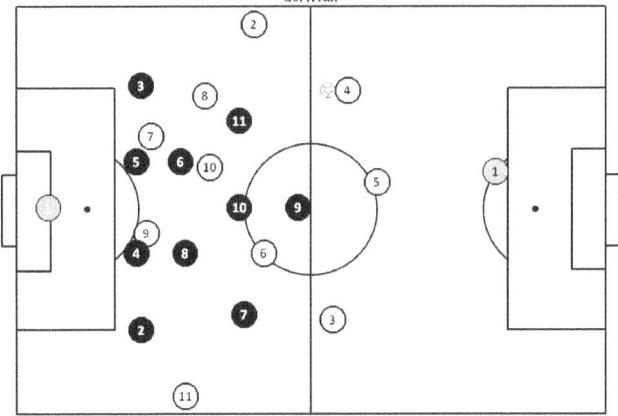

⑤ 🅱 *Infantil de primer año (sub-13)*
- No hay objetivos nuevos en esta etapa.

⑥ 🅱 *Infantil de segundo año (sub-14)*
- Conducción en espacios amplios. En contraataque, por ejemplo. Menos toques, balón más separado para poder correr más rápido, cabeza arriba. Perdemos precisión a propósito y ganamos velocidad de desplazamiento.
- Toma de decisiones. Manejar y combinar ambos tipos de conducción, según la necesidad.

⊕ 🅱 *Cadete de primer año (sub-15) – Juvenil de tercer año (sub-19)*
- Integrado en los calentamientos, dentro de las tareas tácticas y en el entrenamiento específico por demarcaciones.
- Entrenamiento específico si se detectan carencias o necesidades puntuales.

6.3.1.8. TIRO A PUERTA

(in) **C**   *Prebenjamín (sub-8)*
- Experimentar con las diferentes superficies de contacto.

① **B**   *Benjamín de primer año (sub-9)*
- El tiro raso, a un lado, es el más difícil para el portero.
- Pautas fundamentales sobre las distintas superficies de contacto:
    - Interior si el tiro es de corta distancia.
    - Empeine o empeine interior, si es un tiro lejano.
- Tiro a puerta tras una conducción.
- Tiro a puerta tras el control del balón.
- Automatizar la secuencia 'tiro – ir al rechace'. Independientemente del resultado del tiro a puerta, hay que buscar el rechace, evitando la clásica postura de quedarse mirando la jugada como un espectador.
- Fomentar el tiro a puerta siempre que el jugador tenga posibilidad de realizarlo.
- Táctica del tiro a puerta:
    - Tiro a puerta siempre que tenga ángulo de tiro cerca de la portería rival.
    - Pase a un compañero si se encuentra en una posición mejor que la mía.
    - Regate o conducción si no hay posibilidad de pase o de tiro a puerta.

② **A**   *Benjamín de segundo año (sub-10)*
- Tiro a puerta desde diferentes ángulos.
- Tiro a puerta sin control previo: al primer toque. Enlazar con Remate a puerta.
- Experimentar con los efectos al balón, utilizando las distintas superficies.
- Tiro a puerta de falta frontal (balón parado o tocado por un compañero). Enlazar con Saque de falta ofensivo.
- Tiro a puerta de penalti. Enlazar con Penalti ofensivo.
- Automatizar la secuencia 'tiro – ir al rechace' en todos los jugadores próximos al balón.

③ **B**   *Alevín de primer año (sub-11)*
- No hay objetivos nuevos en esta etapa.

④ **B**   *Alevín de segundo año (sub-12)*
- Fomentar el tiro raso, incluso frente a porteros de poca estatura, con un fin formativo por encima del fin práctico.
- Tiro a puerta cuando la trayectoria del balón es opuesta (viene de frente hacia el jugador).
- Tiro a puerta de volea (balón no raso). Enlazar con Remate a puerta.

⑤ **B**   *Infantil de primer año (sub-13)*
- No hay objetivos nuevos en esta etapa.

⑥ **A**   *Infantil de segundo año (sub-14)*
- Tiro a puerta en condiciones de máxima presión y de espacios muy reducidos:
  - Armar la pierna de golpeo con rapidez, en corto espacio y en corto tiempo.
  - Tiro a puerta sin haber logrado armar completamente la pierna de golpeo.
- Especializar el tiro a puerta con la pierna no dominante. El objetivo es no perder oportunidades de gol buscando el perfil 'bueno'.

⑦ **B**   *Cadete de primer año (sub-15)*
- Tiro a puerta en función de las características del portero rival.
- Utilización de la puntera, como recurso.
- Tiro a puerta desde larga distancia, coincidiendo con el desarrollo de la fuerza.

⑧ **B**   *Cadete de segundo año (sub-16)*
- No hay objetivos nuevos en esta etapa.

⊕ **R**   *Juvenil de primer año (sub-17) – Juvenil de tercer año (sub-19)*
- Rendimiento. El entrenamiento de Tiro a puerta se planifica en función de los objetivos pendientes de años anteriores, de las necesidades de la competición y con el objetivo de generar rendimiento.

6.3.1.9. DEFINICIÓN 1xPT

Acción técnica propia de la zona de finalización en la que el jugador resuelve una situación de uno contra uno frente al portero.

⓵ **C**   *Prebenjamín (sub-8)*
- 1xpt con balón controlado, raso, en ángulo abierto a la portería. GRÁFICO 44

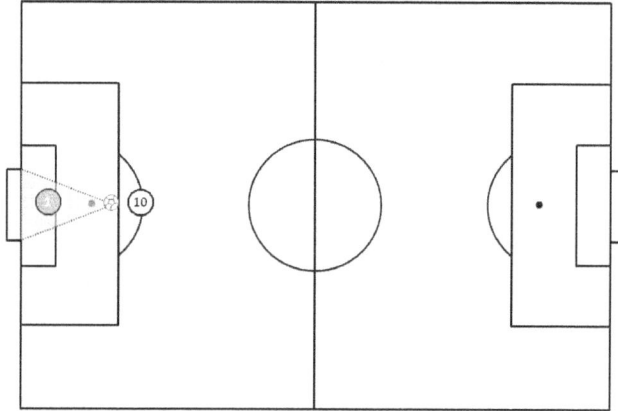

- Tranquilidad. No ponerse nerviosos. Fomentar la frialdad, en este tipo de situaciones.
- Experimentar. Que el jugador intente todo lo que se le ocurra, sin miedo a fallar.

① **B**   *Benjamín de primer año (sub-9)*
- Interior, a un palo. Primeras pautas en busca de la efectividad. Que no sea una imposición, sino una posibilidad más.
- Regate al portero. El jugador sigue experimentando. Enlazar con Regate.
- Rechace, siempre. Haga lo que haga en la acción de definición 1xpt, y termine como termine, hay que automatizar que el jugador busque siempre el rechace, que no se quede mirando a la espera de ver si el balón entra o no.
- Toma de decisiones. Enlazar con Fase de finalización. En función del contexto de la jugada, ¿seguro que no hay opciones mejores que el 1xpt? GRÁFICO 45.

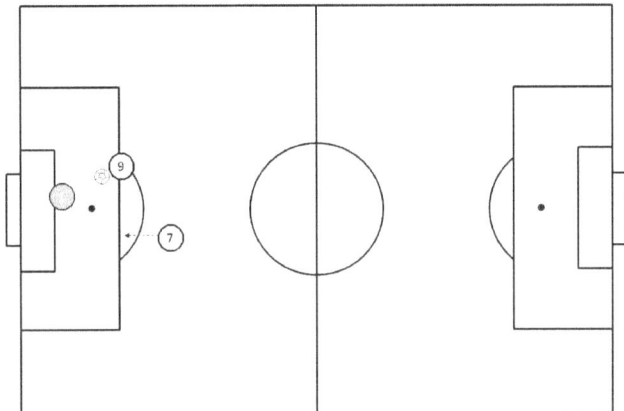

② **A** *Benjamín de segundo año (sub-10)*
- 1xpt con balón controlado, raso, en diferentes ángulos respecto a la portería. GRÁFICO 46.

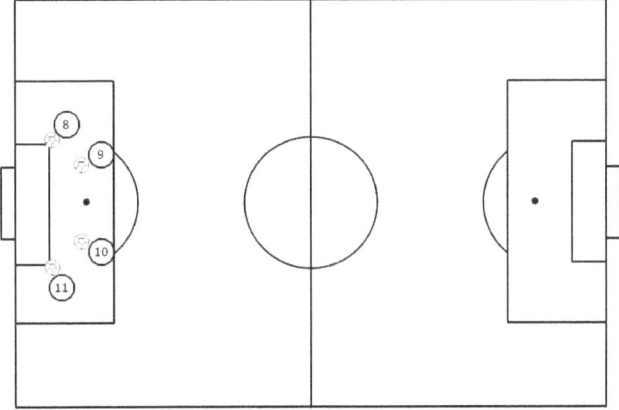

- Finta. Potenciar la utilización de engaños en cualquier modalidad de definición 1xpt. Seguir experimentando.
- La vaselina, como recurso. Experimentar.
- Resolver con ambas piernas. No estar forzados a tener que acomodar el balón a la pierna buena.

③ **B** *Alevín de primer año (sub-11)*
- Toma de decisiones. Exigencia creciente de efectividad durante los próximos cuatro años (Alevín de primer año – Infantil de segundo año), basada en la toma de decisiones por parte del jugador (no en la ejecución ni en el resultado). El objetivo es el gol: de entre todas las opciones de 1xpt que se le presenten al futbolista, él debe escoger la más adecuada, que suele ser la más sencilla.

- Creatividad técnica. Enlazado con este concepto y con Regate, seguir experimentando y desarrollando la creatividad en la definición 1xpt.

④ B   *Alevín de segundo año (sub-12)*
- Buscar ampliar la variedad del repertorio de regates en el 1xpt de cada jugador. Intentar fórmulas diferentes a las ya habituales para enriquecer al jugador. Se trata sólo de un complemento: es importante ser conscientes de que el jugador debe potenciar los regates que mejor haga, aunque los repita, puesto que son los que más dominará y los que con más confianza llevará a cabo. Enlazar con Regate.

⑤ B   *Infantil de primer año (sub-13)*
- No hay objetivos nuevos en esta etapa.

⑥ B   *Infantil de segundo año (sub-14)*
- 1xpt tras recibir un pase:
    o Finalización al primer toque.
    o Control del balón como elemento decisivo para finalizar con éxito la jugada. Enlazar con Control.
- 1xpt con balón no controlado totalmente o controlado en malas condiciones (media altura).

⑦ B   *Cadete de primer año (sub-15)*
- Efectividad. Exigencia creciente en lo sucesivo en cuanto a la efectividad de cara al gol, tanto en el éxito en la toma de decisiones, como en la ejecución con éxito de las acciones técnicas. El resultado de un 1xpt debe ser el gol. Enlazar con Rendimiento.
- Creatividad técnica. Continuar invitando al jugador a experimentar. Lejos de ser una contradicción con el objetivo anterior, se trata de enriquecer su abanico de recursos para finalizar con éxito las situaciones 1xpt.

⑧ B   *Cadete de segundo año (sub-16)*
- No hay objetivos nuevos en esta etapa.

⑨ R   *Juvenil de primer año (sub-17) – Juvenil de tercer año (sub-19)*
- Rendimiento. El entrenamiento de Definición 1xpt se planifica en función de los objetivos pendientes de años anteriores, de las

necesidades de la competición y con el objetivo de generar rendimiento.

6.3.1.10. REMATE A PUERTA

Cuando hablamos de Remate a puerta, nos referimos a golpeos al primer toque en la zona de finalización, con la intención de marcar gol.

Normalmente, se producirán dentro del área (pues, si no, hablaríamos de tiro a puerta).

Excepcionalmente, también pueden ser acciones de dos o incluso tres toques, si son controles rápidos que facilitan el golpeo definitivo en dirección a la portería contraria.

Cuando se practica el remate a puerta, la acción previa, el pase o el centro al área, es fundamental para entrenar con éxito. Las condiciones del ejercicio deben prever este factor y favorecer un centro al área mínimamente provechoso.

Benjamín de primer año (sub-9)
- En las primeras edades, en las que se producen menos acciones de este tipo, el objetivo es experimentar. Nos centramos en el remate con los pies. El balón que recibe el jugador es raso.
- Superficie de contacto. Introducir la frecuente conveniencia del interior del pie para realizar este tipo de acciones, en lugar del empeine.
- No esperar el balón, ir en su búsqueda.
- Automatizar la secuencia remate a puerta – ir al rechace.
- El remate raso, a un lado, es el más difícil para el portero.

Benjamín de segundo año (sub-10)
- Posicionamiento colectivo básico en el remate a puerta: al menos, un rematador en el primer palo y otro rematador en el segundo palo. Enlazar con Fase de finalización.
- Toma de decisiones. Elegir la superficie de contacto adecuada para realizar el remate a puerta. Aprender a medir y aprovechar la fuerza que trae el balón.
- Movimiento sin balón previo al remate: no ocupar el espacio antes de tiempo. Aguantar la carrera y coordinarla con la procedencia del balón, teniendo en cuenta que el objetivo es llegar al remate en velocidad. Enlazar con Movimiento sin balón. GRÁFICO 141

Si el movimiento de entrada al remate es prematuro...

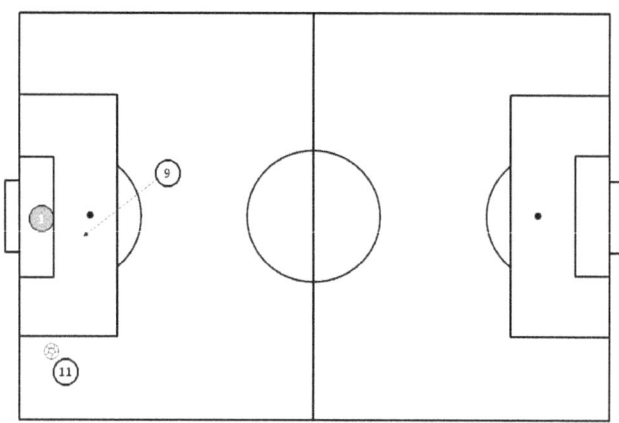

...en el momento de realizar el remate, el jugador estará parado y no podrá aprovechar la inercia de la carrera.

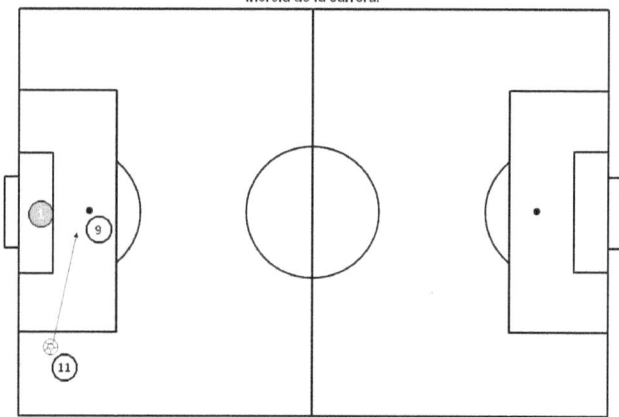

Lo ideal es que el espacio sea ocupado en el momento preciso, para llegar al remate en carrera.

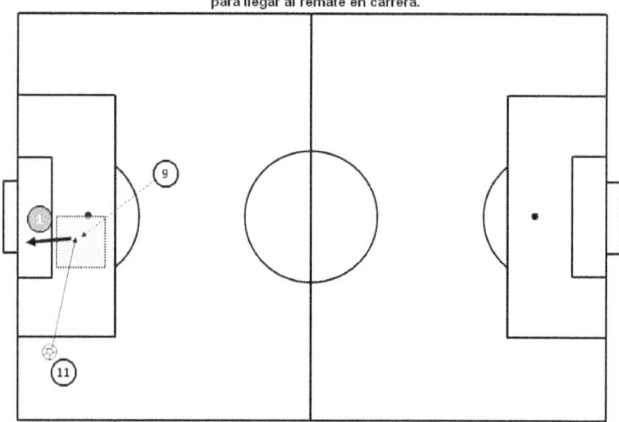

- Fomentar el remate al primer toque.
- Cuando el jugador decide controlar el balón antes de rematar, exigir velocidad en la ejecución de la secuencia control – remate a puerta.

② B   *Alevín de primer año (sub-11)*
- Posicionamiento colectivo básico en el remate a puerta: al menos, un rematador en el primer palo, otro rematador en el segundo palo y un tercer jugador en la frontal del área. Enlazar con Fase de finalización.
- Remate de balones a media altura. Volea y bote-pronto con el interior del pie.

③ B   *Alevín de segundo año (sub-12)*
- Adecuado perfil del cuerpo cuando se entra en contacto con el balón: trayectoria diagonal, mejor que horizontal o vertical. GRÁFICO 142.

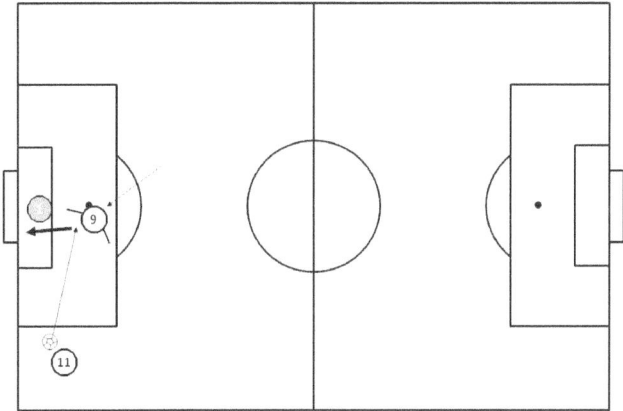

- Remate de balones a media altura. Volea y bote-pronto con el empeine total.
- Toma de decisiones: rematar o dejar pasar el balón (con una finta o sin ella) para favorecer el remate de un compañero situado en una mejor posición.

④ B   *Infantil de primer año (sub-13)*
- La importancia del primer palo.
    - El primer palo debe ser atacado siempre con agresividad, pues es una zona en la que es fácil sorprender a la defensa rival.
    - Mayor importancia si el jugador que va a poner el centro va forzado, pues será muy probable que su centro no supere el primer palo.

- o El objetivo no siempre tiene que ser el remate directo a puerta. Por ejemplo, una prolongación del balón hacia el segundo palo o fintar el remate y dejar pasar el balón pueden acciones muy peligrosas.
- La importancia del segundo palo.
  - o Muchos goles llegan desde el segundo palo, debido a los centros pasados de los compañeros o a las prolongaciones ofensivas o desvíos defensivos realizados en el primer palo.
  - o Es importante que el jugador que entra al remate en el segundo palo lo haga partiendo de una posición retrasada, desde la que poder abarcar una zona lo más amplia posible. GRÁFICO 143.

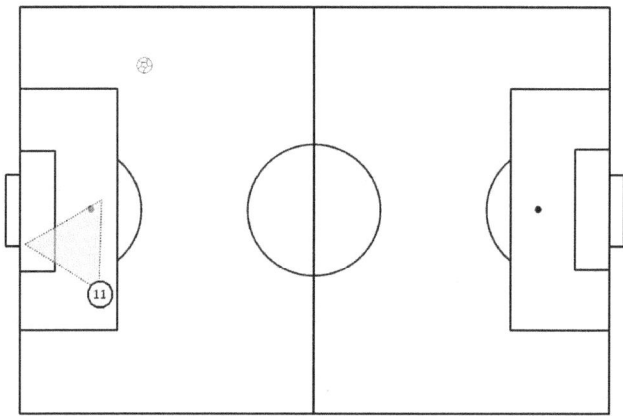

- Movimiento sin balón: desmarque previo al remate. Utilizar fintas sin balón. Amagar algo distinto a lo que se va a hacer. Se trata de llegar en velocidad al balón y también libre de marca. Enlazar con Movimiento sin balón.
- Especializar el remate a puerta con la pierna no dominante. El objetivo es no perder oportunidades de gol buscando el perfil 'bueno'.
- Remate de cabeza. Enlazar con Golpeo de cabeza.
- Exigir valentía en el remate al primer toque. Premiar el remate acrobático o creativo, sobre todo cuando es utilizado como recurso para rematar balones de otro modo imposibles.

⑤ A   *Infantil de segundo año (sub-14)*
- Remate de cabeza tras salto 'en plancha'. Enlazar con Golpeo de cabeza.
- Remate de balones a media altura, seleccionando y utilizando correctamente las distintas superficies de contacto.

- Remate de cabeza con oposición activa. Enlazar con Golpeo de cabeza.

⑥ **B**   *Cadete de primer año (sub-15)*
- No hay objetivos nuevos en esta etapa.

⑦ **B**   *Cadete de segundo año (sub-16)*
- Remate 'pasado', hacia atrás, desde el primer palo, con ángulo reducido. GRÁFICO 144.

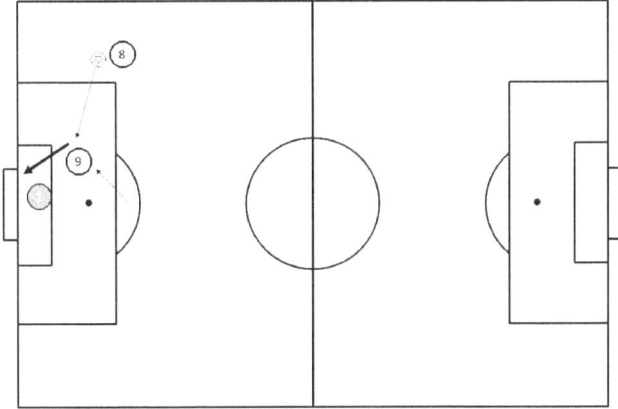

⊕ **R**   *Juvenil de primer año (sub-17) – Juvenil de tercer año (sub-19)*
- Rendimiento. El entrenamiento de Remate a puerta se planifica en función de los objetivos pendientes de años anteriores, de las necesidades de la competición y con el objetivo de generar rendimiento.

6.3.1.11. GOLPEO DE CABEZA

⓪ **C**   *Benjamín de primer año (sub-9)*
- Dominio con la cabeza:
    - Ojos abiertos.
    - Acostumbrarse al contacto con el balón.
    - Piernas semiflexionadas, movimiento del tren inferior, de los brazos y del cuello para dar impulso al balón.
    - Exigencia creciente en los siguientes cuatro años (Benjamín de primer año – Alevín de segundo año).

⓪ **C**   *Benjamín de segundo año (sub-10)*
- No hay objetivos nuevos en esta etapa.

ⓘ **C**   *Alevín de primer año (sub-11)*
- No hay objetivos nuevos en esta etapa.

ⓘ **C**   *Alevín de segundo año (sub-12)*
- No hay objetivos nuevos en esta etapa.

ⓘ **C**   *Infantil de primer año (sub-13)*
- Ojos abiertos. Perder el miedo al golpeo de cabeza, si lo hay, y golpear al balón de forma activa, no pasiva, siempre con un propósito, con una dirección.
- Gesto técnico del cuello: golpeo frontal, lateral y prolongación de la trayectoria del balón.
- Movimientos de los brazos y del tronco, como responsables del impulso para realizar el golpeo.
- Golpeo de cabeza con los pies en el suelo. Aprovechar la firme base de sustentación para incrementar el impulso.
- Golpeo de cabeza tras salto (en el aire):
    - Entrenar el salto sin balón. Percepción espacial del jugador.
    - Entrenar el salto y el golpeo sin balón. Asimilación de los gestos técnicos.
    - Entrenar el salto y el golpeo con balón, sin oposición.
- Golpeo de cabeza defensivo:
    - Enlazar con Despeje
    - De abajo a arriba (buscando una trayectoria del balón ascendente).
- Golpeo de cabeza ofensivo (enlazar con Remate a puerta):
    - De arriba a abajo (buscando una trayectoria del balón 'picada').
- Golpeo de cabeza con oposición:
    - Tolerancia cero con las faltas producidas por extender los brazos sobre el contrario, aunque no se produzca un desplazamiento del rival.

① **B**   *Infantil de segundo año (sub-14)*
- Marcaje a balón parado. Enlazar con Marcaje.
- Golpeo de cabeza con oposición:
    - Protección usando los brazos (no sacar los codos).
    - Carga en el salto.
    - Saltar siempre. Aunque no gane la disputa aérea, habré estorbado e impedido que el rival golpee el balón cómodamente.

- Golpeo de cabeza tras salto:
    - Concienciar sobre la importancia del salto. Aprovechar su entrenamiento. El salto puede anular diferencias de centímetros de altura.
- Golpeo de cabeza tras salto en plancha. Enlazar con Remate a puerta.
- Golpeo de cabeza defensivo:
    - Enlazar con Marcaje (a balón parado).
- Variar las trayectorias de procedencia del balón:
    - De frente.
    - Perpendicular al jugador.

② B *Cadete de primer año (sub-15)*
- Variar el destino del golpeo de cabeza:
    - De frente.
    - Perpendicular o diagonal, respecto al jugador.
    - Prolongación de la trayectoria del balón.

③ A *Cadete de segundo año (sub-16)*
- No hay objetivos nuevos en esta etapa.

④ B *Juvenil de primer año (sub-17) – Juvenil de tercer año (sub-19)*
- Integrado en los calentamientos, dentro de las tareas tácticas y en el entrenamiento específico por demarcaciones.
- Entrenamiento específico si se detectan carencias o necesidades puntuales.

6.3.1.12. MOVIMIENTO SIN BALÓN

El movimiento sin balón es un concepto indispensable para desarrollar un juego ofensivo eficaz.

Al igual que en el concepto Velocidad en el juego, una buena fórmula de progresión metodológica consiste en comenzar cualquier tipo de juego o partido utilizando sólo las manos, sin posibilidad de que el jugador se desplace cuando está sujetando el balón. Esta norma automatiza un estilo de juego basado en el pase y el movimiento sin balón, en lugar de en la retención del balón y en la conducción. En una segunda fase, se jugará con el pie pero intentando mantener el hábito adquirido anteriormente.

B *Prebenjamín (sub-8)*
- Apoyos y ayudas permanentes. Tocar y moverse. Habituamos desde ya al jugador a ocupar un espacio diferente cada vez que realice un pase, aunque sea a través de ejercicios analíticos.
- Apoyos y ayudas permanentes por detrás de la línea del balón. Fomentar el apoyo por detrás del balón, asociado al toque de cara. El jugador que está en posesión del balón debe tener una opción clara de pasar hacia atrás.

A *Benjamín de primer año (sub-9)*
- Concepto de línea de pase. ¿Qué es una línea de pase? El objetivo básico del movimiento sin balón es generar esas líneas. GRÁFICO 101.

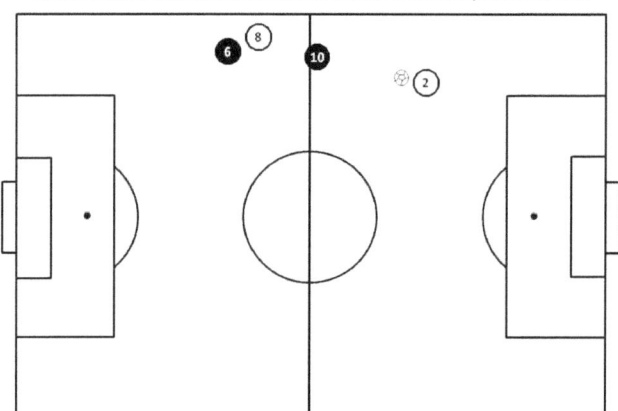

El jugador número 2 no cuenta con una línea de pase sobre el compañero número 8.

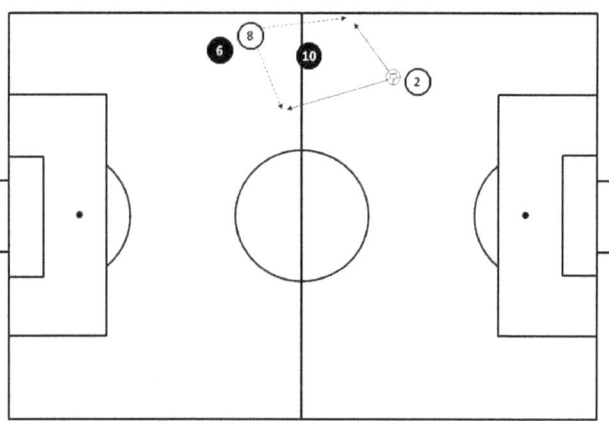

Con cualquiera de los dos movimientos, el número 8 está generando una línea de pase.

- Apoyos y ayudas permanentes. Tocar y moverse. Automatizar la secuencia en cualquier tipo de ejercicio o de juego, con el objetivo de crear líneas de pase.
- Pedir el balón donde voy a estar, no donde estoy (ambas posiciones pueden coincidir o no).
- Apoyos y ayudas permanentes por detrás de la línea del balón. El poseedor del balón siempre debe contar con la posibilidad de jugar hacia atrás si lo considera necesario.
- Ocupación racional del terreno de juego y amplitud. Los movimientos sin balón deben estar enmarcados en una mínima coordinación de todos los jugadores, que permita ocupar el terreno de juego de manera racional. Enlazar con Mi posición y con Fase de iniciación. GRÁFICO 102.

Ejemplo (exagerado) de movimientos sin balón que, de forma individual pueden tener sentido, pero que en conjunto son un auténtico caos.

S. Juego 1-2-2-2

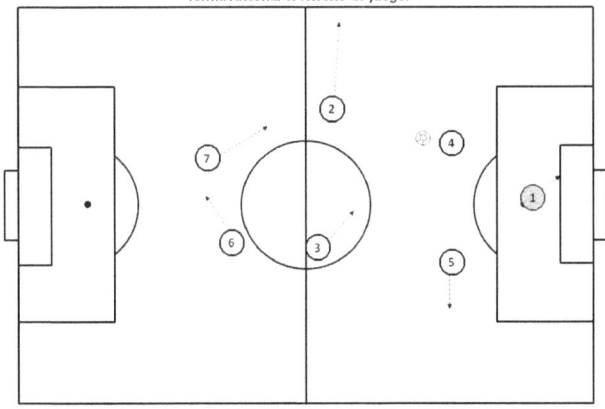

Ejemplo de movimientos sin balón coordinados entre ellos y que permiten ocupar de forma racional el terreno de juego.

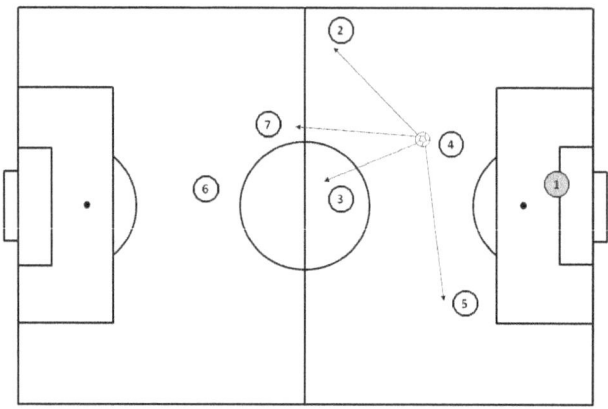

② **A** *Benjamín de segundo año (sub-10)*
- Concepto de desmarque, que implica ante todo haberse liberado del marcaje del rival y disponer de una línea de pase en el momento en el que el compañero está en disposición de pasar el balón. Desmarque de apoyo y desmarque de ruptura. Enlazar con Orientación (profundidad).
- Línea de pase. Muchas veces, la línea de pase se crea con un movimiento sin balón hacia un lado o hacia atrás. Romper la tendencia natural de correr siempre hacia delante (con o sin balón).
- Apoyos y ayudas permanentes. Tocar y moverse, pero los movimientos sin balón que hagamos no deben asfixiar la jugada. GRÁFICO 103.

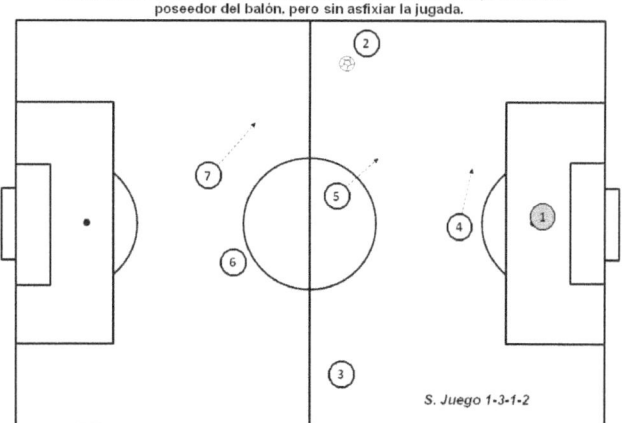

Los jugadores número 4, número 7 y número 5 dan opciones de pase corto al poseedor del balón, pero sin asfixiar la jugada.

S. Juego 1-3-1-2

En este ejemplo, los movimientos de apoyo saturan los espacios libres.

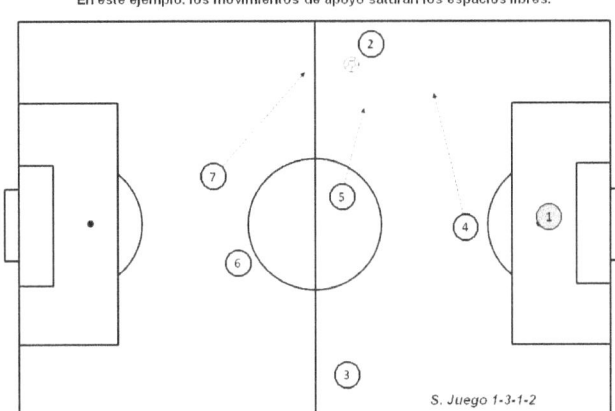

S. Juego 1-3-1-2

En este ejemplo, los movimientos de apoyo saturan los espacios libres.

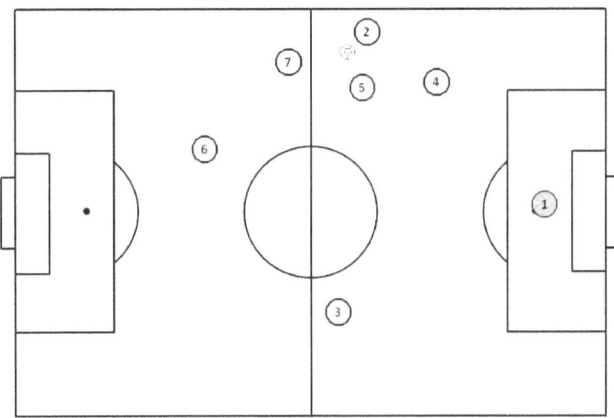

- Movimiento sin balón en la zona de finalización. Ocupación de espacios libres. Enlazar con Remate a puerta y con Fase de finalización.
- Vigilancia ofensiva. Los jugadores que no están en disposición de intervenir de forma inmediata en el juego ofensivo, preparan la posible transición ataque-defensa por medio de vigilancias ofensivas.
    - Como norma general, en conjunto, el equipo dispondrá al menos de un jugador más que el rival.
    - Como norma general, en caso de 1x1 en una zona determinada, el defensor vigilará al rival colocándose entre él y la portería.
    - En caso de superioridad numérica (2 jugadores en la vigilancia frente a un rival, por ejemplo), uno de los jugadores se colocará además al menos a la misma altura que el rival, de forma que pueda anticiparse, llegado el caso, e interceptar el balón

cortando de raíz la posibilidad de contraataque del equipo contrario.
- GRÁFICO 104

En este ejemplo, el equipo blanco decide dejar un solo jugador (número 4) frente al delantero contrario (número 7). El jugador realizará la vigilancia defensiva colocándose entre el rival y su propia portería.

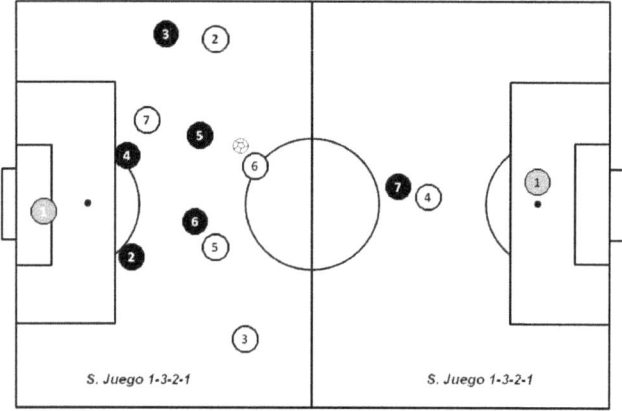

En este ejemplo, el equipo blanco decide dejar un jugador más que el rival para realizar las vigilancias ofensivas. Los jugadores número 6 y número 5 se sitúan respecto a los rivales 7 y 6 en posiciones que les permitan adelantarse y evitar que reciban el balón. El jugador número 4 se sitúa por detrás, en condiciones de llegar a la espalda de sus compañeros.

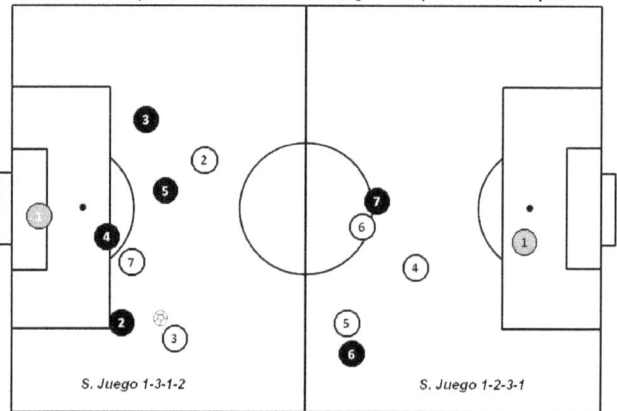

El equipo rival recupera el balón, pero la jugada de contraataque es cortada de raíz.

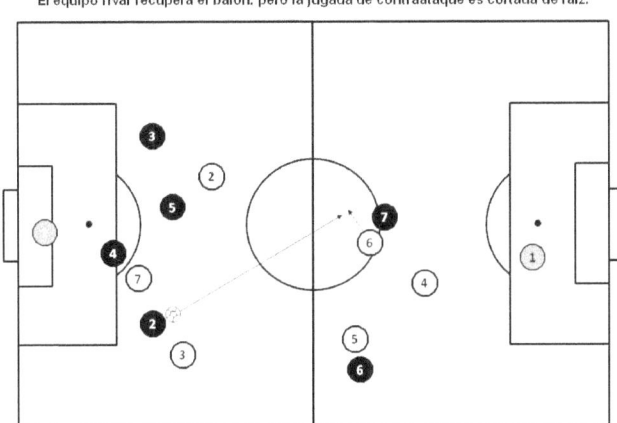

En este ejemplo, en el que los jugadores blancos realizan vigilancias defensivas situándose por detrás de los rivales, la jugada de contraataque sí tiene lugar.

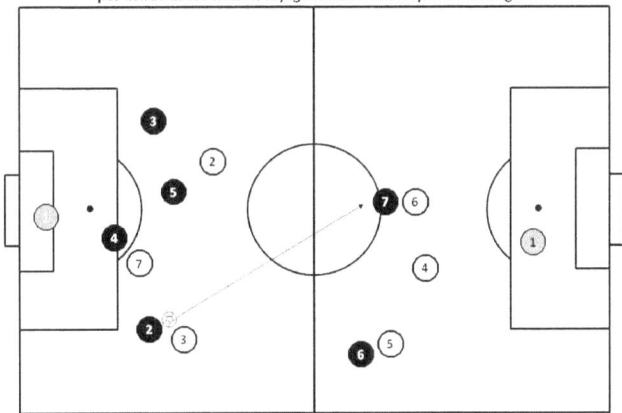

A *Alevín de primer año (sub-11)*
- Comunicación verbal en el movimiento sin balón. Aprender a pedir el balón de forma correcta (cómo) y pertinente (cuándo). Enlazar con Hábitos de comunicación.
- Coordinación colectiva de los movimientos sin balón. Ocupación racional del terreno de juego y amplitud.
    - Los movimientos sin balón deben tender a hacer el campo ancho para generar más espacios y más líneas de pase, tanto por fuera como por dentro. GRÁFICO 105.

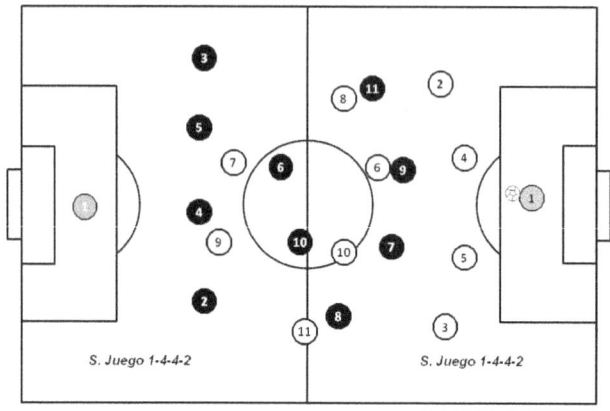

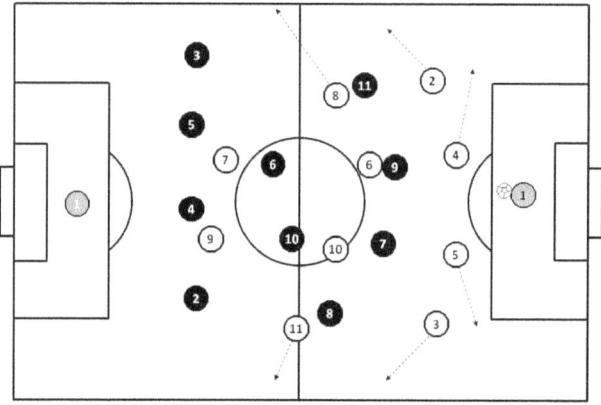

Los movimientos sin balón que permiten al equipo manifestar amplitud generan líneas de pase por fuera...

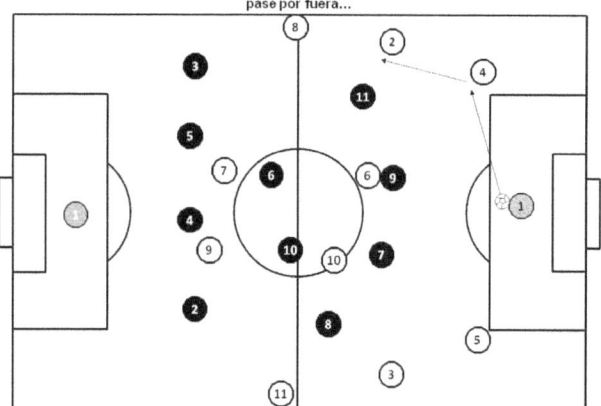

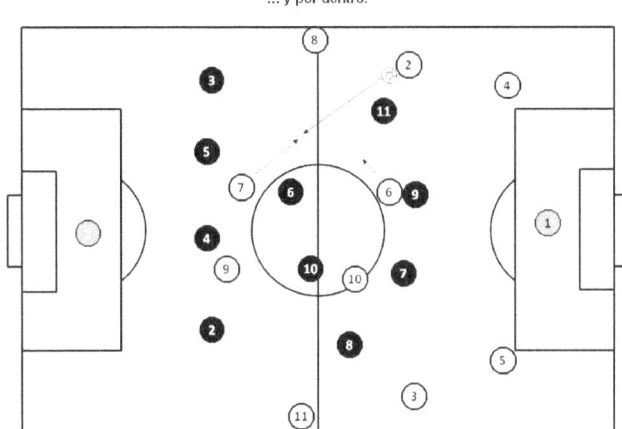
... y por dentro.

- o Aunque algunos jugadores se alejen del balón para crear amplitud, es imprescindible que otros se acerquen al poseedor con movimientos de apoyo para darle opciones de jugar en corto. Todo, sin asfixiar la jugada con apoyos demasiado cercanos. Ver gráfico 103.
- o Enlazar con Fase de iniciación.
- Creación y ocupación de espacios libres en la zona de iniciación. Enlazar con Fase de iniciación.

④ **A**   *Alevín de segundo año (sub-12)*
- Coordinación colectiva de los movimientos sin balón. Ocupación racional del terreno de juego, amplitud y profundidad.
    - o Como norma general, hay que luchar contra el instinto natural del jugador (en este caso, hablando de forma colectiva: de los jugadores, del equipo) de correr sin balón siempre hacia delante:
        - La amplitud no es correr hacia delante, sino en horizontal, hacia un costado.
        - El objetivo es crear líneas de pase, no correr hacia delante. Tal vez haya que retroceder o correr en diagonal para crearlas.
        - Correr hacia delante, por delante de la línea del balón, nos separa del compañero, cuando lo que pretendemos es ofrecerle apoyos y alternativas para pasar en corto.
        - Cuando el equipo rival realiza un movimiento de repliegue, el simple hecho de no correr hacia delante (en la misma dirección del resto de jugadores) es equivalente a desmarcarse. GRÁFICO 106.

El pase del jugador número 3 sobre el número 10 provoca el repliegue del equipo rival. Los jugadores número 7, 8, 9 y 11 realizan movimientos hacia delante, como dicta el instinto natural de la mayoría de los futbolistas en las primeras etapas de formación.

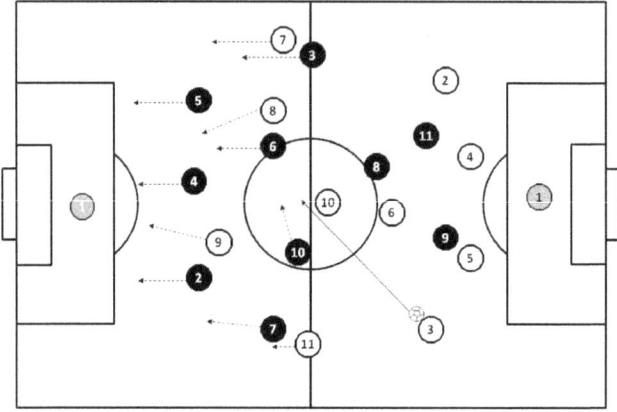

El jugador número 11 simplemente frena su carrera. Sólo con esa decisión, se ha desmarcado. El resto de los jugadores se han marcado a sí mismos al seguir los pasos de los rivales.

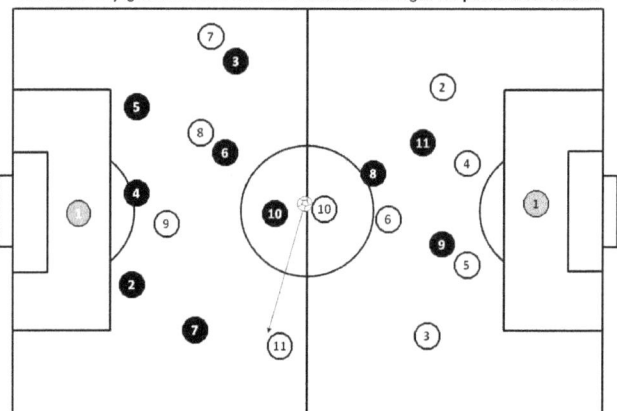

- o Enlazar con Orientación (profundidad), con Fase de iniciación y con Fase de creación.
- Ocupación de espacios: llegar en lugar de estar (ocupar el espacio, no estar allí). Ver gráficos 50 y 141.
- La amplitud puede servir como punto de partida para ocupar en el centro los espacios que existen y así jugar por dentro 'llegando', en lugar de 'estando'. Enlazar con Fase de iniciación, con Fase de creación y con Fase de finalización. Ver gráfico 105.
- Introducir la finta ofensiva y los cambios de dirección en los movimientos sin balón. Al margen del propio gesto técnico de la finta y de la calidad de ejecución, es importante el momento en el que se hace. El objetivo de la finta es engañar al contrario, no al compañero, por lo que el momento ideal para realizarla es, bien cuando el compañero no nos está mirando (por ejemplo, porque está

controlando el balón), o bien con la antelación suficiente como para que en el momento en el que el compañero está preparado para realizar un pase, ya hayamos concluido la finta y hayamos iniciado el movimiento real. Enlazar con Finta. Ver gráfico 87.
- Introducir el cambio de ritmo individual en el movimiento sin balón, principalmente en los desmarques. Enlazar con Ritmo ofensivo.
- Concepto del 'tercer jugador'. Dos compañeros intervienen en la acción principal, pero un tercer jugador lee la jugada y realiza un movimiento sin balón en otra zona del campo que posibilitará una línea de pase sobre él. Enlazar con Velocidad en el juego. GRÁFICO 107.

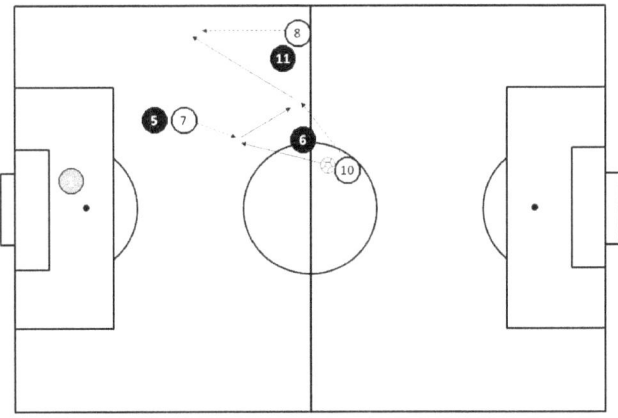

- Concepto de triangulación (aunque no se produzca al primer toque), como una prolongación del hábito de tocar y moverse:
    - El jugador que pasa se mueve, no recibe el balón inmediatamente después, pero sí en la tercera acción. GRÁFICO 108.

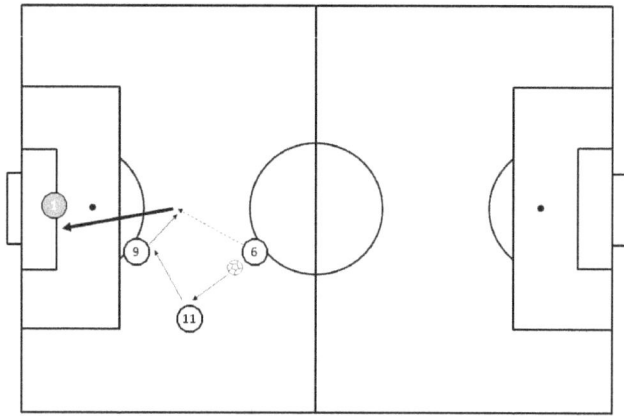

- Movimiento sin balón en las zonas de creación y de finalización. Como norma general, siempre ofrecer apoyos cortos al poseedor del balón en las zonas de riesgo para el rival, con el fin de crear situaciones de superioridad o igualdad numérica (2x1 ó 2x2): se abren las puertas a una posible pared y, al aumentar la incertidumbre en la defensa rival, se aumentan las opciones de regate del poseedor del balón. GRÁFICO 109.

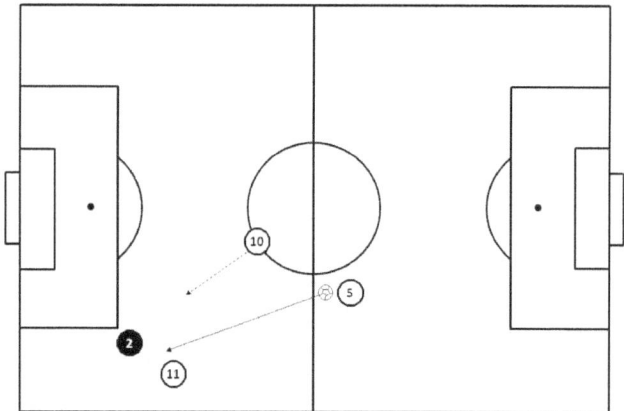

⑤ **A**   *Infantil de primer año (sub-13)*
- Ocupación de espacios libres. Coordinar el momento en el que se realiza el movimiento sin balón (y las posibles fintas previas) con el potencial pase por parte del compañero. Se trata de no ocupar el espacio libre ni demasiado pronto ni demasiado tarde, sino de llegar a él en el momento adecuado. Enlazar con Pase y Control. Ver gráfico 50.
- Desmarque previo al remate a puerta. Enlazar con Remate a puerta.
- Creación y ocupación de espacios libres en la zona de creación. Enlazar con Fase de creación. GRÁFICO 110.

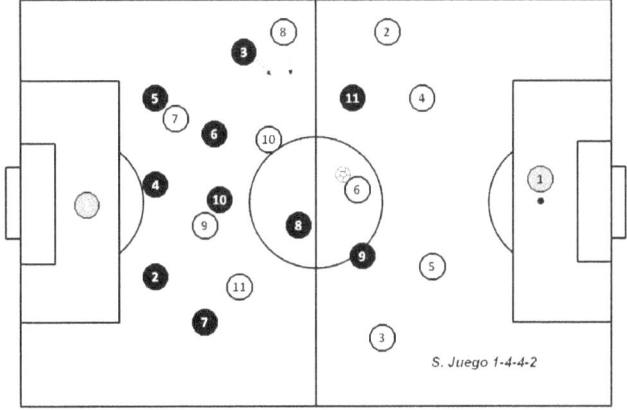

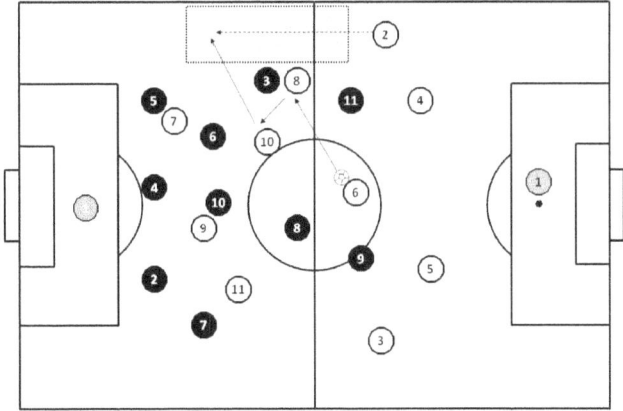

- Desmarque. En muchas ocasiones, son los propios jugadores ofensivos los que, tomando de forma instintiva al rival como referencia, se marcan a sí mismos. El desmarque es a veces tan sencillo como dejar de correr, de dar un pasito atrás, dejando que

pase el defensa. No seguir al defensa, no facilitar el marcaje, no seguir su trayectoria, no seguir sus pasos. Ver gráfico 51.
- Coordinación colectiva de los movimientos sin balón. Ocupación racional del terreno de juego y profundidad.
  - Partiendo de un equilibrado juego colectivo sin balón, los movimientos, selectivos y puntuales, de ruptura son imprescindibles, tanto para dotar al equipo de profundidad, como para sorprender al rival: apoyos y desmarques de ruptura, y desdoblamientos ofensivos. Enlazar con Fase de iniciación y con Fase de creación. GRÁFICO 111.

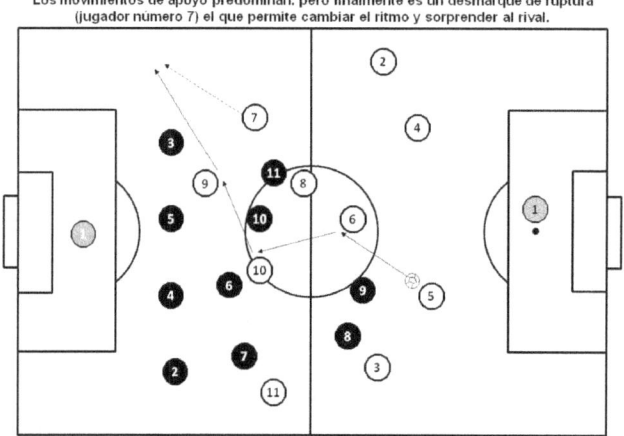

Los movimientos de apoyo predominan, pero finalmente es un desmarque de ruptura (jugador numero 7) el que permite cambiar el ritmo y sorprender al rival.

⑥ **A** *Infantil de segundo año (sub-14)*
- Desmarque de ruptura sobre la línea defensiva rival: evitar el fuera de juego. Recorrido horizontal respecto a la defensa rival y posterior ruptura en diagonal. Ver gráfico 52.

⑦ **A** *Cadete de primer año (sub-15)*
- Ocupación de espacios libres. Desmarque de ruptura sobre la línea defensiva rival. Coordinar el movimiento de finta y el cambio de ritmo para estar en disposición de recibir el pase del compañero en el momento preciso, in antes ni después. Enlazar con Pase, con Fase de creación y con Delanteros (ofensivo).
- Desmarques de ruptura ante potenciales cambios de orientación. Enlazar con Fase de creación, con Centrocampistas (ofensivo) y con Orientación (profundidad). Ver gráfico 30.

(8) **A**   *Cadete de segundo año (sub-16)*
- Creación y ocupación de espacios libres en la zona de finalización. Enlazar con Fase de finalización y con Delanteros (ofensivo). Ver gráfico 55.

⊙ **R**   *Juvenil de primer año (sub-17) – Juvenil de tercer año (sub-19)*
- Integrado en el entrenamiento táctico ofensivo.
- Rendimiento. El entrenamiento del Movimiento sin balón se planifica en función de los objetivos pendientes de años anteriores, de las necesidades de la competición y con el objetivo de generar rendimiento.

6.3.1.13. ORIENTACIÓN

El concepto de Orientación del juego se refiere a los lugares y las zonas del campo a las que, de forma consciente, se dirige el balón en la fase ofensiva. Es la dirección que el equipo otorga a las acciones técnicas que lleva a cabo (dónde y hacia dónde jugamos).

Al igual que en Movimiento sin balón, el entrenamiento del juego utilizando las manos constituye una excelente vía para transmitir y asimilar los fundamentos básicos de Orientación. Posteriormente, al jugar con los pies, estos conceptos se manifestarán con mayor facilidad.

(in) **C**   *Prebenjamín (sub-8)*
- Jugar de cara. Fomentar el pase hacia atrás cuando no existe una posibilidad clara de progresar hacia delante. Enlazar con Movimiento sin balón.
- Amplitud. Fomentar los pases dirigidos hacia las bandas.

① **A**   *Benjamín de primer año (sub-9)*
- Introducir el concepto de espacio libre: hay que llevar el juego ofensivo hacia las zonas en las que no hay jugadores rivales (espacio libre).
- Amplitud. Como principio general, el balón se lleva hacia las bandas para que el terreno de juego sea lo más amplio posible desde el punto de vista defensivo del rival. Fomentar que el juego pase por los costados de forma frecuente. Enlazar con Mi posición. GRÁFICO 112.

En esta tarea, el balón sólo puede pasar al campo rival (con un pase o con una conducción) por los dos espacios de la banda, que quedan delimitados entre la marca y la banda. Por el centro, pueden pasar los jugadores, pero sin balón, y el juego puede retroceder al campo propio sin ninguna limitación.

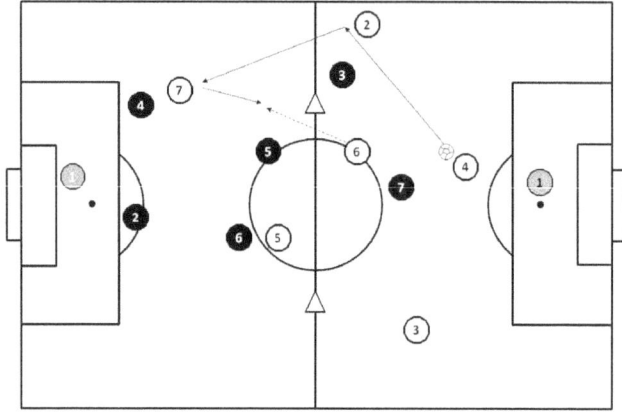

- Jugar de cara. El pase hacia atrás constituye una excelente vía para lograr que el juego progrese. Ahora pasamos atrás, pero eso nos permitirá que en las acciones posteriores podamos encontrar espacios libres e ir hacia delante.
- Partiendo de la amplitud y del juego de cara, los cambios de orientación, entendidos como llevar el balón de una banda a la opuesta, son una excelente fórmula para aprovechar los espacios libres que genera la basculación defensiva del rival. GRÁFICO 113.

En esta tarea, el balón debe pasar primero por una banda (con un pase o con una conducción) y luego por la contraria. Por el centro, pueden pasar los jugadores, pero sin balón, y el juego puede retroceder al campo propio sin ninguna limitación.

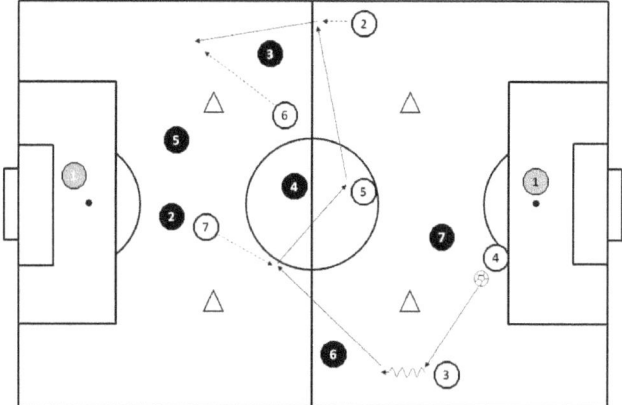

- En su expresión más básica, el concepto de cambio de orientación (entendido ahora como pase al espacio libre) consiste en atraer la presión del contrario para después pasar al compañero desmarcado. Asimilación como concepto de 2x1. Ver gráfico 33.

② **A**   *Benjamín de segundo año (sub-10)*
- Cambio de orientación, entendido como pase al espacio libre, en la zona de finalización: pase en profundidad. Enlazar con Pase.

③ **A**   *Alevín de primer año (sub-11)*
- Cambio de orientación, entendido como pase al espacio libre, en su dimensión más colectiva. El equipo desarrolla un juego basado en pases cortos en una zona del campo y, cuando ha atraído la presión del rival, traslada el balón (a través de pases cortos o uno medio/largo) a otra zona en la que existen espacios libres, mediante los que progresar. Entender que si estamos jugando en una zona del campo, en las restantes habrá espacios libres. GRÁFICO 114.

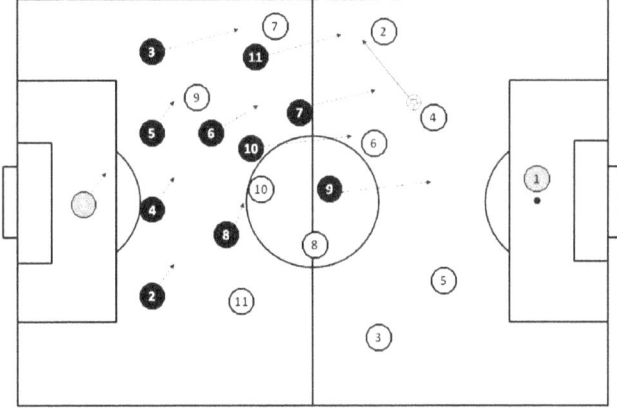

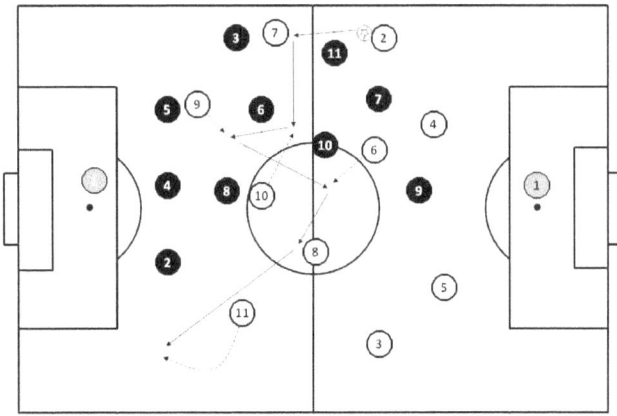

- Como norma general, compensar la orientación del juego ofensivo en todas las zonas del ataque: derecha, izquierda, centro. Es decir, variar la orientación de la acción ofensiva, de forma que el equipo ataque por todas las zonas de una forma equilibrada. Enlazar con Fase de iniciación y con Fase de creación.

④ **A**   *Alevín de segundo año (sub-12)*
- Cambios de orientación repetidos, entendidos como llevar el balón de una banda a la opuesta y viceversa, en dos o más ocasiones, son una excelente fórmula para provocar desorganización en el planteamiento defensivo de repliegue del rival, tanto en la zona de iniciación, como en la zona de creación. Enlazar con Fase de iniciación y con Fase de creación. GRÁFICO 115.

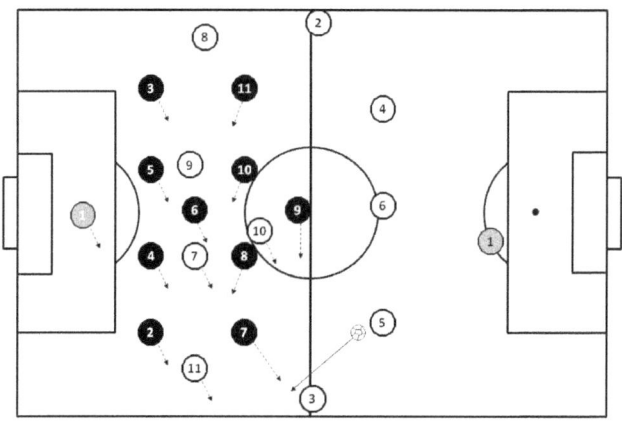

En la primera basculación, el equipo rival cierra de forma eficiente las líneas de pase.

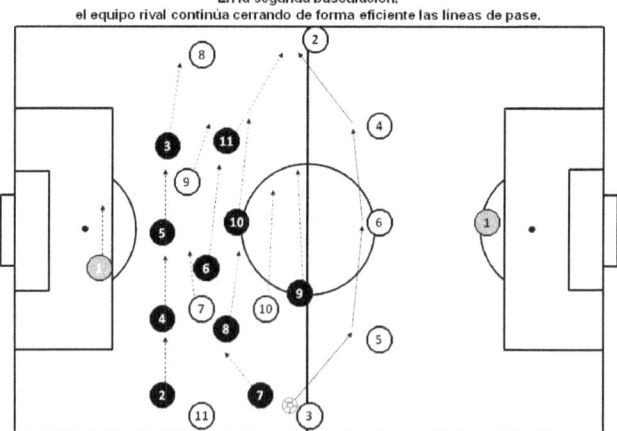

En la segunda basculación, el equipo rival continúa cerrando de forma eficiente las líneas de pase.

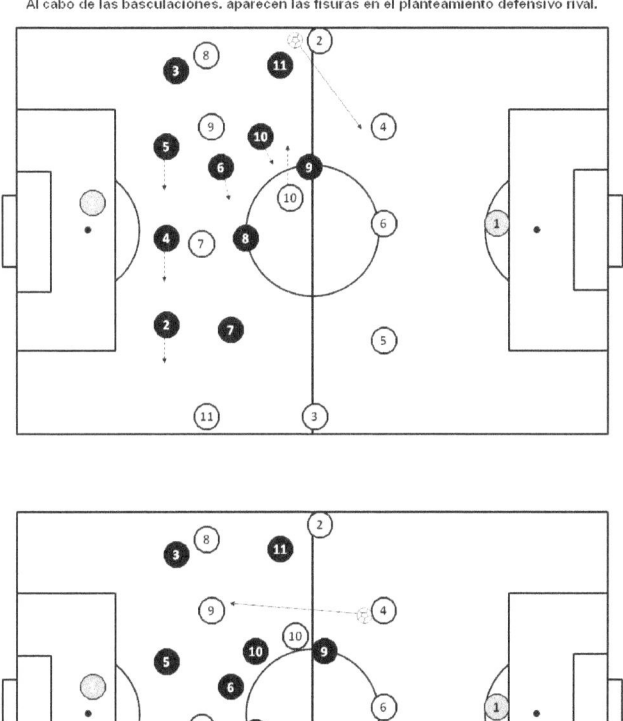

Al cabo de las basculaciones, aparecen las fisuras en el planteamiento defensivo rival.

- Intención de manifestar profundidad en todas las fases del juego. Jugar hacia delante (de forma vertical o diagonal) siempre que sea posible y el contexto lo permita. Se pasa hacia atrás porque las circunstancias así lo aconsejan, pero no de forma sistemática o porque no sabemos lo que tenemos detrás. El perfil del cuerpo en el control del balón y la visión periférica previa al control serán fundamentales para hacer posible que el jugador juegue hacia delante con seguridad. Especial atención al papel de los medios centro en esta labor. Enlazar con Centrocampistas (ofensivo). Ver gráficos 25 y 35.
- Cuando el equipo ha superado una línea de presión del rival, debe intentar no volver a jugar por detrás de ella. GRÁFICO 116.

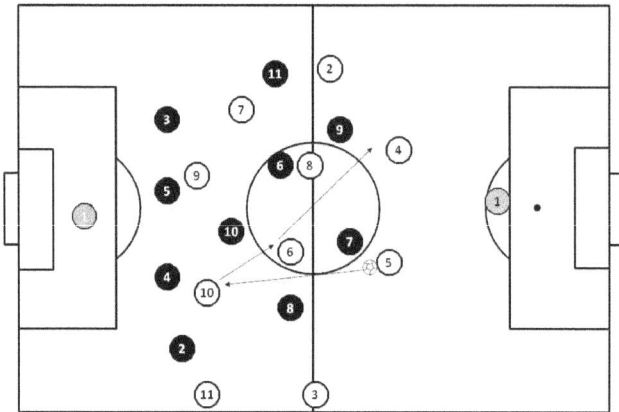

- Como norma general, evitar los pases horizontales, sobre todo en la zona de iniciación. En su lugar, efectuar pases diagonales.
- Toma de decisiones. El 'último pase', el pase de riesgo entre líneas con el que pretendemos romper el equilibrio de la defensa rival, debe ser bien seleccionado. Paciencia y correcta toma de decisiones.

⑤ **A**   *Infantil de primer año (sub-13)*
- Cambio de orientación (y doble cambio de orientación), entendido como pase al espacio libre, como medio para efectuar un cambio de ritmo colectivo y, posiblemente, lograr profundidad, en todas las zonas del campo y fases del juego. Es lo que popularmente entenderíamos como 'visión de juego'. Enlazar con Ritmo ofensivo, con Fase de iniciación, con Fase de creación y con Fase de finalización. Ver gráficos 30, 31, 52 y 111.
- Alternar, de forma consciente, como herramienta táctica, el juego colectivo 'por dentro' y el juego colectivo 'por fuera'. Atraer la presión del rival en unas zonas del campo para trasladar el balón a otras: jugar por fuera con la intención real de crear peligro por dentro y viceversa. Enlazar con Fase de creación. Ver gráfico 79.

⑥ **A**   *Infantil de segundo año (sub-14)*
- No hay objetivos nuevos en esta etapa.

⑦ **A**   *Cadete de primer año (sub-15)*
- Orientar el juego ofensivo de forma predominante hacia aquéllas zonas del terreno de juego donde el balance entre las fortalezas del

equipo y las debilidades del rival es más favorable. Enlazar con Rendimiento y con Fase de creación.

⑧ **A**   *Cadete de segundo año (sub-16)*
- No hay objetivos nuevos en esta etapa.

⊕ **R**   *Juvenil de primer año (sub-17) – Juvenil de tercer año (sub-19)*
- Integrado en el entrenamiento táctico ofensivo.
- Rendimiento. El entrenamiento del Movimiento sin balón se planifica en función de los objetivos pendientes de años anteriores, de las necesidades de la competición y con el objetivo de generar rendimiento.

6.3.1.14. VELOCIDAD EN EL JUEGO

Velocidad en el juego es la suma de rapidez y precisión, por lo que nunca se puede confundir velocidad con prisas y precipitación.

Este concepto podría ser incluido dentro de Ritmo ofensivo, pero su gran importancia dentro del juego ofensivo invita a reservarle un tratamiento específico.

Es muy importante destacar que la velocidad en el juego no debe ser asociada sólo a un ritmo ofensivo alto, puesto que también es posible que un equipo utilice lo que para él es un ritmo colectivo bajo o lento y sin embargo estar desarrollándolo con rapidez y precisión. La cuestión es que ese equipo todavía tendrá un amplio margen para incrementar la rapidez de sus acciones (ritmo alto).

Lo que para unos puede ser un ritmo ofensivo alto, para otros es bajo y aún tiene posibilidades de ser aumentado, pero en ambos casos se manifiesta rapidez y precisión (velocidad en el juego).

El objetivo de la velocidad en el juego es conseguir que el ritmo más lento del equipo sea lo más rápido y preciso posible (en comparación con la competición) y que su ritmo más alto lo sea todavía más.

Sea cual sea el estilo de juego ofensivo de un equipo, manifestar el principio de velocidad en el mismo es un requisito siempre necesario, sobre todo en las fases de creación y finalización.

La velocidad en el juego ofensivo es básicamente el resultado de combinar con éxito, frecuencia y rapidez otros dos elementos: movimientos sin balón y la elección y ejecución de pases.

La velocidad en el juego ofensivo no tiene sentido en sí misma en el juego real si no se combina con la orientación (dar una dirección a esa velocidad), pero para su entrenamiento, sí puede ser concebido como un concepto aislado, sin dirección, sin porterías.

En el capítulo de Apéndices se incluye una propuesta de metodología de entrenamiento progresivo para la velocidad en el juego.

(In) C   *Benjamín de primer año (sub-9)*
- Precisión. De los dos componentes de la velocidad en el juego, cuando entrenamos las acciones técnicas sólo atendemos a la precisión.
- Pared. Una de las acciones técnico-tácticas que mejor expresan el principio de velocidad en el juego es la pared. Introducimos el concepto de 2x1, que es la base de la pared. Enlazar con Orientación. Ver gráfico 33.

① C   *Benjamín de segundo año (sub-10)*
- Rapidez. Hablando desde un punto de vista mental (no técnico), se trata de empezar a estimular la capacidad del jugador para tomar (buenas) decisiones en el menor tiempo posible.
    o Para que el componente técnico no sea una barrera (si el nivel no es lo suficientemente alto y la cabeza puede ir más rápido que los pies) o simplemente para no 'desentrenar' (realizando mal gestos técnicos por el factor 'prisa'), se pueden realizar tareas en las que se usen sólo las manos.
    o Enlazar con Ritmo ofensivo.
- Fomentar el uso de paredes, aunque se trate de falsas paredes, realizadas a dos o más toques. Enlazar con 'tocar y moverse' y con la idea de crear líneas de pase de Movimiento sin balón.

② C   *Alevín de primer año (sub-11)*
- Mejora continua de la velocidad en el juego (I).
    o Uso predominante de las manos en lugar de los pies (entrenamos sobre todo la rapidez mental).
    o Partir de espacios amplios y adecuar al nivel del grupo.
    o Objetivos principales de las tareas:
        ▪ Pasar en lugar de conducir (no retener el balón).

- Generar líneas de pase constantes respecto al poseedor del balón, mediante movimientos sin balón (apoyos, desmarques y gestión de los espacios libres).
- Tocar y moverse (incentivar las paredes, aunque no sean al primer toque).
- Pasar el balón al primer compañero que ofrece una línea de pase (no esperar al 'pase perfecto', reteniendo el balón).

③ **B** *Alevín de segundo año (sub-12)*
- Doble pared. Evolución del concepto 'tocar y moverse'. Asimilar el concepto, aunque no se realice al primer toque.
- Triangulación. Asimilar el concepto, aunque no se realice al primer toque. Enlazar con Movimiento sin balón.
- Mejora continua de la velocidad en el juego (II).
    - Uso predominante de las manos en lugar de los pies (entrenamos sobre todo la rapidez mental).
    - Partir de espacios amplios y adecuar al nivel del grupo.
    - Objetivos principales de las tareas:
        - Pasar en lugar de conducir (no retener el balón).
        - Generar líneas de pase constantes respecto al poseedor del balón, mediante movimientos sin balón (apoyos, desmarques y gestión de los espacios libres).
        - Tocar y moverse (incentivar las paredes, las dobles paredes y las triangulaciones, aunque no sean al primer toque).
        - Pasar el balón al primer compañero que ofrece una línea de pase (no esperar al 'pase perfecto', reteniendo el balón).
    - Especial foco en los medios centro. Enlazar con Centrocampistas (ofensivo).

④ **A** *Infantil de primer año (sub-13)*
- Mejora continua de la velocidad en el juego (III).
    - Combinar el uso de las manos y de los pies.
    - Partir de espacios amplios y adecuar al nivel del grupo.
    - Objetivos principales de las tareas:
        - Pasar en lugar de conducir (no retener el balón).
        - Generar líneas de pase constantes respecto al poseedor del balón, mediante movimientos sin balón (apoyos, desmarques y gestión de los espacios libres).

- Tocar y moverse (incentivar las paredes, las dobles paredes y las triangulaciones, aunque no sean al primer toque).
- Pasar el balón al primer compañero que ofrece una línea de pase (no esperar al 'pase perfecto', reteniendo el balón).
- Fomentar la utilización del menor número de toques posible en cada acción técnica.

⑤ **A**   *Infantil de segundo año (sub-14)*
- Rapidez en el gesto técnico. Optimizar la rapidez de ejecución de todas las acciones, sin que disminuya la calidad de la ejecución técnica. Enlazar con Ritmo ofensivo y con todas las acciones técnicas.
- Mejora continua de la velocidad en el juego (IV).
    - Combinar el uso de las manos y de los pies.
    - Alternar espacios amplios y muy reducidos. Adaptación.
    - Objetivos principales de las tareas:
        - Pasar en lugar de conducir (no retener el balón).
        - Generar líneas de pase constantes respecto al poseedor del balón, mediante movimientos sin balón (apoyos, desmarques y gestión de los espacios libres).
        - Tocar y moverse (incentivar las paredes, las dobles paredes y las triangulaciones, aunque no sean al primer toque).
        - Pasar el balón al primer compañero que ofrece una línea de pase (no esperar al 'pase perfecto', reteniendo el balón).
        - Fomentar la utilización del menor número de toques posible en cada acción técnica. Posible limitación de toques.

⑥ **A**   *Cadete de primer año (sub-15)*
- Fomentar las paredes, las dobles paredes y las triangulaciones (al primer toque).
- Mejora continua de la velocidad en el juego (V).
    - Combinar el uso de las manos y de los pies.
    - Alternar espacios amplios y muy reducidos. Adaptación.
    - Objetivos principales de las tareas:
        - Pasar en lugar de conducir (no retener el balón).

- Generar líneas de pase constantes respecto al poseedor del balón, mediante movimientos sin balón (apoyos, desmarques y gestión de los espacios libres).
- Tocar y moverse (incentivar las paredes, las dobles paredes y las triangulaciones, aunque no sean al primer toque).
- Pasar el balón al primer compañero que ofrece una línea de pase (no esperar al 'pase perfecto', reteniendo el balón).
- Fomentar la utilización del menor número de toques posible en cada acción técnica. Posible limitación de toques.

⑦ **A** *Cadete de segundo año (sub-16)*
- Fomentar, en general, la utilización del primer toque en la medida de las posibilidades técnicas del equipo y teniendo siempre en cuenta el contexto del juego. Enlazar con Ritmo ofensivo.
- Mejora continua de la velocidad en el juego (V).
    - Uso predominante de los pies (utilizar las manos como introducción a la tarea).
    - Alternar espacios amplios y muy reducidos. Adaptación.
    - Objetivos principales de las tareas:
        - Pasar en lugar de conducir (no retener el balón).
        - Generar líneas de pase constantes respecto al poseedor del balón, mediante movimientos sin balón (apoyos, desmarques y gestión de los espacios libres).
        - Tocar y moverse (incentivar las paredes, las dobles paredes y las triangulaciones, aunque no sean al primer toque).
        - Pasar el balón al primer compañero que ofrece una línea de pase (no esperar al 'pase perfecto', reteniendo el balón).
        - Exigir la utilización del menor número de toques posible en cada acción técnica. Limitación de toques.

⑧ **A** *Juvenil de primer año (sub-17)*
- Mejora continua de la velocidad en el juego (VI).
    - Uso predominante de los pies (utilizar las manos como introducción a la tarea).
    - Espacios muy reducidos.
    - Objetivos principales de las tareas:

- Pasar en lugar de conducir (no retener el balón).
- Generar líneas de pase constantes respecto al poseedor del balón, mediante movimientos sin balón (apoyos, desmarques y gestión de los espacios libres).
- Tocar y moverse (incentivar las paredes, las dobles paredes y las triangulaciones, aunque no sean al primer toque).
- Pasar el balón al primer compañero que ofrece una línea de pase (no esperar al 'pase perfecto', reteniendo el balón).
- Exigir la utilización del menor número de toques posible en cada acción técnica. Limitación de toques.

⑨ **A**   *Juvenil de segundo año (sub-18)*
- Mejora continua de la velocidad en el juego (VII).
    - Uso predominante de los pies (utilizar las manos como introducción a la tarea).
    - Espacios muy reducidos.
    - Objetivos principales de las tareas:
        - Pasar en lugar de conducir (no retener el balón).
        - Generar líneas de pase constantes respecto al poseedor del balón, mediante movimientos sin balón (apoyos, desmarques y gestión de los espacios libres).
        - Tocar y moverse (incentivar las paredes, las dobles paredes y las triangulaciones, aunque no sean al primer toque).
        - Pasar el balón al primer compañero que ofrece una línea de pase (no esperar al 'pase perfecto', reteniendo el balón).
        - Exigir la utilización del menor número de toques posible en cada acción técnica. Limitación de toques.

① **A**   *Juvenil de tercer año (sub-19)*
- Mejora continua de la velocidad en el juego (VII).
    - Uso predominante de los pies (utilizar las manos como introducción a la tarea).
    - Espacios muy reducidos.
    - Objetivos principales de las tareas:
        - Pasar en lugar de conducir (no retener el balón).

- Generar líneas de pase constantes respecto al poseedor del balón, mediante movimientos sin balón (apoyos, desmarques y gestión de los espacios libres).
- Tocar y moverse (incentivar las paredes, las dobles paredes y las triangulaciones, aunque no sean al primer toque).
- Pasar el balón al primer compañero que ofrece una línea de pase (no esperar al 'pase perfecto', reteniendo el balón).
- Exigir la utilización del menor número de toques posible en cada acción técnica. Limitación de toques.

6.3.1.15. RITMO OFENSIVO

Benjamín de segundo año (sub-10)
- Ritmo individual: alto (o rápido) y bajo (o lento). Tomar consciencia de la posibilidad de realizar acciones técnicas y desplazamientos sin balón a mayor o menor intensidad.
- El ritmo alto en ningún caso debe perjudicar la calidad de la ejecución técnica. Si el jugador no es capaz de hacer bien un determinado gesto técnico a una determinada velocidad, debe realizarlo más despacio.
- Ritmo de juego colectivo. Como norma general, asimilar la idea de que el uso de dos toques es mejor que tres y tres es mejor que cuatro. No incidir en el primer toque (a pesar de que se entrene el gesto técnico), puesto que en estas edades es sinónimo de precipitación y de falta de precisión. Enlazar con Pase.
- Rapidez mental. Empezar a estimular la capacidad del jugador para tomar (buenas) decisiones en el menor tiempo posible. Enlazar con Velocidad en el juego.

Alevín de primer año (sub-11)
- El cambio de ritmo individual con balón. El cambio de ritmo sólo es posible si primero se manifiesta un ritmo bajo.
- Ritmo colectivo: alto (o rápido) y bajo (o lento). Tomar consciencia de la posibilidad de realizar un juego colectivo más lento o más rápido.

Alevín de segundo año (sub-12)
- Introducir el cambio de ritmo individual en el movimiento sin balón, principalmente en los desmarques. La rapidez no debe perjudicar la ejecución técnica, por ejemplo, del control. Importante: es necesario un ritmo bajo previo para que se manifieste el cambio de ritmo. Enlazar con Movimiento sin balón.
- Ritmo de juego colectivo. Toma de decisiones. Número de toques al balón en cada intervención técnica. Decidir teniendo en cuenta que:

- o Un número excesivo de toques ralentiza el ritmo del equipo y favorece la presión del rival. Hay que intentar no dar más toques al balón de los estrictamente necesarios (de los que permita la calidad técnica del jugador).
- o Jugar al primer toque es una muy buena opción en determinadas circunstancias, pero, al ser una acción difícil, conlleva riesgo y abusar de él seguramente supondrá imprecisiones, pérdidas de balón y, en cualquier caso, un ritmo de juego muy alto (tal vez demasiado si el nivel técnico no es excelente).
- o Hay dos variantes importantes que tener en cuenta cuando hablamos del número de toques por acción técnica:
  - La zona del campo en la que se realiza la acción:
    - En zonas de seguridad, es mejor asegurar todas las acciones con al menos dos toques. Enlazar con Fase de iniciación y con Fase de creación.
    - En zonas en las que el riesgo es asumible, los dos extremos – el primer toque y las conducciones y regates – están más justificados conforme nos acercamos a la portería rival. Enlazar con Fase de creación y con Fase de finalización.
  - Si existe o no presencia de jugadores contrarios en el momento de realizar la acción técnica:
    - En la zona de seguridad, la presión de un rival puede suponer un despeje al primer toque.
    - En zonas en las que el riesgo es asumible, la presencia de un contrario puede invitar a jugar al primer toque o a intentar una acción de uno contra uno.
- o En varias situaciones, la conducción y el regate son las acciones técnicas más aconsejables. Enlazar con Conducción.

③ B *Infantil de primer año (sub-13)*
- Consciencia por parte del jugador de que, con y sin balón, el ritmo individual bajo favorece la ejecución técnica, mientras que el ritmo individual alto aporta rapidez al juego colectivo y denota una mayor destreza técnica del futbolista.
- Consciencia por parte del jugador de que el cambio de ritmo individual, con y sin balón, aporta sorpresa y dinamismo al juego.
- Consciencia de que, en entrenamientos y en competición, los ritmos altos y la aparición frecuente de cambios de ritmo favorecen que el equipo mejore en general su rendimiento y el ajuste de su nivel de activación. Enlazar con Ritmo defensivo y con Nivel de activación.

- Consciencia de que los tipos de ritmo de juego individual y colectivo no tienen por qué coincidir. El ritmo de juego colectivo puede ser lento, pero el individual de cada jugador puede ser alto.
- Ritmo de juego colectivo. Toma de decisiones. Ritmo de juego colectivo alto o lento en función de:
    - Planteamiento del rival:
        - Equipo contrario replegado. Implica un ataque posicional. Ritmo más lento, más paciente.
        - Equipo contrario desorganizado. Existen espacios. Prima la rapidez.
        - Enlazar con Transición defensa-ataque y con Fase de creación.
- Ritmo de juego colectivo. Introducir el cambio de ritmo colectivo.
    - Para poder manifestar un cambio de ritmo colectivo es necesario partir de un ritmo de juego lento.
    - El cambio de ritmo es intencionado. Toma de decisiones: elegir el momento adecuado para realizar un cambio de ritmo.
    - El cambio de ritmo colectivo puede producirse, por ejemplo, por medio de:
        - Cambio de orientación.
        - Pase al primer toque.
        - Pared.
        - Cambio de ritmo individual.
        - Desmarque de ruptura.
        - Acción de 1x1 ó de 2x1.
    - Enlazar con Fase de creación y con Fase de finalización.

④ **A**   *Infantil de segundo año (sub-14)*
- Ritmo individual alto con balón. Optimizar la rapidez de ejecución de todas las acciones, sin que disminuya la calidad de la ejecución técnica. Se trata de un objetivo ya iniciado en algunas acciones técnicas (por ejemplo, conducción: Alevín de segundo año), pero que se aborda de forma global a partir de esta edad. Enlazar con Velocidad en el juego y con las diferentes acciones técnicas.
- Toma de decisiones en la competición. Ritmo individual con balón, alto o bajo, en función del contexto del juego y de las propias habilidades técnicas.
- Ritmo de juego colectivo. Consciencia por parte del grupo de que:
    - Ritmo de juego alto:
        - Dificulta la labor defensiva del rival.
        - Acelera los acontecimientos (favorece el 'intercambio de golpes').
        - Es adecuado cuando existen espacios en la zona de ataque, para evitar que el rival tenga tiempo de replegarse.
        - Provoca un mayor desgaste de los dos equipos.

- Aumenta el riesgo de fallos técnicos (aumenta el número de transiciones).
- Disminuye la posibilidad de sorprender al rival mediante cambios de ritmo colectivos.
  o Ritmo de juego bajo:
  - Disminuye el desgaste físico de los dos equipos y permite sobre todo descansar al equipo que se encuentra en posesión del balón.
  - Ralentiza en todos los sentidos el juego: ataques en teoría más largos y menor número de transiciones.
  - Es adecuado cuando no existen espacios en la zona de ataque, ya que permite 'mover' al rival, provocar desajustes en su estructura defensiva y crear esos espacios.
  - Exige un alto nivel de ejecución técnica, de movimiento sin balón y de interpretación del juego para evitar la acción defensiva del rival.
  - Favorece el uso de cambios de ritmo colectivos.

⑤ **A** *Cadete de primer año (sub-15)*
- Las acciones individuales con balón deben ser siempre realizadas al ritmo más alto posible. Excepción: utilizar el ritmo individual bajo como un primer paso dentro del cambio de ritmo individual. Enlazar con Rendimiento.
- El cambio de ritmo debe estar presente en todos los movimientos sin balón que se realicen cerca de un jugador rival.
- Ritmo de juego colectivo. Toma de decisiones. Ritmo de juego colectivo alto o lento en función de:
  o Contexto: minuto, resultado, cansancio, estado del terreno de juego, etcétera. Controlar el ritmo de juego del equipo y no dejarse llevar por la inercia. El ritmo será alto o bajo, en función de lo que haya entrenado el grupo para cada tipo de situación, no de la urgencia y de la improvisación del entorno. Enlazar con Rendimiento y con Saber competir.

⑥ **A** *Cadete de segundo año (sub-16)*
- Fomentar, en general, la utilización del primer toque en la medida de las posibilidades técnicas del equipo y teniendo siempre en cuenta el contexto del juego (presencia de rivales y zona del terreno de juego en la que se realiza la acción). Enlazar con Velocidad en el juego.

- Ritmo de juego colectivo. Cambio de ritmo colectivo. Optimizar las opciones y posibilidades del grupo en la interpretación y ejecución de este tipo de acciones.

⊙ R   *Juvenil de primer año (sub-17) – Juvenil de tercer año (sub-19)*
- Rendimiento. El entrenamiento de Ritmo ofensivo se planifica en función de los objetivos pendientes de años anteriores, de las necesidades de la competición y con el objetivo de generar rendimiento.

6.3.2. Conceptos clasificados según las fases del juego

6.3.2.1. FASE DE INICIACIÓN

Distinguiremos en la fase de iniciación tres estilos diferentes de iniciar el juego ofensivo:

- Estilo de juego elaborado:
    o El balón siempre se intenta sacar jugado desde el portero.
    o La progresión hacia la portería rival se realiza mediante pases cortos, pasando por todas las líneas y permaneciendo en ellas e incluso (puntualmente) volviendo tras haberlas sobrepasado.
    o El ritmo ofensivo es lento.
    o GRÁFICO 73.

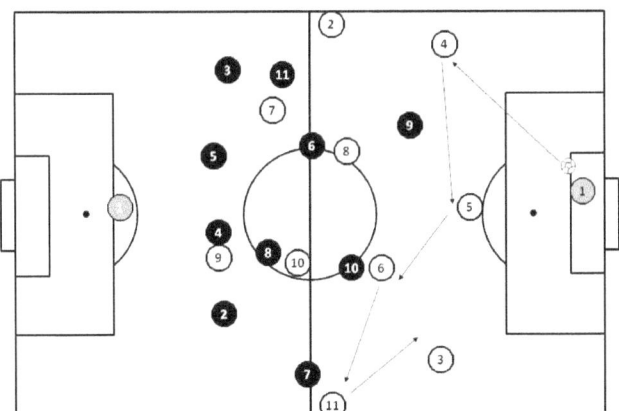

- Estilo de juego rápido:
    o El balón siempre se intenta sacar jugado desde el portero.
    o El juego pasa por todas las líneas, pero no se entretiene en ellas.

- o El ritmo ofensivo es alto.
- o GRÁFICO 74.

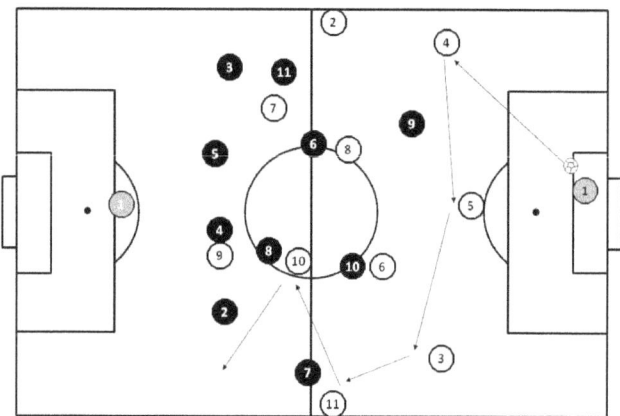

- Estilo de juego directo:
    - o La prioridad es que el juego se desarrolle en el campo contrario, por lo que se basa en el pase de larga distancia, en la disputa aérea y en la disputa en la zona de rechace.
    - o El juego suele saltar una o más líneas.
    - o GRÁFICO 75.

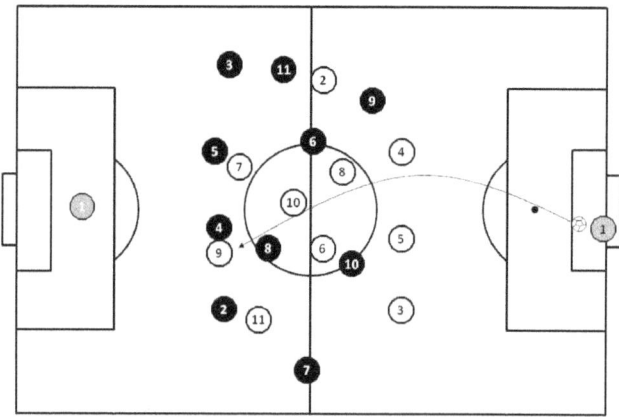

Además, manejaremos el concepto de:
- Conservación del balón:
    - o Puede ser utilizado en determinadas fases del partido, cuando el objetivo principal del juego no es el gol, sino mantener la posesión del balón (por ejemplo, con un resultado favorable, a falta de pocos segundos para el final).

- o El ritmo ofensivo es lento.
- o GRÁFICO 76.

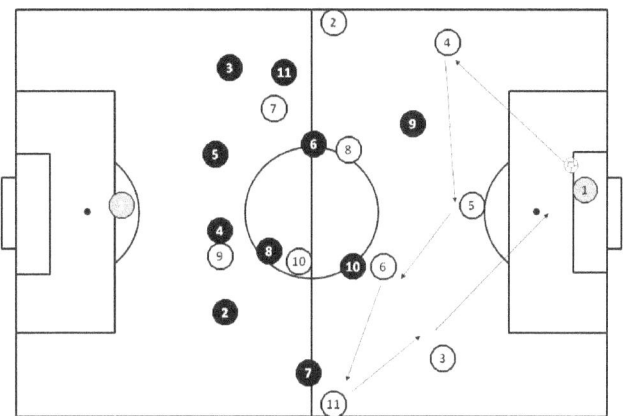

① **A**   *Benjamín de primer año (sub-9)*
- Estilo de juego elaborado:
    - o El portero realiza todas las acciones de saque de meta. Enlazar con Porteros (ofensivo).
    - o En cada uno de los dos picos del área de penalti estará situado un jugador correctamente perfilado. Enlazar con Mi posición y con Control.
    - o El resto de los jugadores estará colocado en zonas 'rígidas', correctamente perfilado. Enlazar con Mi posición. GRÁFICO 77.

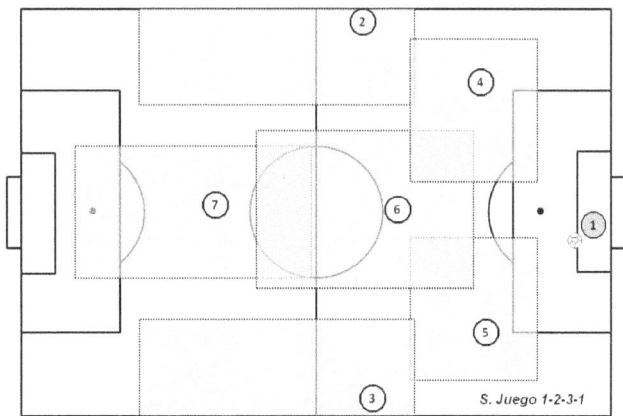

- o Establecer estrategias de saque de meta que favorezcan y permitan el juego elaborado, incluso a pesar de la presión arriba del contrario. Enlazar con Saque de meta ofensivo.

- Una vez que el balón se haya puesto en juego, el portero es una opción clara para jugar de cara y una táctica muy efectiva para desactivar la presión arriba del contrario. Enlazar con Porteros (ofensivo).
- Los pases se realizan siempre por delante del jugador que va a recibir el balón. Enlazar con Pase. GRÁFICO 78.

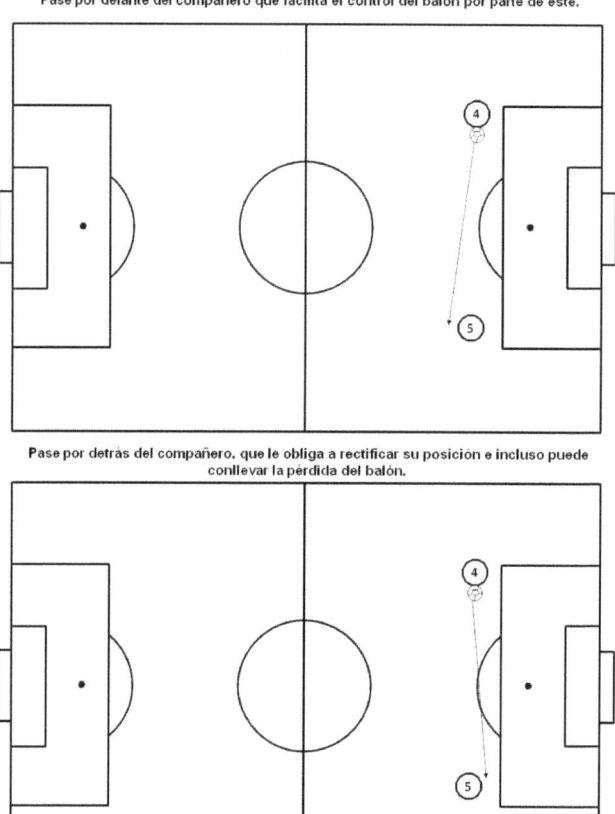

Pase por delante del compañero que facilita el control del balón por parte de éste.

Pase por detrás del compañero, que le obliga a rectificar su posición e incluso puede conllevar la pérdida del balón.

- Se aplican en esta fase de iniciación los objetivos descritos para esta edad en el resto de Conceptos ofensivos generales.

Benjamín de segundo año (sub-10)
- Estilo de juego elaborado:
  - Aplicar en esta fase de iniciación los objetivos descritos para esta edad en el resto de Conceptos ofensivos generales.

② **A** *Alevín de primer año (sub-11)*
- Estilo de juego elaborado:
  - No jugar en línea recta hacia la portería rival, sino mediante líneas diagonales de fuera a dentro y de dentro a fuera: atraer la presión del rival a un lado para llevarlo al opuesto. GRÁFICO 79.

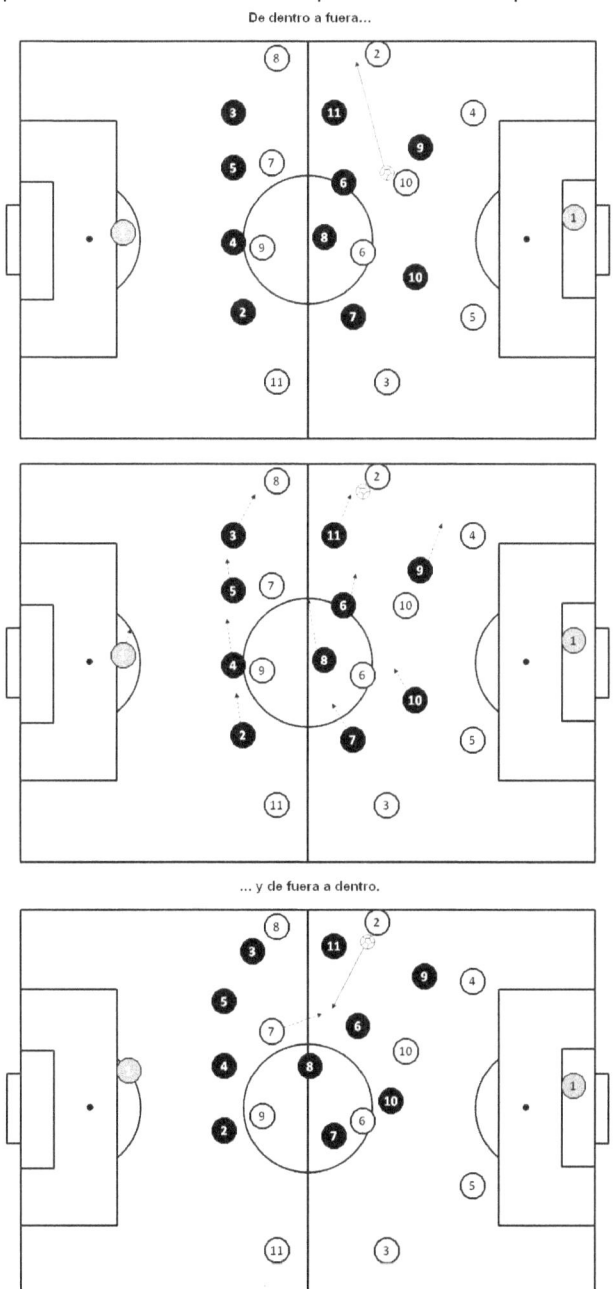

- La circulación del balón en la línea defensiva es una de las principales herramientas ofensivas que existen para debilitar el bloque defensivo del rival:
    - Paciencia. No tener prisa por salir (algo muy difícil en estas edades). Circular una vez más puede implicar más espacios en el lado contrario.
    - Velocidad. Paciencia no significa circular el balón con lentitud. Cuanto más rápido (sin perder precisión) llegue el juego a la banda contraria, más se dificulta la labor defensiva del rival.
    - GRÁFICO 80.

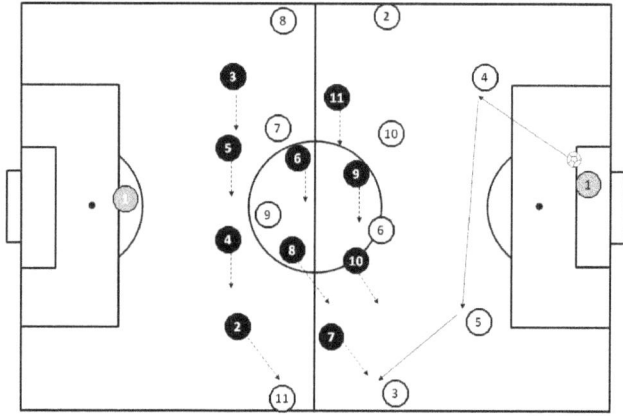

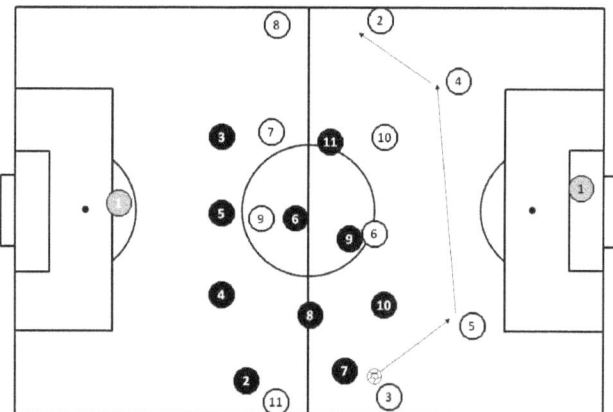

- Optimizar los perfiles de los jugadores. Enlazar con Control.
- Movimientos sin balón específicos de la zona de iniciación:
    - Portero y central. Movimientos de apoyo por detrás de la línea del balón.

- Medios centro. Creación y ocupación de espacios libres. El medio centro más cercano se aleja y el espacio que genera lo ocupa el compañero.
- Centrocampista de banda: movimiento de apoyo:
    - Amplitud. No sólo para mejorar las posibilidades de recibir el balón, sino sobre todo para generar espacios en el interior del campo.
    - No alejarse del lateral.
    - Incidir en el perfil de control, a pesar de retrasar su posición (es muy habitual que el jugador pida el balón corriendo de espaldas a la portería rival).
- Lateral. Cuando el lateral realiza un pase en corto sobre el centrocampista de banda, evitar que, instintivamente, corra después hacia delante. La norma debe ser pasar y ofrecer el apoyo por detrás (quedándose quieto o incluso retrasando su posición).
- Delantero: movimiento de apoyo. Incidir en el perfil, a pesar de retrasar su posición. El espacio que genera este movimiento es ocupado por un compañero.
- GRÁFICO 81.

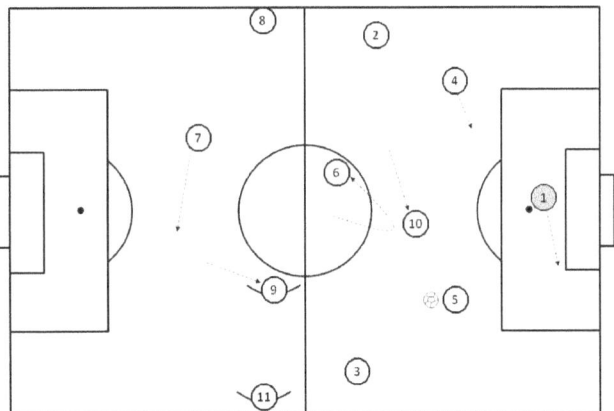

- Estilo de juego rápido:
    - Toma de decisiones. Cuando la presión del rival es demasiado intensa como para realizar un estilo de juego elaborado, se opta por un estilo de juego rápido:
        - La base del juego son los mismos principios del estilo de juego elaborado, pero con los matices de un estilo de juego rápido.
- Se aplican en esta fase de iniciación los objetivos descritos para esta edad en el resto de Conceptos ofensivos generales y en los Conceptos específicos de cada demarcación.

③ **A** *Alevín de segundo año (sub-12)*
- Estilo de juego elaborado:
  o Si el rival realiza un repliegue intensivo:
    - La línea defensiva propia debe regular su posición vertical en el terreno de juego para realizar la salida del balón. GRÁFICO 82.

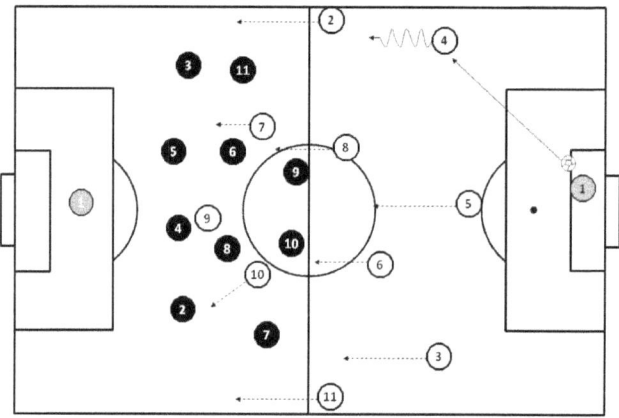
En primer lugar, el equipo regula su posicionamiento vertical.

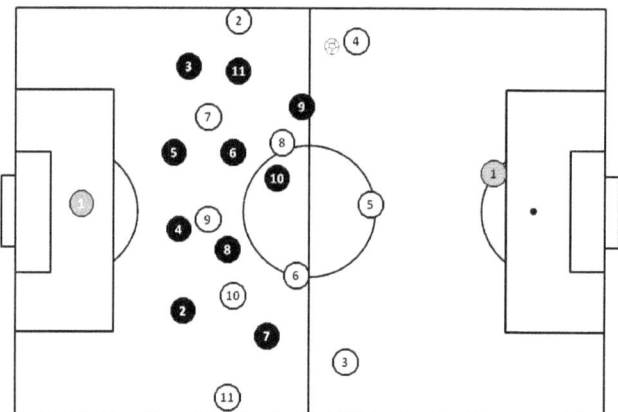
Posteriormente, comienza la fase de iniciación del juego propiamente dicha.

  o Si el equipo rival juega con un solo delantero o si, por las circunstancias del juego, uno de los centrales recibe totalmente libre de marca, es una muy buena opción salir en conducción para crear superioridad en la zona de medio campo y provocar así que el rival tenga que reajustar su sistema defensivo, facilitando la creación de espacios y de líneas de pase. Ver gráfico 32.
  o Movimientos sin balón específicos de la zona de iniciación:
    - Medios centro.

- Cuando el juego llega a la segunda línea, alguno de los medios centro realiza un movimiento de apoyo por detrás de la línea del balón al compañero que está en posesión del esférico, mientras que los restantes medios centro realizan movimientos de apoyo por delante de la línea del balón. GRÁFICO 83.

Los jugadores número 6 y 8 realizan movimientos por detrás de la línea del balón, mientras que los número 10 y 7 lo hacen por delante de ella.

- Fomentar el pase de los centrales y de los laterales sobre los medios centro si éstos se encuentran libres de marca. La salida por fuera es una alternativa a la salida por dentro si ésta no es posible, pero los defensas deben mirar constantemente a los medios centro (jugadores más creativos, al menos en teoría) y jugar con ellos si es posible. GRÁFICO 84.

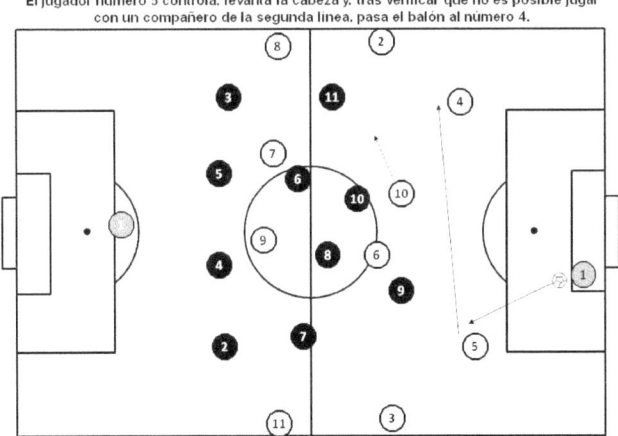

El jugador número 5 controla, levanta la cabeza y, tras verificar que no es posible jugar con un compañero de la segunda línea, pasa el balón al número 4.

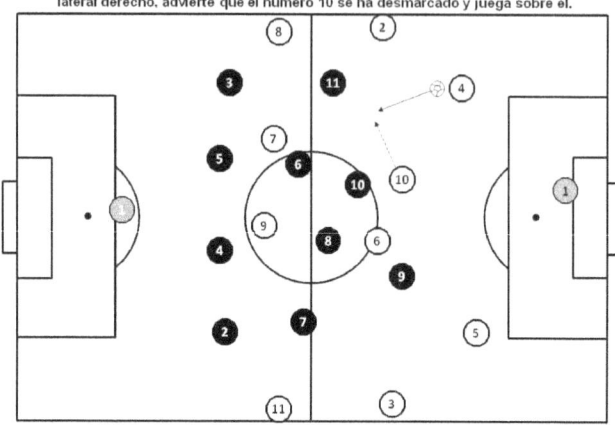

El jugador número 4, en lugar de continuar la circulación de forma automática sobre el lateral derecho, advierte que el número 10 se ha desmarcado y juega sobre él.

- Centrocampistas de banda: movimiento de apoyo interior. Cuando el central o el lateral de su banda tienen el balón, el centrocampista de banda realiza un movimiento diagonal hacia el centro (correctamente perfilado). GRÁFICO 85.

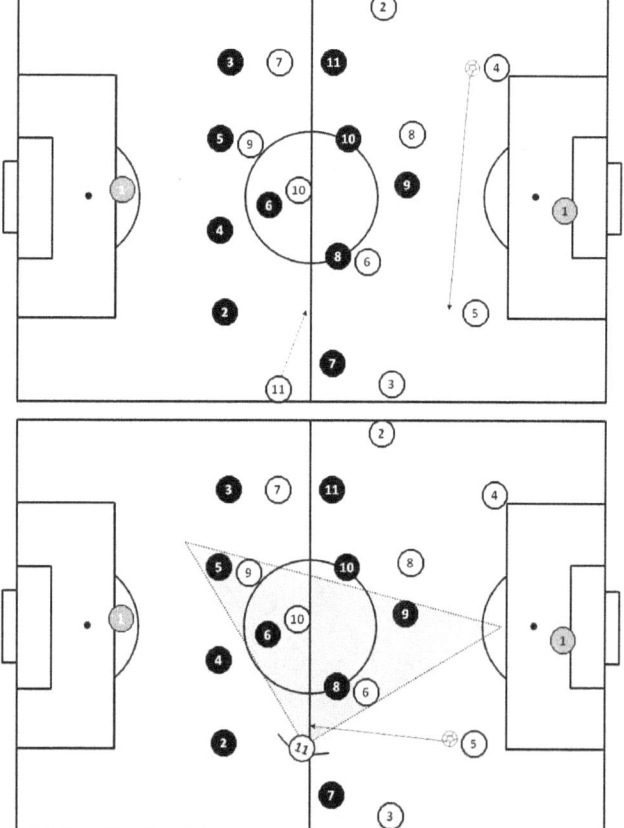

- Laterales. Partiendo del movimiento anterior, el espacio que crea el centrocampista de banda con su movimiento interior es ocupado por el lateral. GRÁFICO 86.

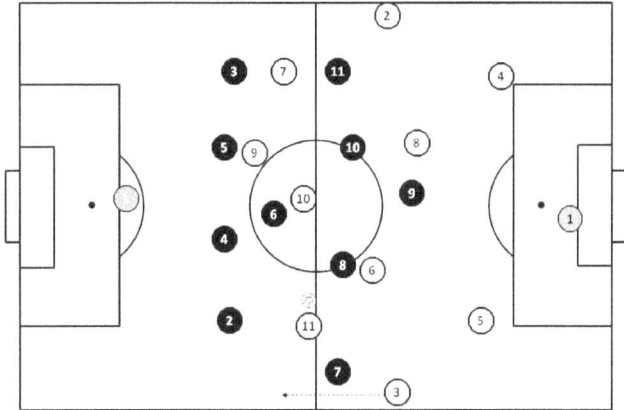

- Delanteros. El movimiento de apoyo del punta siempre debe ser 'llegando', no 'estando'. Por lo tanto, la zona de medio campo que ocupa cuando realiza un movimiento de apoyo debe ser concebida como una zona de baloncesto, en la que no se puede permanecer mucho tiempo. Si no recibe el balón tras su movimiento de apoyo, debe despejar el espacio y, si procede, volver a ocuparlo, pero ya con un nuevo movimiento. Ver gráfico 50.
- Estilo de juego rápido:
  o Al existir menos tiempo para tomar las decisiones, el juego rápido requiere aún más calidad y rapidez de los movimientos sin balón y de las acciones técnicas. El jugador debe ser consciente de la diferencia que existe entre las dos situaciones y de esa marcha adicional que debe imprimir cuando el rival realiza una presión tan intensa.
- Movimientos sin balón específicos de la zona de iniciación. Introducir la finta, el cambio de dirección y el cambio de ritmo antes de los movimientos ya conocidos en esta etapa y en la anterior, cuando hay presencia de rivales en la jugada. GRÁFICO 87.

En este ejemplo, los jugadores que se encuentran marcados, realizan fintas y movimientos previos sin balón para ganar tiempo y espacio. Los jugadores que no están marcados no lo precisan.

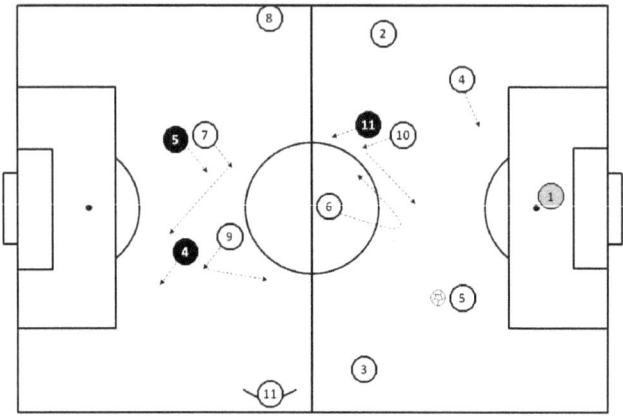

- Posicionamiento y movimientos sin balón específicos del sistema de juego. En función de los sistemas de juego utilizados por el equipo durante este año y del estilo de juego que se lleve a cabo, asimilar los matices que conllevan. Enlazar con Sistemas de juego. GRÁFICO 88.

Cada sistema de juego (en este ejemplo, un 1-4-4-2), interpretado por cada técnico, tiene asociados unos movimientos específicos en la fase de iniciación que el jugador debe conocer, aunque no se trata de principios tácticos generales.

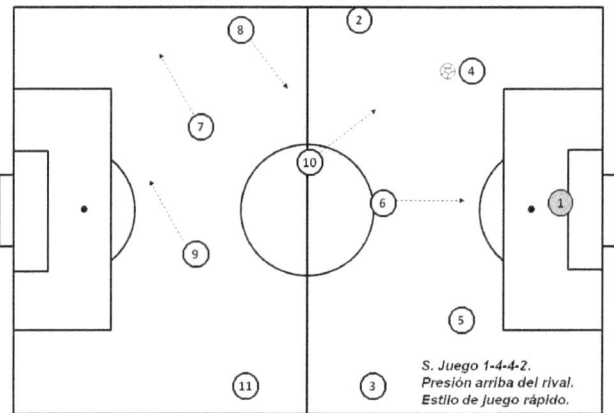

S. Juego 1-4-4-2.
Presión arriba del rival.
Estilo de juego rápido.

- Identificar las zonas del terreno de juego en las que se puede asumir riesgos y aquéllas en las que no se debe:
  o En la fase de iniciación, las pérdidas de balón pueden ser muy peligrosas, por lo que deberá predominar un juego fácil, que evite errores.
  o Es necesario incidir especialmente en la intervención en esta fase de los delanteros y de los medios de banda, acostumbrados a arriesgar el balón en otras zonas del campo.

En la fase de iniciación, deben realizar un juego basado en la seguridad.
- Enlazar con Saber competir, con Delanteros (ofensivo) y con Centrocampistas (ofensivo).
• Se aplican en esta fase de iniciación los objetivos descritos para esta edad en el resto de Conceptos ofensivos generales y en los Conceptos específicos de cada demarcación.

④ **A** *Infantil de primer año (sub-13)*
• Estilo de juego elaborado:
  - Toma de decisiones. Si el movimiento sin balón del compañero no ha sido bueno (o si la acción defensiva del rival ha sido óptima), si por lo tanto el jugador no se encuentra desmarcado cuando el poseedor está en condiciones de jugar con él, éste ha de ser capaz de verlo y de tomar la decisión de no pasarle el balón. En su lugar, buscaría otra opción, como volver a circular el balón en la línea de defensa. Obligar al compañero a ofrecer buenos movimientos sin balón. GRÁFICO 89.

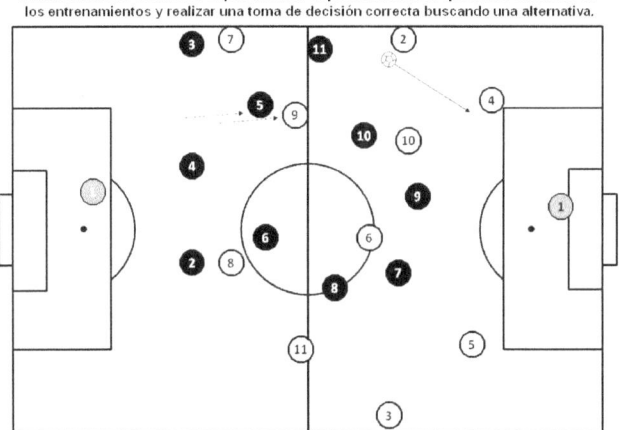

El desmarque del jugador número 9 no ha sido efectivo. El rival número 5 le marca de cerca. El número 2 debe ser capaz de evitar el pase sistemático que habrá asimilado en los entrenamientos y realizar una toma de decisión correcta buscando una alternativa.

• Estilo de juego elaborado y estilo de juego rápido:
  - Aplicar los objetivos descritos para esta edad en el resto de Conceptos ofensivos generales y en los Conceptos específicos de cada demarcación para cada uno de los estilos de juego, teniendo en cuenta sus respectivos matices.
  - Optimizar la visión de juego por parte de los defensas para introducir pases entre las líneas rivales y saltar de esa forma líneas de presión del rival. Enlazar con Porteros + defensas (ofensivo). GRÁFICO 90.

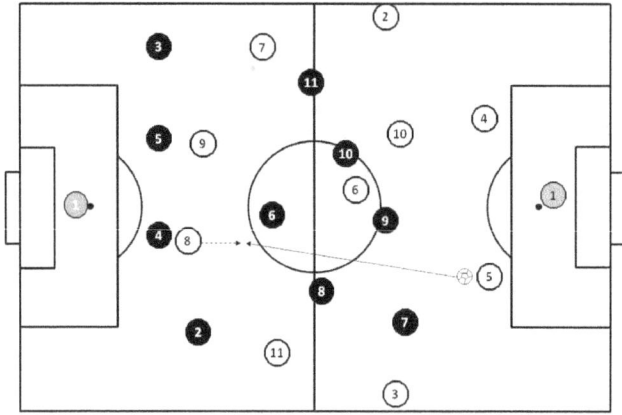

- Estilo de juego directo:
  - Toma de decisiones.
    - Al incrementarse el potencial físico de los jugadores y de los rivales, se hace necesario introducir al grupo en un nuevo estilo de juego.
    - El juego directo será un recurso si el rival realiza una fuerte y eficaz presión que hace imposible el juego elaborado y el rápido.
    - El juego directo no es una forma de quitarse el balón de encima:
      - Debe ser percibido por el jugador como una manera de explotar los espacios que el rival crea en su zona defensiva al adelantarse para presionar en campo contrario. GRÁFICO 91.

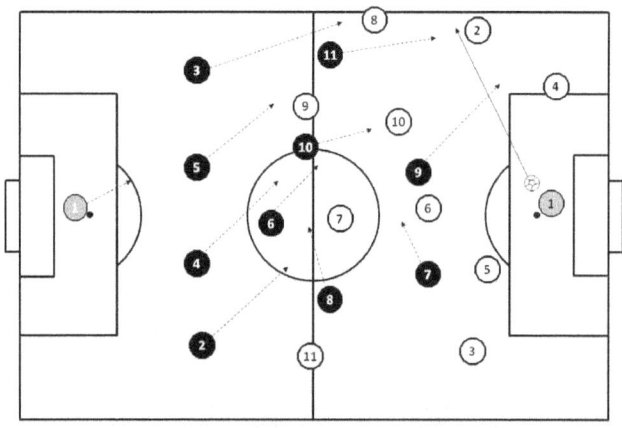

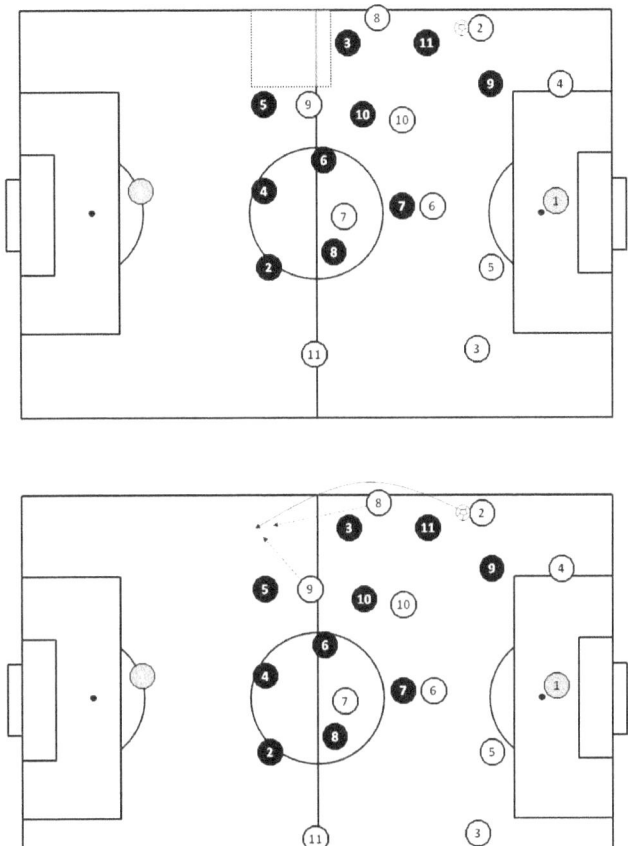

- Su uso esporádico es una manera de crear incertidumbre en el rival (no sabrá con seguridad si debe retrasar sus líneas para defender un balón largo o adelantarlas para presionar un ataque elaborado). Tras varias acciones de juego directo es posible que mejoren las condiciones para realizar un juego más elaborado. GRÁFICO 92.

El lateral rival (número 3) duda en su movimiento de presión, pues ya ha sufrido varios pases largos a su espalda.

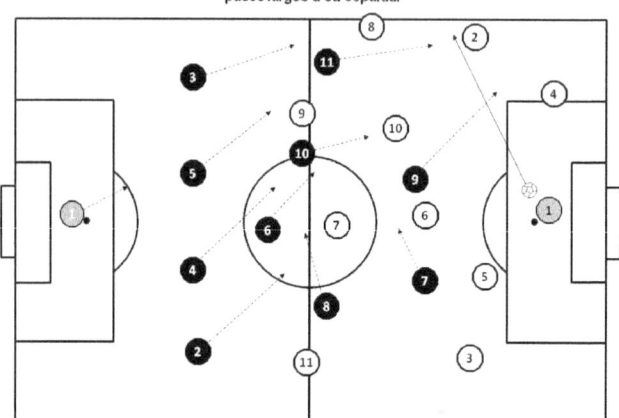

El espacio que se genera puede ser aprovechado para realizar una salida más elaborada.

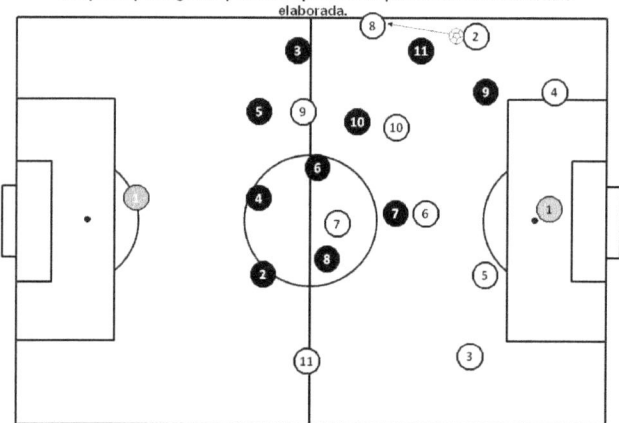

- También será un recurso si el terreno de juego se encuentra en malas condiciones o si sus dimensiones son tan reducidas que no existen los espacios suficientes para realizar un estilo de juego elaborado o rápido.
- El portero debe ser capaz de sacar de meta mediante un pase largo. Enlazar con Porteros (ofensivo).
- Movimientos sin balón específicos de la fase de iniciación:
    - Centrocampista de banda. Movimiento de desmarque de ruptura.
    - Delantero. Movimientos de desmarque de ruptura:
        - Aprovechando el movimiento de apoyo de otro compañero. Ver gráfico 87.
        - Realizando una diagonal hacia la banda. Ver gráfico 88.

- o Cambios de orientación. Introducir a los centrales en su importante rol dentro del juego directo como organizadores ofensivos del equipo. Es necesario que sean capaces de ver e interpretar las opciones de realizar cambios de orientación y de llevarlos a cabo técnicamente con desplazamientos en largo.
- Introducir el concepto de Conservación del balón.
- Toma de decisiones:
  - o Guiados por el cuerpo técnico, los jugadores deben ser capaces de interpretar, según las circunstancias del juego, qué estilo de juego deben realizar en cada partido o en cada momento del partido, teniendo en cuenta que el orden de prioridad es el que ya se ha descrito:
    - Estilo de juego elaborado.
    - Estilo de juego rápido.
    - Estilo de juego directo.
    - Además: Conservación del balón.
- Posicionamiento y movimientos sin balón específicos del sistema de juego. En función de los sistemas de juego utilizados por el equipo durante este año, asimilar los matices que conllevan. Enlazar con Sistemas de juego.
- Se aplican en esta fase de iniciación los objetivos descritos para esta edad en el resto de Conceptos ofensivos generales y en los Conceptos específicos de cada demarcación.

⑤ **B**   *Infantil de segundo año (sub-14)*
- Estilo de juego elaborado y estilo de juego rápido:
  - o Aplicar los objetivos descritos para esta edad en el resto de Conceptos ofensivos generales y en los Conceptos específicos de cada demarcación para cada uno de los estilos de juego, teniendo en cuenta sus respectivos matices.
- Estilo de juego directo:
  - o Toma de decisiones.
    - Realizar un tipo de juego directo que explote las cualidades del equipo y esconda sus debilidades. Por ejemplo, evitando enviar pases aéreos a compañeros de una muy corta estatura.
- Posicionamiento y movimientos sin balón específicos del sistema de juego.
  - o En función de los sistemas de juego utilizados por el equipo durante este año, asimilar los matices que conllevan. Enlazar con Sistemas de juego.

o Incidir en los desdoblamientos ofensivos (en el intercambio de posiciones que genere un factor de sorpresa en el rival). GRÁFICO 93.

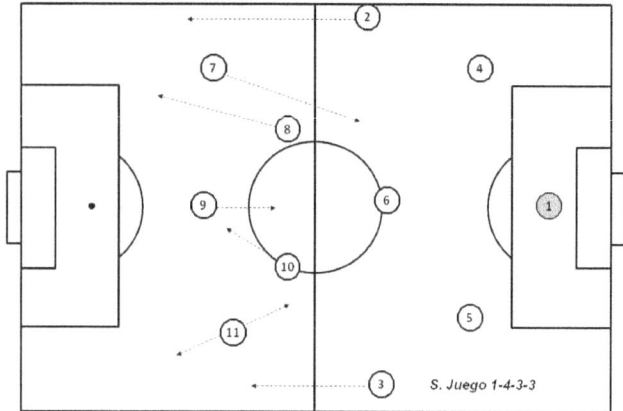

- Se aplican en esta fase de iniciación los objetivos descritos para esta edad en el resto de Conceptos ofensivos generales y en los Conceptos específicos de cada demarcación.

Cadete de primer año (sub-15)
- Estilo de juego elaborado y estilo de juego rápido:
    o Aplicar los objetivos descritos para esta edad en el resto de Conceptos ofensivos generales y en los Conceptos específicos de cada demarcación para cada uno de los estilos de juego, teniendo en cuenta sus respectivos matices.
- Estilo de juego directo:
    o Posicionamiento del equipo para desarrollar un estilo de juego directo:
        ▪ Enlazar con Juego aéreo y zonas de rechace y con Saque de meta ofensivo.
    o Guiados por el cuerpo técnico, detectar las fortalezas del equipo en esta faceta para orientar el juego directo hacia ellas. Enlazar con Juego aéreo y zonas de rechace.
    o Cambios de orientación. Optimizar la visión de juego de los centrales y su capacidad técnica para realizar con éxito cambios de orientación en el juego directo del equipo.
- Optimizar el desarrollo del concepto Conservación del balón por parte del grupo.

- Posicionamiento y movimientos sin balón específicos del sistema de juego. En función de los sistemas de juego utilizados por el equipo durante este año, asimilar los matices que conllevan. Enlazar con Sistemas de juego:
- Se aplican en esta fase de iniciación los objetivos descritos para esta edad en el resto de Conceptos ofensivos generales y en los Conceptos específicos de cada demarcación.

⑦ **A** *Cadete de segundo año (sub-16)*
- Posicionamiento y movimientos sin balón específicos del sistema de juego. En función de los sistemas de juego utilizados por el equipo durante este año, asimilar los matices que conllevan. Enlazar con Sistemas de juego.
- Estilo de juego directo:
  - Guiados por el cuerpo técnico, detectar y explotar los puntos fuertes del equipo en esta faceta, en comparación con el rival. Enlazar con Juego aéreo y zonas de rechace.
- Optimizar la toma de decisiones:
  - Guiados por el cuerpo técnico, los jugadores deben ser capaces de interpretar, según las circunstancias del juego, qué estilo de juego deben realizar en cada partido o en cada momento del partido, teniendo en cuenta que el orden de prioridad es el que ya se ha descrito:
    - Estilo de juego elaborado.
    - Estilo de juego rápido.
    - Estilo de juego directo.
    - Además: Conservación del balón.
- Se aplican en esta fase de iniciación los objetivos descritos para esta edad en el resto de Conceptos ofensivos generales y en los Conceptos específicos de cada demarcación.

⑧ **A** *Juvenil de primer año (sub-17)*
- Posicionamiento y movimientos sin balón específicos del sistema de juego. En función de los sistemas de juego utilizados por el equipo durante este año, asimilar los matices que conllevan. Enlazar con Sistemas de juego.
- Se aplican en esta fase de iniciación los objetivos descritos para esta edad en el resto de Conceptos ofensivos generales y en los Conceptos específicos de cada demarcación.
- Rendimiento. El entrenamiento de la Fase de iniciación se realiza en función de las características del siguiente rival, con el objetivo de

conseguir rendimiento y de que el jugador aprenda a formarse en un contexto competitivo, adaptándose a objetivos específicos a corto plazo. Enlazar con Rendimiento.

⑨ **A**   *Juvenil de segundo año (sub-18)*
- Posicionamiento y movimientos sin balón específicos del sistema de juego. En función de los sistemas de juego utilizados por el equipo durante este año, asimilar los matices que conllevan. Enlazar con Sistemas de juego.
- Se aplican en esta fase de iniciación los objetivos descritos para esta edad en el resto de Conceptos ofensivos generales y en los Conceptos específicos de cada demarcación.
- Rendimiento. El entrenamiento de la Fase de iniciación se realiza en función de las características del siguiente rival, con el objetivo de conseguir rendimiento y de que el jugador aprenda a formarse en un contexto competitivo, adaptándose a objetivos específicos a corto plazo. Enlazar con Rendimiento.

① **A**   *Juvenil de tercer año (sub-19)*
- Posicionamiento y movimientos sin balón específicos del sistema de juego. En función de los sistemas de juego utilizados por el equipo durante este año, asimilar los matices que conllevan. Enlazar con Sistemas de juego.
- Se aplican en esta fase de iniciación los objetivos descritos para esta edad en el resto de Conceptos ofensivos generales y en los Conceptos específicos de cada demarcación.
- Rendimiento. El entrenamiento de la Fase de iniciación se realiza en función de las características del siguiente rival, con el objetivo de conseguir rendimiento y de que el jugador aprenda a formarse en un contexto competitivo, adaptándose a objetivos específicos a corto plazo. Enlazar con Rendimiento.

6.3.2.2. FASE DE CREACIÓN

(in) **C**   *Benjamín de primer año (sub-9)*
- El objetivo principal es que el jugador maneje correctamente, de manera espontánea y con libertad, los conceptos generales estipulados para esta edad, muy por encima de movimientos tácticos predefinidos:
  - Asimilación de los conceptos ofensivos generales descritos para esta edad y facilitar su aplicación a la fase de creación mediante tareas específicas.

① **C**   *Benjamín de segundo año (sub-10)*
- El objetivo principal es que el jugador maneje correctamente, de manera espontánea y con libertad, los conceptos generales estipulados para esta edad, muy por encima de movimientos tácticos predefinidos:
  - Asimilación de los conceptos ofensivos generales descritos para esta edad y facilitar su aplicación a la fase de creación mediante tareas específicas.
- Los jugadores que no están directamente implicados en la acción ofensiva cuando ésta llega a la zona de creación deben encargarse de las vigilancias ofensivas. Enlazar con Movimiento sin balón.

② **C**   *Alevín de primer año (sub-11)*
- El objetivo principal es que el jugador maneje correctamente, de manera espontánea y con libertad, los conceptos generales estipulados para esta edad, muy por encima de movimientos tácticos predefinidos:
  - Asimilación de los conceptos ofensivos generales descritos para esta edad y facilitar su aplicación a la fase de creación mediante tareas específicas.
- Distancia entre líneas. Conforme el equipo avanza metros en la fase ofensiva, debe adelantar sus líneas de forma racional y coordinada. Distancia entre líneas en la fase ofensiva y en la defensiva: enlazar con Basculación defensiva.

③ **B**   *Alevín de segundo año (sub-12)*
- El objetivo principal es que el jugador maneje correctamente, de manera espontánea y con libertad, los conceptos generales

estipulados para esta edad, a pesar de que se introducen ya algunos movimientos tácticos predefinidos:
- o Asimilación de los conceptos ofensivos generales descritos para esta edad y facilitar su aplicación a la fase de creación mediante tareas específicas.
- Posicionamiento y movimientos sin balón específicos del sistema de juego. En función de los sistemas de juego utilizados por el equipo durante este año, asimilar los matices que conllevan en la fase de creación. Enlazar con Sistemas de juego. GRÁFICO 59.

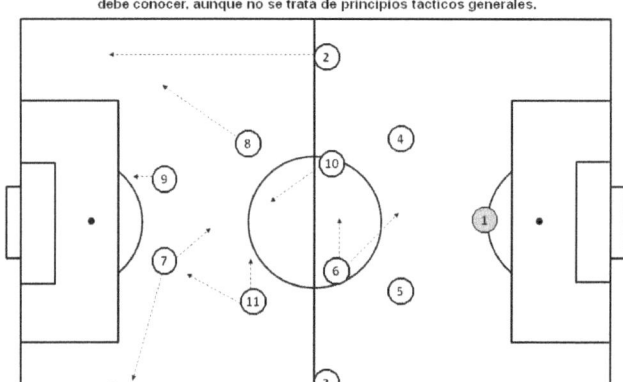

Cada sistema de juego (en este ejemplo, un 1-4-2-2-2), interpretado por cada técnico, tiene asociados unos movimientos específicos en la fase de creación que el jugador debe conocer, aunque no se trata de principios tácticos generales.

S. Juego 1-4-2-2-2

- Toma de decisiones. Capacidad de ver y de interpretar el planteamiento defensivo del rival y de tomar decisiones y adaptar el juego ofensivo en función de él. Aplicar, mediante tareas condicionadas, los conceptos ofensivos generales (Movimiento sin balón, Orientación, Ritmo ofensivo y Velocidad en el juego) dentro de los siguientes contextos de juego:
  - o Rival organizado o desorganizado.
    - Rival organizado:
      - Ataque posicional.
      - Paciencia.
    - Rival desorganizado:
      - Existen espacios en general.
      - Como norma general, ritmo de juego alto y orientación lo más vertical posible para evitar la reorganización del contrario.

④ **B**   *Infantil de primer año (sub-13)*
- Se aplican en esta fase de creación los objetivos descritos para esta edad en el resto de Conceptos ofensivos generales y en los Conceptos específicos de cada demarcación.
- Creación y ocupación de espacios libres. Enlazar con Movimiento sin balón.
- Posicionamiento y movimientos sin balón específicos del sistema de juego. En función de los sistemas de juego utilizados por el equipo durante este año, asimilar los matices que conllevan en la fase de creación. Enlazar con Sistemas de juego:
  o Incidir especialmente en la incorporación por sorpresa de jugadores de una línea anterior a otra posterior.
- Toma de decisiones. Juego en la fase de creación ante un rival desorganizado. En esta situación, en la que hay espacios, puede que no siempre proceda acelerar el ritmo ofensivo para tratar de aprovecharlos. En función del contexto del partido (enlazar con Ritmo ofensivo), tomar la decisión sobre qué ritmo ofensivo debe desarrollar el equipo. Enlazar con Transición defensa-ataque. GRÁFICO 60.

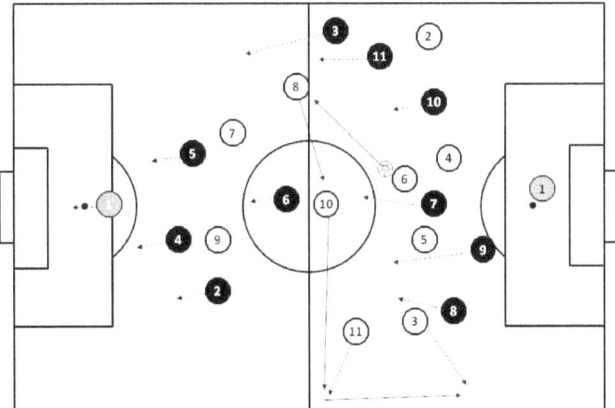

Se han producido varios contraataques sucesivos en cada área, sin que el balón haya salido del campo. Hay una nueva recuperación para el equipo blanco. Los jugadores están cansados. No siempre hay que llevar a cabo el contraataque; en esta oportunidad, los futbolistas optan por reducir el ritmo ofensivo y por una posesión más larga, permitiendo el repliegue del rival.

⑤ **B**   *Infantil de segundo año (sub-14)*
- Se aplican en esta fase de creación los objetivos descritos para esta edad en el resto de Conceptos ofensivos generales y en los Conceptos específicos de cada demarcación.
- Posicionamiento y movimientos sin balón específicos del sistema de juego. En función de los sistemas de juego utilizados por el equipo durante este año, asimilar los matices que conllevan en la fase de creación. Enlazar con Sistemas de juego.

- Toma de decisiones. Capacidad de ver y de interpretar el planteamiento defensivo del rival y de tomar decisiones y adaptar el juego ofensivo en función de él. Aplicar, mediante tareas condicionadas, los conceptos ofensivos generales (Movimiento sin balón, Orientación, Ritmo ofensivo y Velocidad en el juego) dentro de los siguientes contextos de juego (combinarlos entre sí para dar lugar a diferentes tareas de entrenamiento):
  - Línea defensiva rival adelantada o retrasada.
    - Línea defensiva rival retrasada:
      - Ataque posicional.
    - Línea defensiva rival adelantada:
      - Existen espacios entre la defensa contraria y su portería.
      - Controlar la lógica atracción de los jugadores a intentar colocar un pase entre líneas cada vez que entran en contacto con el balón. Seleccionar el último pase.
  - Intensidad de la presión del rival alta o baja.
    - Intensidad de la presión del rival alta:
      - Ante todo, existe la obligación de manifestar un ritmo ofensivo lo suficientemente rápido.
      - Se dificulta la ejecución de buenos pases entre líneas.
    - Intensidad de la presión del rival baja:
      - Mejores posibilidades para realizar pases entre líneas.
      - Muy peligroso para el contrario si se combina con una defensa rival adelantada.

⑥ **A** *Cadete de primer año (sub-15)*
- Se aplican en esta fase de creación los objetivos descritos para esta edad en el resto de Conceptos ofensivos generales y en los Conceptos específicos de cada demarcación.
- Posicionamiento y movimientos sin balón específicos del sistema de juego. En función de los sistemas de juego utilizados por el equipo durante este año, asimilar los matices que conllevan en la fase de creación. Enlazar con Sistemas de juego.
- Toma de decisiones. Capacidad de ver y de interpretar el sistema de juego y el potencial del rival y de tomar decisiones y adaptar el juego ofensivo en función de él:

- Fortalezas-debilidades del rival, comparadas con las fortalezas-debilidades del equipo. Orientar el juego hacia aquellos puntos donde el balance sea más favorable.
- Relación numérica en las distintas líneas:
    - Contexto de superioridad numérica. Aprovechar la ventaja. GRÁFICO 61.

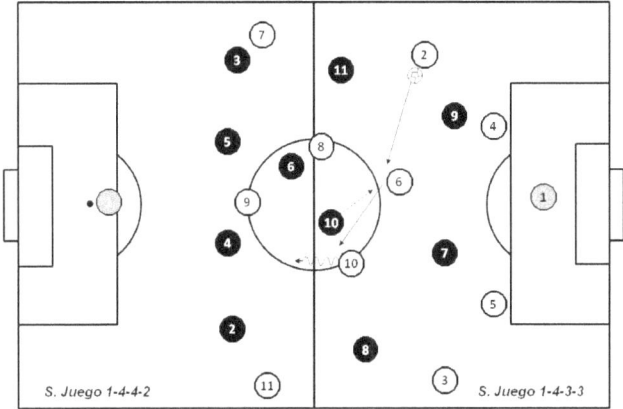

- Contexto de inferioridad numérica. Movimientos tácticos que permitan equilibrar la situación. GRÁFICO 62.

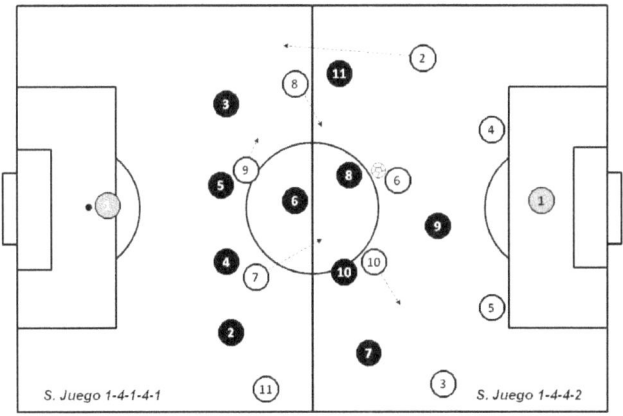

- Contexto de igualdad numérica. Movimientos tácticos que permitan tomar ventaja en la situación. GRÁFICO 63.

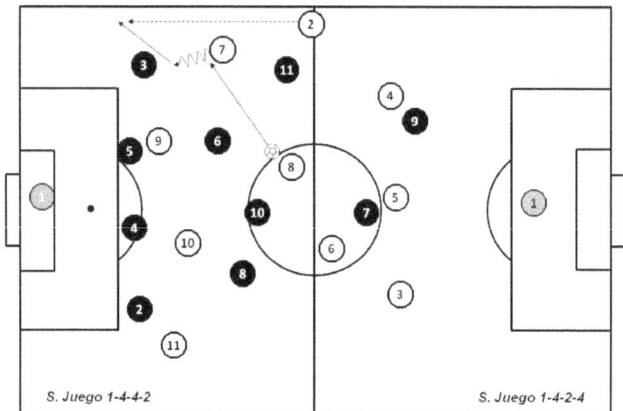

⑦ **A**   *Cadete de segundo año (sub-16)*
- Se aplican en esta fase de creación los objetivos descritos para esta edad en el resto de Conceptos ofensivos generales y en los Conceptos específicos de cada demarcación.
- Posicionamiento y movimientos sin balón específicos del sistema de juego. En función de los sistemas de juego utilizados por el equipo durante este año, asimilar los matices que conllevan en la fase de creación. Enlazar con Sistemas de juego.

⑧ **A**   *Juvenil de primer año (sub-17)*
- Se aplican en esta fase de creación los objetivos descritos para esta edad en el resto de Conceptos ofensivos generales y en los Conceptos específicos de cada demarcación.
- Posicionamiento y movimientos sin balón específicos del sistema de juego. En función de los sistemas de juego utilizados por el equipo durante este año, asimilar los matices que conllevan en la fase de creación. Enlazar con Sistemas de juego.
- Rendimiento. El entrenamiento de la Fase de creación se realiza en función de las características del siguiente rival, con el objetivo de conseguir rendimiento y de que el jugador aprenda a formarse en un contexto competitivo, adaptándose a objetivos específicos a corto plazo. Enlazar con Rendimiento.

⑨ **A**   *Juvenil de segundo año (sub-18)*
- Se aplican en esta fase de creación los objetivos descritos para esta edad en el resto de Conceptos ofensivos generales y en los Conceptos específicos de cada demarcación.

- Fase de creación frente a una línea defensiva que practica la 'táctica defensiva del fuera de juego' adelantándose de forma sincronizada cuando hay posibilidad de un pase en profundidad en contra:
  - Optimizar los desmarques de ruptura de los delanteros. Ver gráfico 52.
  - Desmarques de ruptura por parte de jugadores de líneas anteriores. GRÁFICO 64.

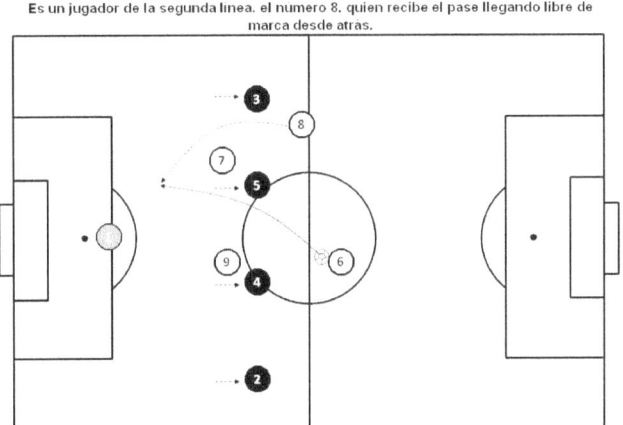

La línea defensiva rival sale y deja en fuera de juego a los dos delanteros. Es un jugador de la segunda línea, el numero 8, quien recibe el pase llegando libre de marca desde atrás.

  - Por medio de paredes. GRÁFICO 65.

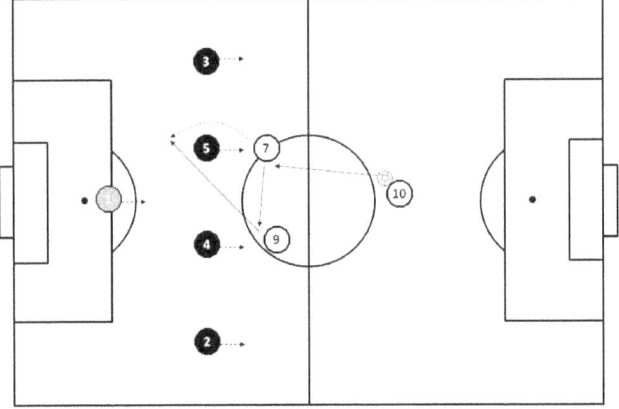

- Cambios de ritmo individuales. GRÁFICO 66.

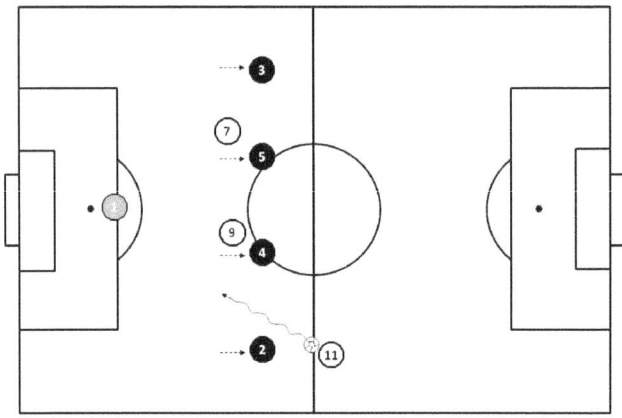

- Posicionamiento y movimientos sin balón específicos del sistema de juego. En función de los sistemas de juego utilizados por el equipo durante este año, asimilar los matices que conllevan en la fase de creación. Enlazar con Sistemas de juego.
- Rendimiento. El entrenamiento de la Fase de creación se realiza en función de las características del siguiente rival, con el objetivo de conseguir rendimiento y de que el jugador aprenda a formarse en un contexto competitivo, adaptándose a objetivos específicos a corto plazo. Enlazar con Rendimiento.

① **A** *Juvenil de tercer año (sub-19)*
- Se aplican en esta fase de creación los objetivos descritos para esta edad en el resto de Conceptos ofensivos generales y en los Conceptos específicos de cada demarcación.
- Posicionamiento y movimientos sin balón específicos del sistema de juego. En función de los sistemas de juego utilizados por el equipo durante este año, asimilar los matices que conllevan en la fase de creación. Enlazar con Sistemas de juego.
- Rendimiento. El entrenamiento de la Fase de creación se realiza en función de las características del siguiente rival, con el objetivo de conseguir rendimiento y de que el jugador aprenda a formarse en un contexto competitivo, adaptándose a objetivos específicos a corto plazo. Enlazar con Rendimiento.

6.3.2.3. FASE DE FINALIZACIÓN

La Fase de finalización merece un capítulo aparte y especial. La extrema proximidad que existe respecto a la portería rival conlleva determinados principios tácticos que son exclusivos de esta zona del campo: lo que en otras fases del juego estaría casi prohibido, deja de ser tabú cuando hay opciones de marcar gol.

Principalmente, en la Fase de finalización la asunción de riesgos está justificada e incluso recomendada: se premia la genialidad, la velocidad, la valentía, en muchas ocasiones el egoísmo (si hablamos de jugadores especializados como los delanteros). Además, debido a que la efectividad de cara al gol es absolutamente decisiva en este deporte, existen ciertas máximas relativas a la colocación dentro del área o a los comportamientos con y sin balón que todos los jugadores deberían conocer (aunque no sean delanteros), ya que cualquiera tendría que estar en condiciones mínimas de resolver con éxito una situación de gol en el área contraria.

Benjamín de primer año (sub-9)
- Se aplican en esta fase de finalización los objetivos descritos para esta edad en el resto de Conceptos ofensivos generales y en los Conceptos específicos de cada demarcación.
- En la zona de finalización, nunca se espera a que llegue el balón, sino que se sale a su encuentro.
- Como norma general, buscar el gol con golpeos rasos o de baja altura, colocados cerca de los postes de la portería.
- Resolución de situaciones básicas en la zona de finalización: 2xpt. GRÁFICO 67.

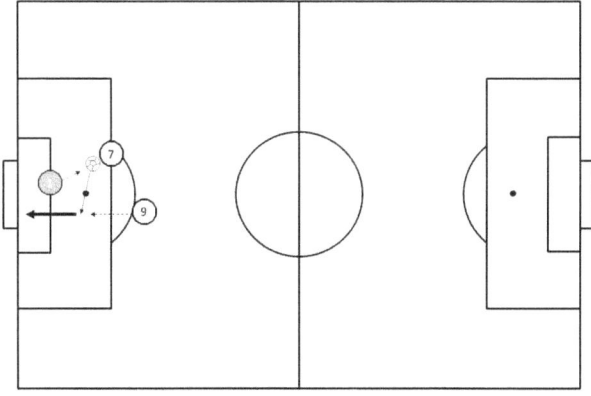

- Fomentar la experimentación, aunque guiando al jugador con pautas que le ayuden a tener éxito en la finalización de las jugadas.
- Después de cada acción de finalización, automatizar que el jugador busque siempre la opción de rechace.
- Toma de decisiones en la zona de finalización:
    - Fomentar la finalización de la jugada cuando exista una buena posición respecto a la portería rival (por ángulo y por distancia).
    - Pasar el balón a un compañero si éste se encuentra mejor situado que el poseedor del balón.
    - Regatear o conducir si no existen posibilidades ni de pase ni de tiro.

Benjamín de segundo año (sub-10)

- Se aplican en esta fase de finalización los objetivos descritos para esta edad en el resto de Conceptos ofensivos generales y en los Conceptos específicos de cada demarcación.
- Resolución de situaciones básicas en la zona de finalización: 2x1+pt. GRÁFICO 68.

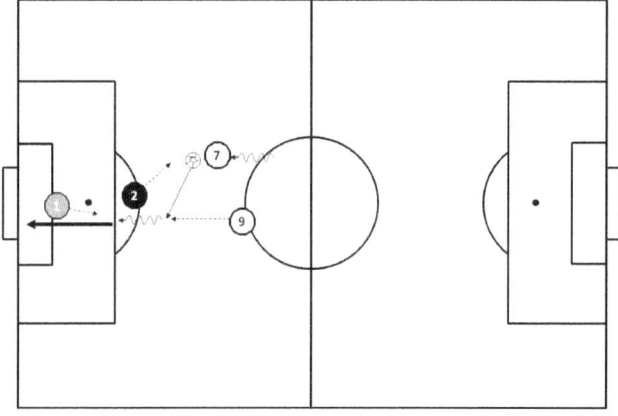

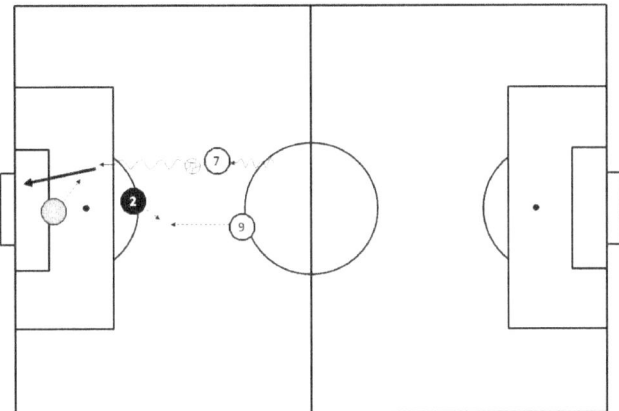

- Cuando un compañero está realizando una acción de finalización, los compañeros cercanos a la jugada deben automatizar la búsqueda agresiva del posible rechace. GRÁFICO 69.

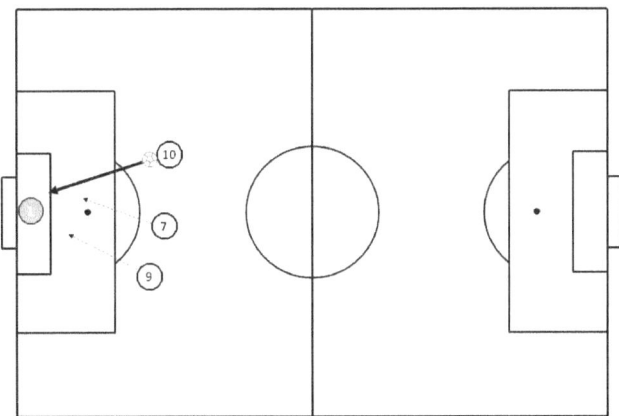

- En la zona de finalización, nunca se espera a que llegue el balón, sino que se sale a su encuentro. El objetivo es no llegar tarde, pero tampoco interesa llegar demasiado pronto y ocupar el espacio antes de tiempo. Es necesario coordinar el movimiento de aproximación al balón para llegar a él en el momento preciso. GRÁFICO 70.

El jugador número 10 ocupa el espacio demasiado pronto y, como mal menor, tendrá que frenar su carrera para llegar al balón.

- Posicionamiento colectivo básico en la zona de finalización: al menos, un jugador en la zona del primer palo y otro en la del segundo palo.
- Fomentar el uso del menor número de toques en la finalización de las jugadas.
- Optimizar la velocidad de ejecución en las acciones técnicas en la zona de finalización.

② **C**   *Alevín de primer año (sub-11)*
- Se aplican en esta fase de finalización los objetivos descritos para esta edad en el resto de Conceptos ofensivos generales y en los Conceptos específicos de cada demarcación.
- Posicionamiento colectivo básico en la zona de finalización: al menos, un rematador en el primer palo, otro rematador en el segundo palo y un tercer jugador en la frontal del área. Enlazar con Fase de finalización.
- Cuando un jugador llega a la línea de fondo, el pase atrás, raso y tenso, es una muy buena opción para finalizar la jugada. Incidir tanto en la acción del jugador poseedor del balón, como en la del potencial rematador. GRÁFICO 71.

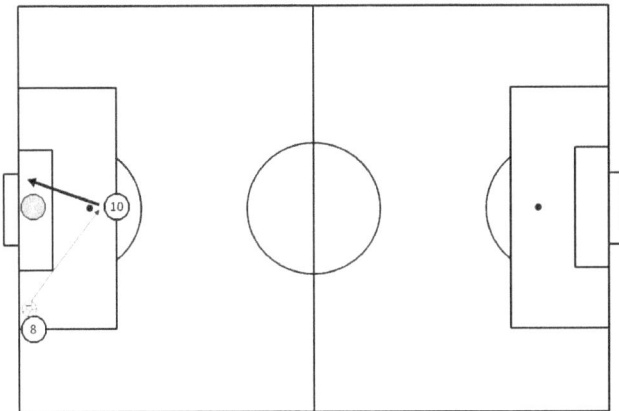

③ **B**   *Alevín de segundo año (sub-12)*
- Se aplican en esta fase de finalización los objetivos descritos para esta edad en el resto de Conceptos ofensivos generales y en los Conceptos específicos de cada demarcación.
- Introducir las fintas en los movimientos sin balón en la zona de finalización.

④ **B**   *Infantil de primer año (sub-13)*
- Remate a puerta. La importancia del primer palo y del segundo palo. Enlazar con Remate a puerta.
- Posicionamiento y movimientos sin balón específicos del sistema de juego. En función de los sistemas de juego utilizados por el equipo durante este año, asimilar los matices que conllevan en la fase de finalización. Enlazar con Sistemas de juego. GRÁFICO 72.

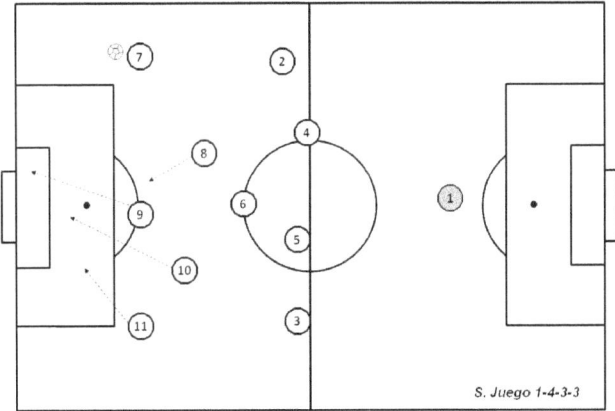

Cada sistema de juego (en este ejemplo, un 1-4-3-3), interpretado por cada técnico, tiene asociados unos movimientos específicos en la fase de finalización que el jugador debe conocer, aunque no se trata de principios tácticos generales.

S. Juego 1-4-3-3

⑤ **A**   *Infantil de segundo año (sub-14)*
- Se aplican en esta fase de finalización los objetivos descritos para esta edad en el resto de Conceptos ofensivos generales y en los Conceptos específicos de cada demarcación.
- Posicionamiento y movimientos sin balón específicos del sistema de juego. En función de los sistemas de juego utilizados por el equipo durante este año, asimilar los matices que conllevan en la fase de finalización. Enlazar con Sistemas de juego.
- Manejo de ambas piernas en todas las acciones dentro de la zona de finalización.
- Fomentar la finta en la zona de finalización (con y sin balón). Enlazar con Finta.

⑥ **B**   *Cadete de primer año (sub-15)*
- Se aplican en esta fase de finalización los objetivos descritos para esta edad en el resto de Conceptos ofensivos generales y en los Conceptos específicos de cada demarcación.
- Posicionamiento y movimientos sin balón específicos del sistema de juego. En función de los sistemas de juego utilizados por el equipo durante este año, asimilar los matices que conllevan en la fase de finalización. Enlazar con Sistemas de juego.
- Resolución de las acciones en la zona de finalización teniendo en cuenta las características del rival. Enlazar con Rendimiento.

⑦ **A**   *Cadete de segundo año (sub-16)*
- Se aplican en esta fase de finalización los objetivos descritos para esta edad en el resto de Conceptos ofensivos generales y en los Conceptos específicos de cada demarcación.
- Posicionamiento y movimientos sin balón específicos del sistema de juego. En función de los sistemas de juego utilizados por el equipo durante este año, asimilar los matices que conllevan en la fase de finalización. Enlazar con Sistemas de juego.
- Efectividad. Exigencia creciente del éxito de las acciones de gol en la zona de finalización.
- Resolución con éxito de acciones en la zona de finalización bajo condiciones de máximo estrés.

⊕ **R** *Juvenil de primer año (sub-17) – Juvenil de tercer año (sub-19)*
- Se aplican en esta fase de finalización los objetivos descritos para esta edad en el resto de Conceptos ofensivos generales y en los Conceptos específicos de cada demarcación.
- Rendimiento. El entrenamiento de la fase de finalización se planifica en función de los objetivos pendientes de años anteriores y de las carencias detectadas durante la competición, siempre con el objetivo de optimizar la capacidad del equipo para resolver con éxito (gol) las acciones en la zona de finalización.
- Posicionamiento y movimientos sin balón específicos del sistema de juego. En función de los sistemas de juego utilizados por el equipo durante este año, asimilar los matices que conllevan en la fase de finalización. Enlazar con Sistemas de juego.

6.3.2.4. TRANSICIÓN DEFENSA-ATAQUE

(in) **C** *Benjamín de primer año (sub-9)*
- Se aplican a la transición defensa-ataque los objetivos descritos para esta edad en el resto de Conceptos ofensivos generales y en los Conceptos específicos de cada demarcación.
- Introducir de forma conjunta los dos conceptos que habrán de definir claramente las transiciones del equipo:
    - Cuando el equipo no está en posesión del balón y lo recupera, aplica con rapidez los principios de amplitud y de ocupación racional del terreno de juego (despliegue).
    - Cuando el equipo está en posesión del balón y lo pierde, realiza de la forma más rápida posible una intensa 'presión tras pérdida', cerrando los espacios en torno al poseedor del balón. Enlazar con Transición ataque-defensa.
    - Ver gráfico 158.

① **C** *Benjamín de segundo año (sub-10)*
- Se aplican a la transición defensa-ataque los objetivos descritos para esta edad en el resto de Conceptos ofensivos generales y en los Conceptos específicos de cada demarcación.
- Asimilar en la teoría y en la práctica una de las normas principales en la transición defensa-ataque: es muy importante no perder el balón inmediatamente después de haberlo recuperado, por lo que las primeras acciones deben ser 'de seguridad'. Se trata de un momento sumamente delicado, puesto que el equipo pasa de estar cerrado a estar abierto y una pérdida justo después de la recuperación resultaría muy peligrosa. Ver gráfico 159.

② **B**   *Alevín de primer año (sub-11)*
- Se aplican a la transición defensa-ataque los objetivos descritos para esta edad en el resto de Conceptos ofensivos generales y en los Conceptos específicos de cada demarcación.
- Automatizar de forma conjunta los dos conceptos que habrán de definir claramente las transiciones del equipo:
    - Cuando el equipo no está en posesión del balón y lo recupera, aplica con rapidez los principios de amplitud y de ocupación racional del terreno de juego. Ver gráfico 158.
    - Cuando el equipo está en posesión del balón y lo pierde, realiza de la forma más rápida posible una intensa 'presión tras pérdida', cerrando los espacios en torno al poseedor del balón. Enlazar con Transición ataque-defensa.
- Toma de decisiones. Al recuperar el balón, como norma general, el equipo trata de explotar los espacios que deja el contrario mediante rápidos contraataques.
- Contraataque. Los principios básicos del contraataque son:
    - Rapidez. Ritmo ofensivo alto.
    - Verticalidad. Profundidad.
    - Utilizar pocos pases, puesto que cada pase supone asumir un riesgo de perder el balón. Dar sólo los pases que sean necesarios. Por lo tanto, en la jugada deben intervenir pocos jugadores, sólo los necesarios.
    - Conducir o pasar, pero no regatear (salvo excepciones). Evitar las situaciones de 1x1, puesto que estaremos dando al rival la posibilidad de detener el contraataque mediante una falta.
    - Partir de posiciones que manifiesten amplitud (para abrir al rival), pero realizar, salvo excepciones, todos los movimientos con y sin balón en dirección a la portería rival, con líneas diagonales. GRÁFICO 162.

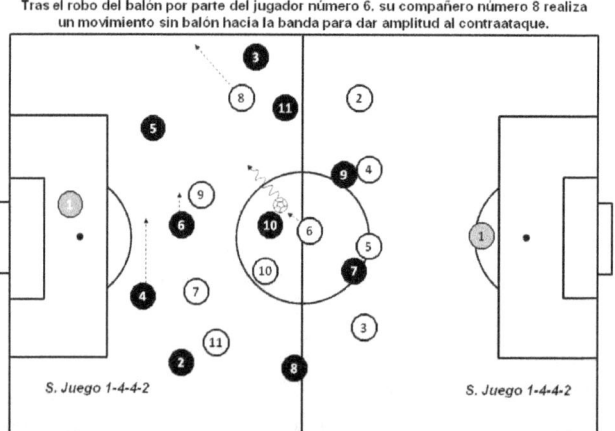

Tras el robo del balón por parte del jugador número 6, su compañero número 8 realiza un movimiento sin balón hacia la banda para dar amplitud al contraataque.

Sin embargo, no se realizan pases al pie, como si se tratara de un ataque posicional, sino que se explotan los espacios generados por la amplitud mediante movimientos diagonales y directos a la portería rival.
Directamente a través de un pase sobre el número 8...

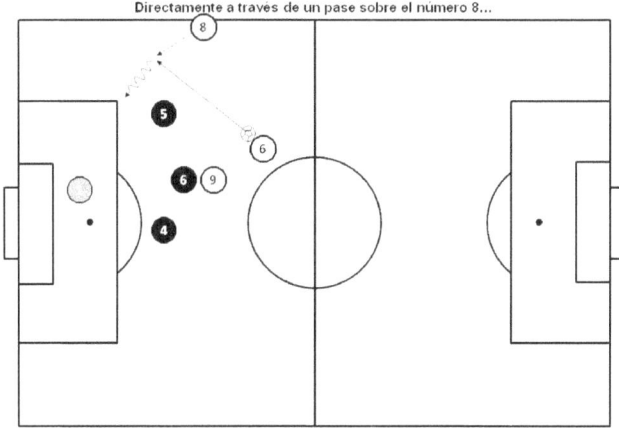

U ocupando y aprovechando los espacios que ha generado el movimiento del jugador número 8, a través de la acción de otro jugador.

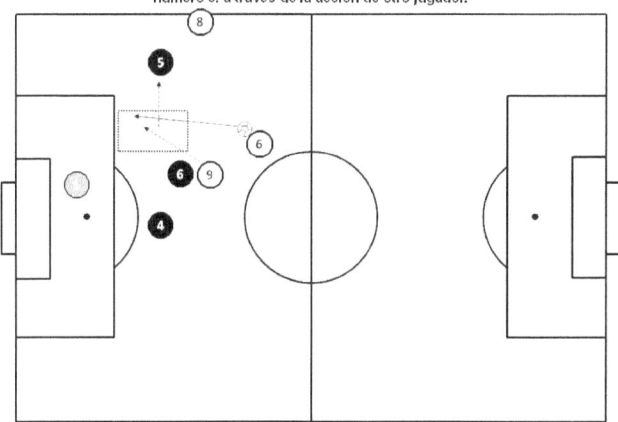

- o Provocar y sacar provecho de situaciones de superioridad numérica (2x1, 3x2, 4x3, 5x4...):
    - Mediante movimientos sin balón. GRÁFICO 163.

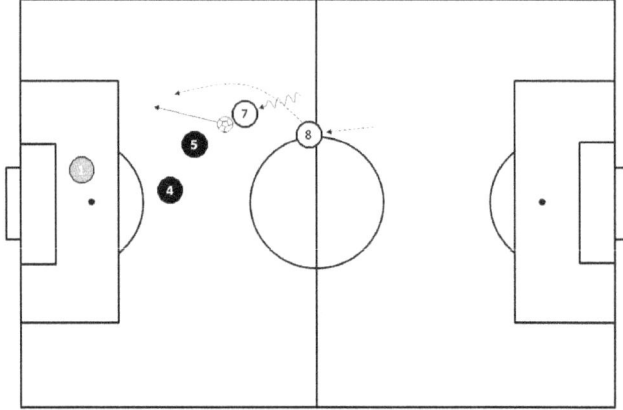

- Mediante la acción del poseedor del balón, aislando las situaciones en acciones de 2x1:
    - Conducir con rapidez en dirección al rival sin llegar a provocar un 1x1.
    - Si el contrario se centra en el poseedor del balón, pasar al compañero desmarcado.
    - Si el contrario tapa el pase al compañero, continuar conduciendo y rebasarle.
    - Enlazar con Fase de finalización. Ver gráfico 68.
  - En un contraataque intervienen pocos jugadores. Los que quedan alejados de la jugada ofensiva, deben prestar atención a las vigilancias ofensivas.
- Contraataque corto:
  - Es aquél en el que el balón se roba muy cerca del área rival, por lo que requiere menos acciones con y sin balón que un contraataque más alejado. Son situaciones especiales. Ver gráfico 159.
  - Se trata de jugadas de máximo peligro y desconcierto para el contrario, por lo que hay que ser muy verticales, rápidos y agresivos, al mismo tiempo que fríos y precisos, en su resolución.

③ B *Alevín de segundo año (sub-12)*
- Se aplican a la transición defensa-ataque los objetivos descritos para esta edad en el resto de Conceptos ofensivos generales y en los Conceptos específicos de cada demarcación.
- Posicionamiento y movimientos sin balón específicos del sistema de juego. En función de los sistemas de juego utilizados por el equipo

durante este año, asimilar los matices que conllevan en la transición defensa-ataque. Enlazar con Sistemas de juego. GRÁFICO 164.

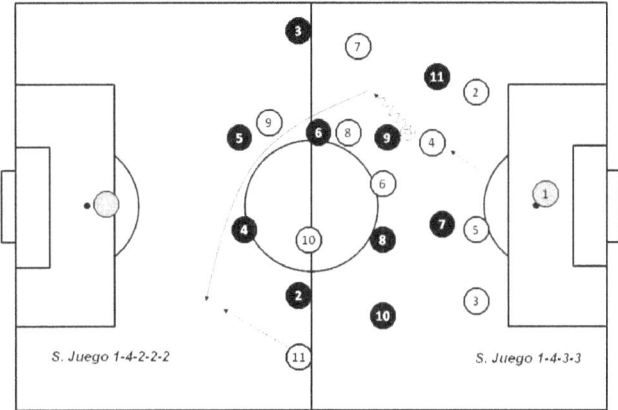

- Contraataque:
    - Movimiento sin balón. No correr siempre hacia delante, como marca el instinto. Enlazar con Movimiento sin balón.

④ **A** *Infantil de primer año (sub-13)*
- Se aplican a la transición defensa-ataque los objetivos descritos para esta edad en el resto de Conceptos ofensivos generales y en los Conceptos específicos de cada demarcación.
- Posicionamiento y movimientos sin balón específicos del sistema de juego. En función de los sistemas de juego utilizados por el equipo durante este año, asimilar los matices que conllevan en la transición defensa-ataque. Enlazar con Sistemas de juego. Ver gráfico 164.
- Salir de la presión. Optimizar la atención y la capacidad técnica y táctica del equipo para superar la presión del rival en los primeros instantes tras el robo del balón. Es un momento delicado, posiblemente de máxima agresividad y presión por parte del contrario, por lo que merece una atención específica.
- Toma de decisiones. Cuando el equipo recupera el balón:
    - Hay que tomar la decisión de realizar:
        - Contraataque. Ritmo alto.
        - Ataque o incluso conservación del balón ('empezar de cero'), dando tiempo de forma consciente a que el rival organice su sistema defensivo. Ritmo bajo.
    - En función de:

- Rival organizado o desorganizado. El hecho de haber perdido el balón no quiere decir que haya desorganizado sus líneas. Tal vez no haya espacios y sea preferible iniciar un ataque posicional. Mirar antes de echarse a correr. GRÁFICO 165.

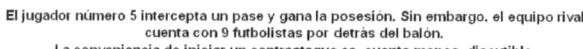

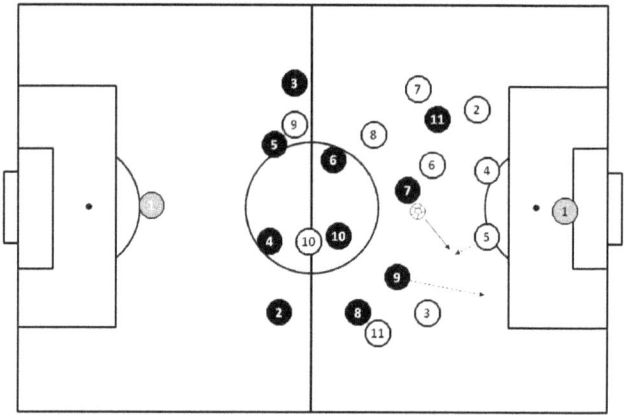

El jugador número 5 intercepta un pase y gana la posesión. Sin embargo, el equipo rival cuenta con 9 futbolistas por detrás del balón. La conveniencia de iniciar un contraataque es, cuanto menos, discutible.

- Planteamiento del equipo. Por ejemplo:
  - El propio cuerpo técnico puede haber decidido renunciar, como planteamiento deliberado, a los contraataques al estimar que no cuenta con jugadores rápidos y verticales, al menos en comparación con los defensas rivales, y prefiere mantener la posesión para centrar su esfuerzo en ataques posicionales.
  - Interesa un ritmo bajo de partido para evitar un intercambio de golpes que, estimamos, nos perjudicaría.
  - Tras un robo (contraataque a favor), una pérdida inmediata (contraataque en contra) y otro robo inmediato (posibilidad de contraataque a favor), tal vez sea preferible renunciar a un nuevo contraataque para ordenar el juego ofensivo y colocar al equipo.
- Contraataque. Preparación del contraataque. Las posibilidades de éxito de una jugada de contraataque pueden multiplicarse si los jugadores que la van a realizar están preparados (posicional y mentalmente) en el momento de recuperar el balón o incluso antes.

Todos los jugadores del equipo tienen su misión defensiva, pero cuando los jugadores de ataque han sido rebasados y su rol se limita al de la vigilancia defensiva (para que el rival no juegue hacia atrás con comodidad), deben disponerse al 50% para iniciar un contraataque en caso de que sus compañeros consigan robar el balón. Enlazar con Delanteros (defensivo). Ver gráfico 48.
- En caso de no buscar de forma inmediata el contraataque, es importante realizar un cambio de orientación lo antes posible hacia una zona del campo en la que haya menos densidad de jugadores rivales (tal vez un pase hacia atrás y un posterior cambio de orientación para empezar desde cero la jugada). GRÁFICO 166.

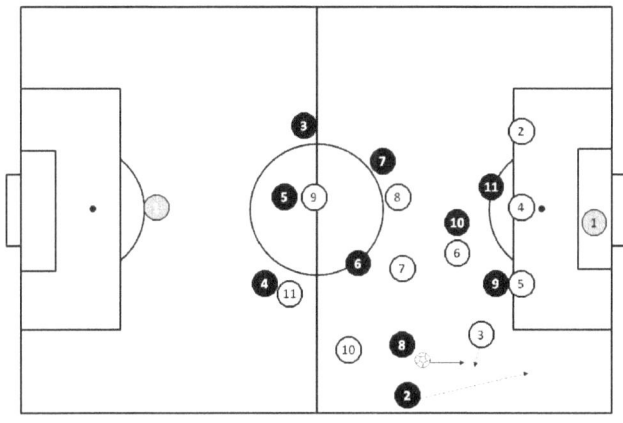

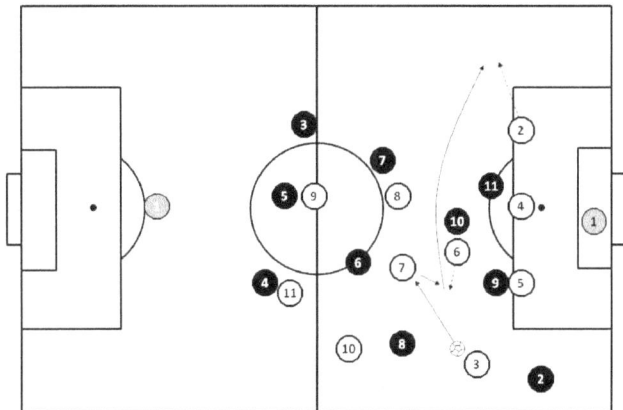

⑤ **A**   *Infantil de segundo año (sub-14)*
- Se aplican a la transición defensa-ataque los objetivos descritos para esta edad en el resto de Conceptos ofensivos generales y en los Conceptos específicos de cada demarcación.

- Posicionamiento y movimientos sin balón específicos del sistema de juego. En función de los sistemas de juego utilizados por el equipo durante este año, asimilar los matices que conllevan en la transición defensa-ataque. Enlazar con Sistemas de juego. Ver gráfico 164.

⑥ **A**   *Cadete de primer año (sub-15)*
- Se aplican a la transición defensa-ataque los objetivos descritos para esta edad en el resto de Conceptos ofensivos generales y en los Conceptos específicos de cada demarcación.
- Posicionamiento y movimientos sin balón específicos del sistema de juego. En función de los sistemas de juego utilizados por el equipo durante este año, asimilar los matices que conllevan en la transición defensa-ataque. Enlazar con Sistemas de juego. Ver gráfico 164.
- Toma de decisiones. Cuando el equipo recupera el balón:
    - Hay que tomar la decisión de realizar:
        - Contraataque. Ritmo alto.
        - Ataque o incluso conservación del balón ('empezar de cero'), dando tiempo de forma consciente a que el rival organice su sistema defensivo. Ritmo bajo.
    - En función de:
        - Contexto del partido. El marcador, el minuto de juego, el número de jugadores de ambos equipos sobre el campo o el estado físico del grupo son algunos factores que pueden invitar, por sentido común, a no lanzarse al contraataque tras haber recuperado el balón. Enlazar con Rendimiento.
- Contraataque. En función del planteamiento de transición ataque-defensa del rival. Capacidad para verlo e interpretarlo, y para tomar las decisiones correctas en función de él:
    - Fuerte presión tras pérdida, con todas las líneas adelantadas que invita a buscar un rápido cambio de orientación que permita a algún jugador contar con tiempo y espacio para intentar aprovechar, mediante otro cambio de orientación, los espacios que existan a la espalda de la defensa rival. GRÁFICO 167

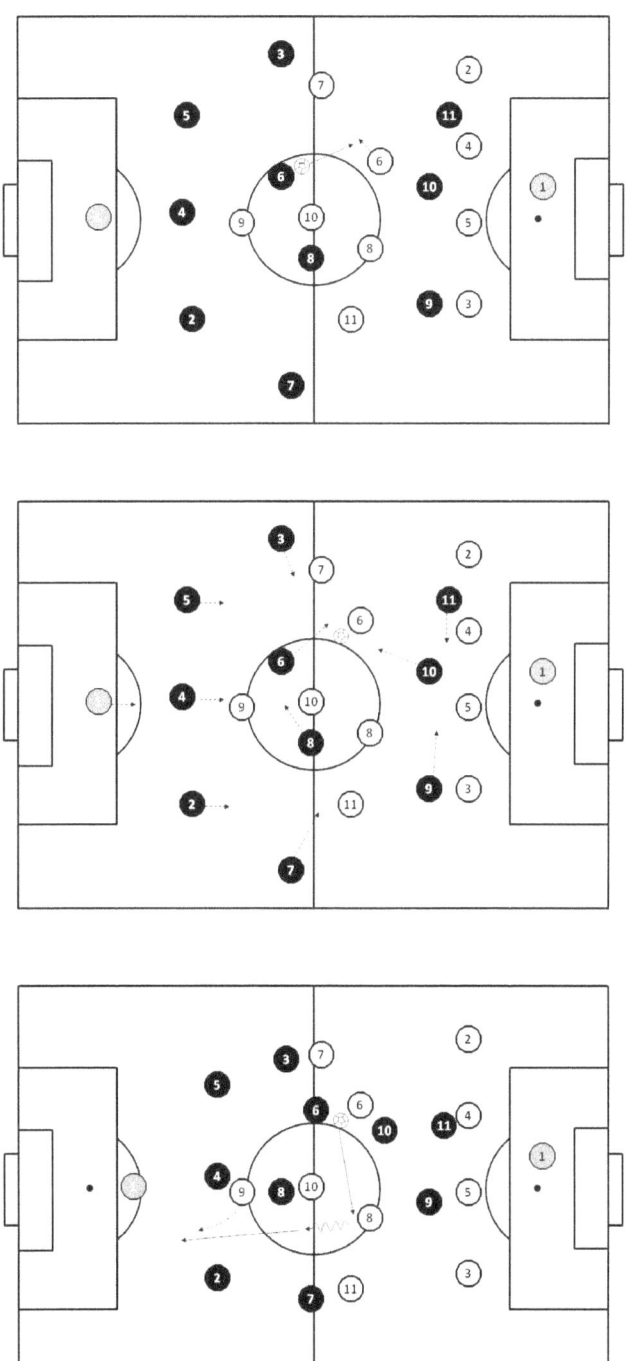

o Presión al poseedor por parte de los jugadores más cercanos y repliegue del resto del equipo, que invita a buscar un rápido cambio de orientación y a realizar un contraataque rápido para evitar que se complete el repliegue del rival. GRÁFICO 168.

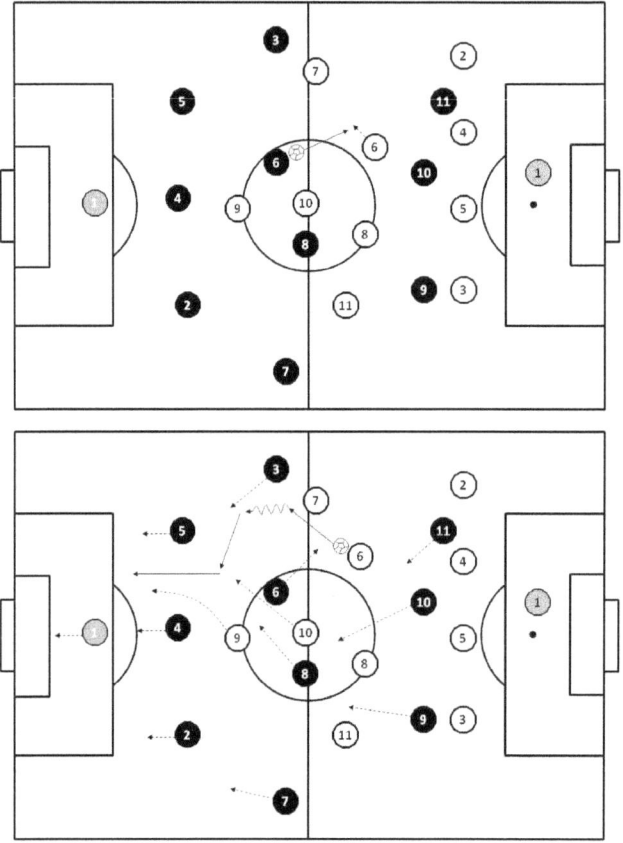

o Repliegue de todo el bloque sin ejercer presión inmediata sobre el balón. A pesar de que este planteamiento parezca muy vulnerable, su fuerza reside en que, al no recibir una presión clara, el equipo poseedor del balón se siente desconcertado. El primer paso es tomar consciencia de este tipo de planteamiento por parte del rival para tratar de no desaprovechar la falta de presión con pases intermedios e innecesarios y buscar con rapidez (y con espacios) la zona de creación, antes de que el rival se haya replegado totalmente. GRÁFICO 169.

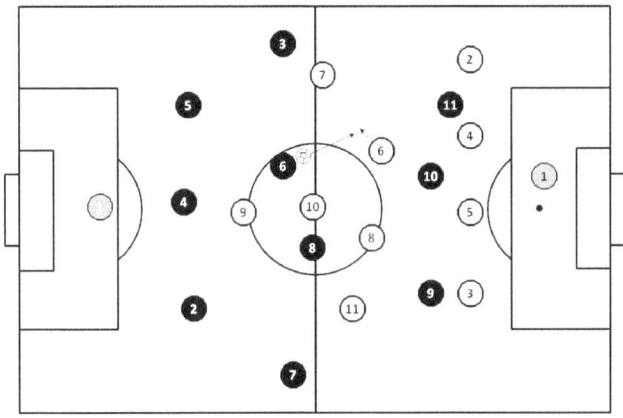

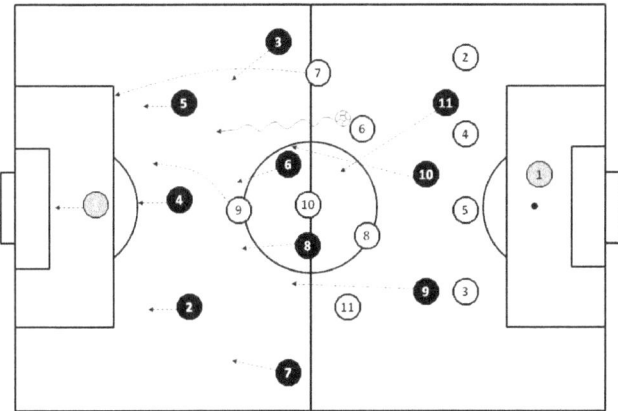

⑦ **A**   *Cadete de segundo año (sub-16)*
- Se aplican a la transición defensa-ataque los objetivos descritos para esta edad en el resto de Conceptos ofensivos generales y en los Conceptos específicos de cada demarcación.
- Posicionamiento y movimientos sin balón específicos del sistema de juego. En función de los sistemas de juego utilizados por el equipo durante este año, asimilar los matices que conllevan en la transición defensa-ataque. Enlazar con Sistemas de juego. Ver gráfico 164.
- Contraataque:
    o Gestión de los espacios libres: creación, ocupación y aprovechamiento. Cambios de orientación al espacio libre:
        ▪ Rápidos movimientos sin balón que generen situaciones puntuales de superioridad o de igualdad numérica.
        ▪ Correcta interpretación y toma de decisiones por parte del poseedor del balón. GRÁFICO 170.

Lanzado en un contraataque en carrera, el jugador número 10 no encuentra espacios para realizar un pase en profundidad sobre su compañero número 9. El lateral rival, número 3 cierra bien el pase interior.

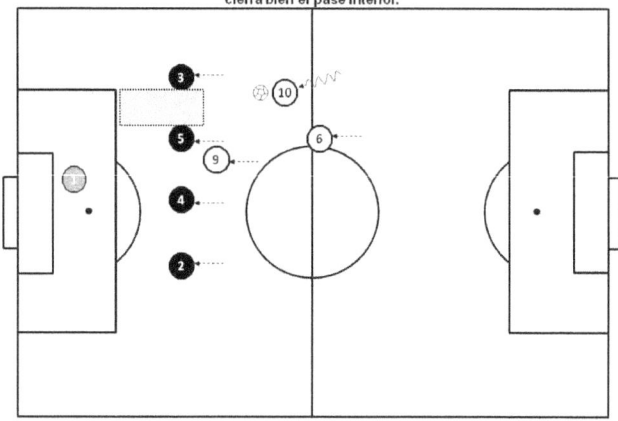

El jugador número 6 dobla al número 10 atrayendo la marca del rival número 3.

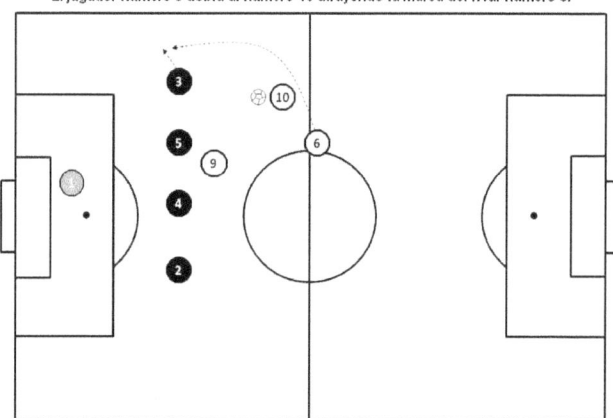

El movimiento no sirve para que el número 6 reciba un pase, sino para crear un espacio que, ahora sí, permitirá al número 10 jugar en profundidad sobre el número 9.

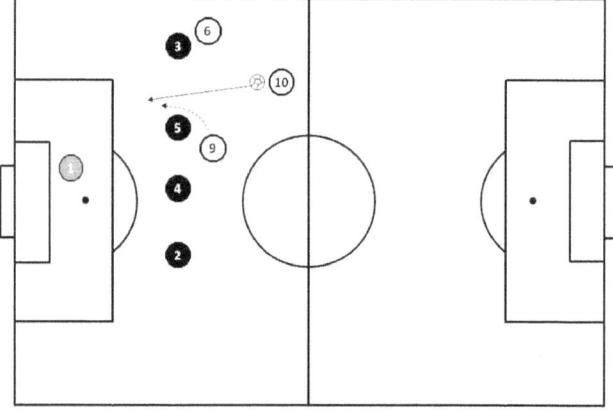

⑧ **B**   *Juvenil de primer año (sub-17)*
- Se aplican en la transición defensa-ataque los objetivos descritos para esta edad en el resto de Conceptos ofensivos generales y en los Conceptos específicos de cada demarcación.
- Posicionamiento y movimientos sin balón específicos del sistema de juego. En función de los sistemas de juego utilizados por el equipo durante este año, asimilar los matices que conllevan en la fase de creación. Enlazar con Sistemas de juego. Ver gráfico 164.
- Rendimiento. El entrenamiento de la transición defensa-ataque se realiza en función de las características del siguiente rival, con el objetivo de conseguir rendimiento y de que el jugador aprenda a formarse en un contexto competitivo, adaptándose a objetivos específicos a corto plazo. Enlazar con Rendimiento.

⑨ **B**   *Juvenil de segundo año (sub-18)*
- Se aplican en la transición defensa-ataque los objetivos descritos para esta edad en el resto de Conceptos ofensivos generales y en los Conceptos específicos de cada demarcación.
- Posicionamiento y movimientos sin balón específicos del sistema de juego. En función de los sistemas de juego utilizados por el equipo durante este año, asimilar los matices que conllevan en la fase de creación. Enlazar con Sistemas de juego. Ver gráfico 164.
- Rendimiento. El entrenamiento de la transición defensa-ataque se realiza en función de las características del siguiente rival, con el objetivo de conseguir rendimiento y de que el jugador aprenda a formarse en un contexto competitivo, adaptándose a objetivos específicos a corto plazo. Enlazar con Rendimiento.

① **B**   *Juvenil de tercer año (sub-19)*
- Se aplican en la transición defensa-ataque los objetivos descritos para esta edad en el resto de Conceptos ofensivos generales y en los Conceptos específicos de cada demarcación.
- Posicionamiento y movimientos sin balón específicos del sistema de juego. En función de los sistemas de juego utilizados por el equipo durante este año, asimilar los matices que conllevan en la fase de creación. Enlazar con Sistemas de juego. Ver gráfico 164.
- Rendimiento. El entrenamiento de la transición defensa-ataque se realiza en función de las características del siguiente rival, con el objetivo de conseguir rendimiento y de que el jugador aprenda a formarse en un contexto competitivo, adaptándose a objetivos específicos a corto plazo. Enlazar con Rendimiento.

6.3.3. Conceptos específicos de cada demarcación

6.3.3.1. PORTEROS (OFENSIVO)

Los porteros tienen una gran importancia dentro del juego colectivo ofensivo del equipo, tanto por su rol como 'iniciadores' del juego desde atrás, como por su privilegiada situación, retrasada respecto a sus compañeros, que le permite observar y aportar valiosa información a sus compañeros.

Por estos motivos, los porteros deben estar generalmente integrados en los entrenamientos tácticos, pues es necesario que conozca los principios ofensivos que maneja su equipo.

ⓘ **A** *Benjamín de primer año (sub-9)*
- Saque a balón parado.
    - El portero será el encargado de realizar los saques a balón parado situados cerca de su portería.
    - Lo hará siempre en corto.
    - Será una pieza clave en las estrategias de saque de meta. Enlazar con Saque de meta ofensivo y con Fase de iniciación.
- Juego con los pies.
    - En la fase de iniciación, el portero es una pieza fundamental en la salida del balón, pues constituye un excelente apoyo para sus compañeros (siempre recibe el balón de cara).
        - Jugar con el portero desgasta al rival en caso de que realice una presión arriba.
        - Es una opción muy útil para realizar un cambio de orientación a un sector con menor densidad de jugadores.
    - El apoyo debe realizarlo:
        - Con la distancia suficiente como para que el rival tarde tiempo en llegar a presionarle.
        - Sin abandonar su portería. Antiguamente, las superficies irregulares de los campos invitaban a que el apoyo se realizara fuera de la portería para evitar el gol en caso de fallo en el control por parte del guardameta. Hoy, las superficies son regulares en su mayoría y el fallo del guardameta, muy improbable. Abandonar la portería

supone un riesgo mayor en caso de que el equipo pierda la posesión del balón.
- o GRÁFICO 118.

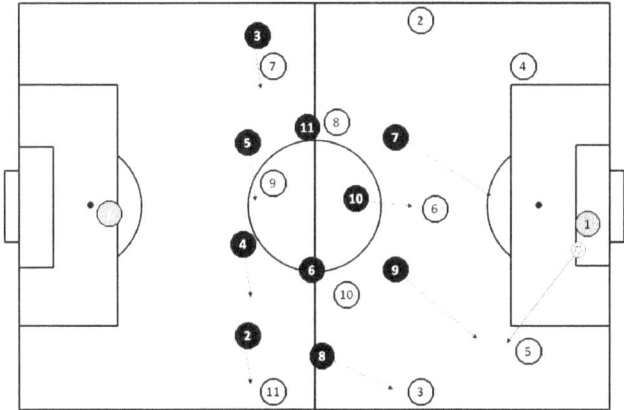

La agresiva presión del rival, con el consiguiente desgaste físico, es superada (al menos en primera instancia) gracias a la intervención del portero.

- La orientación del juego por parte del portero, tanto cuando realiza un saque, como cuando recibe el balón procedente de un compañero o de un rival, debe dirigirse a las zonas que tienen una menor densidad de jugadores rivales. Por lo tanto, no hay que aplicar por sistema la norma de que siempre oriente su juego hacia el lado contrario del que lo ha recibido.
- Distancia entre líneas. Conforme el equipo avanza metros en la fase ofensiva:
  - o El portero debe mantener una distancia razonable respecto a su defensa y al balón.
  - o El portero debe ayudar, mediante la comunicación, que su defensa adelante su posición, manteniendo una distancia razonable respecto al centro del campo y al balón. Enlazar con Hábitos de comunicación.
  - o Enlazar con Mi posición.

① **A**   *Benjamín de segundo año (sub-10)*
- Contribuir a la organización, mediante la comunicación, de las vigilancias ofensivas. Enlazar con Movimiento sin balón y con Hábitos de comunicación.

② **C**   *Alevín de primer año (sub-11)*
- No hay objetivos nuevos en esta etapa.

③ **B**   *Alevín de segundo año (sub-12)*
- Saque a balón parado. Capacidad por parte de los porteros para realizar golpeos en largo a balón parado (aunque no los deberían utilizar en la competición hasta el año siguiente).
- Optimizar la capacidad de contribuir, mediante la comunicación, a la fase ofensiva del equipo (la cual debe conocer bien). Enlazar con Hábitos de comunicación y con Porteros + defensas (defensivo).

④ **A**   *Infantil de primer año (sub-13)*
- Toma de decisiones. Los porteros inician el juego en muchas ocasiones. Ellos deben decidir entre las diferentes opciones que existen:
    - Juego elaborado/rápido: saque en corto.
    - Juego directo: ordenar a los compañeros una colocación para este tipo de inicio; y saque medio/largo.
    - Ritmo alto: saque rápido.
    - Ritmo lento: demorar el saque lo que consideren oportuno, dentro de los límites del reglamento.

⑤ **B**   *Infantil de segundo año (sub-14)*
- Optimizar el juego con los pies de los porteros, también en acciones de balón parado:
    - Utilización de las dos piernas.
    - Tomar decisiones y ejecutar las acciones teniendo en cuenta la pierna dominante de los compañeros y su perfil óptimo de recepción.

⑥ **B**   *Cadete de primer año (sub-15)*
- No hay objetivos nuevos en esta etapa.

⑦ **B**   *Cadete de segundo año (sub-16)*
- No hay objetivos nuevos en esta etapa.

⑧ **C**   *Juvenil de primer año (sub-17) – Juvenil de tercer año (sub-19)*
- No hay objetivos nuevos en esta etapa.

6.3.3.2. PORTEROS + DEFENSAS (OFENSIVO)

La mayoría de las acciones ofensivas de los defensas tienen la posibilidad de implicar al portero. Por ello, es muy recomendable incluirlos en el mayor número de tareas en las que estén directamente involucrados como un integrante más de la línea defensiva, con el doble fin de mejorar su capacidad técnico-táctica para solventar con éxito las situaciones que se les presenten y de optimizar su coordinación con los compañeros de la zaga.

① B   *Alevín de primer año (sub-11)*
- Orientar y aconsejar al jugador en el teórico mejor uso de las superficies de contacto que utilizar en las circulaciones defensivas de balón. Se trata de una simple orientación, pues puede haber jugadores que se sientan más cómodos con otro tipo de pautas. Partimos siempre de la base de que el pase que reciben llega por delante del jugador, no por detrás. GRÁFICO 130.

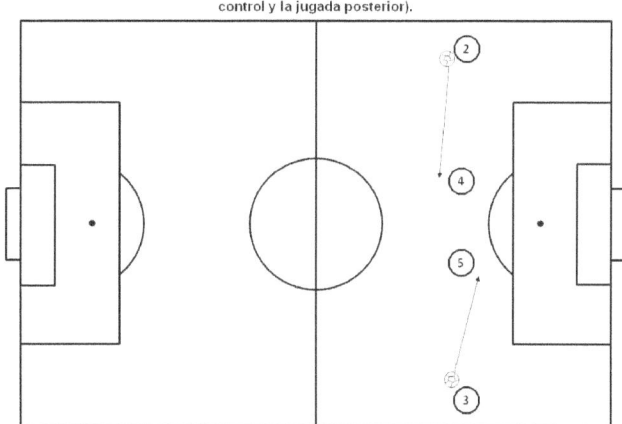

El pase del jugador número 2 al número 4 es por delante (facilita el control y la jugada posterior), mientras que el pase del número 3 al número 5 es por detrás (dificulta el control y la jugada posterior).

  - Centrales:
    - Si el balón viene desde la derecha y quiere circularlo a la izquierda: control con izquierda y pase con derecha. Y viceversa.
    - Si el balón viene desde la izquierda y quiere repetir un pase hacia la izquierda: control y pase con la pierna derecha. Y viceversa. Importante: abrir ampliamente la cadera en el control.

- GRÁFICO 131.

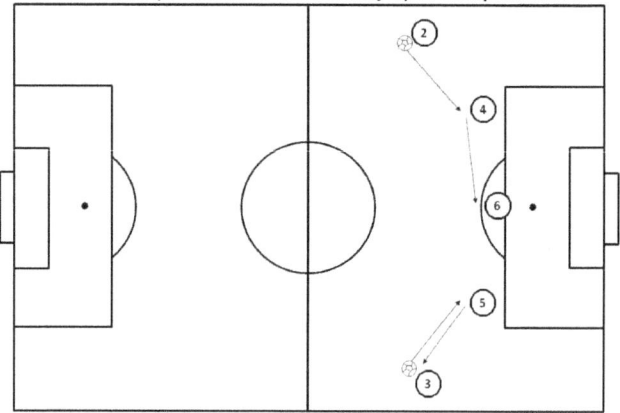

El jugador número 4 controla el balón con la pierna izquierda y realiza el pase con la pierna derecha, mientras que el número 5 realiza el control y el pase con la pierna derecha.

- Laterales:
    - Para poner fin a la circulación y jugar con un compañero de una línea más adelantada: control y pase con la misma pierna. Importante: abrir ampliamente la cadera en el control.
    - Para volver a empezar la circulación, jugando de nuevo con uno de los centrales:
        - Control y pase con la misma pierna.
        - O control con una pierna y pase con la otra.
    - GRÁFICO 132.

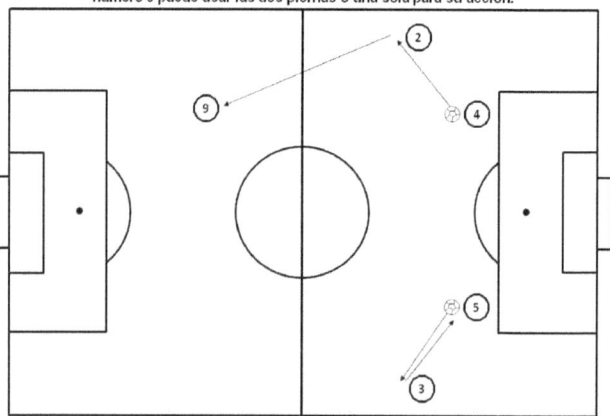

El jugador número 2 realiza el control y el pase con la pierna derecha, mientras que el número 3 puede usar las dos piernas o una sola para su acción.

- Laterales. Automatizar la secuencia técnica consistente en un control orientado hacia la línea de banda (hacia fuera), abriendo ampliamente la cadera, para realizar posteriormente un pase corto. Importante: si la posición del lateral en el momento de recibir el balón es muy pegada a la línea de banda, no tendrá espacio suficiente para realizar con comididad el control hacia fuera, por lo que su colocación ideal manifestará amplitud, pero unos metros dentro del terreno de juego. Ver gráficos 92 y 132.
- Centrales. Si realizan el apoyo por detrás de la línea del balón, tomar una amplia distancia respecto del poseedor del balón, pues esto le favorecerá en la acción siguiente. GRÁFICO 133.

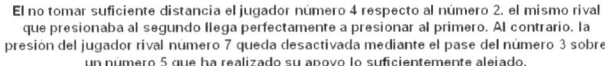

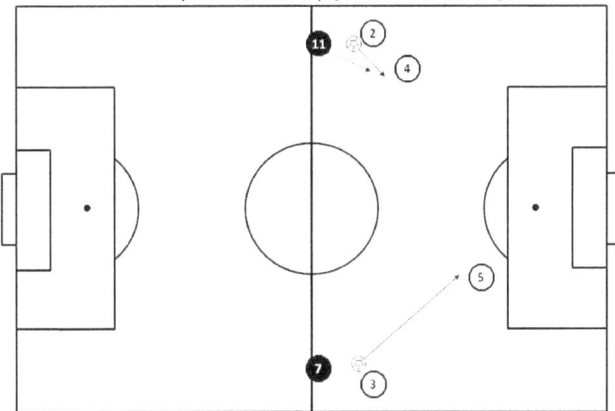

El no tomar suficiente distancia el jugador número 4 respecto al número 2, el mismo rival que presionaba al segundo llega perfectamente a presionar al primero. Al contrario, la presión del jugador rival número 7 queda desactivada mediante el pase del número 3 sobre un número 5 que ha realizado su apoyo lo suficientemente alejado.

- Optimizar los perfiles de control el balón para cada demarcación (portero, central, lateral), en función de la procedencia del balón, de la situación en el campo del jugador y de la acción posterior que va a realizar.

② B *Alevín de segundo año (sub-12)*
- Incorporaciones de defensas a líneas más adelantadas:
  - Laterales.
    - Ocupación por parte del lateral de espacios creados en posiciones adelantadas de la banda. Enlazar con Jugadores de banda (ofensivo) y con Fase de iniciación. Ver gráfico 110.
    - Aunque no haya espacios claros, el lateral se suma al ataque para crear situaciones de 2x1, doblando a su compañero por fuera. GRÁFICO 134.

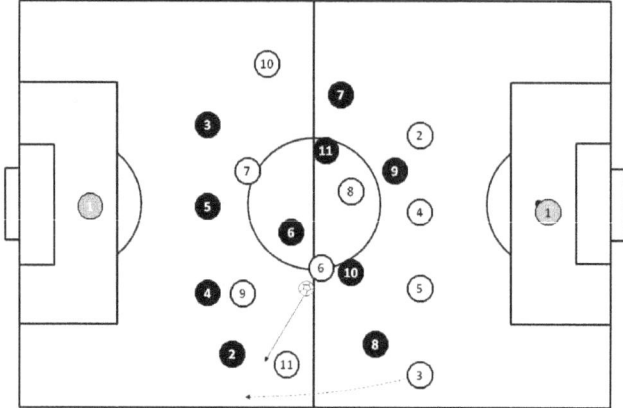

- Toma de decisiones. Seleccionar los momentos más indicados para realizar este tipo de movimientos, puesto que el objetivo es sorprender al rival, no repetir sistemáticamente los mismos movimientos.
  o Centrales:
    - Con balón. Si el central no recibe presión por parte del rival, puede salir en conducción para obligar al equipo contrario a hacerle frente, con el posible desajuste que esto produzca. Enlazar con Fase de iniciación. Ver gráfico 32.
    - Sin balón. De forma esporádica, el central puede sorprender sumándose al centro del campo, sorprendiendo con un movimiento sin balón o, por ejemplo, a través de una pared. GRÁFICO 135.

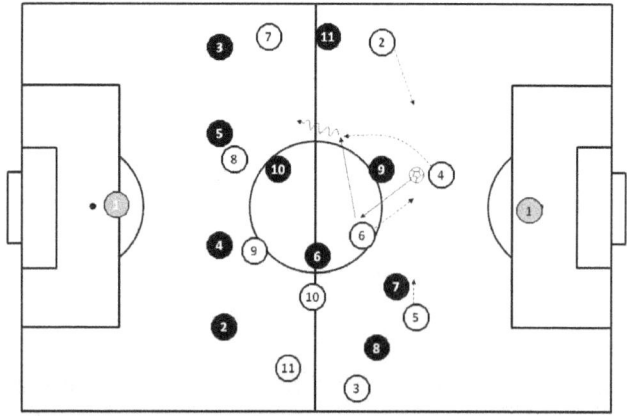

- Desdoblamientos ofensivos. La incorporación de defensas a líneas más adelantadas obliga a un reajuste del equipo:
    - Mediante la recolocación de los jugadores que restan en la línea.
    - Mediante el refuerzo de un compañero de una línea más adelantada.
    - Ver gráfico 135.
- En la fase de iniciación, realizar un juego basado en la seguridad. Enlazar con Fase de iniciación y con Saber competir.

③ **A**   *Infantil de primer año (sub-13)*
- Optimizar su capacidad técnica para realizar pases tensos y rasos de media distancia. Hablamos del origen, del inicio, del juego colectivo del equipo, por lo que es importante que 'nazca' de la forma más nítida posible.
- Laterales. Control orientado hacia la línea de banda (hacia fuera), abriendo ampliamente la cadera, para realizar posteriormente un pase medio / largo. . Importante: si la posición del lateral en el momento de recibir el balón es muy pegada a la línea de banda, no tendrá espacio suficiente para realizar con comididad el control hacia fuera, por lo que su colocación ideal manifestará amplitud, pero unos metros dentro del terreno de juego. Ver gráfico 91.
- Coordinar la salida de la línea de defensa cuando se produce un pase largo o un despeje, para mantener la distancia entre líneas respecto al centro del campo y, a la vez, empujar al equipo. Enlazar con Basculación defensiva y con Porteros + defensas (defensivo). Ver gráfico 13.
- Optimizar la visión de juego de los defensas para introducir pases entre las líneas rivales y saltar de esa forma líneas de presión del rival. Enlazar con Fase de iniciación.

④ **A**   *Infantil de segundo año (sub-14)*
- Optimizar la rapidez de los jugadores para adoptar, en el menor tiempo posible, los perfiles correctos de control.

⑤ **B**   *Cadete de primer año (sub-15)*
- Pase largo (cambios de orientación lejanos) por parte de los laterales y, sobre todo, de los centrales. Velocidad (rapidez + precisión) en el control, en la toma de decisiones, en la ejecución del gesto técnico. Ver gráfico 30.

⑥ **A**   *Cadete de segundo año (sub-16)*
- Optimizar la velocidad (rapidez + precisión) de circulación del balón en la línea defensiva, que permitirá al equipo mejorar su salida del balón, al desgastar más al rival en sus basculaciones defensivas y promover la aparición de más y mejores espacios. Ver gráfico 115.

⊙ **B**   *Juvenil de primer año (sub-17) – Juvenil de tercer año (sub-19)*
- No hay objetivos nuevos en esta etapa.

6.3.3.3. CENTROCAMPISTAS (OFENSIVO)

① **C**   *Alevín de primer año (sub-11)*
- Centrocampistas de banda:
    - Correcto apoyo al lateral en la Fase de iniciación. Es muy habitual que el centrocampista de banda se aleje demasiado, no se abra lo suficiente o no se perfile correctamente cuando el lateral de su equipo tiene el balón. Enlazar con Fase de iniciación.
- Medios centro:
    - Visión periférica constante para, en el momento de recibir el balón, saber qué hay alrededor y favorecer la toma de decisiones.
    - Perfil adecuado en el control del balón, teniendo en cuenta la demarcación y el contexto. Enlazar con Control.
    - Creación constante de líneas de pase respecto al poseedor del balón, por delante o por detrás en función de las necesidades.
    - Demandar el uso indiferente (en la medida de lo posible) de las dos piernas.
    - Coordinación (porque piensan, no porque automatizan) de los diferentes medios centro (si hay más de uno) a la hora de ofrecer apoyos en la iniciación del juego. Enlazar con Fase de iniciación.

② **B**   *Alevín de segundo año (sub-12)*
- Introducir la finta, los cambios de dirección y los cambios de ritmo individuales en los movimientos específicos de cada demarcación, cuando hay presencia de rivales en la jugada.
- Centrocampistas de banda:
    - Juego interior. Incentivar la participación del jugador por la parte central del medio campo, dejando la banda libre para la participación del lateral:
        - El juego del medio de banda por el carril es normalmente el más intuitivo y el que más rápidamente asimila.
        - El juego por dentro es más difícil y requiere dedicación y tiempo.

- El objetivo es que el jugador sea capaz de manejar ambas opciones.
- Medios centro:
  - Velocidad en el juego. Incidir especialmente en los medios centro. Enlazar con Velocidad en el juego.
  - Rapidez mental. Pensar la siguiente jugada antes de entrar en contacto con el balón.
  - Asegurar el uso de la pierna no dominante en situaciones en las que es imprescindible para solucionar una acción del juego. GRÁFICO 23.

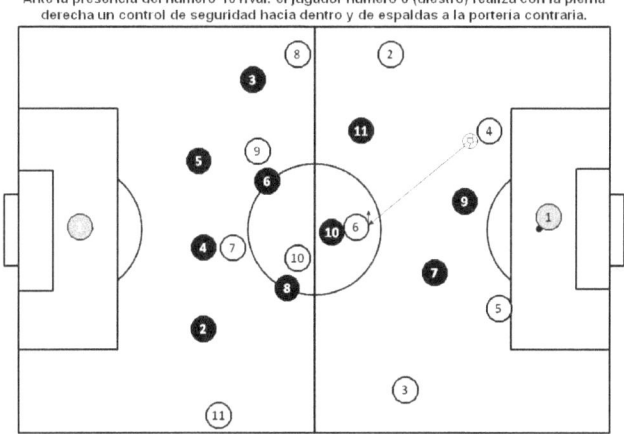

Ante la presencia del número 10 rival, el jugador número 6 (diestro) realiza con la pierna derecha un control de seguridad hacia dentro y de espaldas a la portería contraria.

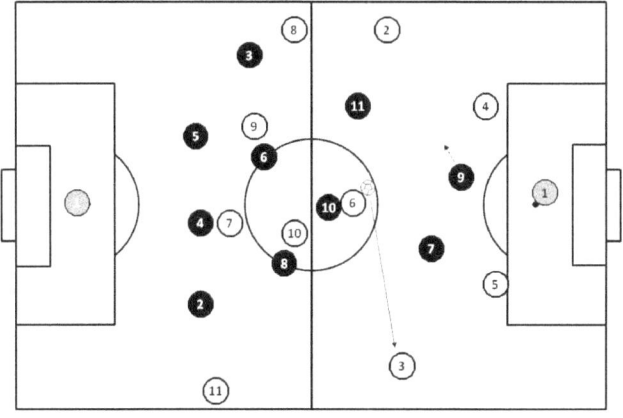

Con el movimiento del número 9 rival, las opciones para jugar de forma natural con la pierna derecha se cierran, pero la de realizar un pase de media distancia con el interior de la izquierda al número 3 es una posibilidad factible y muy buena.

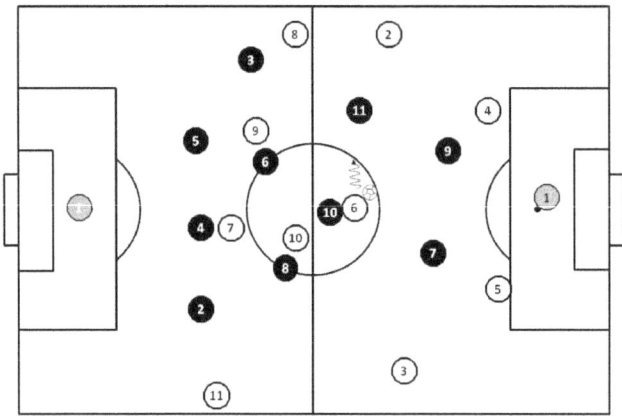

Sin embargo, el uso deficiente e inseguro de esta pierna le impide realizar el pase. En su lugar, el jugador opta por cerrarse sobre su perfil diestro con un pase difícil con la derecha o conduciendo hasta encontrar una línea de pase con la pierna derecha.

- Vigilancia ofensiva y desdoblamientos ofensivos. Posicionamiento del medio centro cuando no interviene directamente en la jugada ofensiva del equipo y ésta ha superado su posición, para mantener el equilibrio del bloque. Enlazar con Movimiento sin balón. GRÁFICO 24.

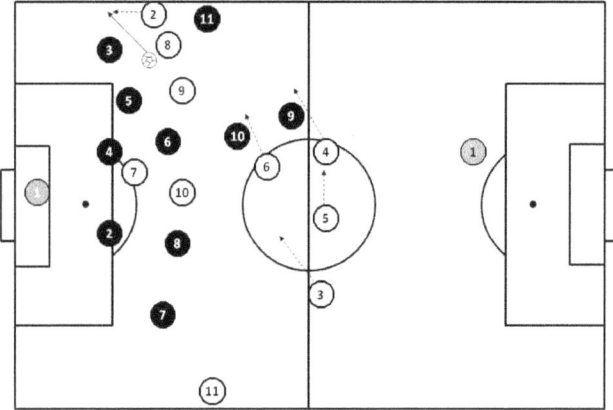

Una vez que la jugada ofensiva ha superado al jugador número 6, él y sus tres compañeros de la línea defensiva organizan las vigilancias ofensivas sobre los tres jugadores rivales.

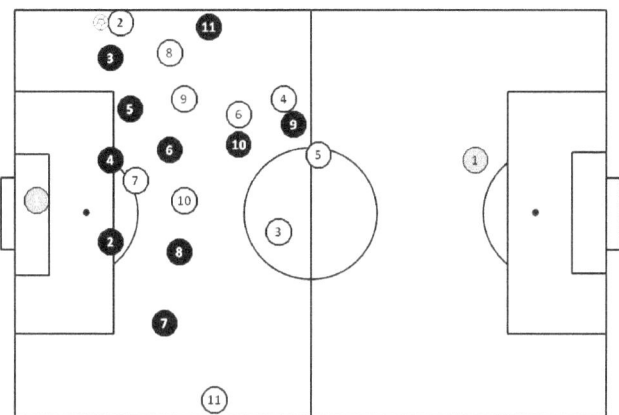

o Jugar hacia delante siempre que sea posible. Para ello, es importante la visión periférica sin balón y un buen perfil de control, además del manejo de las dos piernas. GRÁFICO 25.

Los cuatro jugadores del gráfico se encuentran desmarcados. El número 6 está perfilado de espaldas a la portería rival, de frente a su propia meta. Su visión periférica es deficiente, no sabe si está marcado o no y decide pasar hacia atrás.

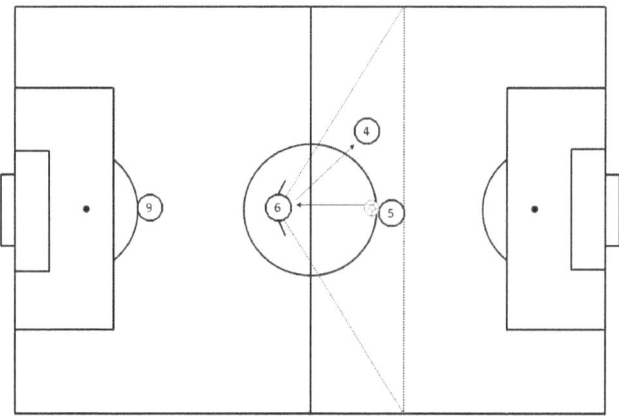

Perfilado correctamente, y habiendo girado la cabeza hacia los lados previamente de forma periódica como un hábito bien asentado, el jugador número 6 es consciente de la situación del juego y de que está desmarcado. La decisión de pasar al número 9, hacia delante, la ha tomado antes de recibir el balón. Controlará con la pierna izquierda y pasará con la derecha.

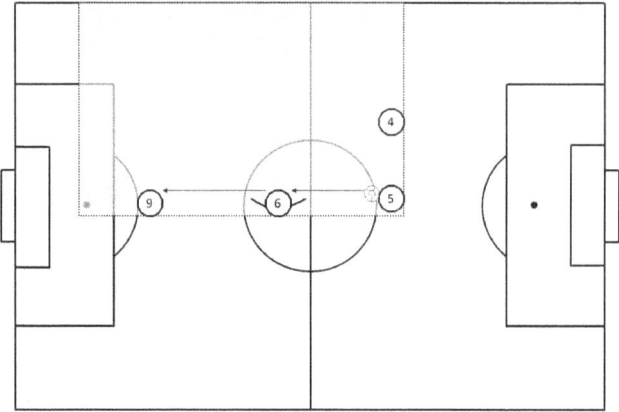

- Diferenciar las zonas del campo en función de si es pertinente o no asumir riesgos:
  - Zona de iniciación:
    - No merece la pena asumir riesgos, pues una acción con éxito no proporcionará ningún beneficio considerable al estar muy lejos de la portería rival, mientras que una pérdida de balón será muy peligrosa.
    - La norma es jugar fácil, sin retener el balón, siguiendo pautas básicas:
      - Movimiento sin balón eficaz que permita recibir el balón libre de marca.
        - Control perfilado, con visión periférica (con la espalda hacia la banda en el caso de los centrocampistas de banda) y juego asociativo, evitando retener el balón. GRÁFICO 26.

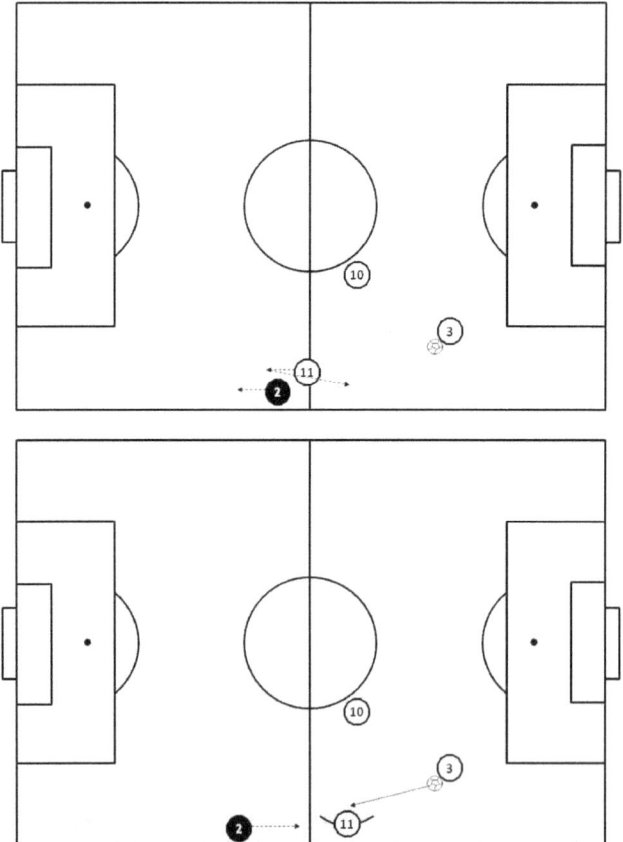

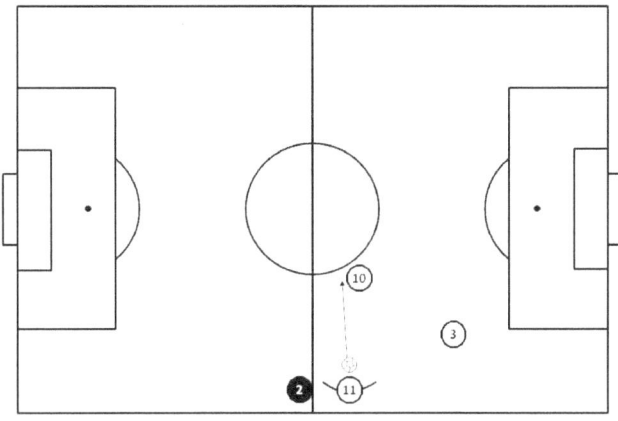

El jugador número 11, que al haberse desmarcado correctamente ha tenido tiempo y espacio para pensar y decidir, opta por un pase fácil sobre su compañero número 10 en lugar de intentar, por ejemplo, regatear al rival número 2.

- En caso de recibir con una marca encima, control de espaldas, con protección:
    - No arriesgar en este tipo de jugadas, buscando un regate.
    - Asegurar la protección y mantener la posesión tan pronto como sea posible mediante un pase a un compañero.
    - En el caso de los centrocampistas de banda, opción de realizar un movimiento sin balón posterior para sacar partido de la presión del rival. GRÁFICO 27.

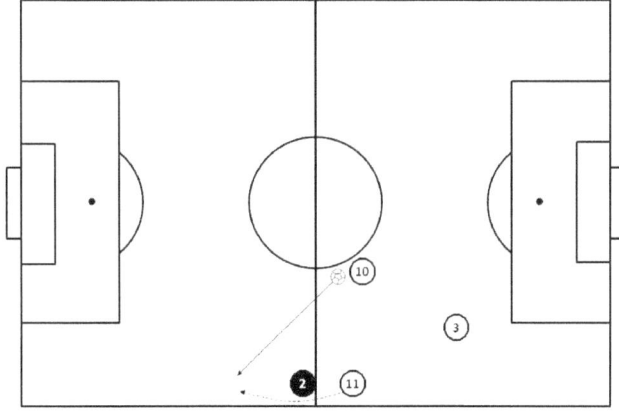

- Zonas de creación y de finalización:
    - El jugador puede arriesgar. Enlazar con Fase de creación y con Fase de finalización.
- Enlazar con Saber competir.

③ B   *Infantil de primer año (sub-13)*
- Centrocampistas de banda:
  - Movimiento de ruptura si el equipo realiza juego directo. Enlazar con Fase de iniciación.
  - Llegada al remate cuando la jugada se desarrolla por el costado opuesto. Ellos son los encargados de 'barrer' el área del segundo palo. GRÁFICO 28.

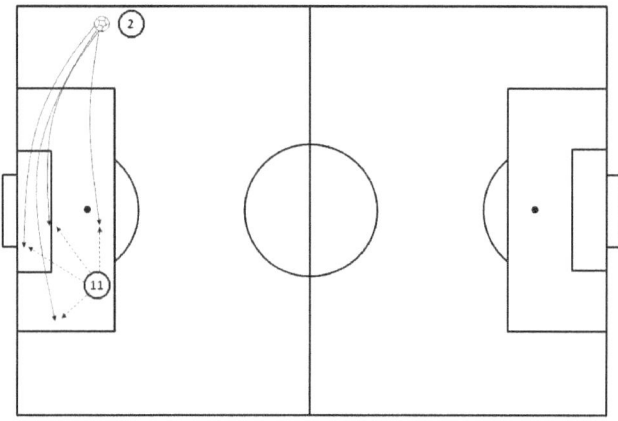

- Medios centro:
  - Profundidad en el juego. Optimizar las posibilidades del jugador de realizar 'últimos pases' en la zona de finalización, siendo conscientes de sus limitaciones, pues se trata de una cualidad muy condicionada por el talento y con una capacidad de trabajo y de mejora limitada (o se tiene o no se tiene).
  - Introducir fintas como norma en las acciones técnicas realizadas en el área de acción de un contrario.
  - Optimizar y diversificar los recursos técnicos para realizar controles de 180º sin oposición, ejecutando cambios de orientación o jugando de forma vertical, hacia delante: Ver gráfico 37.
    - Control con el interior de una pierna y pase con el interior de la otra.
    - Pisar orientado el balón con una pierna y realizar el pase con el interior de esa misma pierna.
    - Control con el exterior de la pierna, sólo amortiguando la fuerza, pero apenas desviando la trayectoria, y pase con esa misma pierna.

④ **A** *Infantil de segundo año (sub-14)*
- Centrocampistas de banda:
  - Juego interior en la zona de finalización. A pierna cambiada o a pierna natural. Diagonales. Terminando la jugada con:
    - Tiro a puerta.
    - Pase en profundidad.
    - GRÁFICO 29.

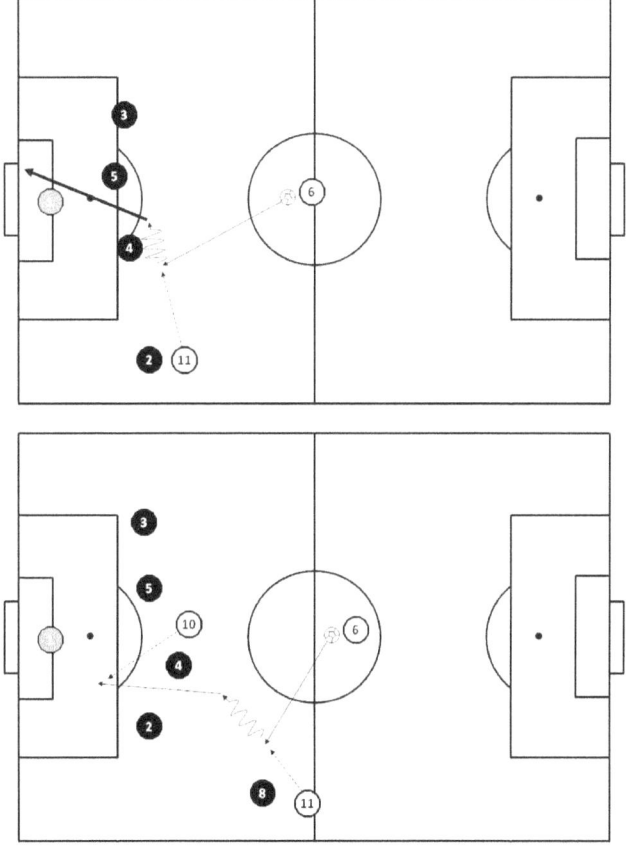

  - Regate específico del centrocampista de banda en una posición limitada en un costado por la línea de banda.
- Medios centro:
  - Pase largo y cambios de orientación. Enlazar con Pase.
  - Llegada al área. Entrenar la llegada desde atrás y la finalización de cara a gol.

⑤ **A** *Cadete de primer año (sub-15)*
- Centrocampistas de banda:
  o Desmarques de ruptura ante potenciales cambios de orientación. Enlazar con Fase de creación y con Orientación (profundidad). GRÁFICO 30.

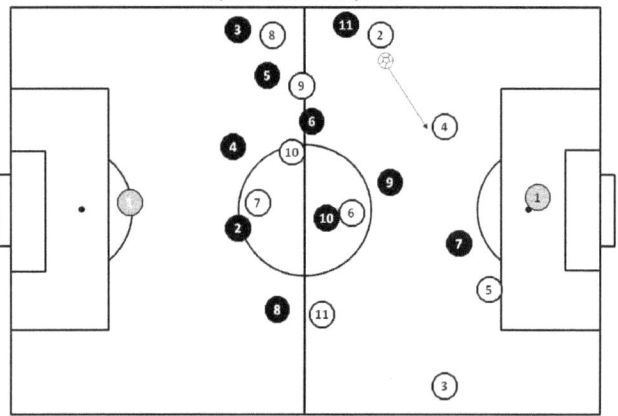

El jugador número 4 recibe en una posición relativamente cómoda y desmarcada. El juego está volcado sobre la banda derecha y el número 11 decide ofrecerle un desmarque de ruptura en la banda izquierda.

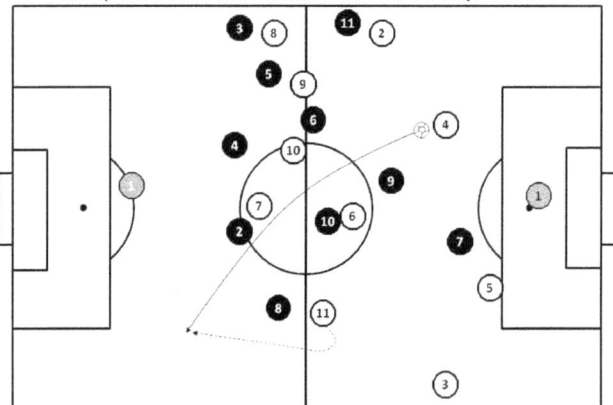

El jugador número 11 realizará un movimiento circular amplio (vuelta larga) buscando primero situarse fuera del campo de visión del rival número 8, asegurándose después de no caer en fuera de juego con un movimiento demasiado vertical y ofreciendo en cualquier caso profundidad. El cambio de orientación es mediante un pase aéreo.

- Medios centro:
  o Pase largo y cambios de orientación con la pierna menos hábil. Enlazar con Pase.

⑥ **A** *Cadete de segundo año (sub-16)*
- Centrocampistas de banda:
  - Desmarque de ruptura en diagonal, sobre la espalda de los centrales. GRÁFICO 31.

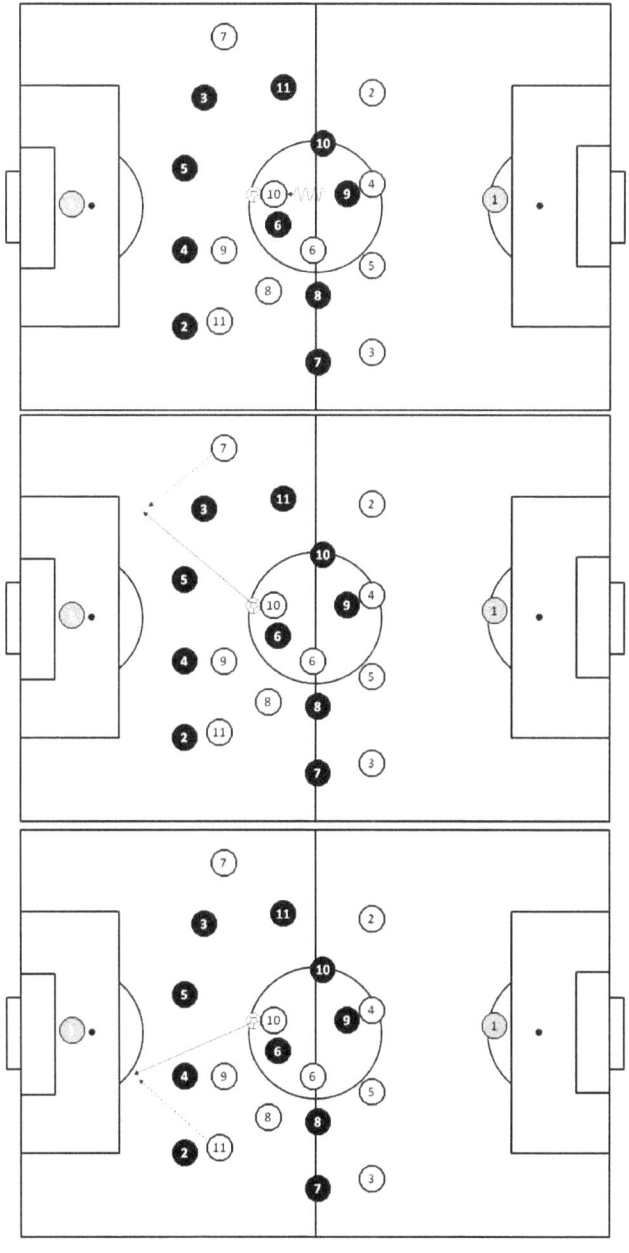

- Medios centro:
    - Tiro a puerta. Optimizar el tiro a puerta desde larga distancia, con las dos piernas.

⑦ **A**   *Juvenil de primer año (sub-17)*
- No hay objetivos nuevos en esta etapa.

⑧ **A**   *Juvenil de segundo año (sub-18)*
- Medios centro:
    - Desmarque de ruptura ante una defensa muy adelantada: entrada desde atrás. Enlazar con Fase de creación.

⊕ **R**   *Juvenil de tercer año (sub-19)*
- Rendimiento. El entrenamiento de Centrocampistas (ofensivo) se planifica en función de los objetivos pendientes de años anteriores, de las necesidades de la competición y con el objetivo de generar rendimiento.

6.3.3.4. JUGADORES DE BANDA (OFENSIVO)

En este grupo de jugadores encontraríamos básicamente a los laterales, interiores, centrocampistas de banda y extremos.

① **C**   *Alevín de primer año (sub-11)*
- Perfil de control. Como norma general, los jugadores que juegan en banda siempre deben recibir el balón con un perfil siempre lateral, dando la espalda a la banda y con una visión de 180° del interior del campo. Enlazar con Control. Ver gráfico 35.
- Automatizar la secuencia ganar línea de fondo – pase atrás, como una fórmula muy interesante para resolver este tipo de jugadas. Enlazar con Fase de finalización.

② **C**   *Alevín de segundo año (sub-12)*
- Coordinación de los movimientos de creación, ocupación y aprovechamiento de espacios en la banda entre el lateral y un jugador ofensivo de banda (centrocampista, extremo...). Enlazar con Fase de iniciación y con Fase de creación. Ver gráficos 110 y 63.

③ **B**   *Infantil de primer año (sub-13)*
- Perfil de control. Enseñar al jugador a desplazarse de forma lateral, coordinada y rápidamente. El pie más alejado en la carrera pasa por detrás del más cercano.
- No es necesario ganar la línea de fondo para poner un centro al área contraria. En realidad, los jugadores de banda deberían ser capaces de poner un buen centro, desde cualquier posición mínimamente favorable en cuanto el rival le conceda el espacio suficiente para ello y existan una mínimas condiciones de remate para los compañeros dentro del área.

④ **A**   *Infantil de segundo año (sub-14)*
- Optimizar el centro al área, con todas sus variantes. Enlazar con Pase.
- Situaciones de desequilibrio y de cambio de ritmo:
    - 1x1. Optimizar la capacidad de regate y de desborde de los jugadores de banda, teniendo en cuenta su situación en el campo.
    - 2x1:
        - Optimizar la resolución con éxito de las situaciones de 2x1 entre el lateral y el jugador ofensivo de banda. Ver gráficos 110 y 63.
        - Optimizar la resolución con éxito de las situaciones de 2x1 entre un jugador de banda y un compañero que realiza juego interior (delantero, centrocampista...).

⑤ **B**   *Cadete de primer año (sub-15)*
- Optimizar el centro al área con la pierna no dominante.
- Toma de decisiones. Centro al área:
    - Raso o elevado en función de las circunstancias.

⑥ **B**   *Cadete de segundo año (sub-16)*
- No hay objetivos nuevos en esta etapa.

⑦ **C**   *Juvenil de primer año (sub-17) – Juvenil de tercer año (sub-19)*
- No hay objetivos nuevos en esta etapa.

6.3.3.5. DELANTEROS (OFENSIVO)

① B *Alevín de primer año (sub-11)*
- Movimiento sin balón. En general, para los puntas, existen dos movimientos básicos:
    - El movimiento de apoyo (o a la corta).
    - El movimiento de ruptura (o a la larga).
- Control con ángulo de 180º. Enlazar con Control. Ver gráfico 37.
- La finta sin y con balón. Potenciar todo tipo de fintas y de engaños, especialmente en las zonas cercanas al área rival.
- Delanteros muy vivos dentro del área:
    - Ir, con fe, a todos los rechaces que se produzcan dentro del área.
    - Esperar el fallo del contrario: que si yerra, no nos pille desprevenidos.
    - Cuando una jugada tiene pocos visos de prosperar, tener fe en que va a salir bien y, por lo tanto, estar prestos para el remate.
    - Ser generoso en los esfuerzos aun sabiendo que la recompensa llegara sólo alguna vez.

② B *Alevín de segundo año (sub-12)*
- Coordinación de los movimientos de apoyo y ruptura de los delanteros. Si uno va a la corta, otro va a la larga (no solapar los movimientos).
- Movimiento sin balón: concepto de ocupar el espacio en lugar de estar en él. Partir de posiciones alejadas al balón, con el fin de crear espacios que ocupar posteriormente con movimientos explosivos (cambio de ritmo). GRÁFICO 50.

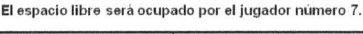
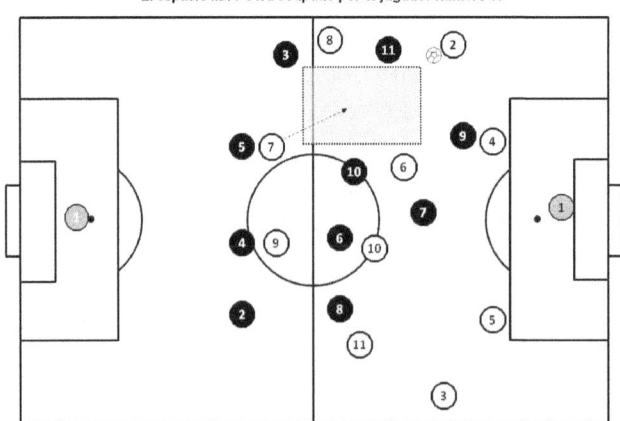

Si en el momento del pase el número 7 está en el espacio (en lugar de llegar a él), será difícil que se encuentre mínimamente desmarcado.

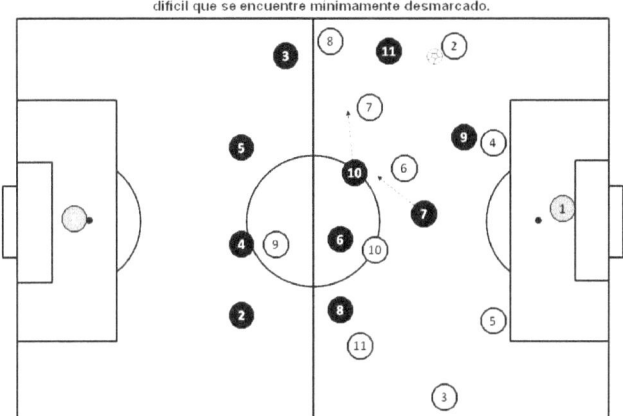

Si el espacio es ocupado por el número 7 llegando (no estando) y de forma explosiva, será más fácil que reciba el balón con un mínimo de espacio y tiempo.

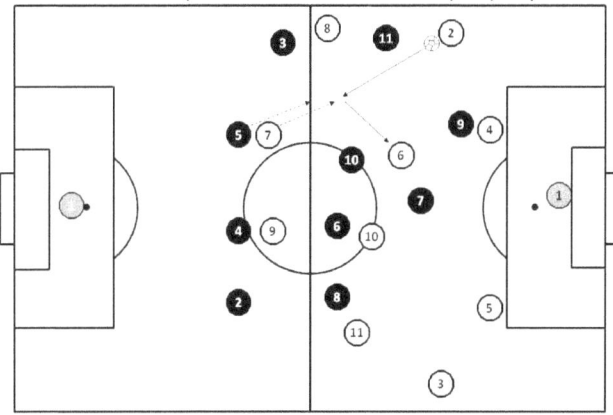

- Toma de decisiones relacionada con el riesgo. Adaptar el juego a la fase del juego.
    - Fase de iniciación (estilo de juego elaborado o rápido).
        - Si el delantero interviene en esta fase, lo hará en zonas del campo consideradas 'de seguridad'.
        - En ellas, el riesgo no está justificado, pues hay poco que ganar y mucho que perder.
        - Sus acciones deberían ser seguras, no sólo evitando regates, sino también controlando el balón como norma general, en lugar de utilizar el primer toque.
    - Fases de creación y de finalización.
        - En estas fases, el delantero intervendrá muy cerca del área rival.
        - Allí, el riesgo está justificado y es necesario (hay poco que perder y mucho que ganar).

- Son las fases idóneas para las fintas, los regates, las acciones individuales y el uso del primer toque.
- Existen siempre unos límites para 'jugársela' que el cuerpo técnico debe regular y que están directamente vinculados a dos factores:
  - Primero y principal, al talento potencial que estimamos que tiene el jugador (lo que creemos que lleva dentro y que, con confianza, puede sacar).
  - Y, en menor medida, a su cuota de éxito en las acciones que realiza (si le sale lo que intenta o no).
- Verticalidad y 'egoísmo'. Un buen delantero tendrá siempre la portería como objetivo. Una cierta dosis de egoísmo será buena. El delantero debe finalizar las jugadas siempre que pueda. Es mejor un delantero egoísta y con confianza que otro dubitativo.
- Optimizar el movimiento sin balón de entrada al remate a puerta. Enlazar con Remate a puerta.
- La importancia del primer palo en el remate a puerta:
  - Siempre un jugador debe 'atacarlo'.
  - Y sobre todo si el jugador que va a poner el centro va forzado.

③ **B** *Infantil de primer año (sub-13)*
- Control de cobertura de espaladas, con protección. Enlazar con Control.
- Tiro a puerta de corta y media distancias, remate y definición 1xpt con la pierna menos hábil. Fomentar la finalización eficaz sin importar el perfil desde el que se realice.
- Acción técnica de remate en el primer palo.
- Consciencia de la importancia del control en todas las acciones (máxima exigencia en los controles):
  - Lejos del área rival, para evitar la pérdida del balón y el contraataque del contrario.
  - Cerca o dentro del área rival, para tener la oportunidad de completar con éxito una acción ofensiva que, al tener lugar en un contexto de reducido tiempo y espacio, requieren de la más fina calidad técnica.
- Movimiento sin balón en la zona de finalización. Un pasito atrás, al punto de penalti. El pase ahí atrás es letal. Enlazar con Movimiento sin balón. GRÁFICO 51.

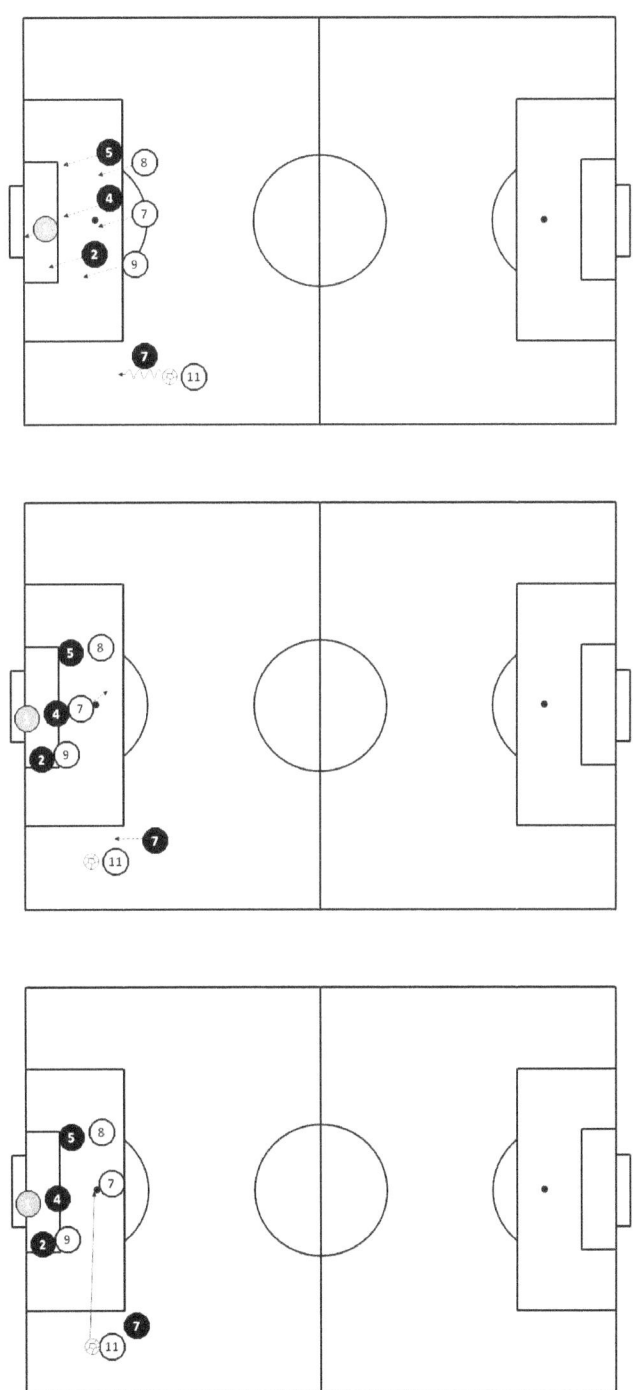

- Desmarque de ruptura sobre la línea defensiva rival: evitar el fuera de juego. Recorrido horizontal respecto a la defensa rival y posterior ruptura en diagonal. GRÁFICO 52.

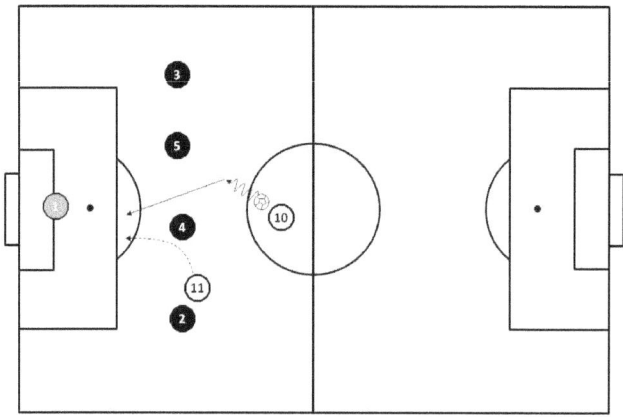

- La importancia del segundo palo. La mayoría de los goles se consiguen desde allí, tras centros 'pasados' o prolongaciones anteriores. Enlazar y coordinar con Centrocampistas (ofensivo).
- Secuencia del movimiento de apoyo (creación de espacio) – toque de cara – y ocupación del espacio generado anteriormente. GRÁFICO 53.

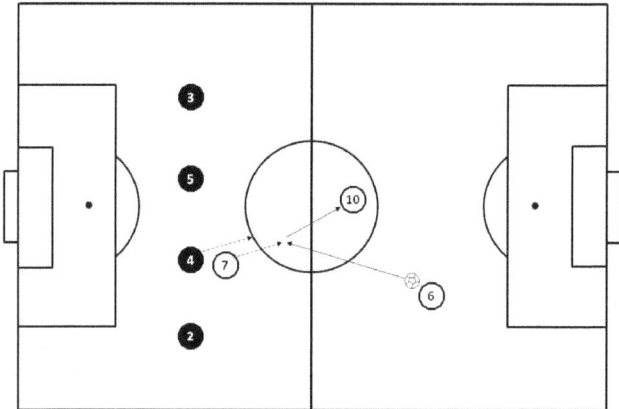

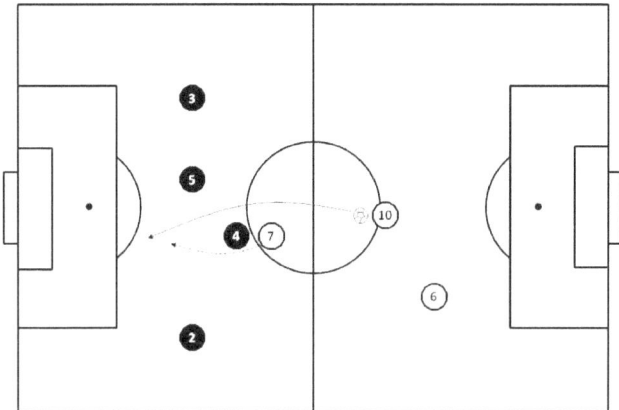

- Visión periférica constante para, en el momento de recibir el balón, saber qué hay alrededor (y, sobre todo, detrás) y favorecer la toma de decisiones.

④ B   *Infantil de segundo año (sub-14)*
- Profundidad en el juego. Último pase, pase en profundidad. El delantero es en muchas ocasiones el jugador encargado de ver el espacio y los desmarques de sus compañeros. Optimizar las posibilidades del jugador de realizar 'últimos pases' en la zona de finalización, siendo conscientes de sus limitaciones, pues se trata de una cualidad muy condicionada por el talento y con una capacidad de trabajo y de mejora limitada (o se tiene o no se tiene). Enlazar con Pase y con Fase de creación.
- Optimizar el remate a puerta al primer toque.
- Optimizar el tiro a puerta desde larga distancia.
- Movimiento sin balón. Colocarse, como norma general, fuera del ángulo visual natural del defensa. GRÁFICO 54.

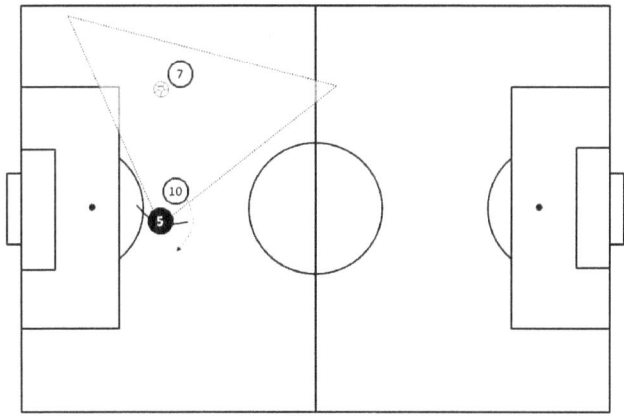

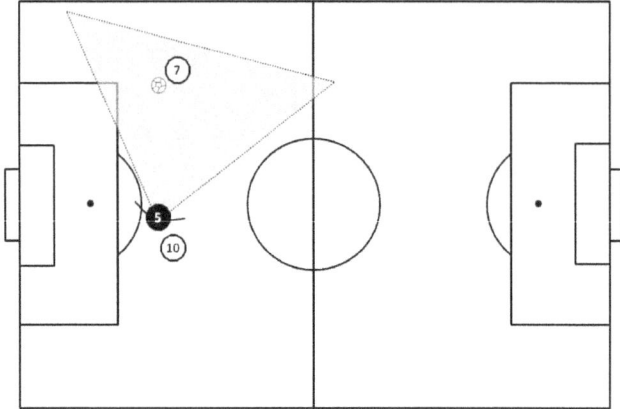

- Desmarque de los puntas dando un pasito atrás y dejando que pase el defensa. No seguir al defensa, no facilitar el marcaje, no seguir su trayectoria, no seguir sus pasos. Enlazar con Movimiento sin balón.
- Coordinación de movimientos sin balón de los delanteros en la zona de finalización. Reparto del primer y del segundo palo (posibilidad de cruce). Enlazar con Fase de finalización y con Movimiento sin balón.
- Intentar pisar el área con el balón controlado siempre que sea posible: el defensa se verá limitado a la hora de intentar robar el balón y cualquier error del rival puede convertirse en penalti.
- Optimizar la ocupación de espacios libres. Desmarque de ruptura sobre la línea defensiva rival. Coordinar el movimiento de finta y el cambio de ritmo para estar en disposición de recibir el pase del compañero en el momento preciso, ni antes ni después.

⑤ **A**   *Cadete de primer año (sub-15)*
- Disputa aérea delantero-defensa.
- Optimizar el remate a puerta de cabeza.
- Movimiento sin balón. Creación de espacios en la zona de finalización. Movimientos que no buscan como fin recibir el balón, sino crear espacios para que un compañero los ocupe y los aproveche. Enlazar con Movimiento sin balón. GRÁFICO 55.

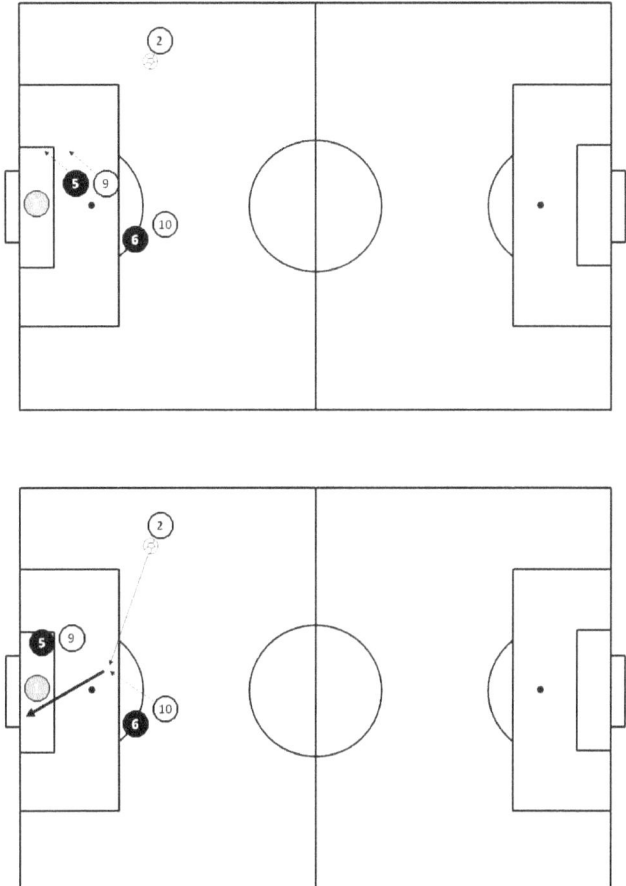

- Toma de decisiones. Introducir la capacidad para analizar las características tácticas (individuales y colectivas), técnicas, físicas y psicológicas de los jugadores rivales. Tomar decisiones en función de ellas. Enlazar con Rendimiento.

⑥ **A**   *Cadete de segundo año (sub-16)*
- Pragmatismo a la hora de finalizar las jugadas: eficacia de cara al gol. Queda atrás la fase de experimentación y comienza la de la exigencia de eficacia: hay que convertir las ocasiones en gol. Enlazar con Rendimiento.
- Coordinación de la acción en la que un delantero busca la disputa del balón aéreo y otro delantero ocupa el espacio que se genera a la espalda del primero para aprovecharse de una posible prolongación. GRÁFICO 56.

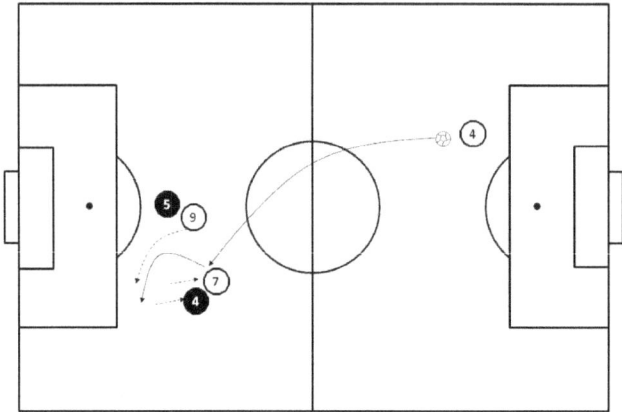

- Optimizar el tiro a puerta de larga distancia con la pierna no dominante.

⑦ R   *Juvenil de primer año (sub-17)*
- Remate 'pasado', hacia atrás, desde el primer palo, con ángulo reducido. Enlazar con Remate a puerta.
- Medir al rival desde el inicio del partido y adaptarse a él (enlazar con Saber competir):
    - Detalles individuales: defensas rápidos-lentos, fuertes-laxos, con buen juego áereo-vulnerables, apercibidos con tarjeta amarilla, con autoconfianza o sin ella, características del portero...
    - Detalles colectivos: línea defensiva adelantada (espacios) – replegada (ataque posicional), provocan el fuera de juego, sistema de marcajes, fortalezas-debilidades...
    - Detalles puntuales: por ejemplo, el saque de meta lo realiza un jugador de campo, por lo que no existiría fuera de juego en una hipotética acción inmediatamente posterior de contraataque.
- Medir al árbitro desde el inicio del partido y adaptarse a él (enlazar con Saber competir):
    - Criterio al pitar los fuera de juego (riguroso-permisivo).
        - ¿Hay jueces de línea?
    - Criterio al pitar las faltas.

⊕ R   *Juvenil de segundo año (sub-18) – Juvenil de tercer año (sub-19)*
- Rendimiento. El entrenamiento de los delanteros se planifica en función de los objetivos pendientes de años anteriores, de las necesidades de la competición y con el objetivo de generar rendimiento.

6.4. CONCEPTOS DEFENSIVOS

6.4.1. Conceptos generales individuales

6.4.1.1. ENTRADA

(in) **C**   *Prebenjamín (sub-8)*
- Entrada frontal a un rival que tiene el balón controlado:
    - Concepto básico: posición lateral del cuerpo (nunca los pies en paralelo).

① **A**   *Benjamín de primer año (sub-9)*
- Entrada frontal a un rival que tiene el balón controlado:
    - No entrar de golpe al contrario.
    - Flexionar las rodillas, bajar el centro de gravedad.
    - Defender sin hacer falta.
    - Intentar no ir al suelo.

② **A**   *Benjamín de segundo año (sub-10)*
- Reducción del tiempo y el espacio que tiene el contrario. Velocidad de anticipación y de reacción, para luego llegar lo antes posible a la altura del rival, evitar que tenga tiempo de controlar el balón y de pensar. Enlazar con Presión.
- Invitar a experimentar con la utilización de la finta defensiva durante los tres próximos años (Benjamín de segundo año – Alevín de segundo año).
- Actitud defensiva en la entrada:
    - Agresividad. Ir 'fuerte' en todas las acciones.
    - Combatividad. Ser 'peleón', competitivo, difícil de superar.
    - Inconformismo. No darse nunca por vencido, no bajar los brazos.
    - Sacrificio. Todo lo anterior, a pesar del cansancio, del marcador, de las circunstancias adversas...
- Recuperar la posición. Si se produce el regate por parte del rival, intentar volver a situarnos por detrás de la línea del balón. Si recupero la posición, no hay regate. Introducción al concepto de permuta. Ver gráfico 145.
- Entrada frontal a un rival que tiene el balón controlado:
    - Temporización defensiva:

- Llegar y parar, como norma general.
- Frenar al rival, si es que se aproxima con velocidad y con el balón controlado, retrocediendo lentamente para obligarle a ir más despacio.
* Entrada en la situación 1x2 (un rival con balón contra dos compañeros). Uno de los dos jugadores puede asumir un mayor riesgo al intentar recuperar el balón, mientras el otro asegura la cobertura. Enlazar con Presión.

③ **A** *Alevín de primer año (sub-11)*
* Objetivo de la entrada. No es necesariamente recuperar el balón. Puede ser forzar el fallo del rival o puede ser evitar que progrese. Lo importante es que no me supere.
* Postura del cuerpo: despegar los brazos del cuerpo. Usarlos activamente para ganar estabilidad y capacidad de realizar giros o cambios de dirección.
* Entrar fuerte como norma general: para ganar la disputa y para no hacerse daño. Contrabalón.
* Entrada (o interceptación) a un rival que aún no tiene el control total del balón:
    o Si el contrario va a recibir un pase difícil de controlar o si ya ha realizado un mal control del balón. Si el rival en definitiva no tiene el balón totalmente dominado: arriesgar en la entrada (excepción a la norma general de 'llegar y parar').
* Entrada frontal a un rival que ya tiene el balón controlado o que va a recibir un buen pase:
    o Temporización defensiva:
        - Si retrocedo, no hay regate. Es una importante arma a favor del defensor.
    o Autopase y carga. Si el rival separa el balón de sus pies e intenta superarnos por velocidad, es necesario recurrir al uso de la carga, para ralentizar la carrera del contrario y ganar el espacio cercano al balón.

④ **A** *Alevín de segundo año (sub-12)*
* Entrada (o interceptación) a un rival que aún no tiene el control total del balón o en un balón totalmente dividido. Movimientos previos a la entrada:

- El movimiento de piernas previo a la entrada (posicionarse en el lugar idóneo para realizar la disputa) es un paso previo fundamental que puede ser decisivo para el resultado de ésta.
- Elegir el lugar en el que buscar el contacto con el esférico en función de la trayectoria del balón, no del contrario. GRÁFICO 58.

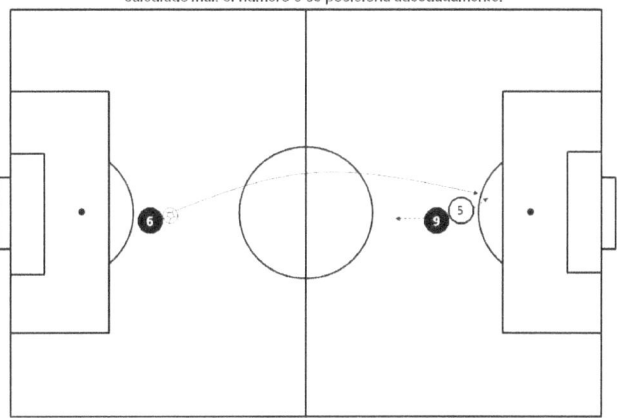

El jugador número 5 toma como referencia al propio balón. Aunque el rival número 9 ha calculado mal, el número 5 se posiciona adecuadamente.

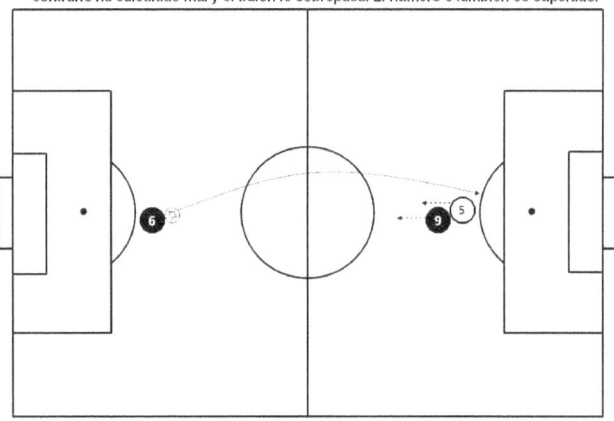

El jugador número 5 toma como referencia al rival en la disputa del balón. El jugador contrario ha calculado mal y el balón le sobrepasa. El número 5 también es superado.

- En caso de disputa tras el golpeo de un tercero, el gesto de golpeo del poseedor del balón (compañero o rival) supone el inicio de la colocación para la disputa posterior.
- Antes de la disputa, utilizar la carga para ganar el espacio que hemos seleccionado, si éste se encuentra ocupado por un rival.
- Enlazar con Despeje.
- Toma de decisiones. Llegar y parar o arriesgar en la entrada, en función del contrario y del balón:

- Anticipación defensiva. Entendida como la capacidad para intuir el comportamiento que tendrán balón y contrario, con el fin de sacar ventaja.
- Entrada frontal a un rival que tiene el balón controlado:
    - Orientación defensiva. Posición y orientación del cuerpo, respecto al balón y a la portería propia.
- Entrada en la situación 2x1 (dos rivales en posesión del balón contra un jugador).
    - Posición intermedia entre ambos rivales.
    - Orientación defensiva:
        - Prioridad: defender la propia portería.
        - Objetivo secundario: adoptar un perfil que permita llegar con rapidez al segundo jugador en caso de que se produzca un pase.
    - Objetivo: temporización defensiva. El objetivo no es robar el balón, sino ganar tiempo, con el fin de recibir la ayuda de un compañero. Esto implica:
        - Evitar la entrada o al menos retrasarla todo lo posible.
        - Tomar como prioridad estar siempre situado por detrás del balón.
- Situación 2x2 ó 2x1: defensa de la pared entre dos rivales.
    - Tomando como base el movimiento defensivo presión – cobertura (enlazar con Presión), cuando el rival intente realizar una pared, se trata de no perseguir el balón, sino realizar un rápido repliegue individual que anule la línea de pase que posibilitaría la pared. Enlazar con Presión.

⑤ **A** *Infantil de primer año (sub-13)*
- Entrada activa. El defensor puede asumir la iniciativa de la acción a pesar de no tener el balón en su poder:
    - Retroceder, ceder terreno de forma consciente para frenar al rival.
    - Cambio de ritmo defensivo de forma premeditada. Enlazar con Ritmo defensivo.
    - Utilización de la finta defensiva como herramienta habitual.
- Utilización del cuerpo y de la carga en las acciones de técnica defensiva. Entrada no sólo con las piernas, sino con todo el cuerpo.
- Si el rival intenta realizar un regate por velocidad y lanza el balón al espacio para correr tras él, el defensor deberá recurrir a la carga

lateral para ganar la posición y llegar al balón en mejores condiciones que el contrario.
- Entrada a un rival colocado de espaldas a mi portería:
    o No dejarle girar bajo ningún concepto. Robar u obligar a tocar de cara, pero no ser superados.

⑥ **A**   *Infantil de segundo año (sub-14)*
- Toma de decisiones:
    o Entrada según la zona del campo. Por ejemplo, un delantero puede arriesgar más en las entradas que realiza lejos de su portería que un defensa cerca de su área.
- Entrada condicionada. La entrada dentro del área propia: máximo riesgo, obligatorio defender sin falta y sin ser sobrepasado.

⑦ **A**   *Cadete de primer año (sub-15)*
- Entrada condicionada. La entrada teniendo ya una tarjeta amarilla. Enlazar con Saber competir.
- Falta táctica. Cómo hacerla sin violencia. Enlazar con Transición ataque-defensa y con Rendimiento.
- Toma de decisiones:
    o Entrada en función del contrario. Por ejemplo, si el contrario es diestro o zurdo, habilidoso o rápido... Decidir si ofrecerle la banda o el centro... Enlazar con Rendimiento.

⊕ **A**   *Cadete de segundo año (sub-16) – Juvenil de tercer año (sub-19)*
- Integrada dentro de las tareas tácticas.
- Entrenamiento específico si se detectan carencias o necesidades puntuales.

6.4.1.2. MARCAJE

⓲ **C**   *Benjamín de primer año (sub-9)*
- Enlazar con Mi posición para entender el reparto del campo en zonas.
- Concepto básico de marcaje en zona: aproximarme al rival que se encuentra en mi zona y pegarme a él entre la portería y el propio rival, salvo si el contrario se desplaza a otra zona distinta.
- Orientación defensiva. Orientación del marcaje, respecto al balón y a la portería propia. Ver gráfico 151.
- No colocar nunca las manos sobre el rival. Aunque no se ejerza fuerza, el árbitro puede pitar falta.
- Enlazar con Entrada.

① **B** *Benjamín de segundo año (sub-10)*
- Vigilancia defensiva. Diferencia entre vigilancia defensiva y marcaje. Paso de la vigilancia defensiva al marcaje en una misma jugada.

② **B** *Alevín de primer año (sub-11)*
- Cobertura. Donde hay marcaje, hay cobertura:
    - Entrenar las situaciones 2x2 (uno derecha y otro izquierda), una muy buena fórmula para entender el marcaje por zonas y las coberturas. Enlazar con Presión y Repliegue.
        - Cómo evitar las paredes. Seguir a la marca (y no al balón) cuando el rival ejecute una pared.
    - El doble objetivo de la cobertura:
        - Estar en posición de ayudar a mi compañero si es desbordado por el rival.
        - Anular las líneas de pase. Concepto fundamental de trazar líneas diagonales en la colocación defensiva. Enlazar con Basculación defensiva.
- Concepto de permuta, asociado a los de marcaje y cobertura.

③ **B** *Alevín de segundo año (sub-12)*
- Marcaje por detrás del rival o por delante, en función de las ayudas defensivas que existan por parte de los compañeros.
    - Si existen abundantes ayudas defensivas podré arriesgar y marcar por delante al contrario para facilitar la anticipación.
    - Si no existen suficientes ayudas defensivas, aseguraré la situación marcando por detrás al rival.
- Agresividad. Marcaje férreo, pegado al rival, utilizando los brazos extendidos (contacto con los brazos, no con las manos) para tomar la referencia, sin cometer falta.
    - Las consecuencias de llegar tarde.
- Comunicación para organizar los marcajes cuando los rivales cambian de zona. Enlazar con Hábitos de comunicación.
- Toma de decisiones. Cuando el contrario marcado va a entrar en contacto con el balón, mantener el marcaje sobre la espalda del rival o arriesgar con la interceptación, en función del contrario y del balón. Enlazar con Entrada (y anticipación defensiva).
- Marcaje a balón parado:
    - Enlazar con Hábitos de comunicación, para la organización de las marcas.

④ **B**   *Infantil de primer año (sub-13)*
- Marcaje y fuera de juego.
    - Cuándo abandonar la marca y dar un paso adelante para dejar al rival en fuera de juego (una táctica defensiva en cuarentena hasta alcanzar la categoría con árbitros asistentes en las bandas).

⑤ **B**   *Infantil de segundo año (sub-14)*
- Marcaje a balón parado:
    - Orientación del cuerpo siempre frontal respecto al balón.
    - Brazo extendido y contacto físico con el contrario para no perder la referencia. Sin agarrarle, pero manteniendo un firme contacto con el antebrazo (no con las manos).
    - La mirada, en el balón.
    - Enlazar con Golpeo de cabeza (defensivo) y con Despeje.

⑥ **B**   *Cadete de primer año (sub-15)*
- Introducción al marcaje al hombre. Conceptos básicos.
- Introducción al marcaje mixto. Conceptos básicos.

⑦ **B**   *Cadete de segundo año (sub-16)*
- No hay objetivos nuevos en esta etapa.

⊙ **R**   *Juvenil de primer año (sub-17) – Juvenil de tercer año (sub-19)*
- Integrado en el entrenamiento táctico defensivo.
- Rendimiento. El entrenamiento del Marcaje se planifica en función de los objetivos pendientes de años anteriores, de las necesidades de la competición y con el objetivo de generar rendimiento.

6.4.1.3. DESPEJE

⑩ **C**   *Benjamín de primer año (sub-9)*
- Cuatro conceptos elementales sobre el despeje:
    - Utilizar la fuerza que pueda traer el balón. En ocasiones, basta con colocar bien el pie y el cuerpo, sin imprimir más fuerza al golpeo.
    - Orientarlos a las bandas (hacia fuera).
    - Intentar meterlos dentro del campo.
    - Golpeos elevados. Que el balón coja altura para evitar los rechaces en zonas comprometidas y para dar tiempo al equipo a reorganizarse.
- Despeje con oposición:

- Defender sin faltas.

① **C** *Benjamín de segundo año (sub-10)*
- No hay objetivos nuevos en esta etapa.

② **C** *Alevín de primer año (sub-11)*
- No dejar botar el balón: ir a por él, atacarlo.
- Balón procedente de diferentes trayectorias y a diferentes alturas:
    - Al primer toque: centrarnos en la postura tronco y piernas para controlar la orientación, la altura y el efecto que se le da al balón, puesto que la fuerza ya viene dada.
    - Tras un control de amortiguamiento. Sin ser necesario el control total del balón, rapidez en el golpeo tras el primer control.
- Introducir el concepto de contundencia: en zonas peligrosas, no siempre hay que quedarse con el balón. Exigencia mínima en esta edad, pero gradualmente creciente durante los tres próximos años (Alevín de segundo año, Infantil de primer año e Infantil de segundo año). Enlazar con Saber competir y con Rendimiento.

③ **C** *Alevín de segundo año (sub-12)*
- Despeje con oposición. Enlazar con Entrada (entrada a un rival que aún no tiene el control total del balón).

④ **C** *Infantil de primer año (sub-13)*
- Despeje de cabeza. Enlazar con Golpeo de cabeza.

⑤ **C** *Infantil de segundo año (sub-14)*
- Pensar siempre en la zona de rechace. Enlazar con Juego aéreo y zona de rechace (concepto general básico).
- Marcaje a balón parado. Enlazar con Marcaje.

⑥ **B** *Cadete de primer año (sub-15)*
- Despeje orientado. Un buen despeje orientado puede ser utilizado con inteligencia como una útil herramienta ofensiva:
    - Automatizar los despejes con forma de comba, que, en caso de salir del terreno de juego, lo hagan por la banda y en la zona de finalización del rival. GRÁFICO 57.

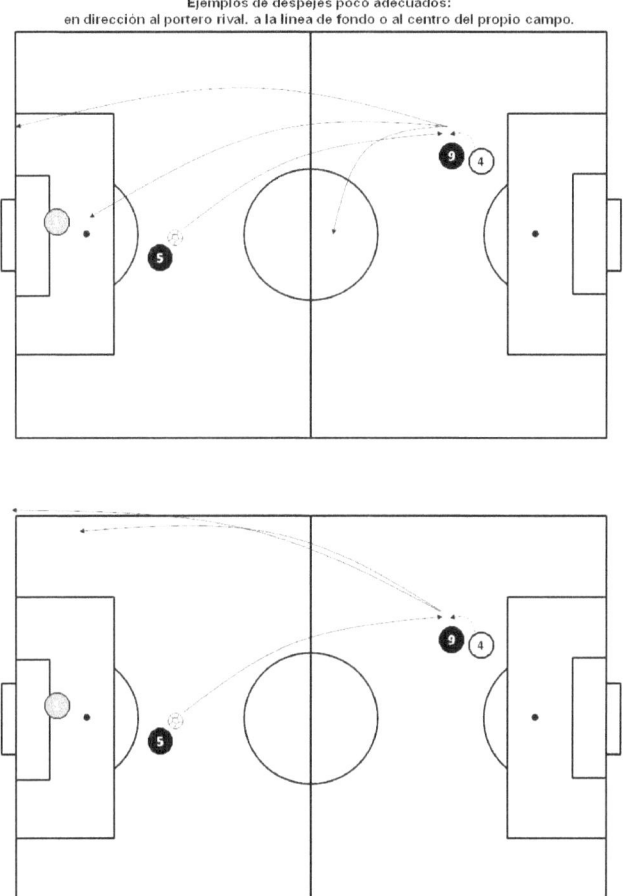

Ejemplos de despejes poco adecuados: en dirección al portero rival, a la línea de fondo o al centro del propio campo.

Ejemplos de despejes adecuados: dentro del campo, en zonas desfavorables para el rival o, en su defecto, en saque de banda en la zona de iniciación del rival.

- o Enlazar con Saque de banda defensivo (zona de finalización). Un despeje a esta zona, aunque el balón termine saliendo del terreno de juego, puede convertirse en una baza a favor del equipo.

⑦ **B**   *Cadete de segundo año (sub-16)*
- No hay objetivos nuevos en esta etapa.

⊕ **R**   *Juvenil de primer año (sub-17) – Juvenil de tercer año (sub-19)*
- Integrado en el entrenamiento de Juego aéreo y zona de rechace, y dentro de las tareas tácticas.
- Entrenamiento específico si se detectan carencias o necesidades puntuales.

6.4.2. Conceptos generales colectivos

6.4.2.1. REPLIEGUE

(in) **C**   *Prebenjamín (sub-8)*
- Repliegue individual. Actitud:
    - Fomentar que el jugador repliegue siempre.
    - No es importante todavía la forma como repliega el jugador, sino simplemente que realice el movimiento de repliegue, que no se desentienda.
    - Enlazar con Jugar en equipo.

① **B**   *Benjamín de primer año (sub-9)*
- Repliegue individual.
    - Actitud:
        - Repliego siempre, sin excepciones.
    - Pautas básicas:
        - Replegar mirando el balón. Este concepto se asimila muy bien en los saques de meta del rival.
        - Replegar en dirección a la zona asignada en defensa. Enlazar con Mi posición.

② **C**   *Benjamín de segundo año (sub-10)*
- Repliegue individual.
    - Si he sido superado, el objetivo es volver a colocarme lo antes posible por detrás de la línea del balón y tomando como referencia la propia portería. Enlazar con Entrada. GRÁFICO 145.

Ambos jugadores (2 y 3) realizan un rápido repliegue aprovechando la temporización de su compañero. Sin embargo, el número 3 no se sitúa tomando como referencia su portería.

- Repliegue colectivo:
    - Realizar el repliegue teniendo en cuenta la posición de los compañeros.
    - El objetivo será hacer al equipo corto y estrecho, lo que implicará, normalmente, un repliegue en línea diagonal, hacia la propia portería. GRÁFICO 146.

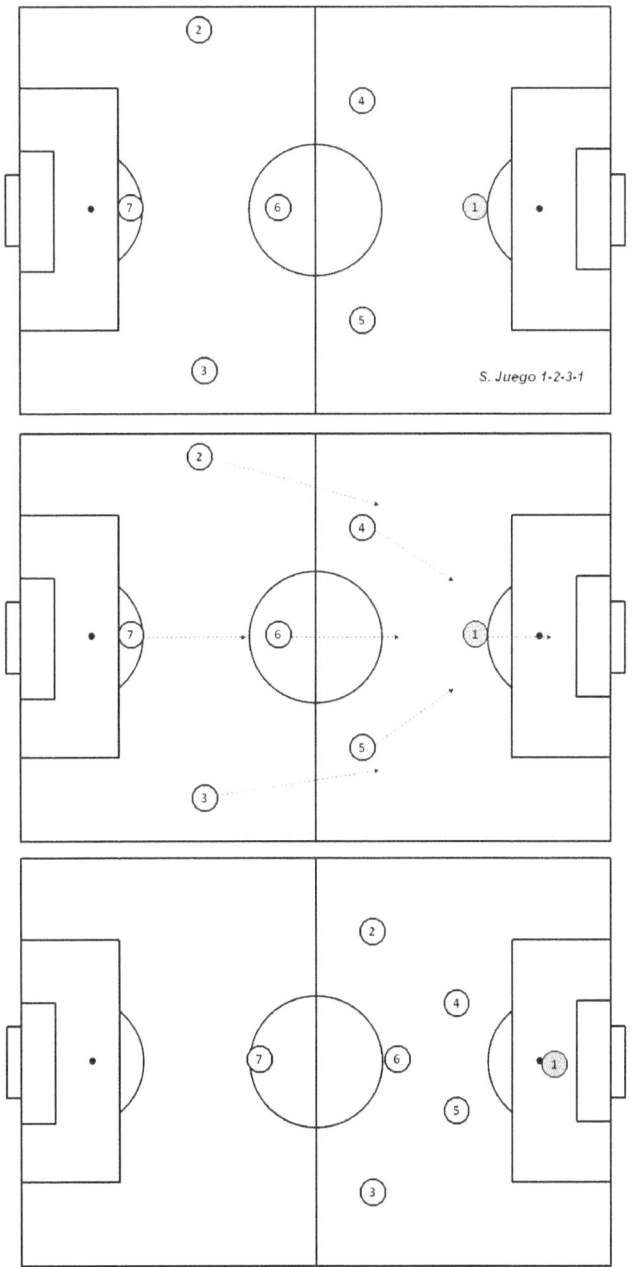

③ **C** *Alevín de primer año (sub-11)*
- Repliegue colectivo:
  - Repliegue colectivo a las zonas asignadas en función del planteamiento de presión:
    - Presión arriba:
      - Implica un posicionamiento de repliegue cercano a la zona de iniciación del rival.
      - Pero las posiciones no pueden ser excesivamente adelantadas y agresivas, pues se disuadiría al rival de iniciar el juego desde atrás (lo cual nos interesa para poder presionar y robar en su zona de iniciación). GRÁFICO 147.

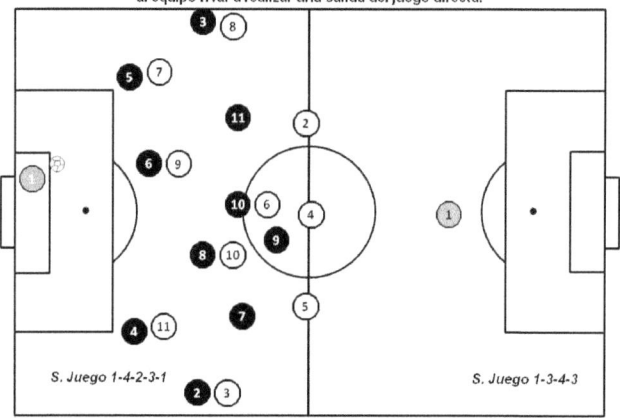

Con este posicionamiento de partida, bastante exagerado, se está prácticamente obligando al equipo rival a realizar una salida del juego directa.

S. Juego 1-4-2-3-1   S. Juego 1-3-4-3

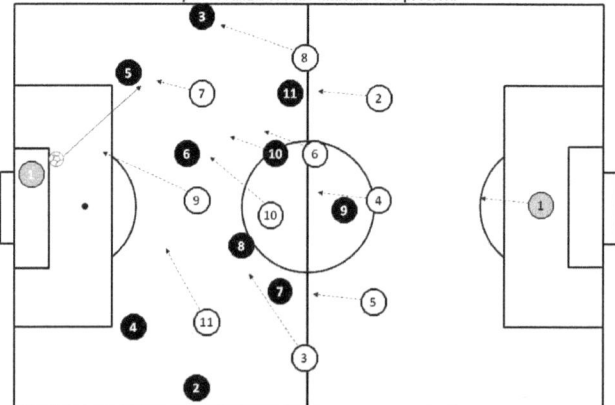

Si el objetivo es presionar arriba e intentar robar el balón cerca de la meta rival, es más aconsejable dar opciones al rival para que realice una salida elaborada del juego para después realizar los movimientos de presión.

- En el repliegue, los jugadores de las líneas más retrasadas 'tiran' de las posteriores y así sucesivamente. Enlazar con Basculación defensiva. Ver gráfico 15.
- Si hubiera que escoger (por falta de efectivos), se repliega en primer lugar a las posiciones 'de riesgo', que serán aquéllas más próximas a la portería propia:
    - Posteriormente, se ocupa el resto de posiciones.
    - Si al realizar el repliegue mi puesto ya se encuentra ocupado, me voy a otro cercano (lo importante es que en definitiva todos los puestos estén ocupados). Desdoblamiento defensivo básico.
    - GRÁFICO 148.

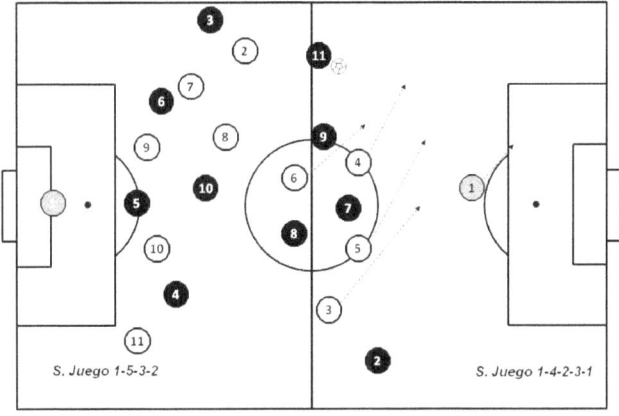

Al replegarse, el jugador número 2 ve que su demarcación ya ha sido ocupada por un compañero. Realizará un desdoblamiento defensivo situándose en la posición del número 6, que a su vez ayuda a que la defensa pueda optimizar su colocación.

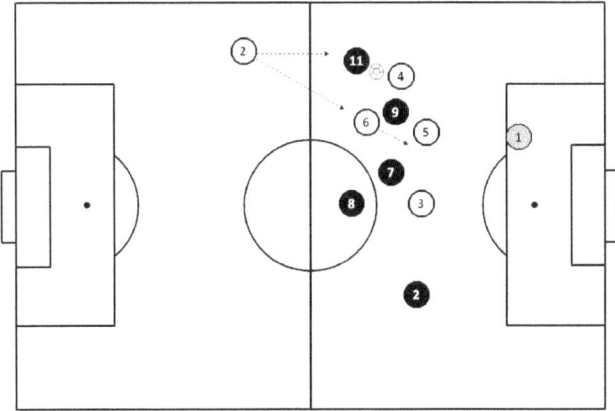

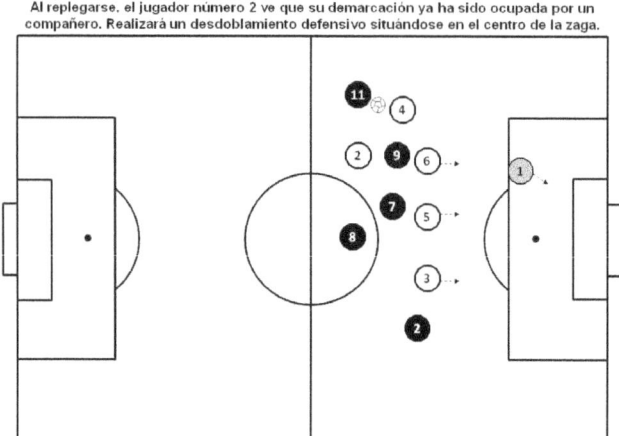

Al replegarse, el jugador número 2 ve que su demarcación ya ha sido ocupada por un compañero. Realizará un desdoblamiento defensivo situándose en el centro de la zaga.

- Reajuste del sistema defensivo si los movimientos de presión colectiva son superados por el rival. Sistema de coberturas, permutas y desdoblamientos defensivos, ligados al sistema de juego. Enlazar con Basculación defensiva, con Repliegue y con Transición ataque-defensa. GRÁFICO 149.

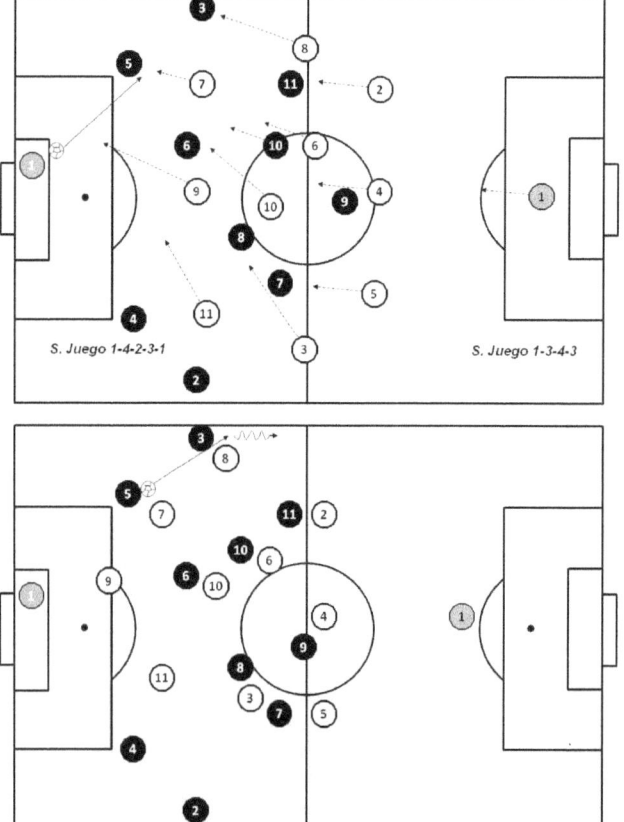

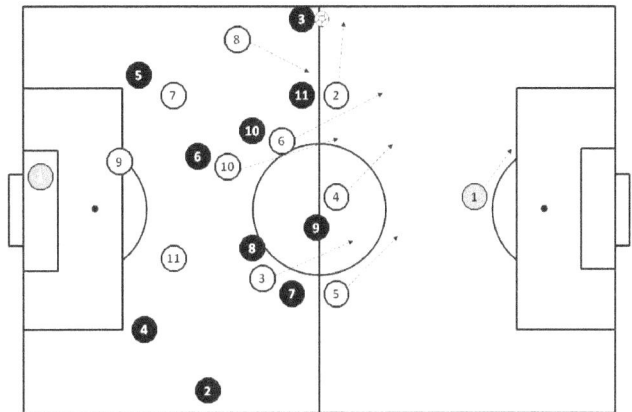

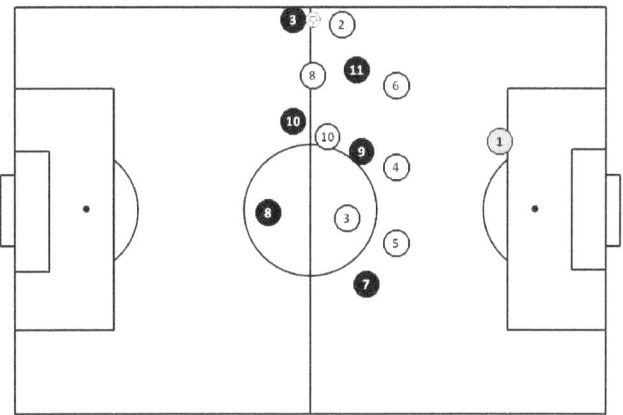

④ C *Alevín de segundo año (sub-12)*
- Repliegue individual. Realizar la acción de repliegue sin perder la referencia del jugador al que se está marcando.
- Repliegue individual. Optimizar el perfil del jugador en la acción de repliegue, en función del jugador al que está marcando, del balón y de la propia portería.
- Repliegue colectivo a las zonas asignadas en función del planteamiento de presión escogido. Enlazar con Presión.

⑤ C *Infantil de primer año (sub-13)*
- Repliegue colectivo a las zonas asignadas en función del planteamiento de presión escogido. Enlazar con Presión.
- Posicionamiento ante un estilo de juego directo. Si el rival realiza un estilo de juego directo, el equipo deberá ajustar el posicionamiento

vertical del bloque defensivo. Enlazar con Saque de meta defensivo y con Juego aéreo y zona de rechace.

- Completar siempre el repliegue, aunque en principio pueda parecer que los jugadores de las líneas más adelantadas quedan muy alejados del balón en una jugada puntual. Están obligados a mantener la distancia entre líneas correcta respecto a la línea anterior, con el fin de cubrir las posibles zonas de rechace. Enlazar con Juego aéreo y zonas de rechace, con Centrocampistas (defensivo), con Delanteros (defensivo) y con Basculación defensiva. GRÁFICO 150.

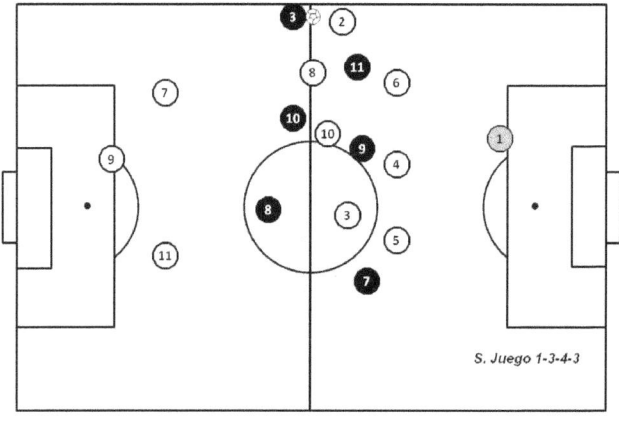

S. Juego 1-3-4-3

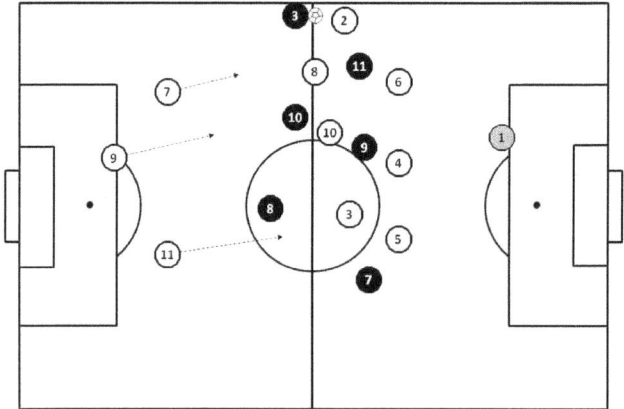

⑥ **B**   *Infantil de segundo año (sub-14)*
- Optimizar la velocidad en el repliegue colectivo. Rapidez y calidad en los movimientos y en el resultado final. Enlazar con Transición ataque-defensa.
- Repliegue colectivo a las zonas asignadas en función del planteamiento de presión escogido. Enlazar con Presión.

⑦ **A**   *Cadete de primer año (sub-15)*
- Repliegue colectivo a las zonas asignadas en función del planteamiento de presión escogido. Enlazar con Presión y con Transición ataque-defensa.
- Si el rival realiza un estilo de juego directo, el equipo deberá juntar sus líneas, de forma vertical y horizontal, para optimizar la disputa del balón aéreo y en las zonas de rechace. Enlazar con Saque de meta defensivo y con Juego aéreo y zonas de rechace.
- Optimizar los movimientos de reajuste del sistema defensivo si la presión colectiva es superada por el rival:
  - Sistema de coberturas, permutas y desdoblamientos defensivos.
  - Velocidad de ejecución. Rapidez y efectividad.
  - Movimientos vinculados al sistema de juego.
  - Enlazar con Basculación defensiva y con Presión.
  - Ver gráfico 150.
- Repliegue en el planteamiento de transición ataque-defensa consistente en presión al poseedor y repliegue a zonas asignadas. Enlazar con Transición ataque-defensa.

⑧ **A**   *Cadete de segundo año (sub-16)*
- Repliegue colectivo a las zonas asignadas en función del planteamiento de presión escogido. Enlazar con Presión y con Transición ataque-defensa.

⊕ **R**   *Juvenil de primer año (sub-17) – Juvenil de tercer año (sub-19)*
- Rendimiento. El entrenamiento de Repliegue se planifica en función de los objetivos pendientes de años anteriores, de las necesidades de la competición y con el objetivo de generar rendimiento.

6.4.2.2. BASCULACIÓN DEFENSIVA

Por Basculación defensiva entenderemos todos los movimientos defensivos que se realizan 'en bloque': por ejemplo, basculaciones hacia las bandas, ajustes entre las líneas para reducir los espacios o desdoblamientos defensivos para optimizar el juego posicional del equipo.

Esos movimientos serán en cualquier dirección:

- Horizontales. GRÁFICO 2.

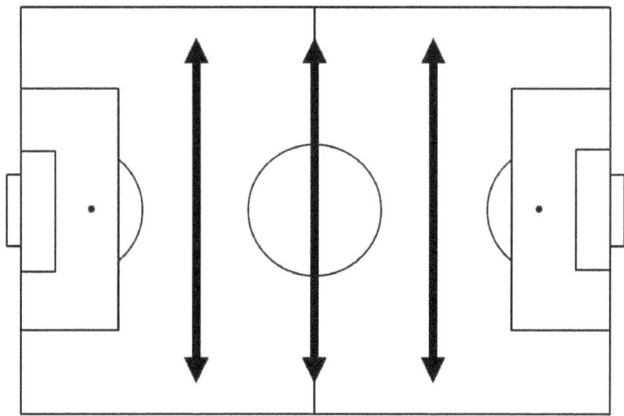

- Verticales. GRÁFICO 3.

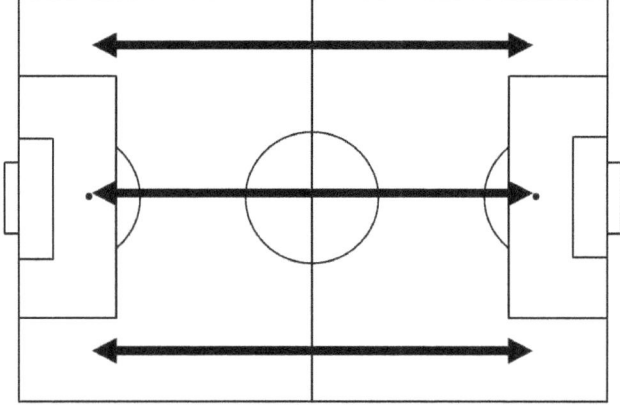

- Diagonales. GRÁFICO 4.

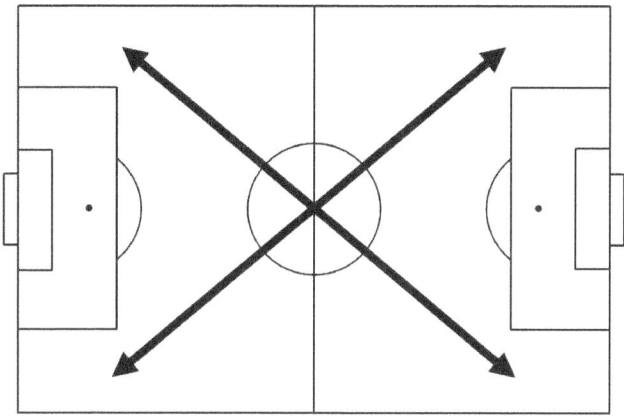

Benjamín de primer año (sub-9)
- Concepto de la 'barra imaginaria' en la acción defensiva, que une a los jugadores entre sí, tanto de forma vertical y diagonal (delante-detrás), como horizontal (derecha-izquierda). Es más una barra rígida que una cuerda flexible porque nos interesan dos cosas: no agrandar más de la cuenta la distancia entre un jugador y otro, así como no acortarla en exceso. Enlazar con Mi posición. GRÁFICO 5.

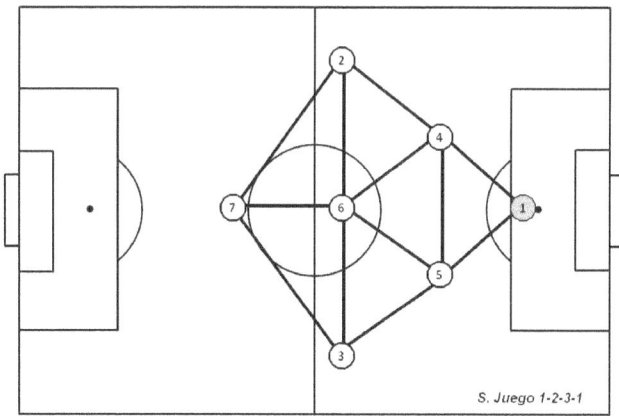

- Introducir el concepto de línea diagonal en las basculaciones, asociado al sistema de juego escogido. GRÁFICO 6.

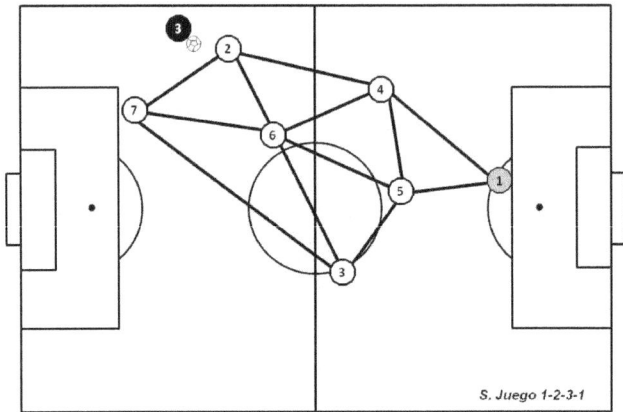

① C   *Benjamín de segundo año (sub-10)*
- No hay objetivos nuevos en esta etapa.

② C   *Alevín de primer año (sub-11)*
- Movimientos diagonales para anular las líneas de pase del rival.
    - De entre dos jugadores del equipo defensor, el más alejado al balón retrasa su posición en diagonal, respecto a la del compañero, para reducir las posibles líneas de pase del rival en dirección a la propia portería. Enlazar con el movimiento presión-cobertura de Presión. GRÁFICO 7.

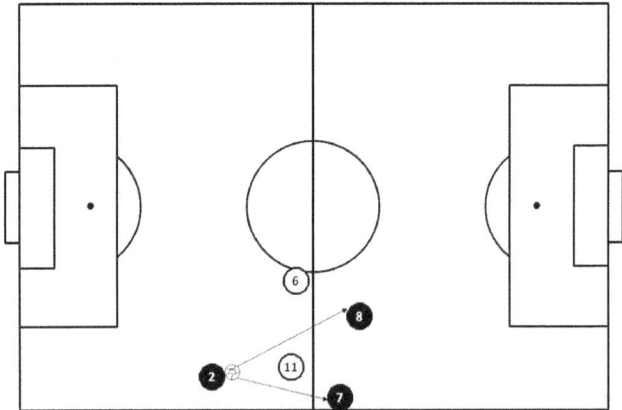

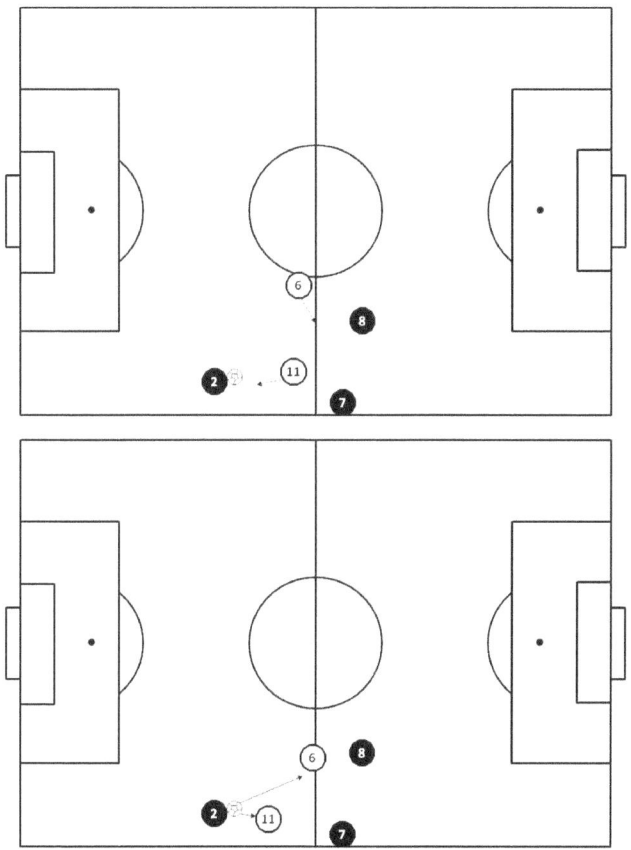

o Movimientos diagonales entre más de dos jugadores. La línea diagonal asegura la cobertura y favorece la anulación de las líneas de pase interiores. GRÁFICO 8.

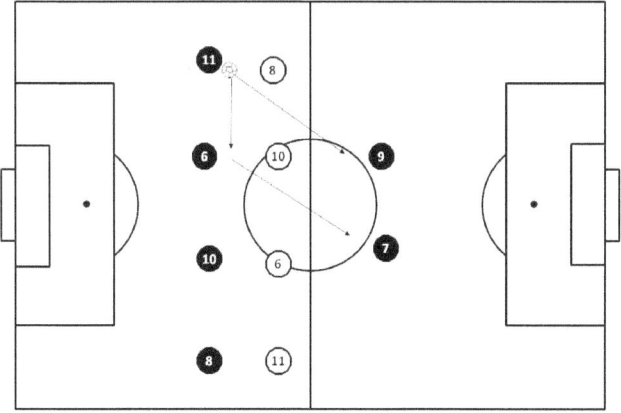

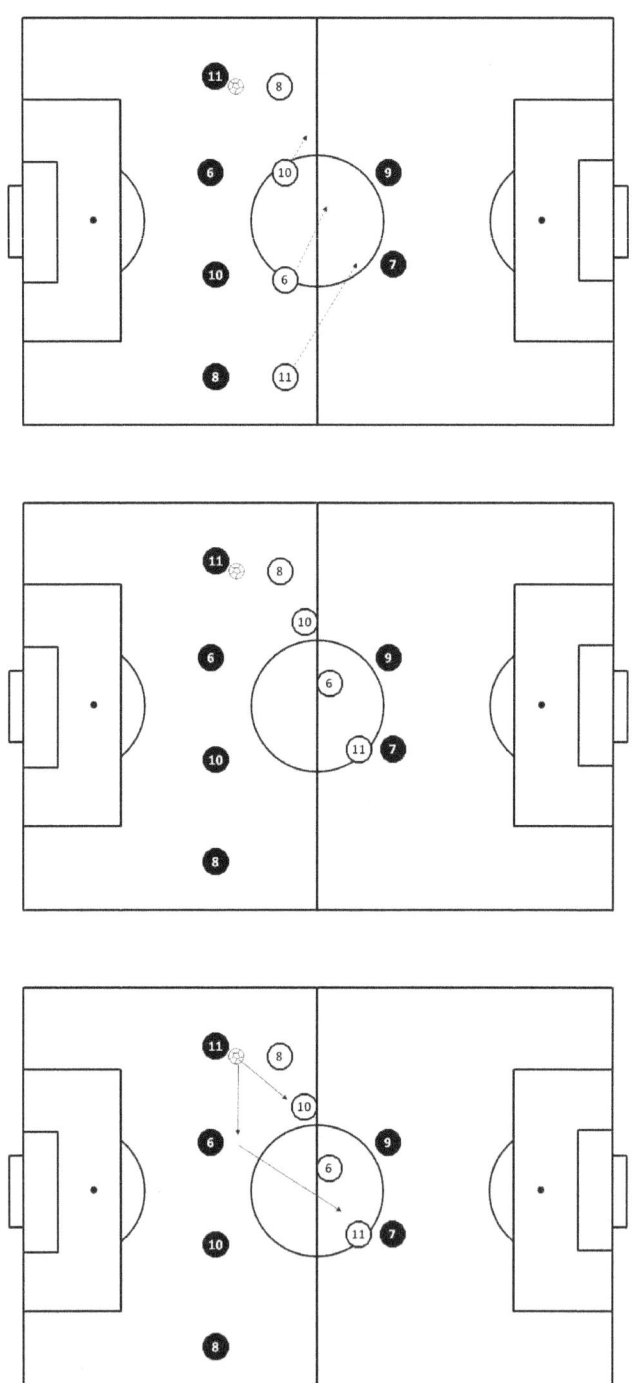

- Distancia entre líneas. Introducción. Partiendo del concepto de la 'barra imaginaria', los jugadores deben mantener entre sí distancias racionales, que optimicen el funcionamiento defensivo del equipo:
    - Distancia entre líneas vertical. GRÁFICO 9.

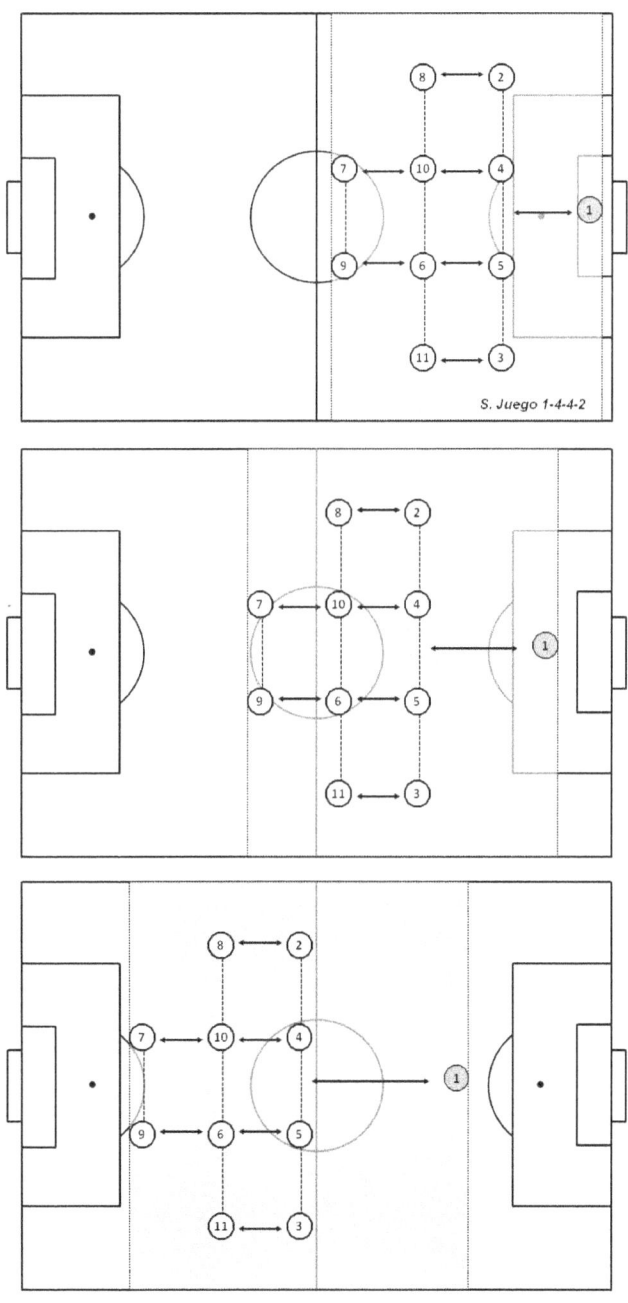

- Siempre respetando los movimientos diagonales.
- El jugador que inicia el movimiento 'tira' del que está por detrás de él y así sucesivamente.
- Tanto en la fase defensiva como en la ofensiva (enlazar con Zona de creación).
  o Distancia entre líneas horizontal. GRÁFICO 10.

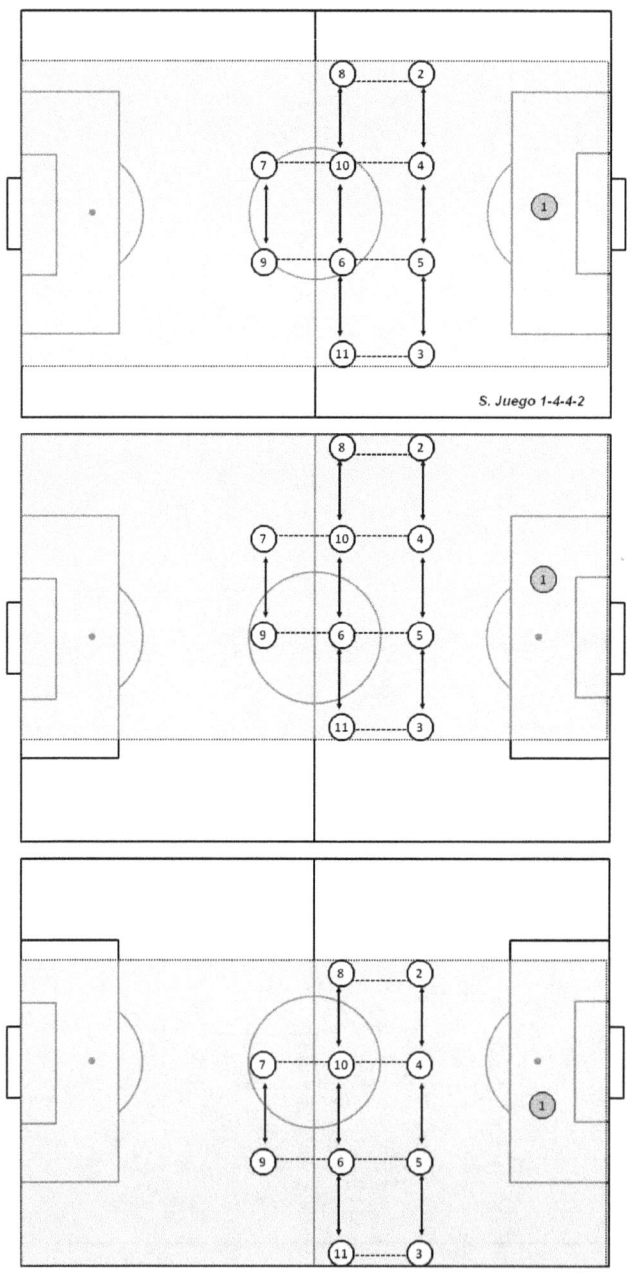

S. Juego 1-4-4-2

- Cuando el juego del rival se orienta hacia una banda, el equipo en bloque debe inclinarse hacia ese costado.
- El jugador que inicia el movimiento 'tira' del siguiente y así sucesivamente.
- Siempre respetando los movimientos diagonales.
  o Enlazar con Presión y con Repliegue.
- Movimientos de basculación defensiva específicos del sistema de juego que durante este año utilice el equipo. Pautas básicas de posicionamiento según la situación del balón (si un sistema de juego presenta varias opciones, procurar elegir las más sencillas). Enlazar con Sistemas de juego. GRÁFICO 11. Ver gráfico 1.

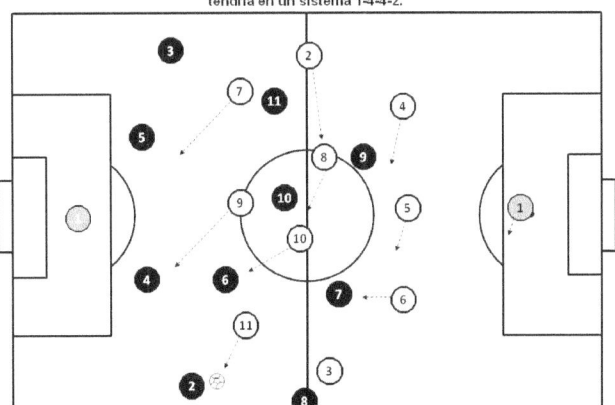

Cada sistema de juego tiene sus particularidades y sus variantes en cuanto al posicionamiento en la basculación defensiva.

S. Juego 1-4-4-2   S. Juego 1-3-4-3

La misión de un lateral en un sistema 1-3-4-3 puede ser muy diferente a la que tendría en un sistema 1-4-4-2.

En lo sucesivo, cada temporada será necesario asimilar los movimientos de basculación defensiva específicos de los sistemas de juego que se van a utilizar.

③ **B** *Alevín de segundo año (sub-12)*
- Posicionamiento vertical del bloque defensivo (I):
  - Toma como punto de partida la zona establecida para el repliegue. Enlazar con Repliegue.
  - A partir de él, se realizan ajustes del posicionamiento vertical del bloque defensivo:
    - Si el rival gana metros en la fase ofensiva, la línea de defensa buscará profundidad defensiva replegándose unos metros –enlazar con Porteros + defensas (defensivo) – el resto del equipo mantendrá la distancia entre líneas replegándose a su vez y, en conjunto, el bloque defensivo habrá retrasado su posicionamiento vertical. GRÁFICO 12.

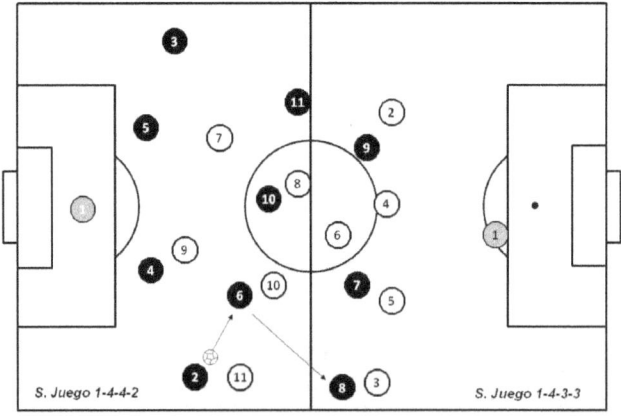

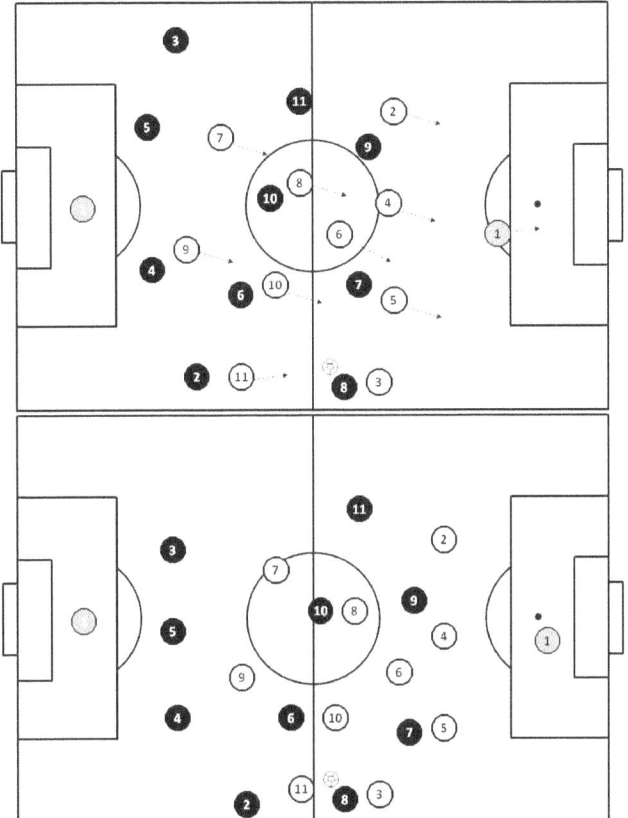

- Si el rival realiza un pase atrás, cediendo metros en su fase ofensiva, el equipo tendrá la posibilidad de adelantar su posicionamiento vertical. Toma de decisiones: lo hará o no, en función de su planteamiento defensivo y de si había perdido metros previamente respecto a su posicionamiento de partida. GRÁFICO 13.

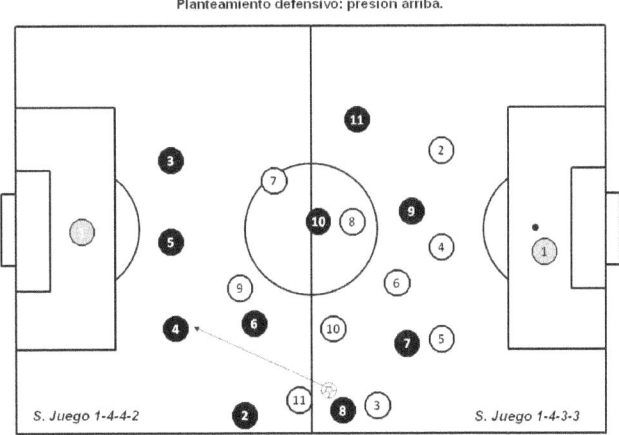

Planteamiento defensivo: presión arriba.

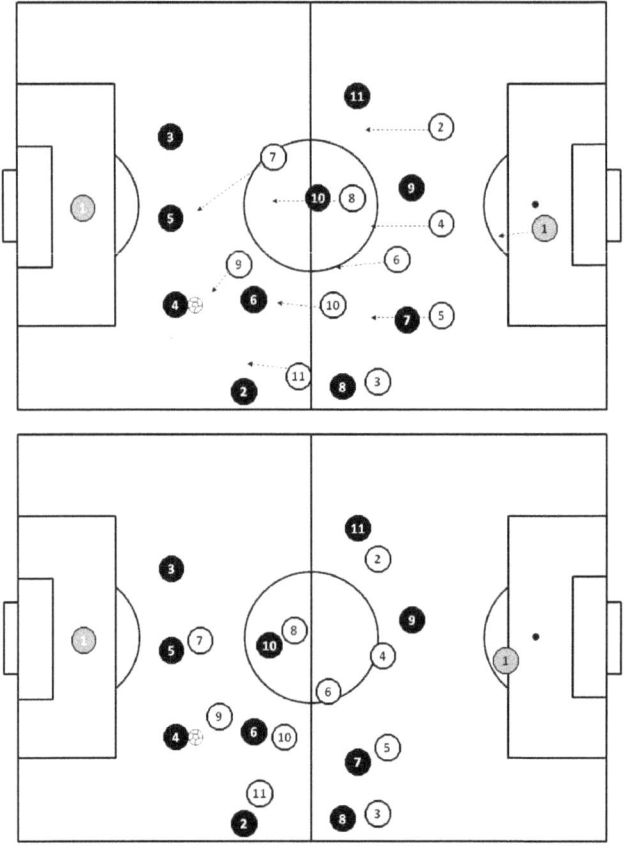

- Los movimientos de ajuste del posicionamiento vertical del bloque defensivo los lidera:
  - En dirección a la portería contraria (hacia delante): los jugadores ofensivos (los de delante 'tiran' de los de detrás). Enlazar con Presión. GRÁFICO 14.

En este movimiento colectivo, los jugadores de delante 'tiran' de los de detrás

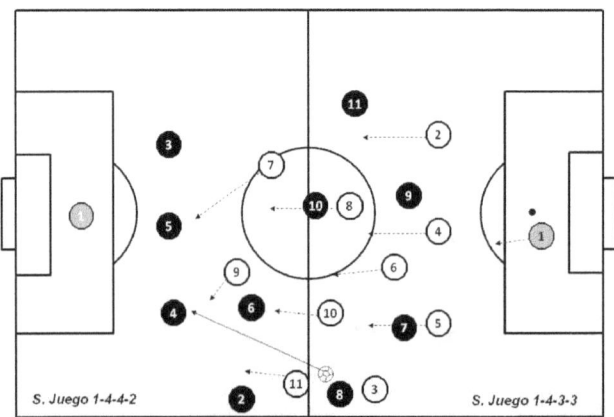

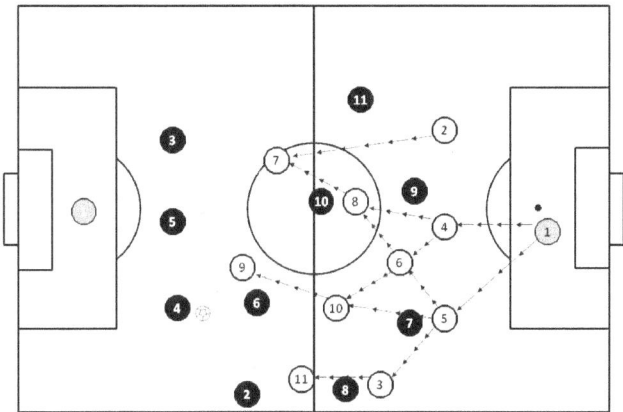

- En dirección a la propia portería (hacia atrás): los defensas (los de detrás 'tiran de los de delante). Enlazar con Repliegue. GRÁFICO 15.

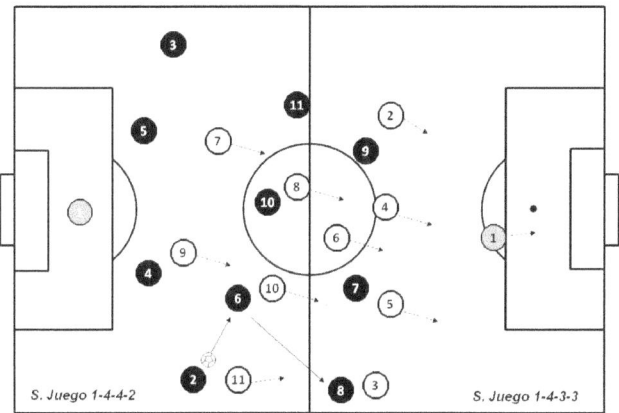

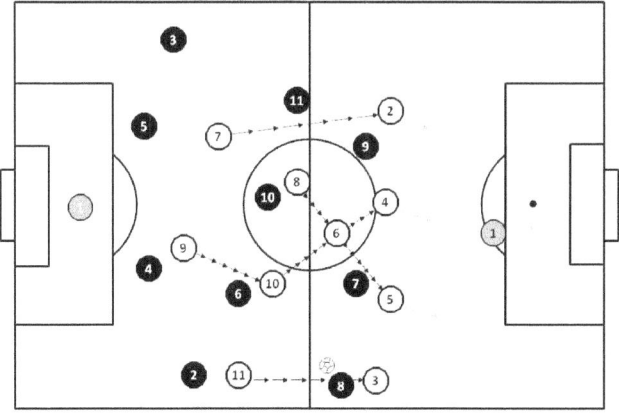

- Tomando como base las líneas diagonales, automatizar los movimientos de basculación defensiva horizontales de forma general (sin especificar ahora si es la línea defensiva o la del centro del campo). Objetivo: anular las líneas de pase del rival. GRÁFICO 16.

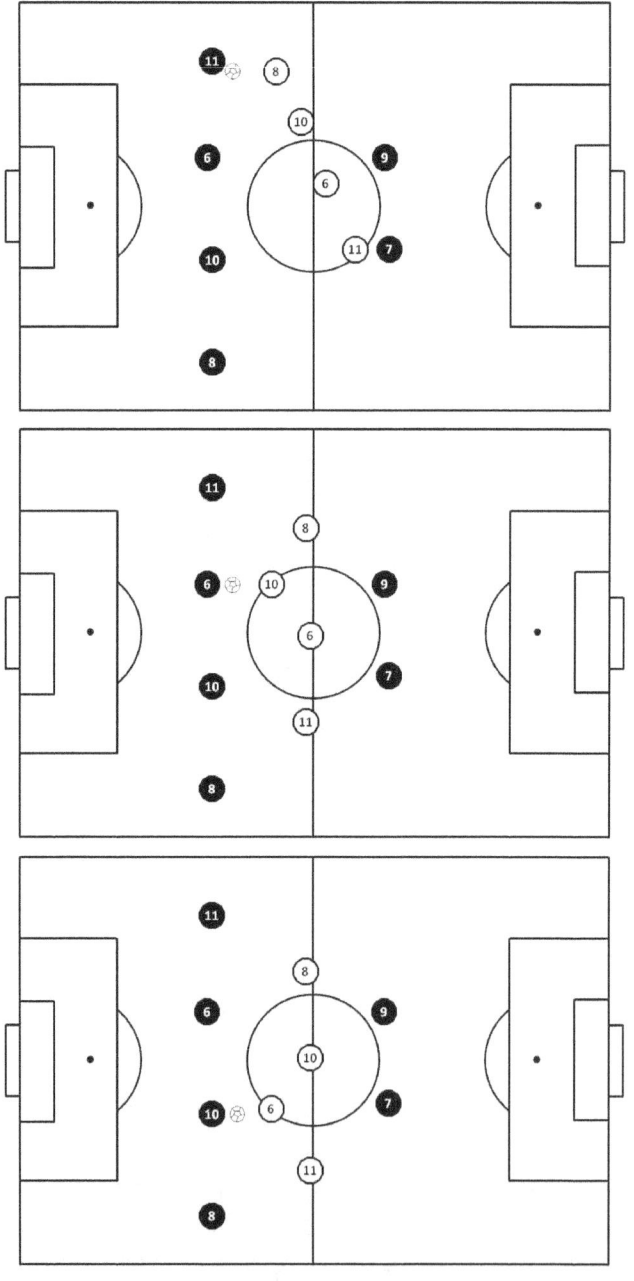

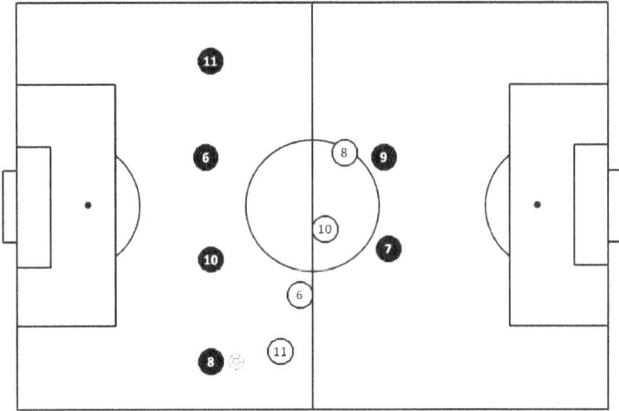

- Movimientos de basculación defensiva específicos de los sistemas de juego que durante este año utilice el equipo (si un sistema de juego presenta varias opciones, procurar elegir las más sencillas). Enlazar con Sistemas de juego. Ver gráficos 11 y 1.
- Sistema de coberturas, permutas y desdoblamientos defensivos específicos de los sistemas de juego que durante este año utilice el equipo (si un sistema de juego presenta varias opciones, procurar elegir las más sencillas). Enlazar con Sistemas de juego. GRÁFICO 17.

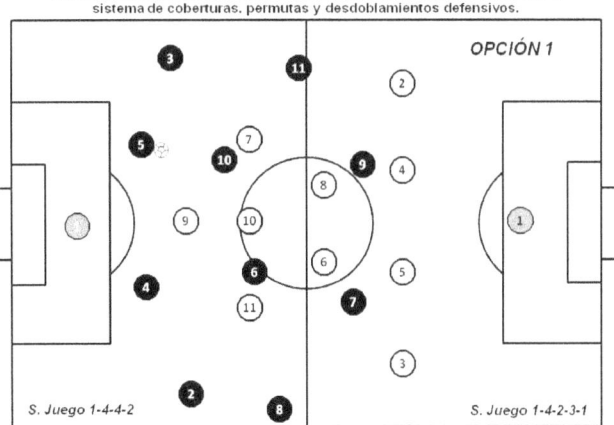

En este ejemplo, los dos medios centro en un sistema 1-4-2-3-1 evitan con su basculación a la banda que la línea defensiva se desajuste.

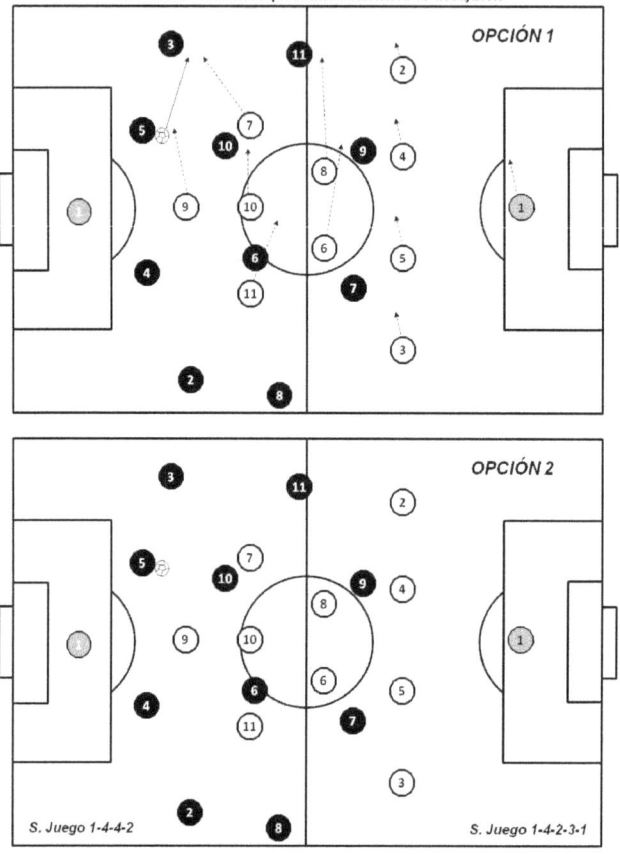

En este ejemplo, los medios centro realizan desdoblamientos defensivos para evitar que la línea defensiva tenga que bascular.

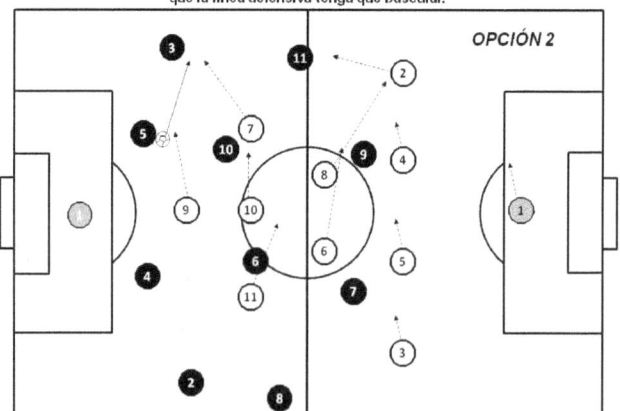

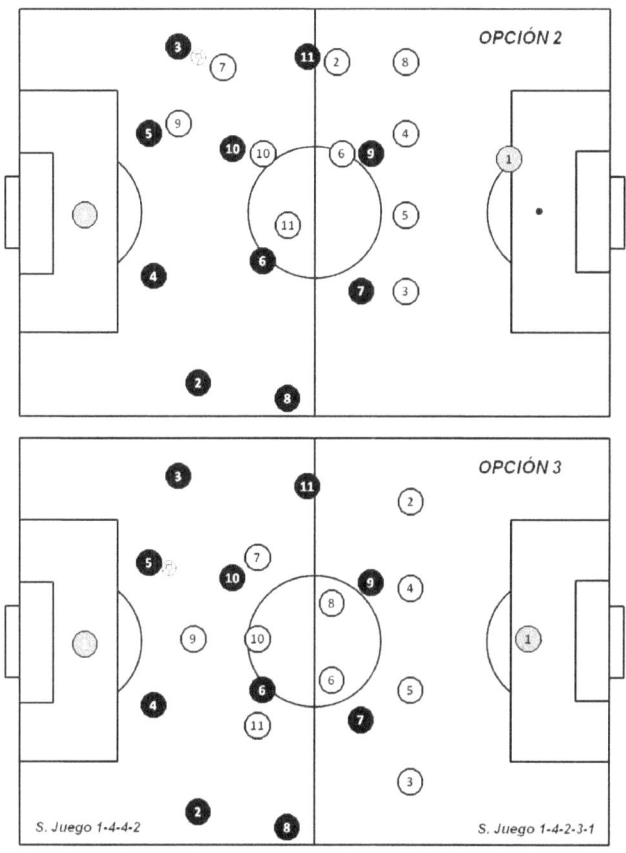

En este ejemplo, se opta por los movimientos en principio más naturales para el jugador y que conllevan una mayor basculación de la línea defensiva y una mayor presencia de jugadores en el centro del campo.

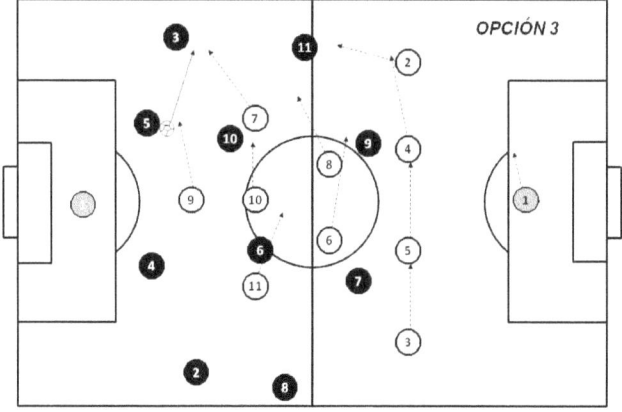

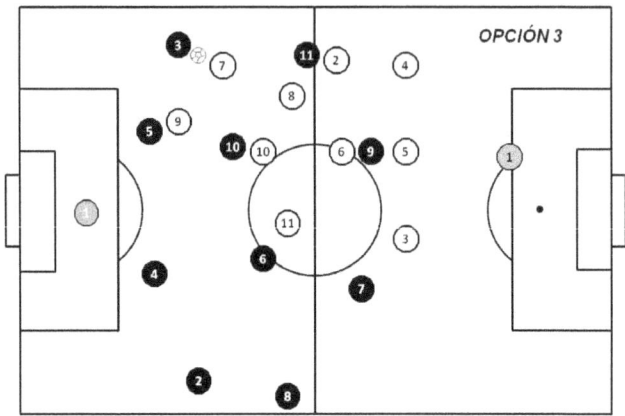

④ B *Infantil de primer año (sub-13)*
- Posicionamiento vertical del bloque defensivo (II):
  ○ Ajustes en función del juego:
    ▪ Si el equipo rival amaga el golpeo en largo desde cualquier posición del campo, la línea defensiva buscará profundidad defensiva replegándose unos metros –enlazar con Porteros + defensas (defensivo)– el resto del equipo mantendrá la distancia entre líneas replegándose a su vez y, en conjunto, el bloque defensivo habrá retrasado su posicionamiento vertical. GRÁFICO 18.

El número 4 rival sale en conducción y supera la posición del número 9.

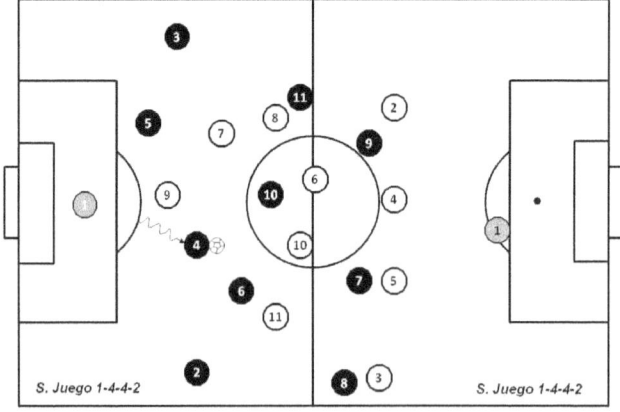

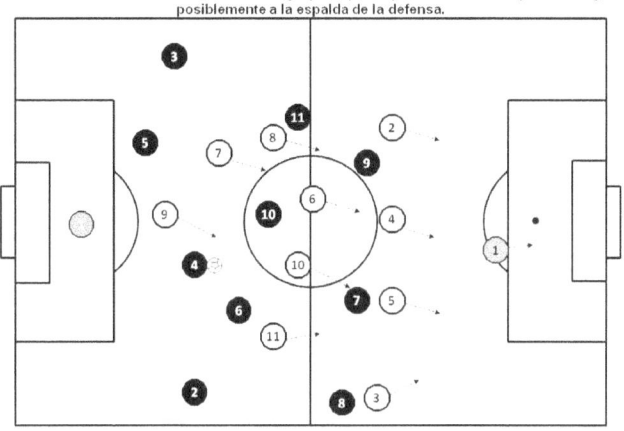

El número 4 rival da a entender con su lenguaje corporal que va a realizar un pase en largo, posiblemente a la espalda de la defensa.

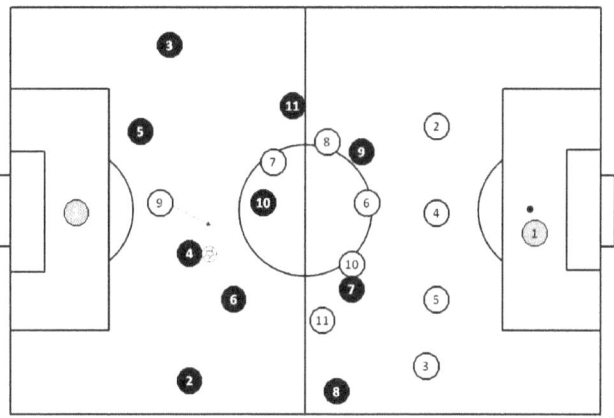

- Distancia entre líneas vertical:
  - Los jugadores de las líneas más adelantadas, aunque queden muy alejados del balón en una jugada puntual, están obligados a mantener la distancia correcta con la línea anterior, con el fin de cubrir las posibles zonas de rechace y de no quedar demasiado lejos en una posible fase ofensiva si el equipo recupera el balón. Enlazar con Juego aéreo y zonas de rechace, con Repliegue, con Centrocampistas (defensivo) y con Delanteros (defensivo).
- Movimientos de basculación defensiva específicos de los sistemas de juego que durante este año utilice el equipo (si un sistema de juego presenta varias opciones, procurar elegir las más sencillas). Enlazar con Sistemas de juego. Ver gráficos 11 y 1.
- Sistema de coberturas, permutas y desdoblamientos defensivos específicos de los sistemas de juego que durante este año utilice el

equipo (si un sistema de juego presenta varias opciones, procurar elegir las más sencillas). Enlazar con Sistemas de juego. Ver gráfico 17.

⑤ **A** *Infantil de segundo año (sub-14)*
- Movimientos de basculación defensiva específicos de los sistemas de juego que durante este año utilice el equipo. Enlazar con Sistemas de juego (si un sistema de juego presenta varias opciones, procurar elegir las más sencillas). Ver gráficos 11 y 1.
- Sistema de coberturas, permutas y desdoblamientos defensivos específicos de los sistemas de juego que durante este año utilice el equipo (si un sistema de juego presenta varias opciones, procurar elegir las más sencillas). Enlazar con Sistemas de juego. Ver gráfico 17.

⑥ **A** *Cadete de primer año (sub-15)*
- Optimizar los movimientos de basculación defensiva horizontales y verticales con el objetivo de anular las líneas de pase del rival.
  - Tomar como base:
    - La distancia entre líneas horizontal y vertical.
    - Las líneas diagonales.
    - Un alto ritmo defensivo.
    - Incidir en las parejas que existen en las diferentes líneas del campo.
  - Bloque defensivo situado a diferentes alturas verticales, en función del planteamiento defensivo propuesto. Enlazar con Presión.
  - GRÁFICO 19.

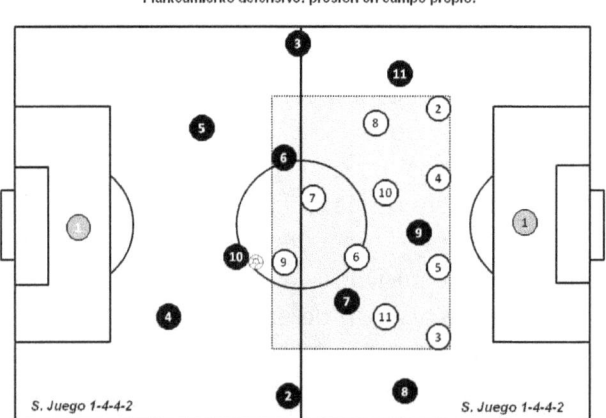

- La adecuada distancia entre líneas (vertical y horizontal), las líneas diagonales y un alto ritmo defensivo reducen al máximo las líneas de pase del rival, sobre todo en el juego interior. Los espacios para el juego entre líneas del rival (entre la defensa y el centro del campo) son mínimos.
- Parejas: 2-4, 4-5, 5-3, 2-8, 4-10, 5-6, 8-10, 10-6, 6-11, 3-11, 10-7, 6-9, 7-9

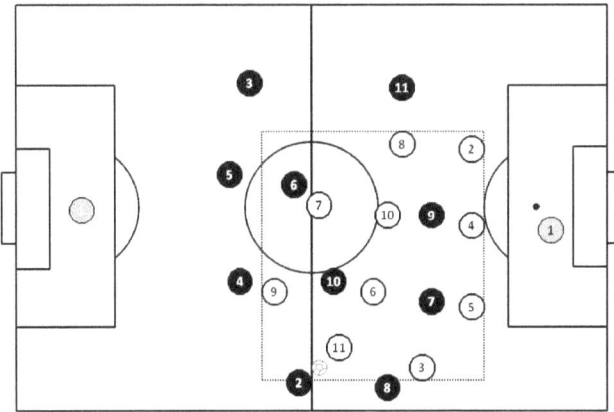

Planteamiento defensivo: presión arriba.

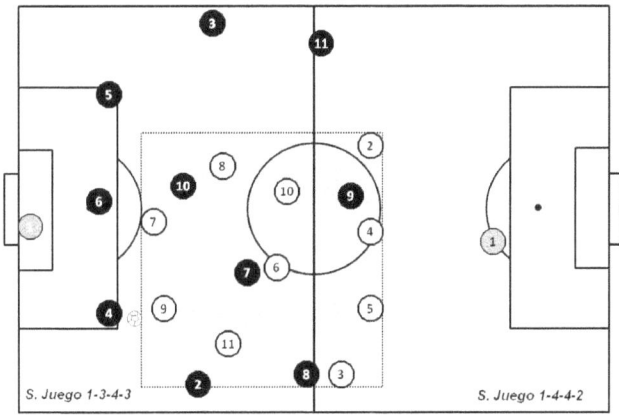

S. Juego 1-3-4-3   S. Juego 1-4-4-2

- La adecuada distancia entre líneas (vertical y horizontal), las líneas diagonales y un alto ritmo defensivo reducen al máximo las líneas de pase del rival, sobre todo en el juego interior. Los espacios para el juego entre líneas del rival (entre la defensa y el centro del campo) son mínimos.
- Parejas: 2-4, 4-5, 5-3, 2-8, 4-10, 5-6, 8-10, 10-6, 6-11, 3-11, 10-7, 6-9, 7-9

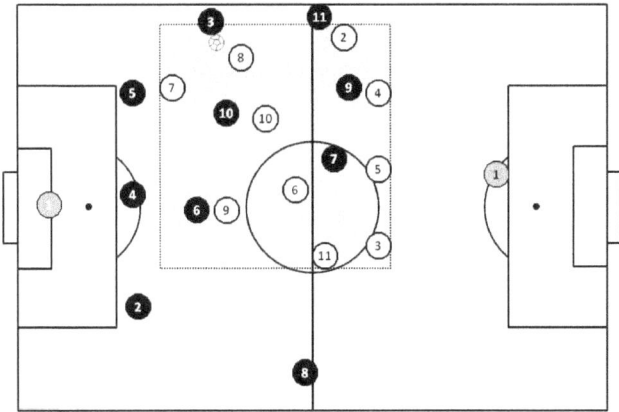

- Movimientos de basculación defensiva específicos de los sistemas de juego que durante este año utilice el equipo. Enlazar con Sistemas de juego. Ver gráficos 11 y 1.
- Sistema de coberturas, permutas y desdoblamientos defensivos específicos de los sistemas de juego que durante este año utilice el equipo. Enlazar con Sistemas de juego. Ver gráfico 17.
- Toma de decisiones. Guiados por el cuerpo técnico, realizar las adaptaciones necesarias y puntuales en el sistema de juego defensivo (variantes defensivas) con el fin de optimizar posicionalmente el planteamiento defensivo. Enlazar con Rendimiento y con Presión. GRÁFICO 20.

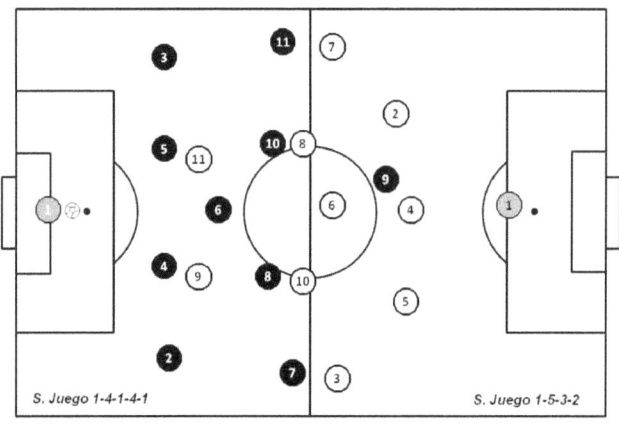

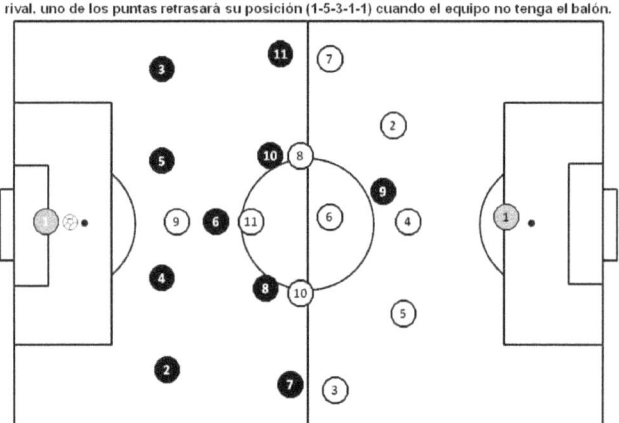

Variante defensiva: ante la presencia habitual de un medio centro defensivo en el equipo rival, uno de los puntas retrasará su posición (1-5-3-1-1) cuando el equipo no tenga el balón.

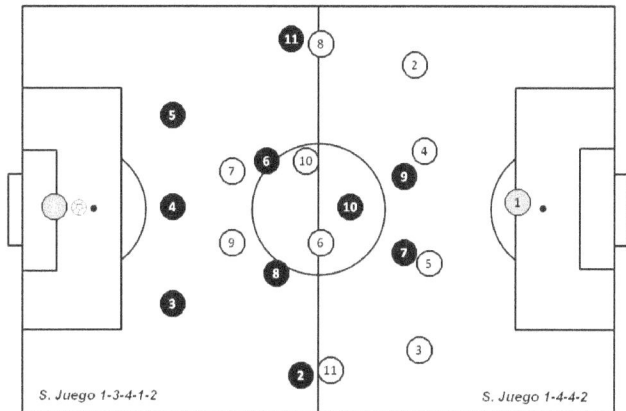

Variante defensiva: ante la presencia de un media punta en el rival por detrás de 2 delanteros, y para no 'tocar' a los delanteros del equipo, uno de los medios centro retrasa su posición y los otros 3 centrocampistas se cierran formando una línea de 3 medios (1-4-1-3-2).

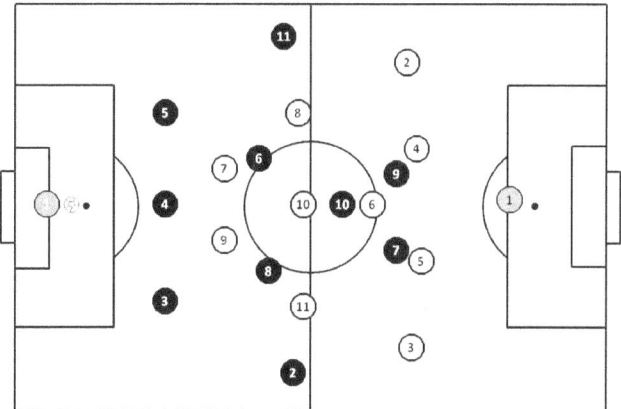

Las bandas quedan defendidas por los laterales y por la línea de 3 centrocampistas, que bascula.

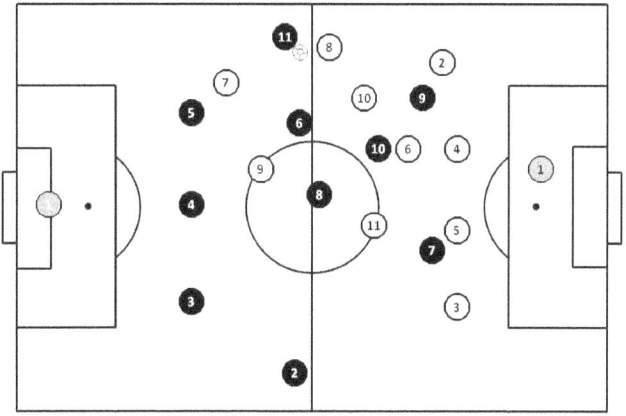

⑦ **A**   *Cadete de segundo año (sub-16)*
- Movimientos de basculación defensiva específicos de los sistemas de juego que durante este año utilice el equipo. Enlazar con Sistemas de juego. Ver gráficos 11 y 1.
- Sistema de coberturas, permutas y desdoblamientos defensivos específicos de los sistemas de juego que durante este año utilice el equipo. Enlazar con Sistemas de juego. Ver gráfico 17.
- Toma de decisiones. Guiados por el cuerpo técnico, realizar las adaptaciones necesarias y puntuales en el sistema de juego defensivo (variantes defensivas) con el fin de optimizar posicionalmente el planteamiento defensivo. Enlazar con Rendimiento y con Presión. Ver gráfico 20.

⑧ **A**   *Juvenil de primer año (sub-17)*
- Movimientos de basculación defensiva específicos de los sistemas de juego que durante este año utilice el equipo. Enlazar con Sistemas de juego. Ver gráficos 11 y 1.
- Sistema de coberturas, permutas y desdoblamientos defensivos específicos de los sistemas de juego que durante este año utilice el equipo. Enlazar con Sistemas de juego. Ver gráfico 17.
- Toma de decisiones. Guiados por el cuerpo técnico, realizar las adaptaciones necesarias y puntuales en el sistema de juego defensivo (variantes defensivas) con el fin de optimizar posicionalmente el planteamiento defensivo. Enlazar con Rendimiento y con Presión. Ver gráfico 20.

⑨ **R**   *Juvenil de segundo año (sub-18)*
- Rendimiento. El entrenamiento de Basculación defensiva se planifica en función de los objetivos pendientes de años anteriores, de las necesidades de la competición y con el objetivo de generar rendimiento.

① **R**   *Juvenil de tercer año (sub-19)*
- Rendimiento. El entrenamiento de Basculación defensiva se planifica en función de los objetivos pendientes de años anteriores, de las necesidades de la competición y con el objetivo de generar rendimiento.

6.4.2.3. PRESIÓN

El entrenamiento del concepto Presión por parte del equipo dará la posibilidad al grupo de utilizar distintos planteamientos defensivos de presión sobre el rival, al igual que en la transición ataque-defensa (los entrenados cada año más los asimilados en etapas anteriores). Decidir el uso de uno u otro planteamiento durante la competición será competencia del cuerpo técnico, de acuerdo con las pautas que se especifican para cada edad.

Benjamín de primer año (sub-9)
- Presión individual. Salir, llegar y parar (temporización defensiva). Parar a tiempo, evitando que el rival nos supere rápidamente es uno de los primeros pasos más importantes en la presión. Enlazar con Entrada.
- Introducir la automatización del concepto de presión tras pérdida. Enlazar con Transición ataque-defensa.

Benjamín de segundo año (sub-10)
- Presión individual. Incidir en la rapidez al recortar la distancia entre la posición de inicio del jugador y el rival al que va a presionar. Recortar el espacio y el tiempo de que dispone el rival. Velocidad de intuición y de reacción. Iniciar el movimiento cuando el compañero del rival al que voy a presionar arma la pierna de golpeo para realizar el pase hacia él. Enlazar con Entrada.
- Presión en la situación 1x2 (un rival con balón contra dos compañeros). Uno de los dos jugadores puede asumir un mayor riesgo al intentar recuperar el balón Enlazar con Entrada.

Alevín de primer año (sub-11)
- Presión individual:
    - Concentración del jugador para detectar las señales del juego que deben activar la presión (pérdida del balón o un jugador rival cercano va a entrar en juego...). Se trata de evitar despistes.
    - Velocidad de reacción. Iniciar la presión con rapidez.
- Presión-cobertura. Todo movimiento de presión debería llevar asociado otro de cobertura:
    - Para prevenir el desborde del compañero.
    - Para tapar las posibles líneas de pase del rival. Enlazar con Basculación defensiva.
    - Ver gráficos 7 y 21.
- Fundamentos básicos para la presión colectiva (I):

- En realidad, la presión no es un concepto individual (sólo la usamos como referencia). Sólo hay presión real si la realiza todo el bloque de forma conjunta.
- El jugador más adelantado es quien toma la decisión de activar la presión colectiva. Si él va, el resto debería acompañarle o le dejarán solo. Ver gráfico 14.
- Como si hubiera una cuerda entre ambos, el jugador que se encuentra detrás es 'arrastrado' por el de delante... Ver gráfico 14.
- Y cada jugador 'tirará' del que se encuentra a su espalda. Ver gráfico 14.
- Confianza. Es uno de los principios fundamentales, pues el jugador que sale a presionar debe tener fe ciega en que su compañero ha seguido su movimiento y le guarda la espalda. No mirar atrás... De lo contrario, la presión será débil y dubitativa.
- No me puedo despistar. Si un jugador no cumple con su movimiento de presión, estará posibilitando que existan grietas por las que el equipo rival logre superar la presión colectiva.
- Los jugadores que participan en la presión (deberían ser los 11) realizan:
    - Marcajes de los posibles receptores del balón.
    - Coberturas:
        - Para prevenir un posible desborde del jugador más próximo al poseedor del balón.
        - Para tapar las posibles líneas de pase. Enlazar con Basculación defensiva.
    - Vigilancias defensivas en las zonas alejadas del balón.
    - Ver gráfico 1.
- Introducir la distancia entre líneas vertical en la presión:
    - Diferenciamos la distancia entre líneas vertical de la horizontal (ésta la veremos en otros conceptos). Enlazar con Basculación defensiva. Ver gráficos 2 y 3.
    - En los movimientos de presión (a diferencia de los movimientos de repliegue, como veremos), la responsabilidad del mantenimiento de una correcta distancia entre líneas vertical es del jugador de la línea anterior. Ver gráfico 14.
- Reajuste del sistema defensivo si los movimientos de presión colectiva son superados por el rival. Enlazar con Repliegue y con Basculación defensiva. Ver gráfico 149.

- Aplicar los principios de presión individual y los fundamentos básicos para la presión colectiva en los siguientes planteamientos concretos:
    - Planteamiento defensivo. Presión arriba:
        - Presión sobre la primera línea de juego del rival.
        - Líneas muy adelantadas. Ver gráficos 1 y 13.
        - Puede realizarse persiguiendo al rival hasta su propia línea de fondo (pressing total) o estableciendo unos límites, aunque éstos siempre se encontrarán en las inmediaciones del área rival.
        - Puede focalizarse en las bandas o realizarse en cualquier zona del campo.
        - Este planteamiento busca ahogar de raíz el juego del rival. Los robos que se producen suelen dar lugar a la posibilidad de realizar contraataques 'cortos'. Enlazar con Transición defensa-ataque.
    - Planteamiento de transición ataque-defensa. Presión tras pérdida:
        - Enlazar con Transición ataque-defensa.
    - Adaptar los conceptos de Presión a los sistemas de juego que durante este año utilice el equipo. Enlazar con Sistemas de juego.

③ **C**   *Alevín de segundo año (sub-12)*
- Presión individual:
    - Cambio de ritmo defensivo. Capacidad para sorprender al rival. Aunque no tiene en su poder el balón, el jugador que inicia la presión puede llevar gran parte de la iniciativa de la acción, ya que sólo él sabe cuándo va a iniciar el movimiento de presión. La capacidad de sorpresa es fundamental. Enlazar con Ritmo defensivo.
    - Agresividad en el desplazamiento hacia el poseedor del balón. Teniendo en cuenta el factor psicológico, el jugador que presiona puede agobiar al rival con su presencia y con su actitud en la carrera, si la realiza con agresividad y convicción.
    - Toma de decisiones: llegar y parar o arriesgar la entrada, en función de las circunstancias. Enlazar con Entrada.
    - Concepto de orientar el juego del rival mediante la presión. El jugador que presiona no siempre lo hace para provocar el robo del balón. En muchas ocasiones, se limitará a disuadir al rival de que juegue hacia una determinada parte del campo, orientando de esa forma su juego hacia otra, lo que permitirá acotar

premeditadamente el espacio en el que se desarrolle su juego ofensivo. Ver gráfico 47.
- Fundamentos básicos para la presión colectiva (II):
  - El objetivo de la presión no es robar 'yo' el balón, sino que el equipo acabe recuperándolo, aunque sea de forma indirecta.
    - Por este motivo, la presión de cada jugador debe perseguir ante todo que no le superen a él de forma individual. Si un jugador es eliminado de la línea de presión, se creará un desequilibrio numérico que puede ser muy dañino para el planteamiento colectivo del equipo. GRÁFICO 136.

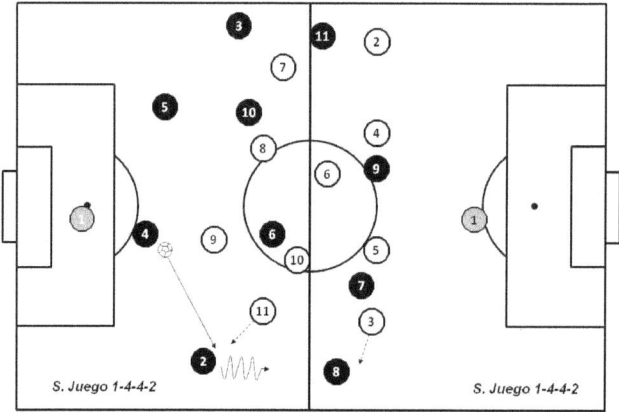

Superado el jugador número 11 por el rival número 2, se produce una situación de desventaja numérica en la banda muy peligrosa para el equipo blanco.

    - Y por este motivo, la labor de los jugadores que se encargan de marcar a los posibles receptores resulta determinante:
      - Deben ser conscientes de su importancia para optimizar su actitud y su compromiso.
      - Marcaje agresivo. Se trata de que el equipo rival no tenga en absoluto opciones de pase.
      - Anticipación e interceptación. Enlazar con Entrada.
- Aplicar los principios de presión individual y los fundamentos básicos para la presión colectiva en el siguiente planteamiento:
  - Planteamiento defensivo. Presión en zona asignada:
    - Presión sobre el rival sólo a partir de una zona determinada de su mitad de campo (por ejemplo ¾ de campo).

- Si el rival tiene la posesión por detrás de esa línea de presión, el equipo sólo realiza basculaciones defensivas y vigilancias defensivas. Ritmo defensivo lento. Enlazar con Ritmo defensivo.
- Cuando se inicia la presión se manifiesta un cambio de ritmo defensivo colectivo. Enlazar con Ritmo defensivo. En otras palabras, en la zona de presión 'hay que morder'.
- La línea defensiva puede estar atrasada o adelantada. Enlazar con Porteros + defensas (defensivo).
- GRÁFICO 137.

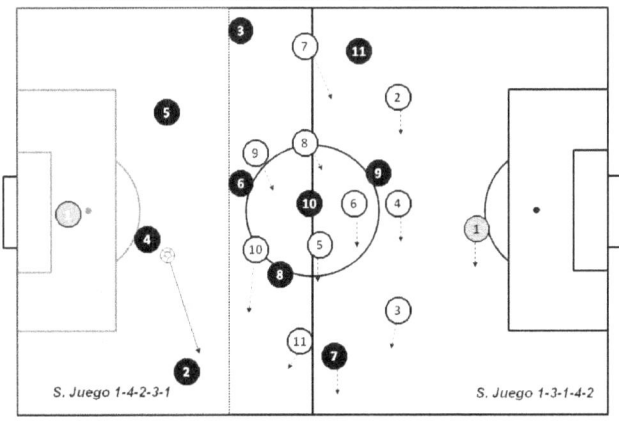

En la zona sombreada, el equipo rival puede iniciar el juego sin recibir presión. Si se realizan movimientos de basculación, de ajuste y vigilancias defensivas.

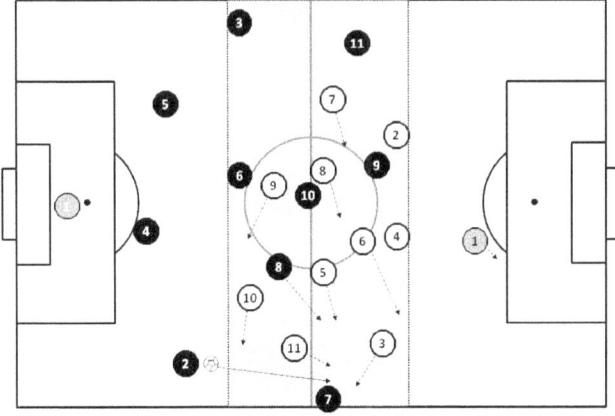

Por el contrario, cuando el juego del equipo rival llega a la zona de presión, ésta debe ser intensa y agresiva. El cambio de ritmo defensivo es evidente.

Este mismo planteamiento defensivo puede realizarse con la línea de defensas adelantada: consiguiendo una menor distancia entre líneas vertical, pero exponiendo un mayor espacio a la espalda de la zaga.
Será necesario contar con defensas claramente más rápidos que los atacantes rivales.

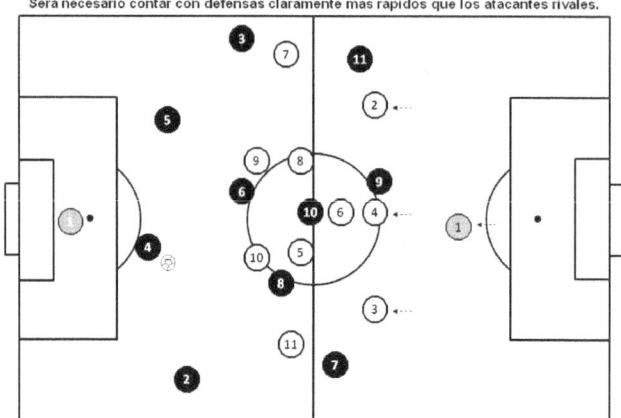

O con la línea defensiva retrasada, lo que conllevará más y mayores espacios entre líneas, pero protegerá a la zaga de un balón a su espalda. Cuanto más atrás, más espacios entre líneas (siempre partiendo de la base de que la zona de presión no varía) y menos distancia entre la defensa y su portería.

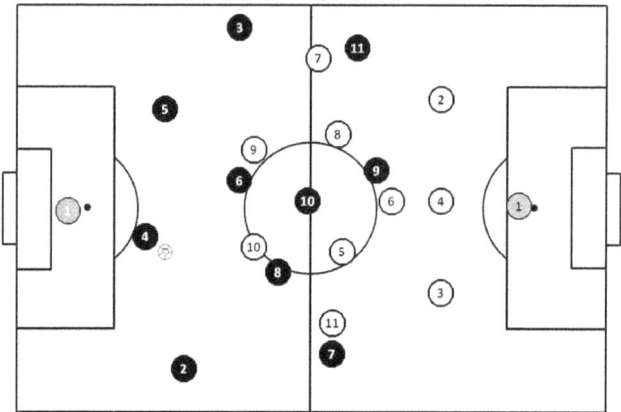

- Rendimiento. El cuerpo técnico elige los planteamientos de presión que considere oportunos de entre los descritos, con el único condicionante de que el jugador conozca y practique todos a lo largo del año.
- Adaptar los conceptos de Presión de esta etapa y de las anteriores a los sistemas de juego que durante este año utilice el equipo. Enlazar con Sistemas de juego.

④ C *Infantil de primer año (sub-13)*
- Fundamentos básicos para la presión colectiva (III):
  - Máxima atención a las zonas alejadas del balón (vigilancia defensiva). Cuando un equipo recibe la presión del contrario (en

cualquier zona del campo), los cambios de orientación intentando explotar los espacios del rival son un recurso muy habitual. Enlazar con Porteros + defensas (defensivo). GRÁFICO 138.

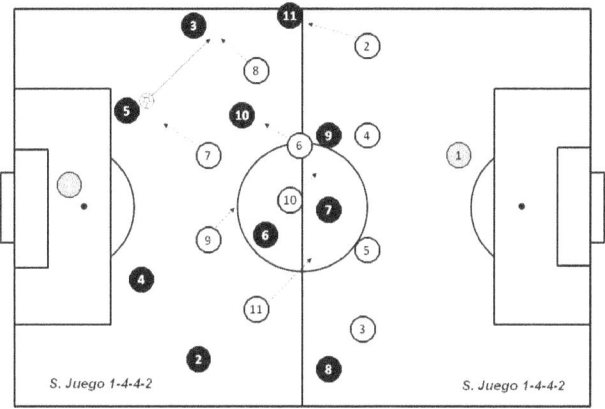
Sombreadas, las zonas de vigilancia.

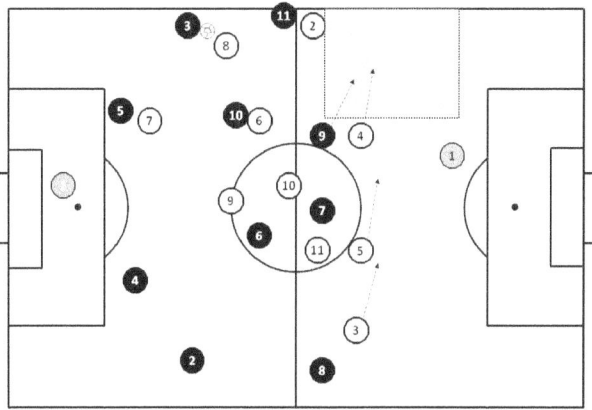
Sombreadas, las zonas de vigilancia.

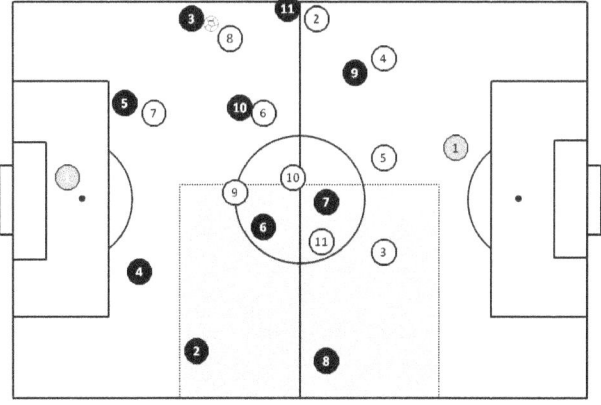

- Aplicar los principios de presión individual y los fundamentos básicos para la presión colectiva en el siguiente planteamiento:
    - Planteamiento defensivo. Bloque defensivo dividido:
        - Se trata de un recurso, ante la posibilidad del juego directo sistemático por parte del rival.
        - El bloque se divide a propósito en dos: el bloque principal (9, 8 ó 7 jugadores) se centrarán en defender el golpeo directo por parte del rival, mientras que otro secundario (1, 2 ó 3 jugadores) presionará el inicio del juego del rival (estilo de juego directo). GRÁFICO 139.

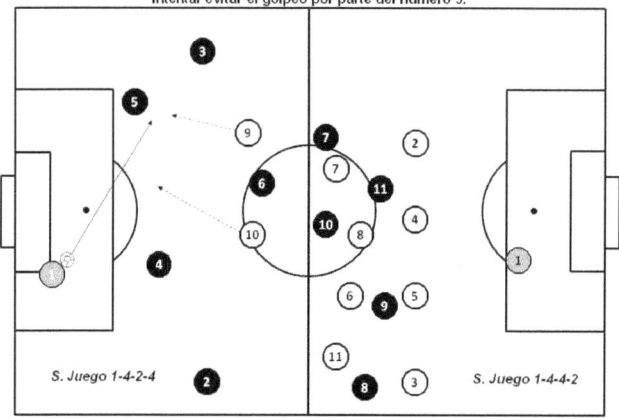

En este ejemplo, el juego sistemático del equipo rival es el inicio directo, con envíos diagonales. Los números 9 y 10 blancos realizan una primera presión para intentar evitar el golpeo por parte del número 5.

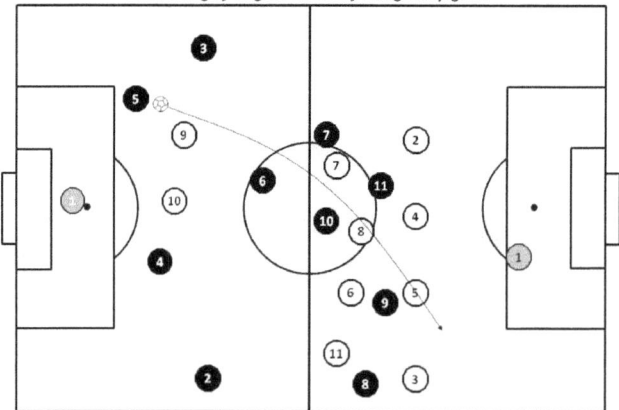

El resto del equipo (en este ejemplo, todos excepto los números 9 y 10) defienden el balón largo y diagonal del rival y la segunda jugada.

- Rendimiento. El cuerpo técnico elige los planteamientos de presión que considere oportunos de entre los descritos, con dos condicionantes:

- o El jugador debe conocer y practicar todos los planteamientos a lo largo del año.
- o El planteamiento defensivo de Bloque defensivo dividido es sólo un recurso esporádico ante el uso sistemático por parte del rival del juego directo.
- Adaptar los conceptos de Presión de esta etapa y de las anteriores a los sistemas de juego que durante este año utilice el equipo. Enlazar con Sistemas de juego.

⑤ **C** *Infantil de segundo año (sub-14)*
- Movimientos de ajuste cuando la presión es superada por el rival. Enlazar con Repliegue.
- Rendimiento. El cuerpo técnico elige los planteamientos de presión que considere oportunos de entre los descritos, con dos condicionantes:
  - o El jugador debe conocer y practicar todos los planteamientos a lo largo del año.
  - o El planteamiento defensivo de Bloque defensivo dividido es sólo un recurso esporádico ante el uso sistemático por parte del rival del juego directo.
- Adaptar los conceptos de Presión de esta etapa y de las anteriores a los sistemas de juego que durante este año utilice el equipo. Enlazar con Sistemas de juego.

⑥ **A** *Cadete de primer año (sub-15)*
- Optimizar la distancia entre líneas vertical en la presión.
- Aplicar los principios de presión individual y los fundamentos básicos para la presión colectiva en los siguientes planteamientos:
  - o Planteamiento defensivo. Presión en campo propio:
    - El equipo no realiza presión sobre el rival hasta que el juego entra en la propia mitad del campo o hasta que llega a sus inmediaciones (unos metros por delante del la línea divisoria).
    - El punto de partida del equipo es un repliegue intensivo (o casi intensivo). Enlazar con Repliegue.
    - Aunque se inicia más tarde que en otros planteamientos, la presión debe ser asfixiante (cambio de ritmo defensivo colectivo). Más, teniendo en cuenta que el juego se desarrolla más cerca de la portería propia.
    - La línea defensiva puede estar atrasada o adelantada. Enlazar con Porteros + defensas (defensivo).

- Los robos de balón en este tipo de planteamiento ofrecen posibilidades de contraatacar con espacios en un equipo rival que ha adelantado sus líneas en la fase ofensiva. Enlazar con Transición defensa-ataque.
- GRÁFICO 140.

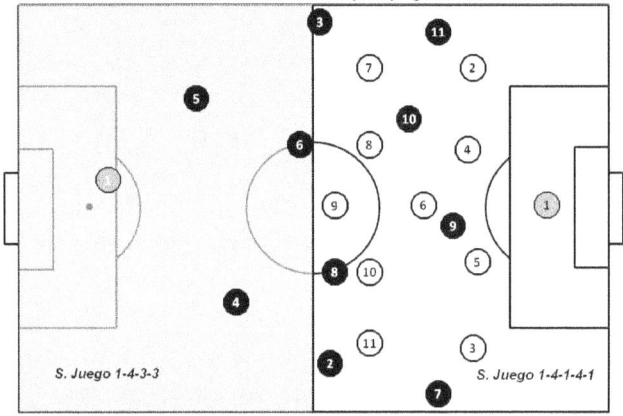

En la zona sombreada, el equipo rival puede iniciar el juego sin recibir presión. Si se realizan movimientos de basculación, de ajuste y vigilancias defensivas.

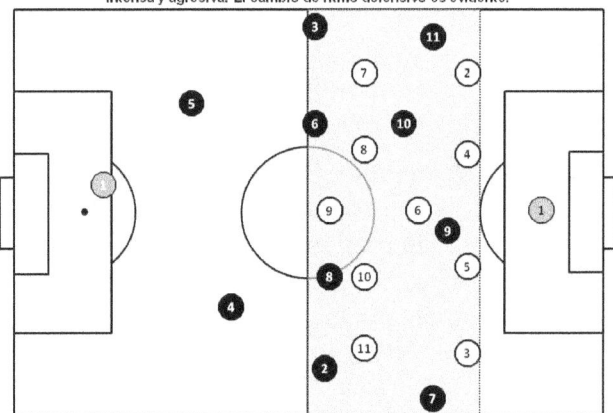

Por el contrario, cuando el juego del equipo rival llega a la zona de presión, ésta debe ser intensa y agresiva. El cambio de ritmo defensivo es evidente.

- o Planteamiento de transición ataque-defensa. Presión al poseedor y repliegue a zonas asignadas.
    - Enlazar con Transición ataque-defensa y con Repliegue.
- Rendimiento. El cuerpo técnico elige los planteamientos de presión que considere oportunos de entre los descritos, con cuatro condicionantes:
    - o El jugador debe conocer y practicar todos los planteamientos a lo largo del año.

- o El planteamiento defensivo de Presión en campo propio será utilizado sólo de forma esporádica.
- o El planteamiento defensivo de Bloque defensivo dividido es sólo un recurso esporádico ante el uso sistemático por parte del rival del juego directo.
- o El planteamiento de transición ataque-defensa Presión tras pérdida es el que mejor se identifica con el tipo de jugador que intenta promover esta propuesta de temario y, por lo tanto, debería ser el predominante.
- Adaptar los conceptos de Presión de esta etapa y de las anteriores a los sistemas de juego que durante este año utilice el equipo. Enlazar con Sistemas de juego.
- Guiados por el cuerpo técnico, realizar las adaptaciones necesarias y puntuales en el sistema de juego defensivo (variantes defensivas) con el fin de optimizar posicionalmente la presión sobre el rival. Enlazar con Rendimiento y con Basculación defensiva. Ver gráfico 20.

⑦ **A** *Cadete de segundo año (sub-16)*
- Presión individual. Detectar las características, las fortalezas y las debilidades del/los jugador/es sobre el/los que suelo realizar los movimientos de presión, con el fin de optimizarlos. Enlazar con Saber competir. Por ejemplo:
    - o Jugador rival:
        - Características: zurdo.
        - Fortalezas: buen regate.
        - Debilidades: muy bajo nivel con la pierna derecha.
    - o Posible táctica de presión individual que aplicar:
        - Cerrar principalmente la salida del jugador con su pierna izquierda, ofreciéndole claramente la salida con la derecha.
- Cambio de ritmo defensivo colectivo a través de la presión:
    - o Utilización consciente de los movimientos de presión como medio a través del cual realizar un cambio de ritmo defensivo colectivo:
        - Ritmo defensivo bajo (basculaciones defensivas, vigilancias defensivas y temporizaciones defensivas).
        - Acontecimiento que activa la presión colectiva. Por ejemplo:
            - Pase atrás.
            - Mal pase entre dos rivales.

- El juego del equipo contrario se orienta hacia una zona establecida como 'de presión' (por ejemplo, la banda).
  - Cambio de ritmo defensivo colectivo que implica:
    - Comunicación verbal en el equipo. Enlazar con hábitos de comunicación.
    - Adelantar las líneas en bloque.
    - Incrementar la velocidad de ejecución, la intensidad y la agresividad de los movimientos defensivos.
  - Enlazar con Ritmo defensivo.
- Rendimiento. El cuerpo técnico elige los planteamientos de presión que considere oportunos de entre los descritos, con cuatro condicionantes:
  - El jugador debe conocer y practicar todos los planteamientos a lo largo del año.
  - El planteamiento defensivo de Presión en campo propio será utilizado sólo de forma esporádica.
  - El planteamiento defensivo de Bloque defensivo dividido es sólo un recurso esporádico ante el uso sistemático por parte del rival del juego directo.
  - El planteamiento de transición ataque-defensa Presión tras pérdida es el que mejor se identifica con el tipo de jugador que intenta promover esta propuesta de temario y, por lo tanto, debería ser el predominante.
- Adaptar los conceptos de Presión de esta etapa y de las anteriores a los sistemas de juego que durante este año utilice el equipo. Enlazar con Sistemas de juego.
- Guiados por el cuerpo técnico, realizar las adaptaciones necesarias y puntuales en el sistema de juego defensivo (variantes defensivas) con el fin de optimizar posicionalmente la presión sobre el rival. Enlazar con Rendimiento y con Basculación defensiva. Ver gráfico 20.

Juvenil de primer año (sub-17)

- Rendimiento. El cuerpo técnico elige los planteamientos de presión que considere oportunos de entre los descritos, con cuatro condicionantes:
  - El jugador debe conocer y practicar todos los planteamientos a lo largo del año.
  - El planteamiento defensivo de Presión en campo propio será utilizado sólo de forma esporádica.

- o El planteamiento defensivo de Bloque defensivo dividido es sólo un recurso esporádico ante el uso sistemático por parte del rival del juego directo.
  - o El planteamiento de transición ataque-defensa Presión tras pérdida es el que mejor se identifica con el tipo de jugador que intenta promover esta propuesta de temario y, por lo tanto, debería ser el predominante.
- Adaptar los conceptos de Presión de esta etapa y de las anteriores a los sistemas de juego que durante este año utilice el equipo. Enlazar con Sistemas de juego.
- Guiados por el cuerpo técnico, realizar las adaptaciones necesarias y puntuales en el sistema de juego defensivo (variantes defensivas) con el fin de optimizar posicionalmente la presión sobre el rival. Enlazar con Rendimiento y con Basculación defensiva. Ver gráfico 20.
- Guiados por el cuerpo técnico, detectar los puntos débiles del rival en su juego ofensivo y valorar la posibilidad de enfocar allí los movimientos de presión, con el fin de explotarlos. Enlazar con Rendimiento.

⑨ R   *Juvenil de segundo año (sub-18)*
- Rendimiento. El cuerpo técnico elige los planteamientos de presión que considere oportunos, en función de las características de su equipo, del rival y del contexto, con el objetivo de generar rendimiento, teniendo en cuenta el siguiente condicionante:
  - o Como norma general y salvo excepciones, el equipo tratará de ser protagonista del partido, lo que implica que intentará lograr que el rival disponga de la posesión del balón durante el menor tiempo posible en cada acción del juego.

① R   *Juvenil de tercer año (sub-19)*
- Rendimiento. El cuerpo técnico elige los planteamientos de presión que considere oportunos, en función de las características de su equipo, del rival y del contexto, con el objetivo de generar rendimiento, teniendo en cuenta el siguiente condicionante:
  - o Como norma general y salvo excepciones, el equipo tratará de ser protagonista del partido, lo que implica que intentará lograr que el rival disponga de la posesión del balón durante el menor tiempo posible en cada acción del juego.

6.4.2.4. TRANSICIÓN ATAQUE-DEFENSA

A *Benjamín de primer año (sub-9)*
- Pequeños en defensa, amplios en ataque. Introducir de forma conjunta los dos conceptos que habrán de definir claramente las transiciones del equipo:
    - Cuando el equipo está en posesión del balón y lo pierde, realiza de la forma más rápida posible una intensa 'presión tras pérdida', cerrando los espacios en torno al poseedor del balón.
        - Presión tras pérdida:
            - Automatizar la reacción.
            - Incidir en la actitud.
        - GRÁFICO 158.

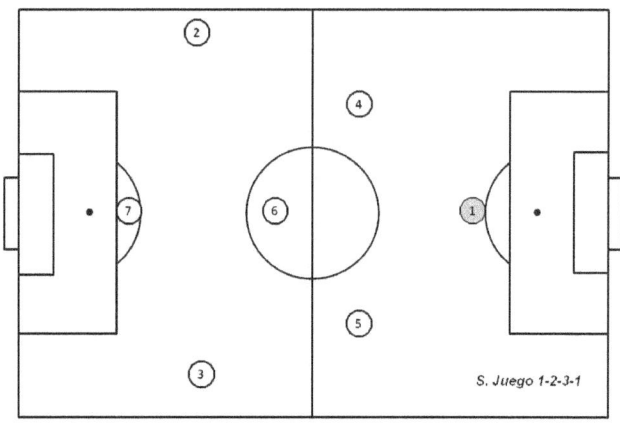

- Cuando el equipo no está en posesión del balón y lo recupera: enlazar con Transición defensa-ataque.

① **A** *Benjamín de segundo año (sub-10)*
- La transición ataque-defensa comienza en la fase ofensiva, con la vigilancia ofensiva. Enlazar con Movimiento sin balón.

② **A** *Alevín de primer año (sub-11)*
- Planteamiento de transición ataque-defensa: presión tras pérdida.
    - Todos los jugadores del equipo se involucran en un movimiento de presión en la zona en la que el rival tiene el balón:
        - Son importantes:
            - La rapidez con la que se produce la presión, respecto del momento en el que se pierde la posesión del balón.
            - La intensidad y la agresividad con la que se produce la presión. Ritmo defensivo muy alto.
        - Los jugadores más cercanos al balón (al menos uno de ellos) realizan presión directa sobre el poseedor del balón.
        - El resto de los jugadores realizan coberturas, marcajes o vigilancias defensivas en el entorno más cercano posible a la zona donde se encuentra el balón.
        - La línea defensiva adelanta su posicionamiento vertical.
        - GRÁFICO 159.

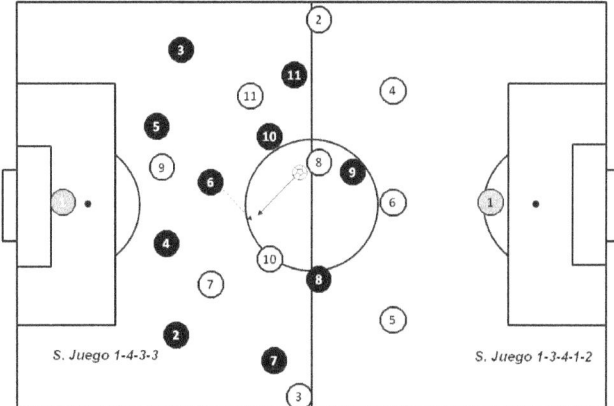

El jugador número 8 realiza un pase sobre su compañero número 7. El rival número 6 se anticipa e intercepta el envío.

S. Juego 1-4-3-3   S. Juego 1-3-4-1-2

Reduciendo al máximo posible los tiempos de reacción, el equipo responde a la pérdida del esférico con movimientos que permitan al mismo tiempo minimizar los espacios en torno al balón y aplicar una fuerte presión directa al poseedor.

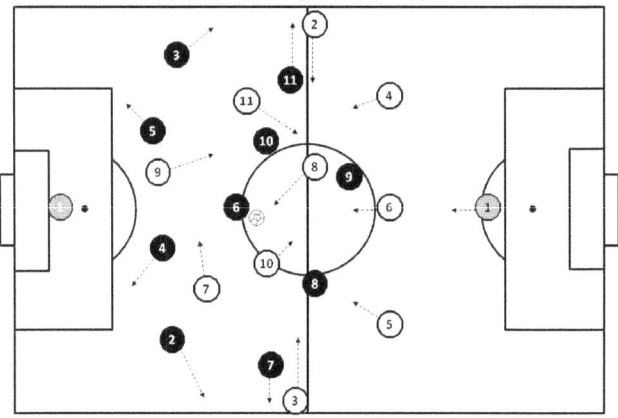

Puesto que el equipo rival habrá realizado movimientos sin balón que le permitan manifestar amplitud en la fase ofensiva, una presión tras pérdida eficaz propiciará como premio espacios que, antes de la pérdida (en ataque posicional) no existían. Se trata de automatizar y de optimizar la secuencia pérdida-presión.

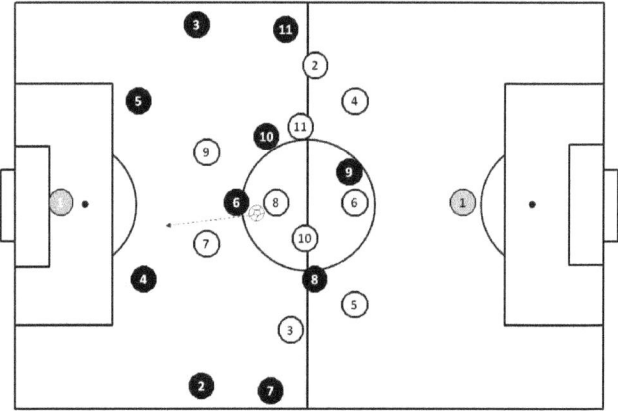

- o Aplicar los principios generales de presión. Enlazar con Presión.
- Reajuste del sistema defensivo si los movimientos de presión tras pérdida son superados por el rival. Temporización. Sistema de coberturas, permutas y desdoblamientos defensivos, ligados al sistema de juego. Enlazar con Presión, con Basculación defensiva y con Repliegue. Ver gráfico 149.
- Posicionamiento y movimientos de transición ataque-defensa específicos de los sistemas de juego que durante este año utilice el equipo. Enlazar con Sistemas de juego. GRÁFICO 160.

En este ejemplo, cuando el equipo pierde el balón, los dos laterales procuran no intervenir directamente en la presión tras pérdida. En cambio, su prioridad consiste en realizar un rápido repliegue hacia la línea defensiva.

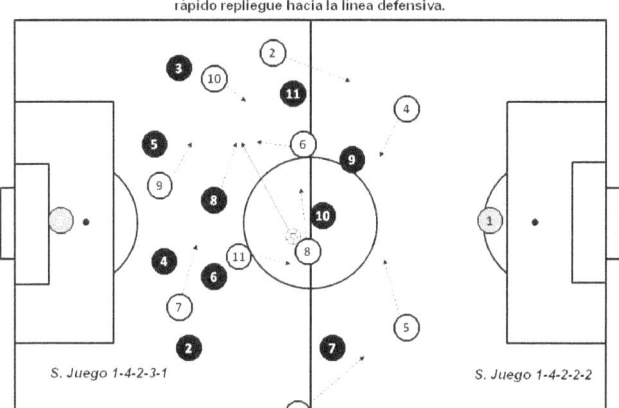

Cada sistema de juego puede tener movimientos específicos de este tipo. En lo sucesivo, será necesario asimilar los que correspondan en función de los sistemas de juego utilizados cada temporada.

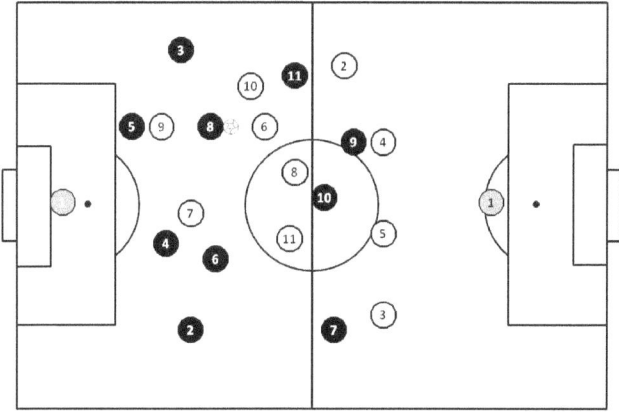

③ **A**   *Alevín de segundo año (sub-12)*
- Presión tras pérdida:
    - Específico (línea defensiva). Posicionamiento y movimientos específicos de la línea defensiva. Enlazar con Porteros + defensas (defensivo). Ver gráficos 159 y 160.
- Posicionamiento y movimientos de transición ataque-defensa específicos de los sistemas de juego que durante este año utilice el equipo. Enlazar con Sistemas de juego. Ver gráfico 160.
- Pautas para prevenir el contraataque del rival (I):
    - En fase ofensiva, intentar 'terminar' las jugadas.
    - En caso de que el equipo haya cometido falta, un jugador se colocará cerca del balón para disuadir al rival del saque rápido, para dar tiempo al resto de los jugadores a completar el repliegue colectivo.

④ **A** *Infantil de primer año (sub-13)*
- Posicionamiento y movimientos de transición ataque-defensa específicos de los sistemas de juego que durante este año utilice el equipo. Enlazar con Sistemas de juego. Ver gráfico 160.

⑤ **A** *Infantil de segundo año (sub-14)*
- Posicionamiento y movimientos de transición ataque-defensa específicos de los sistemas de juego que durante este año utilice el equipo. Enlazar con Sistemas de juego. Ver gráfico 160.
- En jugadas a balón parado ofensivas, el equipo deberá prestar atención a la relación numérica de los jugadores de ambos equipos que quedarían en disposición de intervenir en una hipotética acción de contraataque por parte del rival. Enlazar con Saque de falta (ofensiva).

⑥ **B** *Cadete de primer año (sub-15)*
- Planteamiento de transición ataque-defensa: presión al poseedor y repliegue a zonas asignadas.
    - Los jugadores más cercanos al balón realizan una rápida presión que en realidad es más bien una temporización defensiva.
    - El resto de jugadores realizan un rápido repliegue a las zonas asignadas para, una vez completo, comenzar a desarrollar el planteamiento defensivo oportuno. Enlazar con Repliegue y con Presión.
    - Aplicar los principios generales de presión. Enlazar con Presión.
    - GRÁFICO 161.

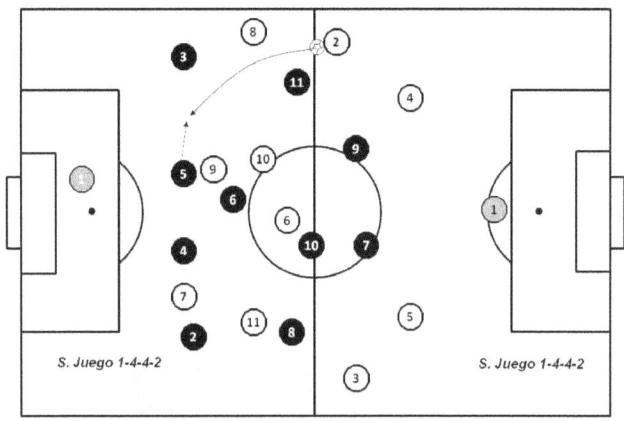

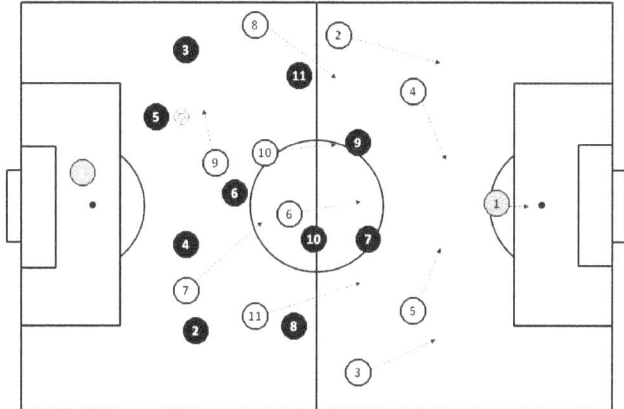

- Optimizar el reajuste del sistema defensivo si los planteamientos iniciales de transición ataque-defensa son superados por el rival.
    - Sistema de coberturas, permutas y desdoblamientos defensivos, ligados al sistema de juego.
        - Enlazar con Presión, con Basculación defensiva y con Repliegue.
    - Introducir el concepto de 'falta táctica'. Enlazar con Entrada y con Rendimiento.
    - Ver gráfico 149.
- Posicionamiento y movimientos de transición ataque-defensa específicos de los sistemas de juego que durante este año utilice el equipo. Enlazar con Sistemas de juego. Ver gráfico 160.
- Pautas para prevenir el contraataque del rival (II):
    - Sin caer en conductas antideportivas, no colaborar más de lo necesario con el rival en situaciones específicas como, por ejemplo, cuando existe riesgo de que nos sorprenda con un rápido saque de falta o de banda, retendremos unos segundos el balón hasta que los compañeros se hayan colocados o al menos no se lo entregaremos en las manos, como ocurre en ocasiones. Enlazar con Rendimiento y con Saber competir.

⑦ B   *Cadete de segundo año (sub-16)*
- Posicionamiento y movimientos de transición ataque-defensa específicos de los sistemas de juego que durante este año utilice el equipo. Enlazar con Sistemas de juego. Ver gráfico 160.

⊕ R   *Juvenil de primer año (sub-17) – Juvenil de tercer año (sub-19)*
- Rendimiento. El entrenamiento de Transición ataque-defensa se planifica en función de los objetivos pendientes de años anteriores, de las necesidades de la competición y con el objetivo de generar rendimiento.

6.4.2.5. JUEGO AÉREO Y ZONAS DE RECHACE

Los principios tácticos relativos a la disputa aérea y a la zona de rechace son en general comunes en la vertiente ofensiva y en la defensiva (salvo excepciones que matizaremos).

Partiremos del entrenamiento técnico del golpeo de cabeza, iniciado en de forma específica en Infantil de primer año (sub-13) y continuado en los años siguientes.

ⓘ C   *Infantil de primer año (sub-13)*
- Cada disputa aérea que se produzca lleva asociado un movimiento de cobertura por parte de un compañero. GRÁFICO 94.

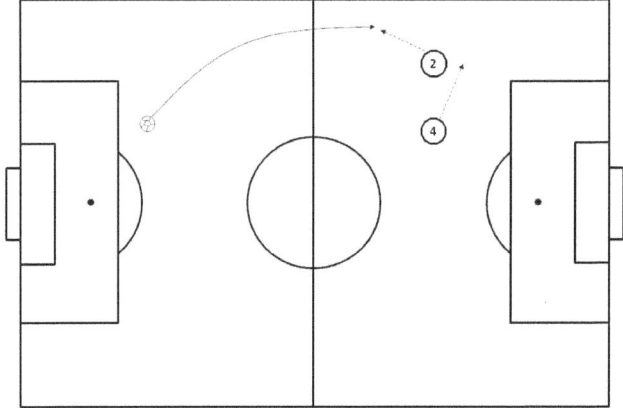

- Ante el gesto de golpeo directo del rival, la defensa y el portero buscarán profundidad defensiva. El resto del equipo mantendrá la distancia entre líneas vertical y reducirá la horizontal. Enlazar con Porteros + defensas y con Basculación defensiva. GRÁFICO 95.

El jugador rival número 4 inicia el gesto de golpeo en largo.

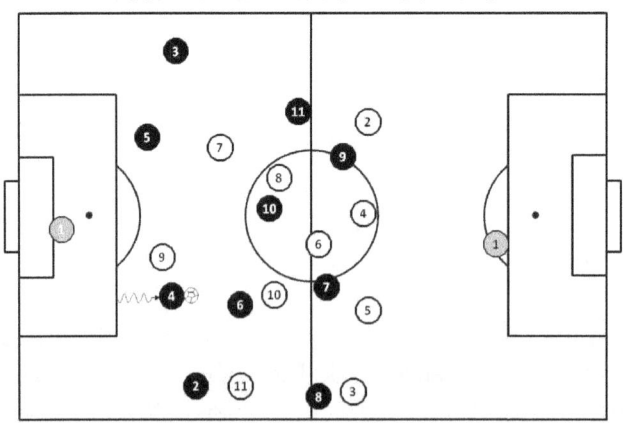

El equipo consigue profundidad defensiva y junta sus líneas horizontales y verticales.

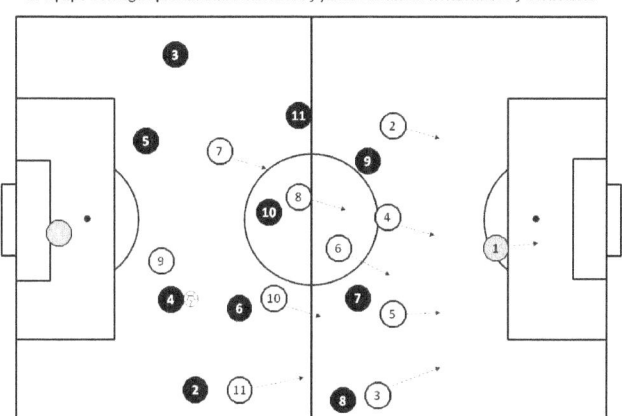

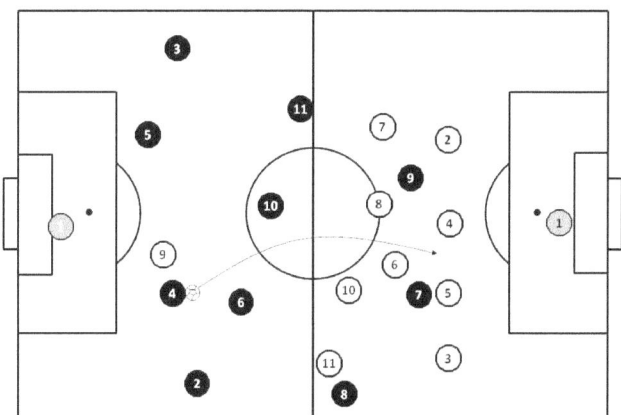

- Si el rival desarrolla un estilo de juego directo de forma sistemática, el bloque defensivo reajustará su posicionamiento vertical de base, en función del alcance del juego directo del rival (de adónde llegan sus golpeos).
    - El objetivo es que el golpeo del rival vaya a parar, en orden de preferencia:
        - Sobre la línea del centro del campo.
        - Sobre la línea defensiva.
        - En ningún caso debería superar a la línea defensiva.
    - Enlazar con Repliegue y con Saque de meta defensivo.
- Es muy importante reforzar la premisa de intentar que el balón no bote.
- En la fase defensiva, los jugadores de las líneas más adelantadas, aunque queden muy alejados del balón en una jugada puntual, están obligados a mantener la distancia entre líneas correcta respecto a la

línea anterior, con el fin de cubrir las posibles zonas de rechace. Enlazar con Repliegue, Centrocampistas (defensivo), con Delanteros (defensivo) y con Basculación defensiva.

Infantil de segundo año (sub-14)
- Concepto general básico. El objetivo principal del juego aéreo y de la zona de rechace es que nuestro equipo se haga con el balón en última instancia. Es decir: es importante, pero no decisivo, ser el ganador de la disputa aérea; mientras que sí resultará prioritario hacerse con la posesión en la zona de rechace, puesto que será lo que realmente nos dará la posibilidad de iniciar una jugada posterior.
- Marcaje a balón parado. Enlazar con Marcaje.

Cadete de primer año (sub-15)
- Estilo de juego directo. Fase ofensiva. Guiados por el cuerpo técnico, detectar y explotar las fortalezas del equipo y adaptar a ellas el desarrollo del juego. Por ejemplo:
    - El equipo cuenta con un delantero alto y corpulento. Será una buena elección destinar a él los pases largos.
    - Los delanteros del equipo son de baja estatura, pero rápidos y veloces. Los pases largos deberán buscar los espacios libres y no la posición estática de esos puntas.
    - En el saque de meta ofensivo, el jugador más alto es un medio centro. De forma puntual, podríamos intercambiar la posición de ese medio centro con un centrocampista de banda, con el fin de orientar los golpeos hacia esa posición.
- Posicionamiento vertical en el saque de meta ofensivo cuando se realiza un estilo de juego directo. El equipo deberá ajustar su posicionamiento vertical, en función de la calidad y la potencia de pase largo del portero, teniendo en cuenta que el objetivo es que el golpeo ofensivo vaya a parar sobre la línea del centro del campo o sobre los delanteros. Enlazar con Saque de meta ofensivo.
- Posicionamiento en el estilo de juego directo (ofensivo y defensivo). Enlazar con Repliegue, con Fase de iniciación, con Saque de meta ofensivo y con Saque de meta defensivo:
    - Equipo corto y estrecho. GRÁFICO 96.

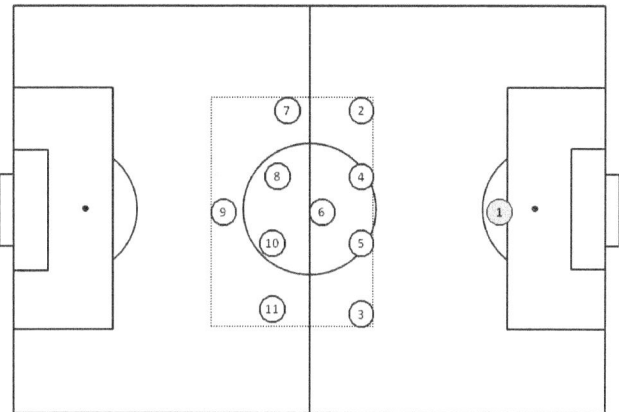

- Si se trata de un balón parado, el equipo se 'inclina' hacia la zona en la que se espera que caiga el pase. GRÁFICO 97.

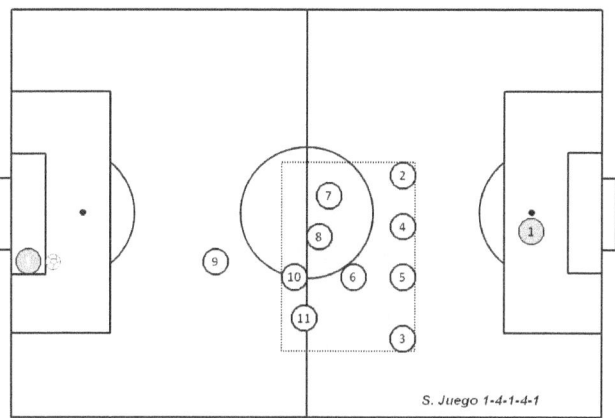

- Movimientos y posiciones de cobertura y de rechace de los once jugadores para cada una de las demarcaciones, cuando se produce una disputa aérea en cualquier parte del campo, en función de los sistemas de juego utilizados en este año. GRÁFICO 98.

Cuando un jugador disputa un balón aéreo (ofensivo o defensivo), ¿cuál será el posicionamiento de sus compañeros? En el ejemplo, el jugador número 2 disputa un balón aéreo en la demarcación de lateral derecho.

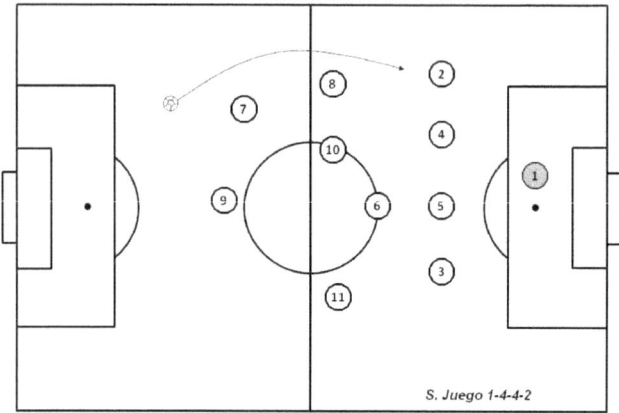

S. Juego 1-4-4-2

Los jugadores número 8 y número 7 realizan movimientos sin balón buscando dar amplitud al equipo, con el fin de que su compañero pueda encontrar una referencia clara en la banda en caso de ganar la disputa. La defensa realiza movimientos de cobertura y el resto de jugadores se posiciona para disputar el balón en las zonas de rechace restantes.

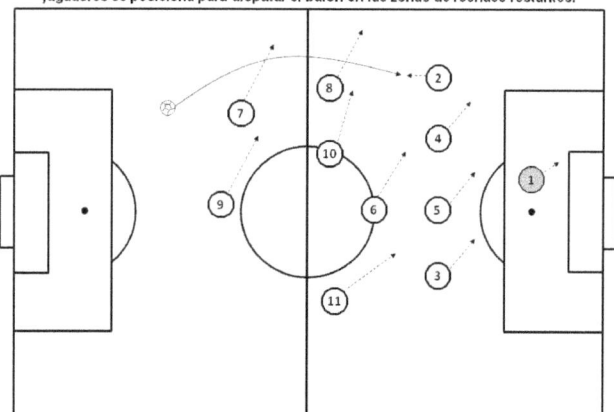

Este tipo de posicionamiento básico se automatizaría en la fase ofensiva y en la fase defensiva, en cada demarcación, a partir de los sistemas de juego utilizados durante el año.

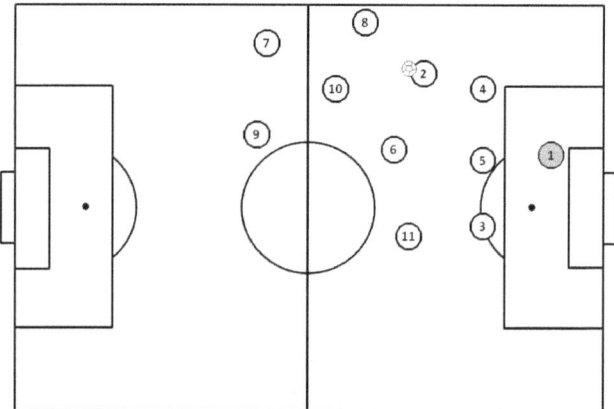

- Entrenamiento de la disputa en la zona de rechace:
    - Partimos del concepto general básico de la zona de rechace y de la consciencia de la gran importancia que tiene ganar para el equipo esos balones divididos.
    - Anticipación y velocidad de reacción como armas principales. Además, agresividad y técnica defensiva.
    - En caso de ganar la disputa, automatizar la aplicación de los conceptos de Transición defensa-ataque.
    - En caso de perder la disputa, automatizar la aplicación de los conceptos de Transición ataque-defensa.

② **A** *Cadete de segundo año (sub-16)*
- Posicionamiento en las zonas de rechace específicos para los sistemas de juego utilizados durante esta edad.
- Estilo de juego directo. Fase ofensiva. Guiados por el cuerpo técnico, detectar y explotar los puntos donde el equipo es superior en comparación con el rival. Por ejemplo:
    - Contamos con un extremo de baja estatura, pero aún así, superior en el juego aéreo a un lateral que es flojo en este aspecto. Podríamos dirigir a esa zona el juego directo del equipo e intentar aprovechar una prolongación por su parte con la llegada de un jugador desde la segunda línea.

③ **A** *Juvenil de primer año (sub-17)*
- Posicionamiento en las zonas de rechace específicos para los sistemas de juego utilizados durante esta edad.

⊕ **R** *Juvenil de segundo año (sub-18) – Juvenil de tercer año (sub-19)*
- Rendimiento. El Juego aéreo y zona de rechace se entrena en función de la competición y con el objetivo de generar rendimiento.

6.4.2.6. RITMO DEFENSIVO

ⓘ C   *Benjamín de primer año (sub-9)*
- Ritmo defensivo alto. Todas las acciones, individuales o colectivas se realizan a la máxima intensidad. Se trata simplemente de seguir la inercia del jugador, que a estas alturas todo lo realiza a un ritmo elevado.

① C   *Benjamín de segundo año (sub-10)*
- No hay objetivos nuevos en esta etapa.

② C   *Alevín de primer año (sub-11)*
- No hay objetivos nuevos en esta etapa.

③ C   *Alevín de segundo año (sub-12)*
- Ritmo defensivo lento. Se podrá utilizar:
    - Colectivo. Cuando el balón no está cerca y se realizan otro tipo de acciones defensivas 'de ajuste', como vigilancias o movimientos de basculación. Enlazar con Presión y con Basculación defensiva. Ver gráfico 137.
    - Individual.
        - Cuando el ritmo defensivo colectivo es lento (aunque en ocasiones puntuales, el ritmo individual puede ser elevado, aún cuando el ritmo defensivo colectivo es bajo).
        - Cuando el objetivo de la acción defensiva es:
            - Ritmo defensivo colectivo lento.
            - Temporizar.
            - Orientar la presión del rival. Enlazar con Presión.
- Ritmo defensivo lento.
    - Sirve para descansar físicamente.
    - Permite manifestar un cambio de ritmo defensivo que sorprenda al rival.
    - En el ritmo defensivo lento disminuye la rapidez de ejecución de los desplazamientos y la intensidad y la agresividad en la acción, pero no el nivel de concentración, que siempre debe ser elevado.
- Cambio de ritmo defensivo individual en el movimiento de presión. Partiendo de un ritmo defensivo individual bajo, el jugador elige el

momento para aumentar la intensidad de la acción y sorprender al rival con un cambio de ritmo defensivo. Enlazar con Presión.
- Cambio de ritmo defensivo colectivo. Se produce cuando el juego del rival se traslada desde zonas del campo en las que el equipo no tiene previsto realizar presión a otras en las que sí debe hacerlo. Enlazar con Presión. Ver gráfico 137.

④ B *Infantil de primer año (sub-13)*
- Cambio de ritmo defensivo individual en la entrada. Partiendo de un ritmo defensivo individual bajo, el jugador elige el momento para aumentar la intensidad de la acción y sorprender al rival con un cambio de ritmo defensivo. Enlazar con Entrada.

⑤ B *Infantil de segundo año (sub-14)*
- No hay objetivos nuevos en esta etapa.

⑥ A *Cadete de primer año (sub-15)*
- Optimizar el ritmo defensivo colectivo alto.

⑦ A *Cadete de segundo año (sub-16)*
- Cambio de ritmo defensivo colectivo como táctica defensiva avanzada:
    - Ligada a movimientos de presión colectiva.
    - Partiendo de un ritmo defensivo colectivo bajo, se pasa de forma premeditada y entrenada a un ritmo defensivo colectivo elevado.
    - Enlazar con Presión.

⑨ A *Juvenil de primer año (sub-17)*
- No hay objetivos nuevos en esta etapa.

⊕ H *Juvenil de segundo año (sub-18) – Juvenil de tercer año (sub-19)*
- Rendimiento. El entrenamiento de Ritmo defensivo se planifica en función de los objetivos pendientes de años anteriores, de las necesidades de la competición y con el objetivo de generar rendimiento.

6.4.3. Conceptos clasificados por demarcaciones, por líneas o por grupos de demarcaciones o de líneas

6.4.3.1. PORTEROS + DEFENSAS (DEFENSIVO)

① C   *Alevín de primer año (sub-11)*
- Porteros.
    - Mantener una adecuada distancia entre líneas respecto a la línea defensiva. Ver gráficos 9 y 12.
    - Consciencia de su papel como jugador que, con su presencia adelantada, disuade de los pases a la espalda de su defensa. GRÁFICO 119.

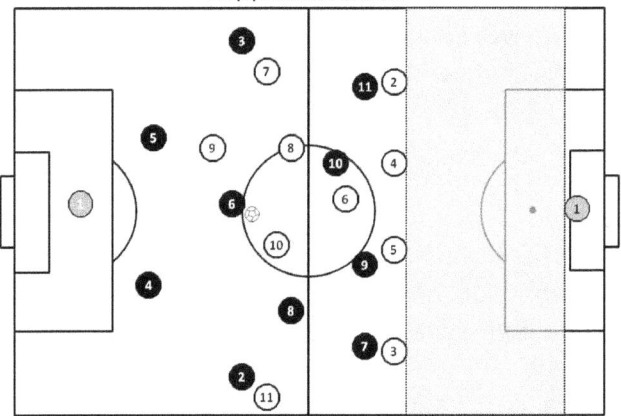

La posición retrasada del portero habilita un espacio amplio para que el equipo rival juegue en profundidad, sobre la espalda de la defensa. A la larga, puede obligar a todo el equipo a retrasar las líneas.

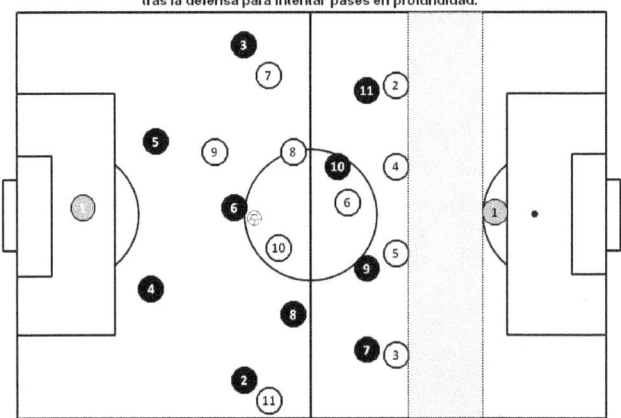

La posición adelantada del portero reduce considerablemente el espacio que existe tras la defensa para intentar pases en profundidad.

- Porteros. Incidir en la comunicación dentro del área:
    - Pedir el balón firme y claramente cuando lo requiera.
    - Comunicación táctica eficaz:
        - No se trata de que hable de forma sistemática a sus compañeros, sino que les ayude con aportaciones puntuales que les faciliten información de calidad. GRÁFICO 120.

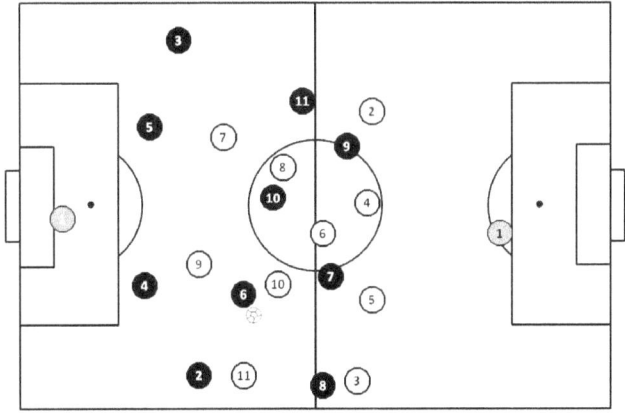

Ejemplo de comunicación poco eficaz. Portero: "2, atento al 9. 5 no dejes al 7. 3 fuerte con el 8, todos con intensidad, vamos 10 aprieta...". Su voz se convierte en una rutina que narra el partido. Los compañeros dejan inconscientemente de oírle. Los mensajes importantes que pueda dar se pierden entre un bombardeo de información.

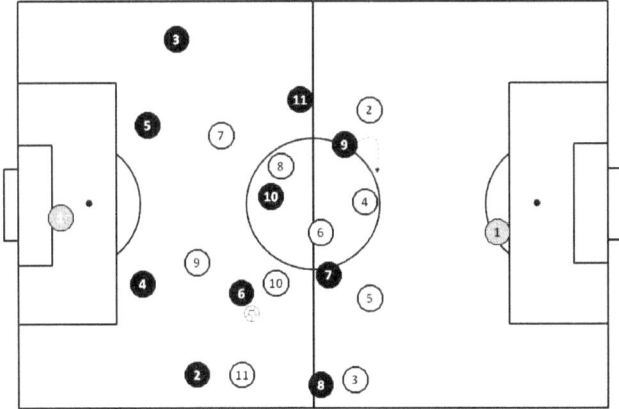

Ejemplo de comunicación eficaz. Portero: "4, rival a tu espalda". Es un mensaje claro y puntual. Los compañeros escuchan a su portero cuando éste habla y reciben de esta forma la información importante.

- Para ello, es necesario involucrar a los porteros en los ejercicios tácticos, con el fin de que sean capaces de entender el juego y la información que pueden necesitar sus compañeros.
- Enlazar con Porteros + defensas (ofensivo).

- o Organización táctica en las jugadas a balón parado. Enlazar con todas las jugadas a balón parado defensivas.
  - o Enlazar con Hábitos de comunicación.
- Centrales. Incidir en los hábitos de comunicación entre ellos y con los compañeros:
  - o Deben liderar los movimientos defensivos.
  - o Deben transmitir agresividad y capacidad de liderazgo.
  - o Enlazar con Hábitos de comunicación.
- Importancia de no romper la línea horizontal. Matices:
  - o Competición con árbitros asistentes. Línea estricta.
  - o Competición sin árbitros asistentes. Coberturas obligatorias, aunque no tan estrictas como en el centro del campo (la línea diagonal se matiza). Nos centraremos en este modelo.
  - o GRÁFICO 121.

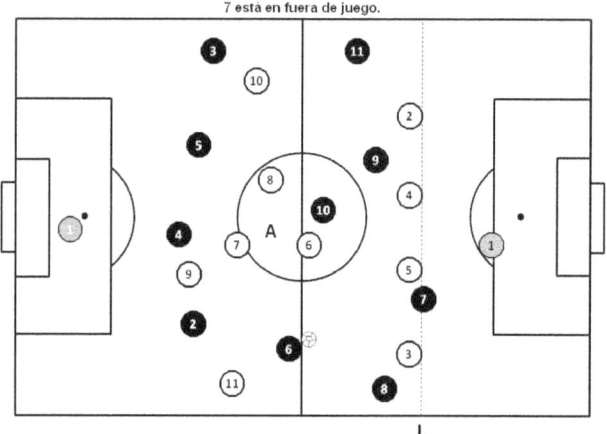

Ejemplo de línea defensiva en competición con árbitros asistentes. El rival número 7 está en fuera de juego.

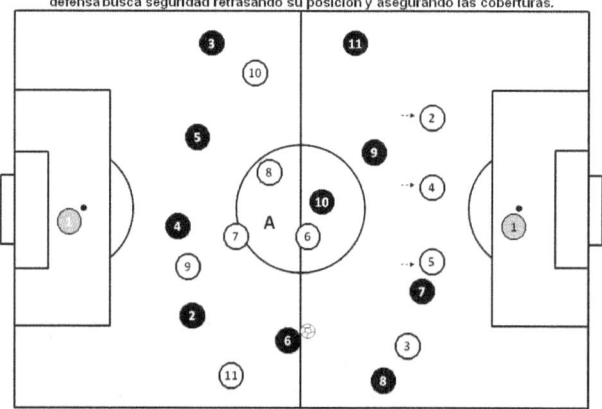

Ejemplo de línea defensiva en competición sin árbitros asistentes. El rival número 7 estaba en fuera de juego, pero el árbitro puede no verlo desde su posición. La defensa busca seguridad retrasando su posición y asegurando las coberturas.

- Despeje. Como norma general:
    - Introducir el concepto de contundencia.
    - Orientar todos los despejes hacia las bandas (hacia fuera).
    - Intentar meterlos dentro del campo.
    - Golpeos elevados. Que el balón coja altura para evitar los rechaces en zonas comprometidas y para dar tiempo al equipo a reorganizarse.
    - Enlazar con Despeje.
- Desdoblamientos defensivos y movimientos de cobertura en la línea defensiva como consecuencia de los desajustes que generan los movimientos:
    - De presión colectiva del equipo. Ver gráfico 1.
    - De presión individual, como la salida de un central o de un lateral, en su labor de marca a un contrario. GRÁFICO 122.

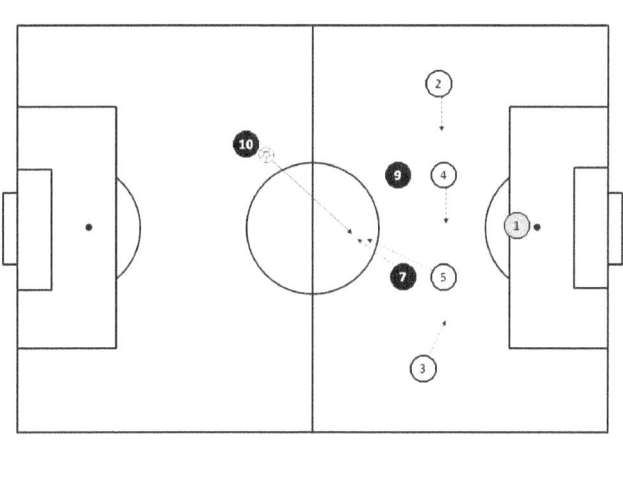

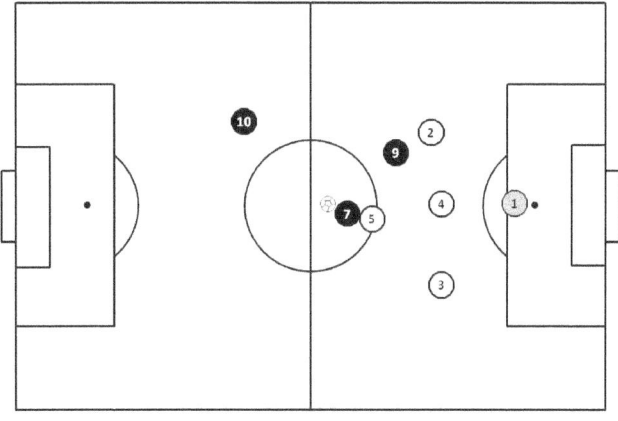

- Optimizar la acción defensiva sin cometer faltas.
- Como planteamiento, la línea defensiva propia estará situada lo más lejos posible del área propia, independientemente del tipo de jugadores con los que cuente el equipo.
- Ir al rechace, acompañando al portero, cuando el rival tira a puerta. Siempre.

② C *Alevín de segundo año (sub-12)*
- Porteros. La importancia del segundo palo. Organizar las marcas en la zona de remate cuando el rival ataca por una banda:
    o Cuando el equipo recibe un ataque por un costado, la mirada de la defensa y del portero se centra en el balón. Dado el peligro potencial que aguarda en la zona de remate y, sobre todo, en el segundo palo y puesto que estas zonas suelen recibir poca atención hasta que ya es demasiado tarde, el portero debe acostumbrarse a la siguiente rutina: cuando el rival realiza un ataque por la banda, debe mirar el segundo palo para organizar allí los marcajes.
- Porteros y centrales. Optimizar la capacidad de contribuir, mediante la comunicación, a la fase defensiva del equipo (la cual deben conocer bien). Enlazar con Hábitos de comunicación y con Porteros (ofensivo).
- Distancia entre líneas horizontal:
    o La prioridad es tapar los pases interiores. GRÁFICO 123.

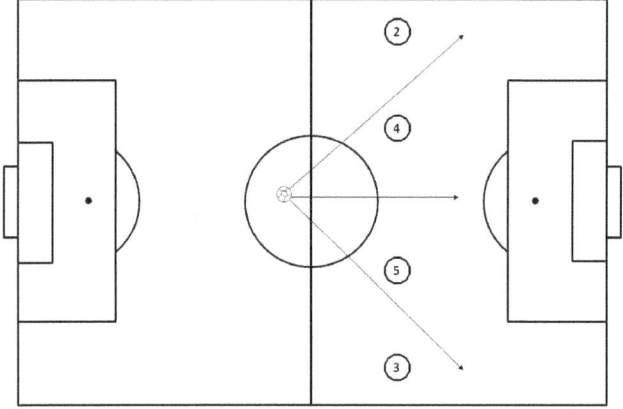

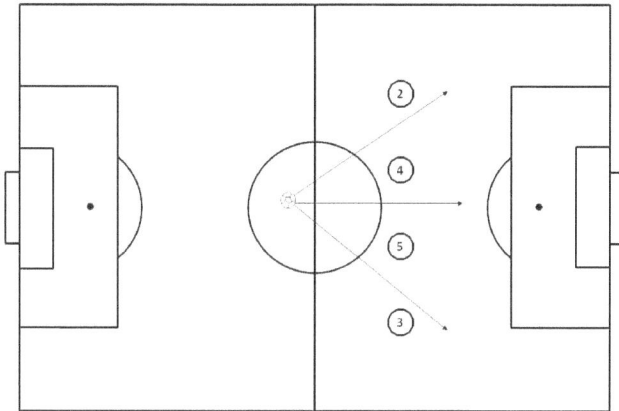

- Juego aéreo y zonas de rechace:
    - Introducir los movimientos de cobertura cuando un compañero salta de cabeza en la zaga.
    - Movimiento coordinado vertical hacia delante, en dirección a la portería contraria o de repliegue, hacia la propia:
        - En bloque.
        - Manteniendo la distancia entre líneas horizontal y la vertical entre el portero y los defensas.
        - Salir marcando y volver marcando (no perder las referencias).
        - Enlazar con Porteros + defensas (ofensivo), con Basculación defensiva y con Juego aéreo y zonas de rechace.
- Si el rival gana metros en su acción ofensiva, la línea defensiva propia buscará profundidad defensiva replegando unos metros:
    - Se trata de que siempre haya una distancia mínima entre el balón y la primera línea del equipo, con el fin de evitar que el rival pueda jugar de forma fácil a la espalda.
    - Enlazar con Basculación defensiva.
    - Ver gráfico 12.
- Cuando el equipo pierde el balón y realiza una acción de transición ataque-defensa de presión tras pérdida, la línea defensiva adelantará su posición, con el fin de mantener la distancia entre líneas vertical y favorecer así la presión sobre el contrario.
- Tres principios clave para la línea defensiva:
    - Concentración. Exigencia gradual de aquí en adelante en cuanto a la capacidad de atención y reducir al mínimo posible la aparición de despistes y fallos de concentración.

- Agresividad. Componente esencial del marcaje.
- Contundencia. Cada fase del juego tiene su momento. Un defensa puede ser un jugador técnico y que destaque por su buen trato al balón, pero el principal cometido de un defensor es defender su portería. Ante cualquier duda, buscará seguridad y recurrirá al despeje y al juego expeditivo si es necesario. Con sus acciones y sus decisiones, debe transmitir seguridad y confianza a sus compañeros.

• Como planteamiento, la línea defensiva propia estará situada lo más lejos posible del área propia, independientemente del tipo de jugadores con los que cuente el equipo.

③ B   *Infantil de primer año (sub-13)*
• Porteros. Faltas en contra:
  - Diferenciar si el lanzador es diestro o zurdo e interpretar otro tipo de pistas (por ejemplo, si suben al área o no los defensas más altos) para intuir si la jugada consistirá en un golpeo directo a puerta o en un centro al área (la estrategia defensiva variará ampliamente). Enlazar con Saque de falta defensivo.
• Defensas. Orientación postural en el repliegue.
  - Cuando el defensa intuye que el momento de iniciar el repliegue está cerca, su orientación corporal debe ser similar a la del delantero, esto es de perfil hacia la propia portería.
  - Aprender a desplazarse hacia atrás rápidamente, con un perfil lateral que permita observar siempre de frente el balón. Para ello, el pie más alejado en la carrera pasa por detrás del más cercano.
  - GRÁFICO 124.

Este movimiento de repliegue, teniendo en cuenta dónde está el balón, estaría mal ejecutado desde el punto de vista del perfil de los defensas.

En este ejemplo, el perfil de los defensas tiene en cuenta la posición del balón.

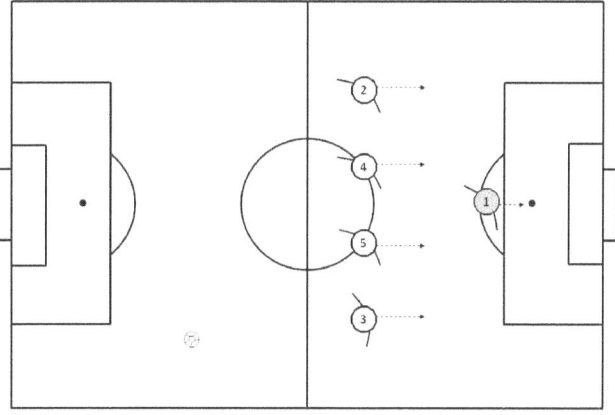

- Laterales:
  - Acción defensiva específica consistente en cerrar el pase interior entre lateral y central (distancia entre líneas horizontal), con posibilidad de realizar interceptaciones con su pierna menos hábil.
- La línea defensiva buscará profundidad defensiva mediante un movimiento coordinado de repliegue en las siguientes situaciones:
  - Posible pasador sin presión. Si un rival se encuentra en una posición desde la que puede realizar un pase en profundidad y no recibe la presión de un compañero, la línea defensiva buscará mediante su repliegue la anulación del espacio que existe a su espalda. GRÁFICO 125.

En esta situación, existe un alto riesgo de pase en profundidad por parte del rival.

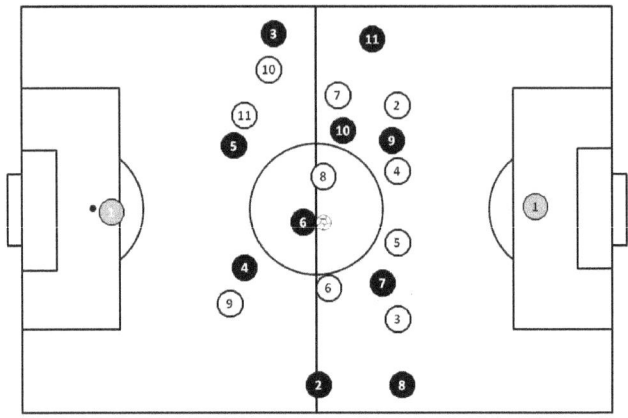

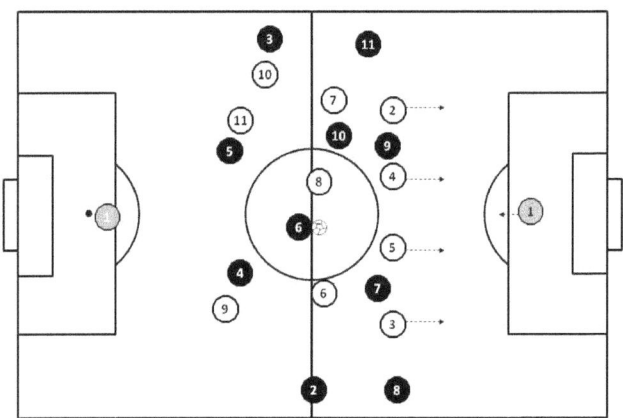

En esta situación, aunque el rival número 6 no se encuentra presionado, las posibilidades de un 'último pase' a la espalda de la defensa son mínimas.

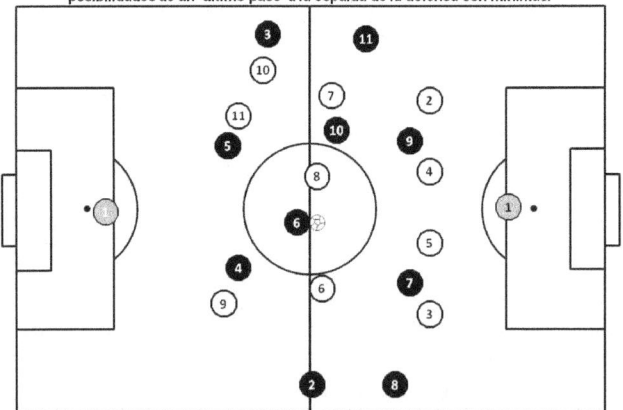

- Contraataque. Si el rival convierte su transición defensa-ataque en una acción de contraataque, el repliegue del equipo (la búsqueda de profundidad defensiva) ralentiza el contraataque del contrario y disminuye los espacios que éste puede utilizar cerca de la propia portería. GRÁFICO 126.

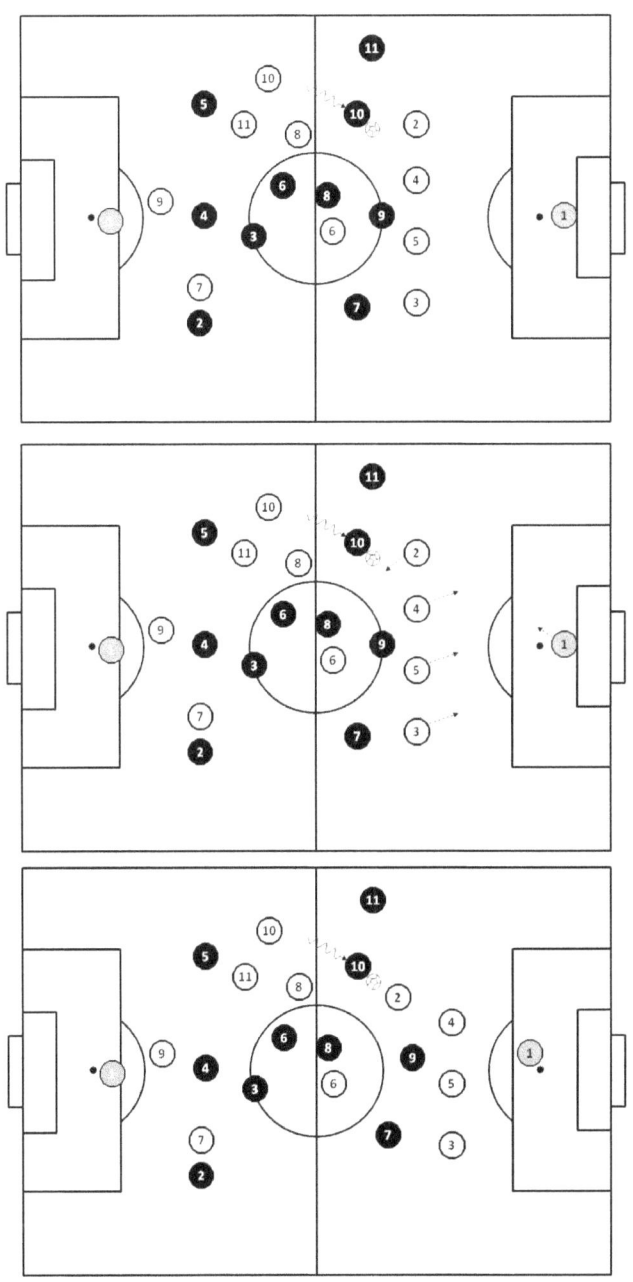

- Juego directo. Una línea demasiado adelantada puede convertir un pelotazo en un peligroso pase a la espalda de la defensa. El gesto de golpeo del rival activa el repliegue de la línea defensiva, que de esta forma siempre encuentra el balón de cara. Ver gráfico 95.
- Comunicación con la línea de centrocampistas cuando la línea defensiva retrasa en bloque su posición, con el fin de contribuir a que se mantenga la distancia entre líneas vertical. Enlazar con Defensas + centrocampistas (defensivo) y con Hábitos de comunicación.
- La línea defensiva instará al equipo a adelantar las líneas si, tras haber cedido terreno, el rival realiza un pase atrás que permita recuperarlo:
  - La línea defensiva puede, mediante la comunicación y mediante su movimiento, animar a las líneas posteriores del equipo a adelantarse. Sin embargo, éstas son las que lideran en realidad el movimiento, puesto que la defensa en ningún caso puede superponerse con la línea de centrocampistas si éstos, por algún motivo, no han adelantado su posición. Enlazar con Basculación defensiva y con Defensas + centrocampistas (defensivo). Ver gráfico 14.
  - Optimizar estos movimientos de salida coordinada y en línea de la defensa. Enlazar con Porteros + defensas (ofensivo).
- Juego aéreo y zonas de rechace:
  - Cada acción de salto de cabeza lleva asociado un movimiento de cobertura. Enlazar con Juego aéreo y zonas de rechace.
- Optimizar los movimientos de basculación defensiva y los desdoblamientos defensivos de los centrales cuando el lateral abandona su posición para seguir a su marca, con el fin de prevenir los pases largos del rival al espacio que se genera. Ver gráfico 1.
- Como planteamiento, la línea defensiva propia estará situada lo más lejos posible del área propia, independientemente del tipo de jugadores con los que cuente el equipo.
- Continuar incrementando gradualmente la exigencia de contundencia y de eficacia en las acciones defensivas, sin llegar a perjudicar el aprendizaje por el hecho de evitar cualquier riesgo.

④ **B** *Infantil de segundo año (sub-14)*
- Optimizar la comunicación para fijar el posicionamiento vertical de la línea defensiva.
- Optimizar el perfil defensivo de los defensas respecto al balón, al contrario y a la propia portería (posición lateral).
- Acción defensiva ante centros al área por parte del rival:
  - Comunicación dentro del área.

- Estrechar los marcajes, aumentar la concentración y optimizar los perfiles defensivos.
- Enlazar con Sistemas de juego para incorporar los posibles desdoblamientos defensivos que prevean en este tipo de jugadas los sistemas utilizados. GRÁFICO 127.

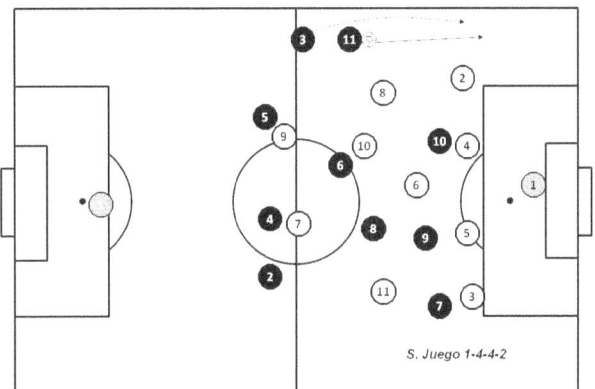

S. Juego 1-4-4-2

Dependiendo del sistema de juego, se pueden prever desdoblamientos defensivos puntuales en las jugadas en las que se produzca un centro al área por parte del rival.

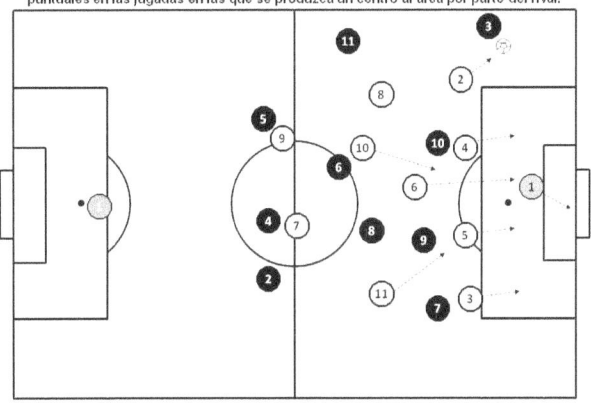

En este ejemplo, el medio centro número 6 se incorpora en el interior del área como un tercer central, permitiendo al número 3 mantener su posición lateral y al número 11 preocuparse de la zona de rechace en la frontal del área.

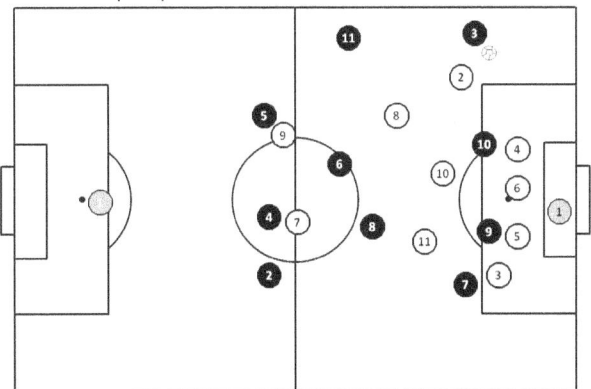

- Porteros.
    - Optimizar la comunicación táctica del portero con el resto de jugadores del equipo.
    - Optimizar la organización táctica en las jugadas a balón parado.
- Laterales:
    - Acción defensiva en el segundo palo cuando el ataque del rival se desarrolla por la banda contraria.
- Como planteamiento, la línea defensiva propia estará situada lo más lejos posible del área propia, independientemente del tipo de jugadores con los que cuente el equipo.

(5) **A**   *Cadete de primer año (sub-15)*
- Porteros. Optimizar la comunicación en las jugadas a balón parado:
    - Voz de mando.
    - Organización de la estrategia defensiva.
    - Enlazar con todas las jugadas defensivas a balón parado.
- Optimizar la acción de marcaje por parte de los defensas, incidiendo en la agresividad y la eficacia con que se realice y en su duración, hostigando al rival hasta que el peligro haya concluido.
- Contundencia. Mayor exigencia de eficacia en las acciones defensivas, rebajando el riesgo y minimizando los errores. Enlazar con Rendimiento y con Saber competir.
- Optimizar el despeje orientado. Enlazar con Despeje.
- Optimizar el repliegue de la línea defensiva ante un estilo de juego directo por parte del rival.
- Juego aéreo y zonas de rechace. Posicionamiento y marcajes específicos en los saques de puerta directos del rival. Enlazar con Saque de puerta defensivo.
- Como planteamiento, la línea defensiva propia podrá ser situada más lejos o más cerca de la portería contraria, en función de las características de los jugadores de que se disponga (siempre, como norma, se intentará situarla lo más lejos posible del área propia).

(6) **A**   *Cadete de segundo año (sub-16)*
- Optimizar la distancia entre líneas horizontal (objetivo principal: evitar los pases interiores).
- Optimizar la defensa del juego aéreo.
- Optimizar los perfiles defensivos.
- Acción defensiva condicionada por una tarjeta amarilla.
- Capacidad de analizar las características individuales y colectivas del rival y de adaptar la acción defensiva en función de ellas.

- Como planteamiento, la línea defensiva propia podrá ser situada más lejos o más cerca de la portería contraria, en función de las características de los jugadores de que se disponga (siempre, como norma, se intentará situarla lo más lejos posible del área propia).

⑦ **A** *Juvenil de primer año (sub-17)*
- Porteros. Optimizar la comunicación en las jugadas a balón parado:
    - Voz de mando.
    - Organización de la estrategia defensiva.
    - Enlazar con todas las jugadas defensivas a balón parado.

⑧ **A** *Juvenil de segundo año (sub-18)*
- Acción de la línea defensiva con el condicionante real del fuera de juego:
    - Ante la presencia de árbitros asistentes en la competición, exigencia (como mínimo) de mantener de forma rígida la línea defensiva. Ver gráfico 121.
    - Posibilidad, además, de practicar la táctica del fuera de juego. GRÁFICO 128.

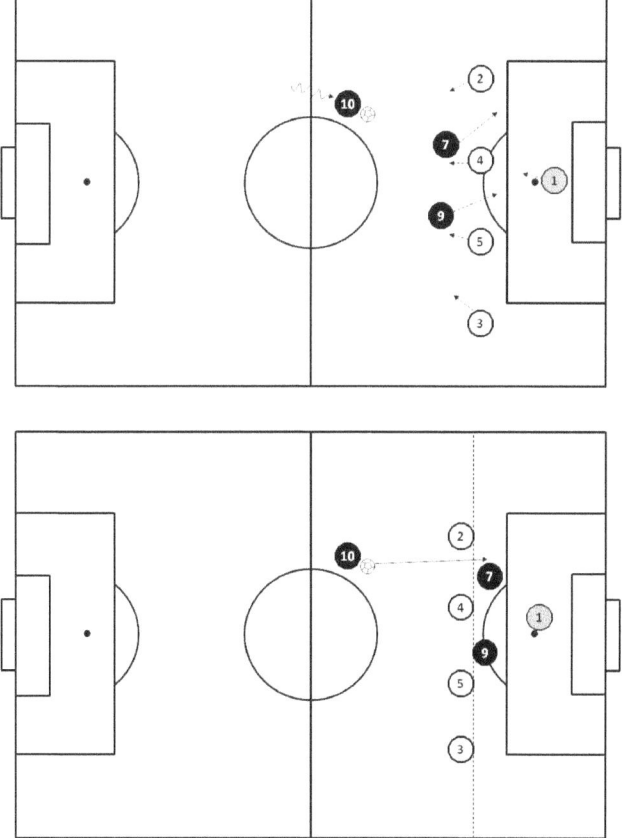

- Introducción a la táctica defensiva del la línea del área propia como límite coordinado de repliegue:
    - La línea del área propia se convierte en una zona que el equipo no puede pisar en fase la defensiva (hasta que el balón la sobrepase), con el consiguiente achique de espacios para el ataque rival. GRÁFICO 129.

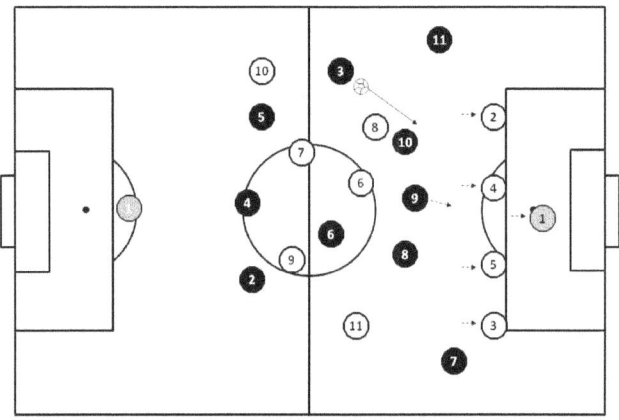

Ante una situación en la que el rival avanza metros en dirección a la propia portería, la línea de defensas ganará profundidad defensiva retrasando unos metros su posición.

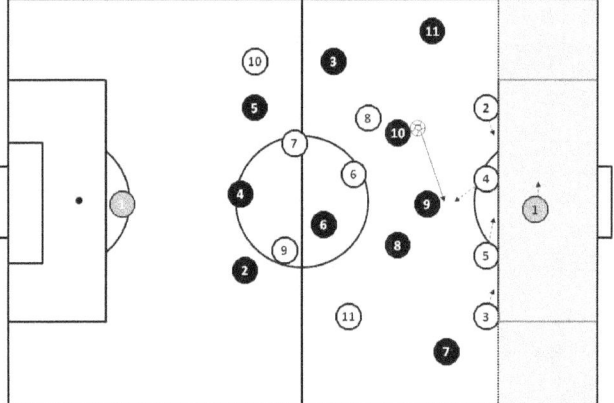

Sin embargo, la frontal del área es un límite que el equipo no rebasará: no se puede pisar el área ni la prolongación en los laterales (salvo que el balón ya haya penetrado en este espacio).

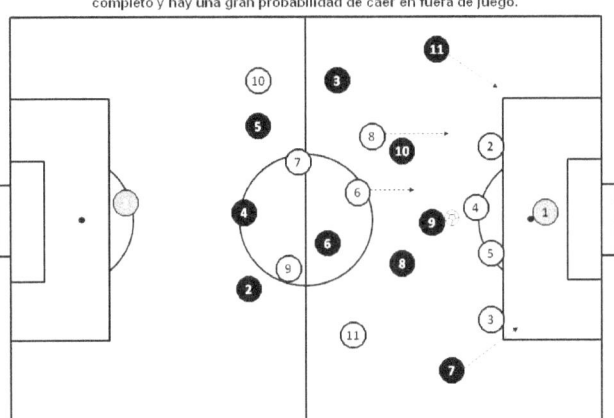

Se trata de un riesgo que asume el equipo, pero también de una actitud que dificulta en gran medida el ataque rival, puesto que los espacios están reducidos casi por completo y hay una gran probabilidad de caer en fuera de juego.

⑨ **B**   *Juvenil de tercer año (sub-19)*
- Optimización de la táctica defensiva que fija la línea del área propia como límite coordinado de repliegue:
    - Se trata de una táctica que requiere una gran inteligencia táctica de los jugadores y de una alta coordinación colectiva para su óptimo funcionamiento.

6.4.3.2. DEFENSAS + CENTROCAMPISTAS (DEFENSIVO)

① **C**   *Infantil de primer año (sub-13)*
- Distancia entre líneas vertical entre la línea defensiva y el centro del campo:
    - Para adelantar ambas líneas, la iniciativa es de la más adelantada (la del centro del campo): la defensa mantiene la distancia. Ver gráfico 14.
    - Para retrasar ambas líneas, la iniciativa es de la más retrasada (la defensa): los centrocampistas repliegan para mantener la distancia adecuada. Ver gráfico 15.
    - Aplicarlo de forma especial a los jugadores de banda (lateral y centrocampista de banda), puesto que será un movimiento básico en la presión colectiva. Enlazar con Presión.
- Jugadores de banda. Acción defensiva específica:
    - Cómo defender teniendo a un lado la línea de banda.
        - Defensor situado entre el balón y la propia portería.
        - Perfil defensivo orientado hacia la banda.

- Reducir en la medida de lo posible los espacios del poseedor del balón, teniendo en cuenta que el límite del campo está próximo y juega a favor del jugador que defiende.
  o Saques de banda defensivos. En coordinación con los delanteros, evitar que el jugador que realiza el saque represente una opción de pase inmediata para el compañero que lo reciba. Enlazar con Saque de banda defensivo y con Delanteros (defensivo).

② C   *Infantil de segundo año (sub-14)*
- Cambio de marcas entre el lateral y el centrocampista de banda cuando éste debe adelantar su posición para iniciar un movimiento colectivo de presión. Ver gráfico 1.
- Comunicación entre centrales y medios centro para organizar las marcas de los puntas y media puntas rivales. Enlazar con Hábitos de comunicación.

③ A   *Cadete de primer año (sub-15)*
- Distancia entre líneas vertical, entre la línea defensiva y la de los centrocampistas:
  o Optimizar su funcionamiento, como táctica defensiva para anular la presencia de jugadores rivales entre líneas (evitando así el uso de variantes defensivas o de desdoblamientos defensivos que condicionen el dibujo táctico del equipo). GRÁFICO 40.

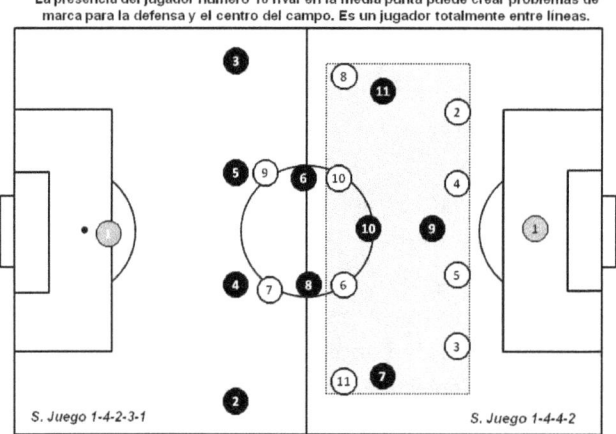

La presencia del jugador número 10 rival en la media punta puede crear problemas de marca para la defensa y el centro del campo. Es un jugador totalmente entre líneas.

S. Juego 1-4-2-3-1   S. Juego 1-4-4-2

En este ejemplo, el equipo blanco realiza una variante defensiva en su sistema de juego 1-4-4-2 retrasando al número 6 y al número 7 (1-4-1-4-1 en defensa).

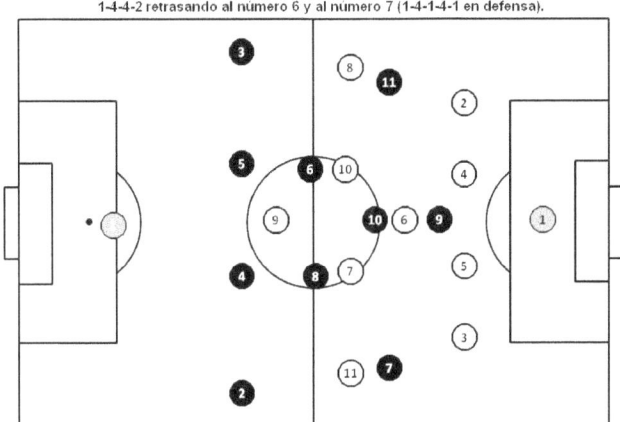

En este ejemplo, el numero 10 es defendido sin alterar el sistema de juego del equipo. La solución es juntar las líneas y anular los espacios y las líneas de pase.

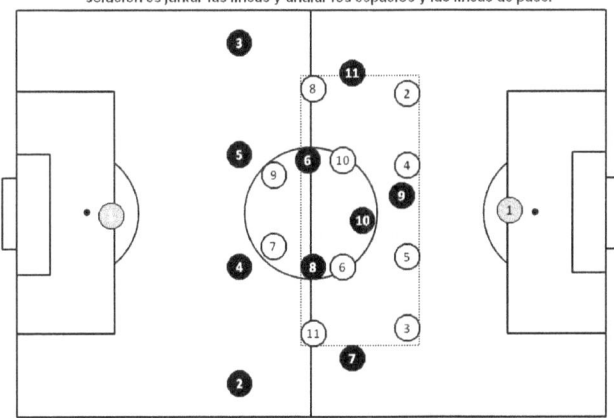

- Jugadores de banda. Acción defensiva específica:
  o Cómo defender teniendo a un lado la línea de banda.
    ▪ Tener en cuenta la pierna dominante del rival y sus fortalezas y debilidades para ofrecerle de forma consciente un mayor espacio en la banda o en el centro a la hora de defender. Enlazar con Entrada.
  o Situación de 1x2 en banda. Provocar superioridades mediante la ayuda del medio de banda una vez que ya ha sido rebasado. GRÁFICO 41.

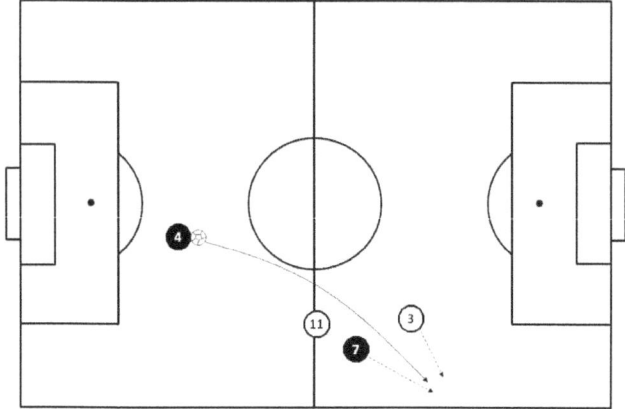

El jugador número 11 no da por bueno que el rival número 7 ya esté cubierto por el número 3 y realiza un esfuerzo por replegarse y provocar una situación de 1x2 mediante la que incrementar las posibilidades de recuperar el balón.

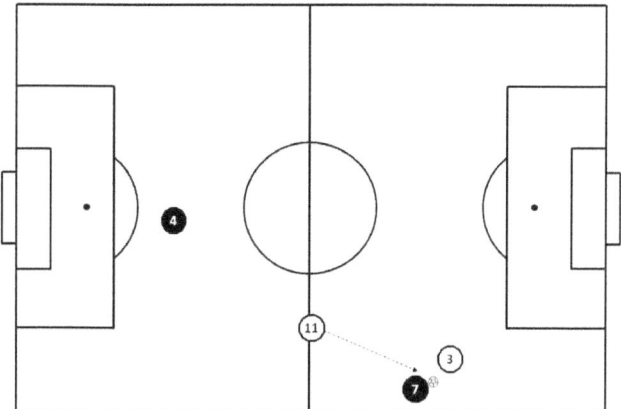

- Juego aéreo y zonas de rechace: específico en la banda.
  - Si salta el lateral para disputar un balón aéreo, de forma automática el centrocampista de banda realiza un movimiento de amplitud para dar a su compañero una referencia sistemática en la banda, con el fin de que pueda orientar su despeje siempre allí.
  - Enlazar con Juego aéreo y zonas de rechace.
  - GRÁFICO 42.

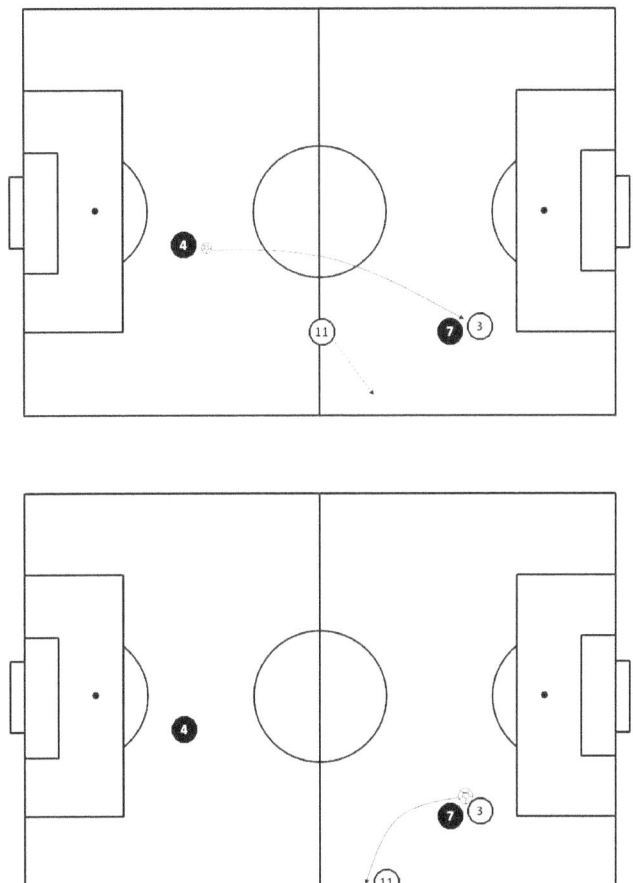

④ 🆁   *Cadete de segundo año (sub-16)*
- Jugadores de banda. Entre los jugadores que ocupan las bandas, deben anular los espacios para los pases entre ellos y la línea lateral (exteriores) y para los pases interiores. GRÁFICO 43.

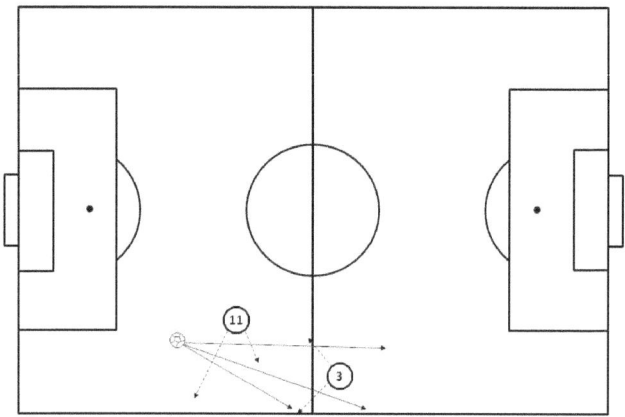

⊕ 🇭   *Juvenil de primer año (sub-17) – Juvenil de tercer año (sub-19)*
- Rendimiento. El entrenamiento de Defensas + centrocampistas (defensivo) se planifica en función de los objetivos pendientes de años anteriores, de las necesidades de la competición y con el objetivo de generar rendimiento.

6.4.3.3. CENTROCAMPISTAS (DEFENSIVO)

① 🇨   *Alevín de segundo año (sub-12)*
- Centrocampistas de banda. Saques de banda defensivos: en las zonas de iniciación y de creación del rival, liderar, junto con los delanteros, la presión arriba del equipo. Enlazar con Saque de banda defensivo.
- Medios centro:
    o Movimientos de presión-cobertura, básicos en esta posición. GRÁFICO 21.

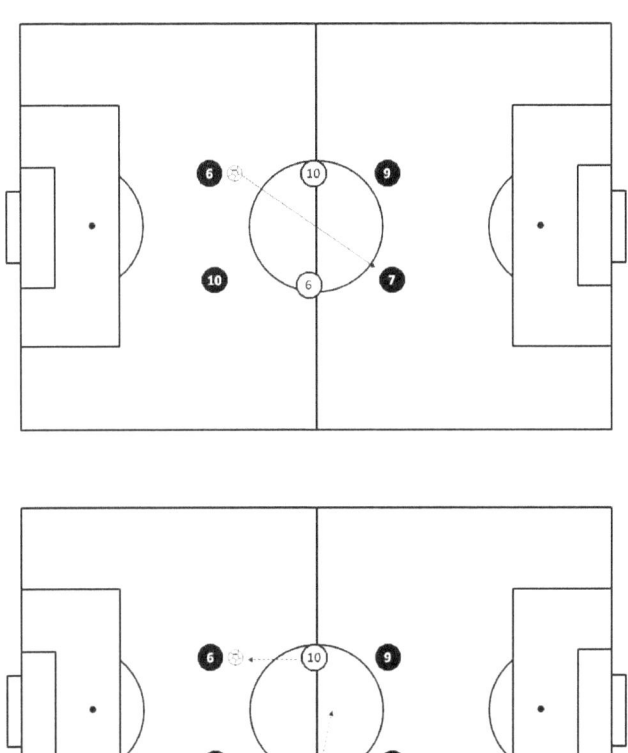

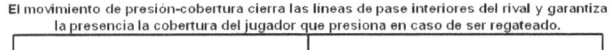

El movimiento de presión-cobertura cierra las líneas de pase interiores del rival y garantiza la presencia la cobertura del jugador que presiona en caso de ser regateado.

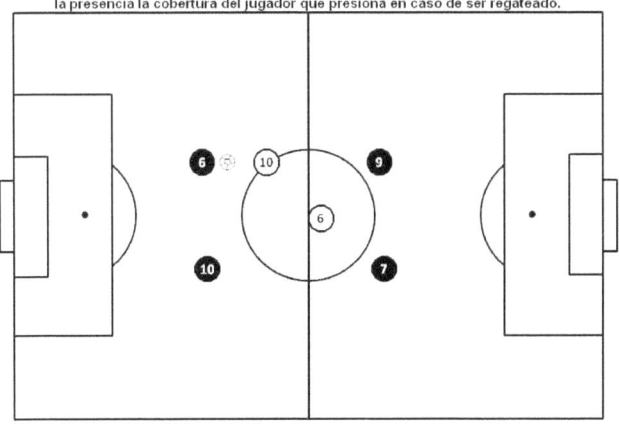

En lugar de que el número 10 persiga el balón, ambos jugadores optimizan sus esfuerzos realizando un nuevo movimiento de presión-cobertura.

En lugar de que el número 10 persiga el balón, ambos jugadores optimizan sus esfuerzos realizando un nuevo movimiento de presión-cobertura.

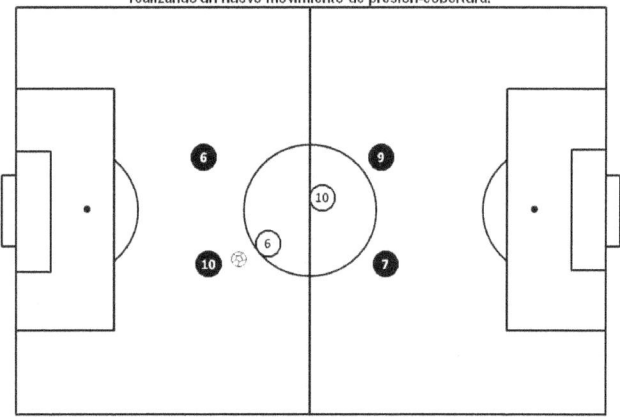

② B *Infantil de primer año (sub-13)*
- Movimientos de presión-cobertura entre el medio centro y el centrocampista de banda, teniendo en cuenta que éste debe tapar a su vez el pase entre él y la línea de banda.
    - Enlazar con Basculación defensiva y con Presión.
    - Ver gráfico 7.
- Movimientos de basculación defensiva específicos del centro del campo, incidiendo en la línea diagonal cuando el balón está en una banda.
    - Enlazar con Basculación defensiva.
    - Ver gráfico 16.
- Distancia entre líneas horizontal:
    - Mantener la distancia correcta para optimizar el funcionamiento defensivo de la línea de centrocampistas.

- Enlazando siempre con los principios de cobertura y de líneas diagonales para evitar que la línea sea superada con un solo pase o regate y para anular las líneas de pase.
- Mantener la distancia entre líneas horizontal implica la colaboración de los jugadores más alejados al balón.
- Enlazar con Basculación defensiva.
- Ver gráfico 10.
• Repliegue, siempre. Aunque queden muy alejados del balón en una jugada puntual, los centrocampistas están obligados a mantener la distancia correcta con la línea anterior, con el fin de cubrir las posibles zonas de rechace y de no quedar demasiado lejos en una posible fase ofensiva si el equipo recupera el balón. Enlazar con Juego aéreo y zonas de rechace, con Repliegue, con Basculación defensiva y con Delanteros (defensivo). Ver gráfico 12.

③ **A** *Infantil de segundo año (sub-14)*
• No hay objetivos nuevos en esta etapa.

④ **B** *Cadete de primer año (sub-15)*
• Medios centro:
    - Cambio de marcas y reparto de marcas (normalmente en inferioridad numérica) cuando un central rival se suma en conducción a la línea del centro del campo sin que ningún delantero le siga. GRÁFICO 22

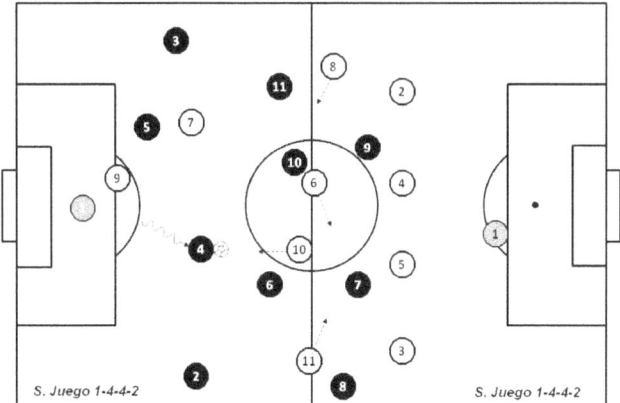

Aunque los centrocampistas de banda se cierran, los 2 medios centro deben repartirse la marca de 3 jugadores basándose en las líneas diagonales y en anular las líneas de pase del rival.

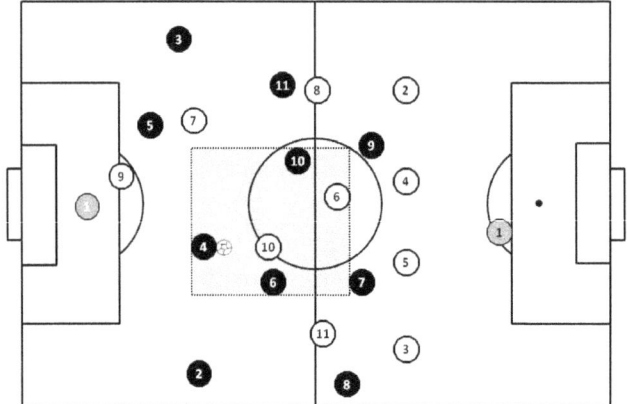

- o Optimizar los movimientos de presión-cobertura:
    - Rapidez y eficacia.
    - Agresividad.
    - Anticipación.
    - Comunicación.
    - Ver gráfico 21.

⑤ **A**   *Cadete de segundo año (sub-16)*
- No hay objetivos nuevos en esta etapa.

⊕ **R**   *Juvenil de primer año (sub-17) – Juvenil de tercer año (sub-19)*
- Rendimiento. El entrenamiento de Centrocampistas (defensivo) se planifica en función de los objetivos pendientes de años anteriores, de las necesidades de la competición y con el objetivo de generar rendimiento.

6.4.3.4. DELANTEROS (DEFENSIVO)

① C *Alevín de segundo año (sub-12)*
- Movimientos de presión-cobertura, aplicados a la posición específica de los delanteros. Ver gráfico 21.
- Actitud en la presión:
    - Intensidad y agresividad.
    - Posibilidad de arriesgar: mucho que ganar, poco que perder.
    - Enlazar con Presión.
- Diferencia entre temporizar y presionar. Temporizar para:
    - Permitir el repliegue de los compañeros o simplemente para mantenerse por detrás de la línea del balón.
    - Orientar la salida del balón del rival en su zona de iniciación. Enlazar con Presión. GRÁFICO 47.

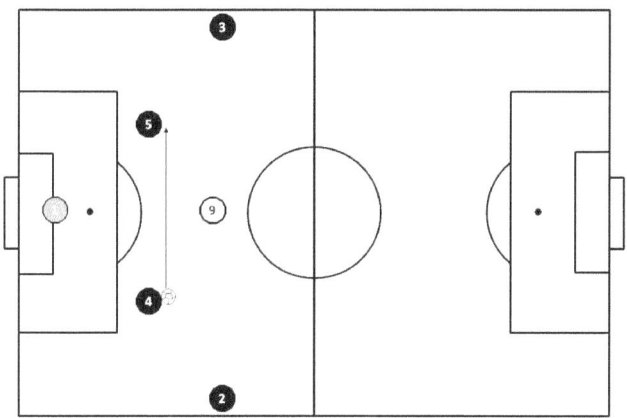

Con su movimiento, el jugador número 9 cierra la línea de pase sobre el rival número 4 y el portero. Está orientando la salida del balón del contrario hacia la banda izquierda.

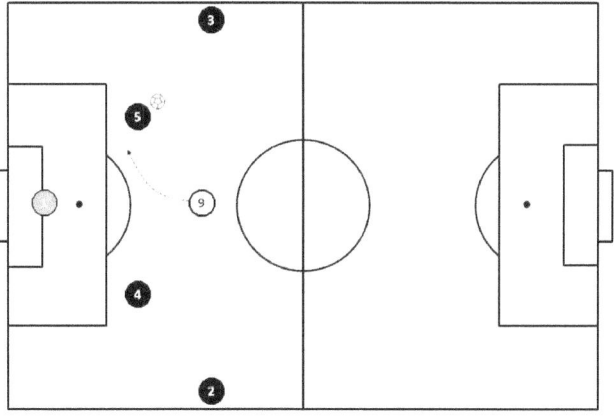

- Repliegue:
    - Realizarlo, como norma, en diagonal, buscando la forma más corta de situarnos por detrás del balón, entre el rival y la propia portería.
- Saques de banda defensivos: en las zonas de iniciación y de creación del rival, liderar, junto con los centrocampistas de banda, la presión arriba del equipo. Enlazar con Saque de banda defensivo.

② B *Infantil de primer año (sub-13)*
- Presión. Distinguir los momentos 'obligatorios de máxima presión'. Por ejemplo:
    - Pase sin tensión entre dos rivales.
    - Mal control del contrario.
    - Balón aéreo que da pie a una acción de anticipación.
    - Jugador rival cercano y de espaldas.
- Ritmo defensivo:
    - Alternar el ritmo defensivo lento con el rápido: cambios de ritmo para sorprender al rival.
- Cuando la acción ofensiva del rival supera la zona defensiva del delantero, su nuevo rol consistirá, al 50% en:
    - Vigilancia defensiva: disuadir al rival de jugar hacia atrás.
    - Prepararse posicional y psicológicamente para el contraataque. Enlazar con Transición defensa-ataque.
    - GRÁFICO 48.

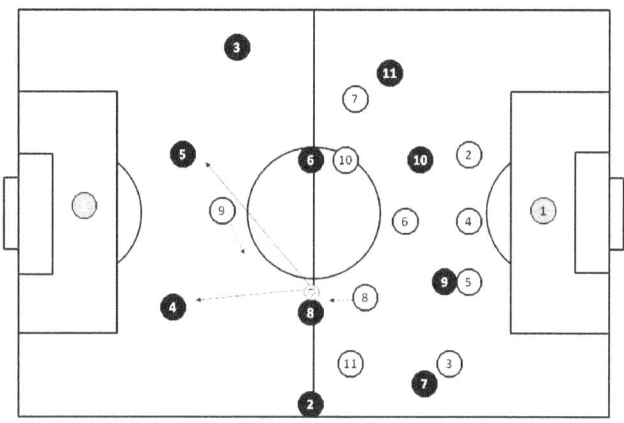

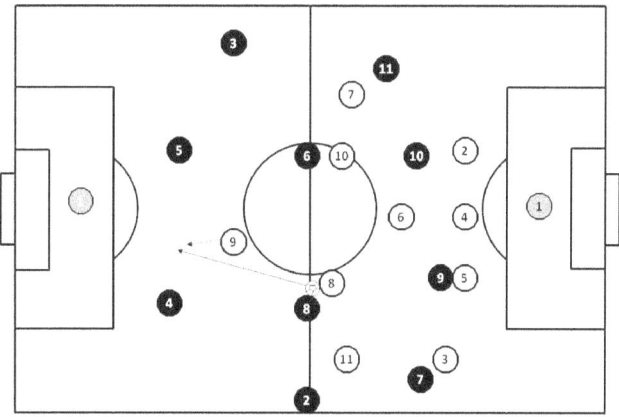

- Repliegue, siempre. Aunque queden muy alejados del balón en una jugada puntual, los delanteros están obligados a mantener la distancia correcta con la línea anterior, con el fin de cubrir las posibles zonas de rechace y de no quedar demasiado lejos en una posible fase ofensiva si el equipo recupera el balón. Enlazar con Juego aéreo y zonas de rechace, con Repliegue, con Basculación defensiva y con Centrocampistas (defensivo).
- Saques de banda defensivos. En coordinación con el centrocampista de banda, evitar que el jugador que realiza el saque represente una opción de pase inmediata para el compañero que lo recibe. Enlazar con Saque de banda defensivo y con Defensas + centrocampistas (defensivo). GRÁFICO 49.

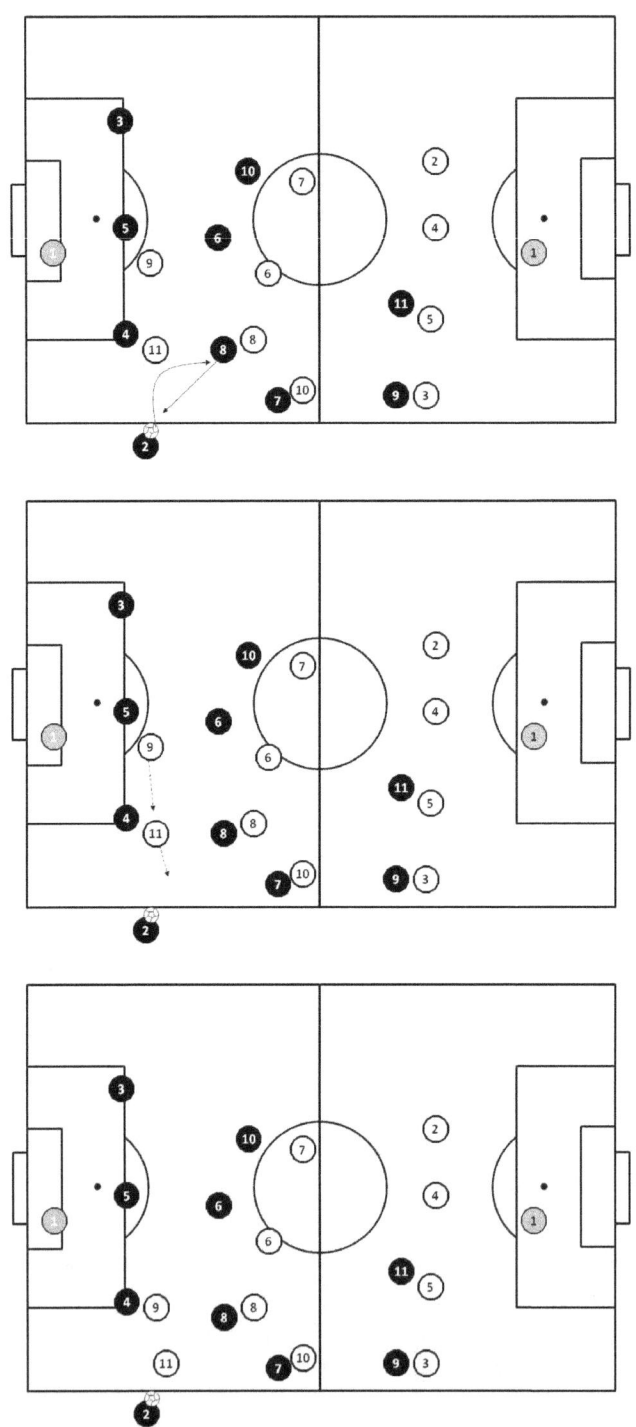

③ **B**   *Infantil de segundo año (sub-14)*
- Potenciar la capacidad de anticipación:
    - Por aptitud: capacidad para intuir la acción del rival y anticiparse.
    - Por actitud: esfuerzo y valentía (es factible arriesgarse).
- Defender en inferioridad numérica:
    - Espíritu de sacrificio.
    - Incentivar la finta defensiva y tapar líneas de pase hasta seleccionar el momento de incrementar la presión con un cambio de ritmo defensivo (el que defiende también puede llevar la iniciativa).

④ **B**   *Cadete de primer año (sub-15)*
- No hay objetivos nuevos en esta etapa.

⑤ **B**   *Cadete de segundo año (sub-16)*
- Medir al rival desde el inicio del partido y adaptarse a él (enlazar con Saber competir):
    - ¿Defensas con buena salida del balón o con problemas?: detectar las fortalezas y debilidades del contrario.
    - Identificar la pierna dominante de los rivales que ocupan la zona en la que se mueve el delantero en cuestión.

⊕ **R**   *Juvenil de primer año (sub-17) – Juvenil de tercer año (sub-19)*
- Rendimiento. El entrenamiento de Delanteros (defensivo) se planifica en función de los objetivos pendientes de años anteriores, de las necesidades de la competición y con el objetivo de generar rendimiento.

6.5. CONCEPTOS DE ESTRATEGIA

6.5.1. Conceptos de estrategia ofensiva

6.5.1.1. SAQUE DE META OFENSIVO

El saque de puerta es la estrategia ofensiva más importante en las primeras etapas, puesto que será la que nos permita realizar un estilo de juego elaborado, iniciando en corto, frente a equipos que nos presionarán arriba.

(in) **A** *Benjamín de primer año (sub-9)*
- Conocer, desde un punto de vista práctico y aplicado al juego, la regla del saque de meta. Enlazar con Reglas de juego.
- Ser conscientes de que, ante la posibilidad de realizar saques en corto y saques en largo, optamos conscientemente por la primera opción.
- El portero realizará todos los saques de meta del equipo. Enlaza con Porteros (ofensivo).
- El equipo contará con al menos 3 estrategias diferentes de saque de puerta en corto, previendo la posibilidad de que el equipo contrario realice una presión fuerte arriba.
- Los jugadores conocerán y manejarán (sin abusar) la opción que da el reglamento de repetir el saque de meta en el caso de que entren el contacto con el balón antes de que haya salido del área de penalti: si se ven acosados incluso antes de haber recibido el balón, podrán recurrir a esta opción.

① **A** *Benjamín de segundo año (sub-10)*
- El equipo contará con al menos 3 nuevas estrategias de saque de meta en corto.

② **A** *Alevín de primer año (sub-11)*
- El equipo contará con al menos 3 nuevas estrategias de saque de meta en corto.

③ **A** *Alevín de segundo año (sub-12)*
- El equipo contará con al menos 3 nuevas estrategias de saque de meta en corto.

④ **A**   *Infantil de primer año (sub-13)*
- El equipo contará con al menos 3 nuevas estrategias de saque de meta en corto.
- El portero debe ser capaz de sacar de meta mediante un pase largo. Enlazar con Porteros (ofensivo).

⑤ **A**   *Infantil de segundo año (sub-14)*
- El equipo contará con al menos 3 nuevas estrategias de saque de meta en corto.

⑥ **B**   *Cadete de primer año (sub-15)*
- El equipo contará con al menos 3 nuevas estrategias de saque de meta en corto.
- Estilo de juego directo.
    - El portero realizará los saques de meta ofensivos también cuando éstos sean directos.
    - Prever la colocación del equipo para optimizar el aprovechamiento de un estilo de juego directo. Enlazar con Fase de iniciación y con Juego aéreo y zonas de rechace.
    - Posicionamiento vertical en el saque de meta ofensivo cuando se realiza un estilo de juego directo. Enlazar con Juego aéreo y zonas de rechace.

⑦ **B**   *Cadete de segundo año (sub-16)*
- El equipo contará con al menos 3 nuevas estrategias de saque de meta en corto.

⊕ **R**   *Juvenil de primer año (sub-17) – Juvenil de tercer año (sub-19)*
- Rendimiento. El entrenamiento y el diseño y desarrollo de estrategias del Saque de meta ofensivo se planifica en función de los objetivos pendientes de años anteriores, de las necesidades de la competición y con el objetivo de generar rendimiento.

6.5.1.2. SAQUE DE ESQUINA OFENSIVO

⊚ **C**   *Benjamín de primer año (sub-9)*
- Conocer, desde un punto de vista práctico y aplicado al juego, la regla del saque de esquina. Enlazar con Reglas de juego.
- Realizar los saques de esquina siempre en corto.

① C   *Benjamín de segundo año (sub-10)*
- Realizar los saques de esquina siempre en corto, aplicando la norma de que deberemos contar con un jugador más que el rival para, a partir de ahí, gestionar correctamente la situación de superioridad numérica:
    - Partimos de la situación 2x1.
    - Si el rival deja 2 defensores, recurriremos a la situación 3x2.
- Zona de rechace:
    - Terminar las jugadas al primer toque si es posible.
    - La prioridad es evitar un contraataque del rival.

② C   *Alevín de primer año (sub-11)*
- Realizar los saques de esquina siempre en corto, aplicando la norma de que deberemos contar con un jugador más que el rival para, a partir de ahí, gestionar correctamente la situación de superioridad numérica.
- Comenzar a detectar a los jugadores más capacitados para realizar los saques de esquina.

③ C   *Alevín de segundo año (sub-12)*
- Alternar los saques en corto y los centros directos al área.
- Antes que las jugadas de estrategia, la prioridad será detectar y potenciar a los jugadores con mayor talento para realizar los saques de esquina.

④ C   *Infantil de primer año (sub-13)*
- Detección de los jugadores con mayor talento para realizar las diferentes funciones que implica este tipo de jugadas:
    - Saque de esquina mediante un centro directo al área.
    - Entrada al remate:
        - Con la cabeza. Enlazar con Golpeo de cabeza.
        - Con el pie. Jugadores oportunistas y con capacidad de anticipación dentro del área.
    - Zona de rechace:
        - Tiro a puerta al primer toque.
        - Capacidad táctica para finalizar las jugadas ofensivas y evitar un contraataque del rival.
    - Vigilancias ofensivas:
        - Jugadores rápidos y con capacidad de anticipación para evitar un contraataque del rival.

- Alternar los saques en corto y los centros directos al área, en función de las características del equipo.
- Diseño y entrenamiento de al menos 2 jugadas de estrategia de saque de esquina, con el fin de generar rendimiento en la competición.

⑤ **B**   *Infantil de segundo año (sub-14)*
- Diseño y entrenamiento de al menos 3 nuevas jugadas de estrategia de saque de esquina, con el fin de generar rendimiento en la competición.
- Antes que las jugadas de estrategia, la prioridad será detectar y potenciar a los jugadores con mayor talento:
  - Para realizar los saques de esquina.
  - Para entrar al remate en este tipo de jugadas (no sólo de cabeza, sino al remate en general: pensemos en un delantero oportunista que tiene el talento de anticiparse a la jugada para estar en el momento adecuado, en boca de gol).
- Alternar los saques en corto y los centros directos al área, en función de las características del equipo.

⑥ **B**   *Cadete de primer año (sub-15)*
- Diseño y entrenamiento de al menos 3 nuevas jugadas de estrategia de saque de esquina, con el fin de generar rendimiento en la competición.
- Interpretación, guiada por el cuerpo técnico, del planteamiento defensivo del rival y toma de decisiones, también guiada por el cuerpo técnico, para realizar adaptaciones, si procede, en la estrategia ofensiva del equipo. Enlazar con Saber competir.

⑦ **B**   *Cadete de segundo año (sub-16)*
- Diseño y entrenamiento de jugadas de estrategia de saque de esquina, con el fin de generar rendimiento en la competición.
- Introducción. Capacidad autónoma por parte del jugador para entender e interpretar el planteamiento defensivo del rival en este tipo de jugadas. Toma de decisiones en función de él. Enlazar con Saber competir.

⑧ **B**   *Juvenil de primer año (sub-17)*
- Diseño y entrenamiento de jugadas de estrategia de saque de esquina, con el fin de generar rendimiento en la competición.
- Capacidad autónoma por parte del jugador para entender e interpretar el planteamiento defensivo del rival en este tipo de

jugadas. Toma de decisiones en función de él. Enlazar con Saber competir.

⊕ R   *Juvenil de segundo año (sub-18) – Juvenil de tercer año (sub-19)*
- Diseño y entrenamiento de jugadas de estrategia de saque de esquina, con el fin de generar rendimiento en la competición.

6.5.1.3. SAQUE DE BANDA OFENSIVO

Aunque la ejecución del saque de banda es una acción técnica muy especializada (normalmente para los laterales del equipo o los jugadores de banda), todos los miembros del equipo deberían entrenar este concepto, al menos hasta la edad Alevín de segundo año (sub-12) para, a partir de entonces, empezar a restringirlo paulatinamente a los jugadores involucrados de forma específica en esa acción.

⓿ C   *Benjamín de primer año (sub-9)*
- Conocer, desde un punto de vista práctico y aplicado al juego, la regla del saque de banda y la forma de ejecutar correctamente un saque de banda. Enlazar con Reglas de juego.

① C   *Benjamín de segundo año (sub-10)*
- Buscar el pase fuerte y directo a los pies, en lugar de trayectorias más suaves y parabólicas.

② C   *Alevín de primer año (sub-11)*
- Optimizar la técnica de saque de banda:
    - Saque correcto desde el punto de vista del reglamento. 'Prohibido' cometer faltas de saque.
    - Fuerza y dirección del saque: que llegue al compañero rápidamente y en buenas condiciones. Buscar su pierna dominante.
    - Fintas: realizar fintas previas al saque que permitan al compañero recibir en mejores condiciones. No abusar de las fintas para no retrasar demasiado el saque y para no engañar al compañero: seleccionarlas. Enlazar con Finta.
- Apoyos al poseedor:
    - Ocupar el espacio en lugar de estar en él.
    - No ofrecer apoyos demasiado cercanos al compañero que va a sacar para no forzar la falta de saque.

③ **C**   *Alevín de segundo año (sub-12)*
- Pautas generales en función de la zona del terreno de juego:
  - Zona de iniciación:
    - Sacar rápido a los jugadores desmarcados para evitar que el contrario se posicione para realizar presión.
    - Si el punto anterior no ha sido posible, buscar seguridad, por ejemplo con un pase paralelo a la línea de banda. El saque de banda en la zona de iniciación puede ser más un problema que una ventaja para el equipo que lo ejecuta si no lo hace de la forma correcta y termina perdiendo el balón.
  - Zona de creación:
    - Movimientos sin balón para dar buenas opciones de pase al jugador que saca de banda.
  - Zona de finalización:
    - Es factible arriesgar el balón mediante movimientos y saques que puedan sorprender al rival, aunque sean difíciles (mucho que ganar y poco que perder).

④ **C**   *Infantil de primer año (sub-13)*
- Devolver el balón al mismo jugador que ha realizado el saque (si se encuentra desmarcado) es una buena opción para el compañero que lo ha recibido (en cualquier zona del campo). Ver gráfico 152.

⑤ **C**   *Infantil de segundo año (sub-14)*
- No hay objetivos nuevos en esta etapa.

⊕ **R**   *Cadete de primer año (sub-15) – Juvenil de tercer año (sub-19)*
- Diseño y entrenamiento de jugadas de estrategia de saque de banda para las tres zonas del campo, con el fin de generar rendimiento en la competición.

6.5.1.4. SAQUE DE CENTRO OFENSIVO

Benjamín de primer año (sub-9)
- Conocer, desde un punto de vista práctico y aplicado al juego, la regla del saque de centro. Enlazar con Reglas de juego.
- Enlazar con Fase de iniciación.

Benjamín de segundo año (sub-10)
- No hay objetivos nuevos en esta etapa.

Alevín de primer año (sub-11)
- Como norma general, los saques de centro posteriores a un gol del rival, en un contexto en el que se prevé que el contrario presione con una intensidad especial en la jugada posterior (por ejemplo, cuando tras haber ido perdiendo 2-0 ha conseguido su primer gol, 2-1), serán sucedidos por una jugada hacia delante, con el fin de evitar dicha presión. Enlazar con Saber competir. GRÁFICO 153.

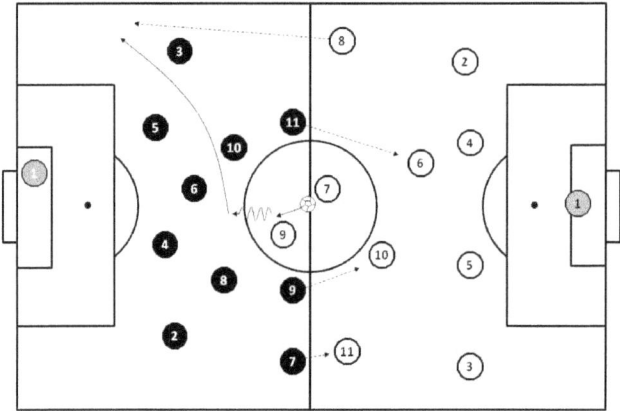

Alevín de segundo año (sub-12)
- No hay objetivos nuevos en esta etapa.

Infantil de primer año (sub-13)
- Enlazar con Fase de iniciación y, si procede, con la introducción del estilo de juego directo (predominará el estilo de juego elaborado o rápido).

- ⑤ **C**   *Infantil de segundo año (sub-14)*
- Posibilidad de introducir jugadas de estrategia en el saque de centro si esta acción se complica ante la desventaja física respecto a los rivales.

⑤ **C**   *Infantil de segundo año (sub-14)*
- Posibilidad de introducir jugadas de estrategia, siempre que la relación coste de tiempo – beneficio sea muy rentable.

⑥ **C**   *Cadete de primer año (sub-15)*
- No hay objetivos nuevos en esta etapa.

⑦ **C**   *Cadete de segundo año (sub-16)*
- No hay objetivos nuevos en esta etapa.

⊕ **R**   *Juvenil de primer año (sub-17) – Juvenil de tercer año (sub-19)*
- Diseño y entrenamiento de jugadas de estrategia de saque de centro, con el fin de generar rendimiento en la competición.

6.5.1.5. SAQUE DE FALTA OFENSIVO

In **C**   *Benjamín de primer año (sub-9)*
- Conocer, desde un punto de vista práctico y aplicado al juego, la regla del saque de falta. Enlazar con Reglas de juego.
- Como norma general, sacar en corto, rápido y hacia delante todo tipo de faltas, en cualquier parte del campo, siempre que sea posible. Dar ritmo y continuidad al juego.
- Faltas frontales. Observación: detección, en las acciones que ocasione el juego por sí mismo, de los jugadores con mayor talento natural para ejecutar este tipo de balón parado.
- Faltas laterales: sacar en corto como norma general. Evitar el centro directo al área.
- Pautas muy básicas para poner en juego una falta indirecta en el área rival.

① **C**   *Benjamín de segundo año (sub-10)*
- Tiro a puerta a balón parado (falta frontal):
   - Pautas básicas:
      - Pie de apoyo.
      - Superficies de contacto.
      - Efectos al balón.
      - Superar la barrera.

- o Detección de los jugadores con mayor talento natural para ejecutar este tipo de balón parado.
- o Enlazar con Tiro a puerta.
- Como norma general, sacar en corto, rápido y hacia delante las faltas siempre que sea posible. Dar ritmo y continuidad al juego.
  - o Faltas frontales.
    - Alternar el saque en corto y rápido de este tipo de acciones con el tiro directo a puerta.
    - Proporcionar unas pautas básicas de colocación, sin profundizar en cuestiones de estrategia.
- Zona de rechace:
  - o Terminar las jugadas al primer toque si es posible.
  - o La prioridad es evitar un contraataque del rival.

② C *Alevín de primer año (sub-11)*
- No hay objetivos nuevos en esta etapa.

③ C *Alevín de segundo año (sub-12)*
- Como norma general, colocar dos jugadores (uno diestro y otro zurdo) en los saques de falta cercanos al área rival, con el fin de no dar pistas al contrario sobre la intención de la jugada.

④ C *Infantil de primer año (sub-13)*
- Faltas laterales.
  - o Alternar el saque en corto de este tipo de acciones con el centro directo al área.
  - o Proporcionar unas pautas básicas de colocación, sin profundizar en cuestiones de estrategia.
- Faltas laterales. Observación:
  - o Detección de los jugadores con mayor talento para ejecutar este tipo de balón parado.
  - o Detección de los jugadores con mayor talento para realizar las diferentes funciones que implica este tipo de jugadas:
    - Entrada al remate:
      - Con la cabeza. Enlazar con Golpeo de cabeza.
      - Con el pie. Jugadores oportunistas y con capacidad de anticipación dentro del área.
    - Zona de rechace:
      - Tiro a puerta al primer toque.

- Capacidad táctica para finalizar las jugadas ofensivas y evitar un contraataque del rival.
  - Vigilancias ofensivas:
    - Jugadores rápidos y con capacidad de anticipación para evitar un contraataque del rival.
- Faltas frontales. Optimizar la acción técnica del tiro a puerta directo por parte de los jugadores con un mayor talento natural.
- Faltas frontales y frontales/laterales. Como norma general, si la acción va a ser resuelta con un tiro a puerta, los defensas que suelan subir al remate en las faltas centradas al área no se incorporarán al ataque. Incorporarse al remate implica un viaje de ida y otro de vuelta, ¿con qué fin si la acción va a ser resuelta con un tiro a puerta? Una excepción puede ser si esto se hace con el fin de confundir al rival.

⑤ **C**   *Infantil de segundo año (sub-14)*
- Faltas laterales. Incentivar que el centro directo al área se realice en dirección a la portería contraria. De esta forma, si no se altera su trayectoria, en última instancia el lanzamiento puede conllevar peligro para el rival. GRÁFICO 157.

⑥ **B**   *Cadete de primer año (sub-15)*
- El equipo contará con, al menos:
  o 2 jugadas de estrategia de saque de falta lateral.
  o Una jugada de estrategia de saque de falta frontal.
- Interpretación, guiada por el cuerpo técnico, del planteamiento defensivo del rival y toma de decisiones, también guiada por el cuerpo técnico, para realizar adaptaciones, si procede, en la estrategia ofensiva del equipo. Enlazar con Saber competir.

- Toma de decisiones:
  - Con el fin de evitar un contraataque en igualdad o inferioridad numérica, vigilar que el número de jugadores que queda por detrás del balón por parte del equipo ofensivo sea mayor que el número de jugadores del rival que queda en la barrera, por delante de ella o a su misma altura.

⑦ B   *Cadete de segundo año (sub-16)*
- El equipo contará con, al menos:
  - 2 nuevas jugadas de estrategia de saque de falta lateral.
  - Una nueva jugada de estrategia de saque de falta frontal.
- Introducción. Capacidad autónoma por parte del jugador para entender e interpretar el planteamiento defensivo del rival en este tipo de jugadas. Toma de decisiones en función de él. Enlazar con Saber competir.

⑧ B   *Juvenil de primer año (sub-17)*
- Rendimiento. El entrenamiento de Falta ofensiva se planifica en función de las necesidades de la competición y con el objetivo de generar rendimiento.
- Capacidad autónoma por parte del jugador para entender e interpretar el planteamiento defensivo del rival en este tipo de jugadas. Toma de decisiones en función de él. Enlazar con Saber competir.

⊕ R   *Juvenil de segundo año (sub-17) – Juvenil de tercer año (sub-19)*
- Rendimiento. El entrenamiento de Falta ofensiva se planifica en función de las necesidades de la competición y con el objetivo de generar rendimiento.

6.5.1.6. SAQUE DE PENALTI OFENSIVO

El tiro de penalti es una jugada a balón parado muy particular. Si los lanzamientos de falta o de saque de esquina requieren únicamente de especialistas, que deben ser detectados y potenciados, el penalti requiere además que todos los jugadores sin excepción desarrollen y mejoren su capacidad de convertirlo en gol, en situaciones de presión, debido a la existencia de tandas de penaltis.

(in) **C**   *Benjamín de primer año (sub-9)*
- Conocer, desde un punto de vista práctico y aplicado al juego, la regla del penalti:
    o Durante el desarrollo de un partido.
    o En una tanda de penaltis.
    o Enlazar con Reglas de juego.
- Identificar a los jugadores con talento natural para realizar este tipo de lanzamientos:
    o A pesar de ello, no descartar a ningún jugador: todos entrenan el lanzamiento de penaltis.
    o La observación prima sobre la corrección. Que cada jugador pruebe, experimente, se equivoque y se corrija.

① **C**   *Benjamín de segundo año (sub-10)*
- Zona de rechace tras un tiro de penalti (lanzador y compañeros).

② **C**   *Alevín de primer año (sub-11)*
- No hay objetivos nuevos en esta etapa.

③ **C**   *Alevín de segundo año (sub-12)*
- Identificar a los jugadores con mayor talento natural para realizar este tipo de lanzamientos.
- Potenciar la técnica de ejecución de este balón parado de todos los jugadores:
    o No descartar a ningún jugador: todos entrenan el lanzamiento de penaltis.
        ▪ El objetivo es la mejora de cada jugador respecto a sí mismo.
    o Facilitar feedback – refuerzos y correcciones – sobre la técnica de lanzamiento, sin estandarizar el tiro (todos tiran igual), sin limitar la creatividad de los jugadores con mayor talento.

④ **C**   *Infantil de primer año (sub-13)*
- Introducir al jugador en el entrenamiento de lanzamiento de penaltis bajo condiciones de presión.
- En aquellos jugadores con mayor talento (y que van a repetir con más frecuencia sus lanzamientos), potenciar la diversificación y la capacidad de adaptación: que dominen varios tipos de tiro de penalti y que puedan variar de uno a otro con la menor pérdida de efectividad posible.

⑤ **C**   *Infantil de segundo año (sub-14)*
- No hay objetivos nuevos en esta etapa.

⑥ **C**   *Cadete de primer año (sub-15)*
- Orientado por el cuerpo técnico, manejar información relevante sobre el contexto y el rival, con el fin de optimizar la acción de este tipo de lanzamientos. Enlazar con Saber competir.

⑦ **B**   *Cadete de segundo año (sub-16)*
- Introducir al jugador en técnicas psicológicas, como la respiración o la visualización, para optimizar los lanzamientos de penalti en cualquier circunstancia.
- Introducción. Capacidad de observación y de interpretación para manejar información relevante sobre el contexto y el rival, con el fin de optimizar la acción de este tipo de lanzamientos. Enlazar con Saber competir.
- Lanzamiento de penaltis bajo condiciones de máxima presión. Enlazar con Saber competir.
- Optimizar la capacidad de los jugadores con mayor talento (a pesar de que se continúe la mejora del resto del grupo).
- Optimizar la colocación en la zona de rechace en un tiro de penalti (durante el desarrollo del partido):
    - Rechace frontal, rechace por derecha y rechace por izquierda.
    - Rechace largo y rechace corto.
    - Perfil de rechace (diestro y zurdo).
    - Vigilancia ofensiva.

⊕ **H**   *Juvenil de primer año (sub-17) – Juvenil de tercer año (sub-19)*
- Rendimiento. El entrenamiento del Saque de penalti ofensivo y el diseño y desarrollo de estrategias se planifica en función de los objetivos pendientes de años anteriores, de las necesidades de la competición y con el objetivo de generar rendimiento.

6.5.2. Conceptos de estrategia defensiva

6.5.2.1. SAQUE DE META DEFENSIVO

(in) C   *Benjamín de primer año (sub-9)*
- Conocer, desde un punto de vista práctico y aplicado al juego, la regla del saque de meta. Enlazar con Reglas de juego.
- El equipo no realizará posicionamientos que impidan de raíz el saque en corto del equipo rival. El objetivo en este tipo de jugadas será el aprendizaje del jugador, en este caso del planteamiento defensivo de presión arriba, por lo que se permitirá que el rival inicie en corto, para luego tratar de robar el balón. Ver gráfico 147.

① C   *Benjamín de segundo año (sub-10)*
- No hay objetivos nuevos en esta etapa.

② C   *Alevín de primer año (sub-11)*
- Posicionamiento según el planteamiento defensivo escogido. Enlazar con Presión.

③ C   *Alevín de segundo año (sub-12)*
- Posicionamiento según el planteamiento defensivo escogido. Enlazar con Presión.

④ C   *Infantil de primer año (sub-13)*
- Estilo de juego directo. Introducir el posicionamiento defensivo ante un estilo de juego directo por parte del rival.
- Posicionamiento según el planteamiento defensivo escogido. Enlazar con Presión.

⑤ C   *Infantil de segundo año (sub-14)*
- Posicionamiento según el planteamiento defensivo escogido. Enlazar con Presión.

⑥ B   *Cadete de primer año (sub-15)*
- Optimizar el posicionamiento defensivo del equipo ante un estilo de juego directo por parte del rival. Enlazar con Juego aéreo y zonas de rechace.
- Posicionamiento según el planteamiento defensivo escogido. Enlazar con Presión.

⊕ R   *Cadete de segundo año (sub-16) – Juvenil de tercer año (sub-19)*
- Rendimiento. El posicionamiento en los saques de meta rivales y las estrategias puntuales se planifican con el objetivo de generar rendimiento.

6.5.2.2. SAQUE DE ESQUINA DEFENSIVO

ⓘ B   *Benjamín de primer año (sub-9)*
- Conocer, desde un punto de vista práctico y aplicado al juego, la regla del saque de esquina. Enlazar con Reglas de juego.
- Estrategia defensiva:
  - Posicionamiento básico de los jugadores en este tipo de jugadas.
  - Marcaje combinado:
    - Zona.
    - Individual. Enlazar con Marcaje.
  - Defensa de saques en corto por parte del rival: prever al menos el mismo número de jugadores que utiliza el equipo rival para sacar en corto.

① C   *Benjamín de segundo año (sub-10)*
- No hay objetivos nuevos en esta etapa.

② C   *Alevín de primer año (sub-11)*
- Porteros. Organización de las marcas en las jugadas a balón parado defensivas:
  - Voz de mando.
  - Pautas básicas para repartir los marcajes.
  - Enlazar com Porteros + defensas (defensivo).
- Estrategia defensiva:
  - Marcaje combinado:
    - Zona.
    - Individual. Enlazar con Marcaje.

③ C   *Alevín de segundo año (sub-12)*
- No hay objetivos nuevos en esta etapa.

④ C   *Infantil de primer año (sub-13)*
- No hay objetivos nuevos en esta etapa.

⑤ C   *Infantil de segundo año (sub-14)*
- Juego aéreo y marcaje a balón parado. Enlazar con Marcaje.
- Estrategia defensiva:
  - Marcaje combinado:
    - Zona.

- Individual. Enlazar con Marcaje.
  - Defensa de saques en corto por parte del rival: prever al menos el mismo número de jugadores que utiliza el equipo rival para sacar en corto.

⑥ **B** *Cadete de primer año (sub-15)*
- Interpretación, guiada por el cuerpo técnico, de las jugadas de estrategia ofensivas del rival para, si procede, prever estrategias defensivas en los saques de esquina del contrario. Enlazar con Saber competir.
- Estrategia defensiva:
  - Marcaje zonal.

⑦ **B** *Cadete de segundo año (sub-16)*
- Introducción. Capacidad autónoma por parte del jugador para entender e interpretar el planteamiento ofensivo del rival en este tipo de jugadas. Toma de decisiones en función de él. Enlazar con Saber competir.
- Estrategia defensiva:
  - Marcaje zonal.

⑧ **B** *Juvenil de primer año (sub-17)*
- Porteros. Optimizar la capacidad de comunicación:
  - Voz de mando.
  - Organización de la estrategia defensiva.
  - Enlazar con Porteros + defensas (defensivo).
- Capacidad autónoma por parte del jugador para entender e interpretar el planteamiento ofensivo del rival en este tipo de jugadas. Toma de decisiones en función de él. Enlazar con Saber competir.
- Bloqueos. Pautas para contrarrestar los bloqueos ofensivos del rival. Enlazar con Saque de falta defensivo.
- Estudio y análisis de las jugadas de estrategia del rival por parte del cuerpo técnico y diseño de estrategias defensivas que permitan contrarrestarlas.

⊕ **R** *Juvenil de segundo año (sub-18) – Juvenil de tercer año (sub-19)*
- Estudio y análisis de las jugadas de estrategia del rival por parte del cuerpo técnico y diseño de estrategias defensivas que permitan contrarrestarlas.

6.5.2.3. SAQUE DE BANDA DEFENSIVO

(in) **C**   *Benjamín de primer año (sub-9)*
- Conocer las normas del saque de banda en lo relativo a la distancia que hay que mantener respecto al jugador que efectúa el lanzamiento. Enlazar con Reglas de juego.
- Marcar a los rivales entre el balón y la propia portería, lo que implica muchas veces hacerlo en diagonal y no simplemente por detrás, como suele ser la tendencia natural del jugador. Enlazar con Marcaje. GRÁFICO 151.

- No colocar las manos sobre el rival. Aunque no se ejerza fuerza, el árbitro puede pitar falta. Enlazar con Marcaje.

① **B**   *Benjamín de segundo año (sub-10)*
- Presionar arriba del todo, siempre, los saques de banda del rival en cualquier parte del campo.
    - Los delanteros y los centrocampistas de banda son los jugadores responsables de liderar al equipo en ese movimiento de presión.

② **C**   *Alevín de primer año (sub-11)*
- No hay objetivos nuevos en esta etapa.

③ **B**   *Alevín de segundo año (sub-12)*
- Prever el marcaje del jugador que realiza el saque de banda, sea cual sea la zona del campo donde lo ejecute. GRÁFICO 152.

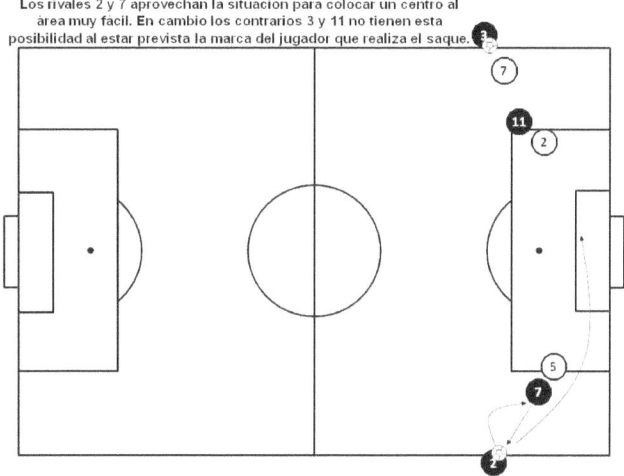

④ **C**   *Infantil de primer año (sub-13)*
- No hay objetivos nuevos en esta etapa.

⑤ **C**   *Infantil de segundo año (sub-14)*
- No hay objetivos nuevos en esta etapa.

⑥ **C**   *Cadete de primer año (sub-15)*
- Interpretación, guiada por el cuerpo técnico, de las jugadas de estrategia ofensivas del rival para, si procede, prever estrategias defensivas en los saques de banda del rival. Enlazar con Saber competir.

⑦ **C**   *Cadete de segundo año (sub-16)*
- Introducción. Capacidad autónoma por parte del jugador para entender e interpretar el planteamiento ofensivo del rival en este tipo de jugadas. Toma de decisiones en función de él. Enlazar con Saber competir.
- Bloqueos. Pautas para contrarrestar los bloqueos ofensivos del rival. Enlazar con Saque de falta defensivo.

⑧ **C**   *Juvenil de primer año (sub-17)*
- Capacidad autónoma por parte del jugador para entender e interpretar el planteamiento ofensivo del rival en este tipo de jugadas. Toma de decisiones en función de él. Enlazar con Saber competir.
- Estudio y análisis de las jugadas de estrategia del rival por parte del cuerpo técnico y, si procede, diseño de estrategias defensivas que permitan contrarrestarlas.

⊕ **R**   *Juvenil de segundo año (sub-18) – Juvenil de tercer año (sub-19)*
- Estudio y análisis de las jugadas de estrategia del rival por parte del cuerpo técnico y, si procede, diseño de estrategias defensivas que permitan contrarrestarlas.

6.5.2.4. SAQUE DE CENTRO DEFENSIVO

⓪ **C**   *Benjamín de primer año (sub-9)*
- Conocer, desde un punto de vista práctico y aplicado al juego, la regla del saque de centro. Enlazar con Reglas de juego.
- Pressing total en todos los saques de centro del rival.

① **C**   *Benjamín de segundo año (sub-10)*
- No hay objetivos nuevos en esta etapa.

② **C**   *Alevín de primer año (sub-11)*
- No hay objetivos nuevos en esta etapa.

③ **C**   *Alevín de segundo año (sub-12)*
- No hay objetivos nuevos en esta etapa.

④ **C**   *Infantil de primer año (sub-13)*
- Pressing total de los jugadores más adelantados y vigilancia defensiva en las zonas más alejadas al balón, ante posibles pases largos por parte del rival. Enlazar con Juego aéreo y zonas de rechace.

⑤ **C**   *Infantil de segundo año (sub-14)*
- No hay objetivos nuevos en esta etapa.

⑥ **C**   *Cadete de primer año (sub-15)*
- Interpretación, guiada por el cuerpo técnico, de las jugadas de estrategia ofensivas del rival para, si procede, prever estrategias defensivas en los saques de centro del contrario. Enlazar con Saber competir.

⑦ **C**   *Cadete de segundo año (sub-16)*
- Introducción. Capacidad autónoma por parte del jugador para entender e interpretar el planteamiento ofensivo del rival en este tipo de jugadas. Toma de decisiones en función de él. Enlazar con Saber competir.

⑧ **C**   *Juvenil de primer año (sub-17)*
- Capacidad autónoma por parte del jugador para entender e interpretar el planteamiento ofensivo del rival en este tipo de jugadas. Toma de decisiones en función de él. Enlazar con Saber competir.

⊕ **R**   *Juvenil de segundo año (sub-18) – Juvenil de tercer año (sub-19)*
- Estudio y análisis de las jugadas de estrategia del rival por parte del cuerpo técnico y, si procede, diseño de estrategias defensivas que permitan contrarrestarlas.

6.5.2.5. SAQUE DE FALTA DEFENSIVO

⑩ **B**   *Benjamín de primer año (sub-9)*
- Conocer, desde un punto de vista práctico y aplicado al juego, la regla del saque de falta. Enlazar con Reglas de juego.
- Automatizar que, tras haber cometido una falta en cualquier parte del campo, el jugador más cercano, sin dar la espalda al balón, se coloca cerca de él para disuadir del saque rápido por parte del rival. El resto del equipo, sin dar la espalda al balón, realizará un rápido repliegue. Enlazar con Saber competir.
- Pautas básicas en la colocación de las barreras en las faltas cercanas al área propia:
  - Portero. Voz de mando. Es el responsable de organizar la estrategia defensiva en un saque de falta, dentro del terreno de juego.
  - Estrategia defensiva. Pautas básicas sobre el número de jugadores que deben componer la barrera, en función de la proximidad y de la situación del balón.
    - Faltas laterales: colocar el mismo número de jugadores en la barrera que el rival utiliza para realizar el saque.

- Faltas frontales: 1 – 2 – 3 – 4 jugadores en función de la peligrosidad que estime el portero.
    - La barrera sólo se coloca cuando el equipo rival ha solicitado la medición de la distancia y el árbitro ha detenido el juego:
        - Identificar al jugador que debe marcar la barrera mirando al portero.
        - El resto de los jugadores no debe formar una curva descendente, sino un bloque homogéneo.
    - Actitud de los jugadores de la barrera:
        - No moverse, no darse la vuelta.
        - Posición básica para protegerse ante un balonazo sin hacerse daño, sin cometer penalti y sin dejar pasar el balón.
- Faltas laterales:
    - Posicionamiento básico de los jugadores en este tipo de jugadas.
    - Marcaje combinado:
        - Zona.
        - Individual. Enlazar con Marcaje.

① C *Benjamín de segundo año (sub-10)*
- No hay objetivos nuevos en esta etapa.

② C *Alevín de primer año (sub-11)*
- Porteros. Además de la organización de la barrera, organización de las marcas en las jugadas a balón parado defensivas:
    - Voz de mando.
    - Pautas básicas para repartir los marcajes.
    - Enlazar con Porteros + defensas (defensivo).
- Formación de las barreras en las faltas frontales a la propia portería:
    - Si la falta es indirecta, prever qué jugadores permanecerán inmóviles en la barrera y cuáles intentarán reducir los espacios para el lanzador saliendo a su encuentro.
    - Actitud de los jugadores de la barrera: no moverse, no agacharse, no saltar.
- Faltas frontales a la propia portería (resueltas por el rival con tiro a puerta). Ir al rechace desde el primer momento, acompañando al portero, sea cual sea la trayectoria inicial del tiro a puerta del rival.
- Faltas laterales:
    - Marcaje combinado:

- Zona.
    - Al menos, un jugador en zona:
    - En la zona de rechace.
    - En la corta.
- Individual. Enlazar con Marcaje.

③ C   *Alevín de segundo año (sub-12)*
- No hay objetivos nuevos en esta etapa.

④ C   *Infantil de primer año (sub-13)*
- Porteros. Faltas en contra:
    - Diferenciar si el lanzador es diestro o zurdo e interpretar otro tipo de pistas (por ejemplo, si suben al área o no los defensas más altos) para intuir si la jugada consistirá en un golpeo directo a puerta o en un centro al área (la estrategia defensiva variará ampliamente). Enlazar con Porteros + defensas (defensivo).
    - Saque de falta directo. Colocación de la barrera en función de si el lanzador es diestro o zurdo y, por lo tanto, si puede colocar el balón por el interior o por el exterior de la barrera. GRÁFICO 154.

Los jugadores rivales número 8 y 10 son diestros.
La colocación de la barrera por parte del portero difiere sensiblemente.

- Faltas laterales. Estrategia defensiva:
    - Posicionamiento vertical de la línea defensiva:
        - Marcar un límite del que la línea no puede retroceder:
            - Un límite lo suficientemente adelantado como para no obstruir la salida del portero y facilitar la labor de los rematadores rivales.
            - Un límite lo suficientemente retrasado como para que los defensas no defiendan casi de espaldas, dificultando enormemente las marcas.

- Introducción al movimiento coordinado de la línea defensiva para retrasar su posición vertical unos metros justo antes del golpeo, con el fin de atacar al balón de frente y no en carrera de espaldas.
- GRÁFICO 155.

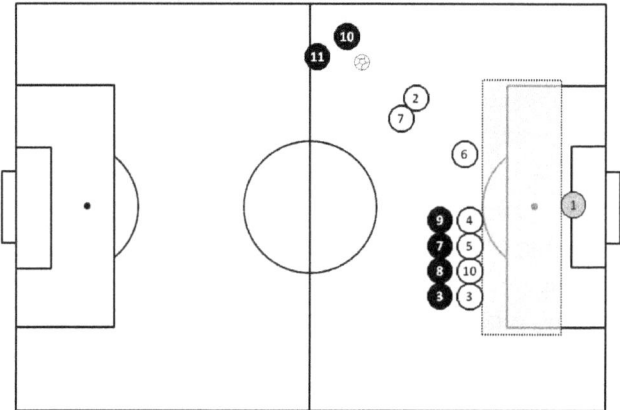

La posición vertical de la línea defensiva despeja el espacio del área para que el portero pueda intervenir sin obstáculos.

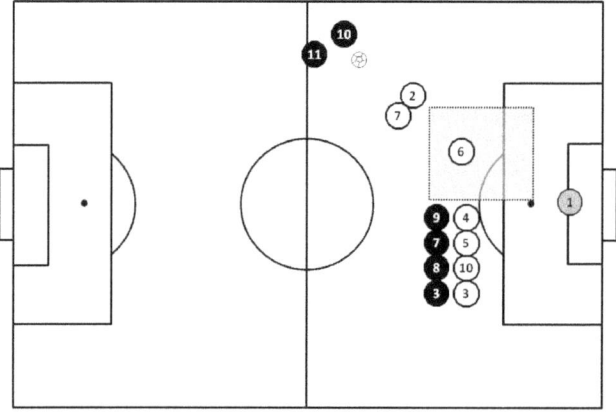

El jugador número 6 está colocado 'a la corta', preparado para intervenir si el rival intenta algún tipo de jugada de estrategia ocupando el espacio sombreado.

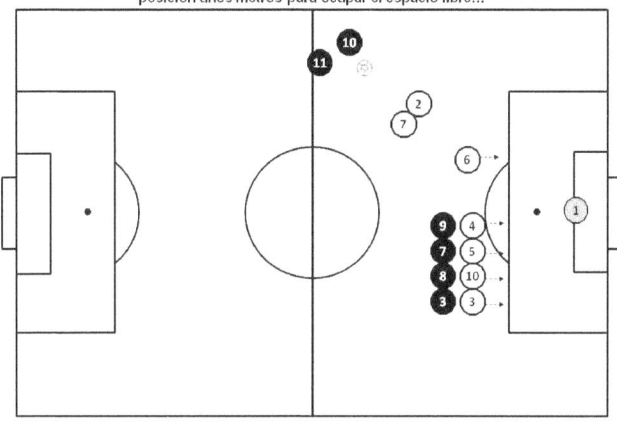

De forma coordinada, justo antes del saque, los jugadores deberán retrasar su posición unos metros para ocupar el espacio libre...

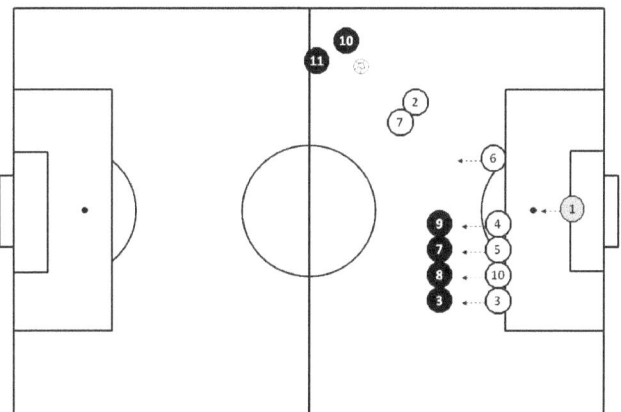

...y atacar así el balón de frente, con ventaja sobre los rivales a los que están marcando.

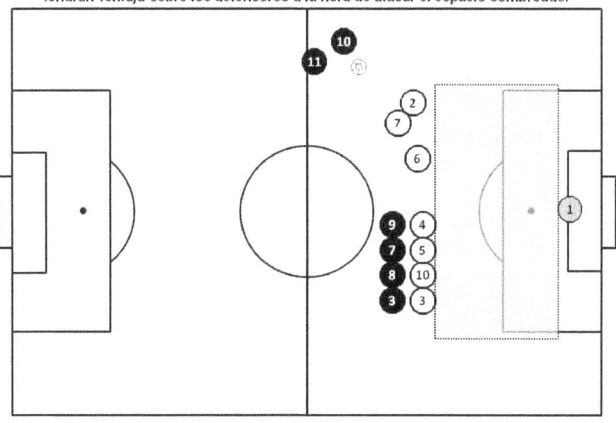

En este ejemplo, la línea defensiva está excesivamente adelantada y los atacantes tendrán ventaja sobre los defensores a la hora de atacar el espacio sombreado.

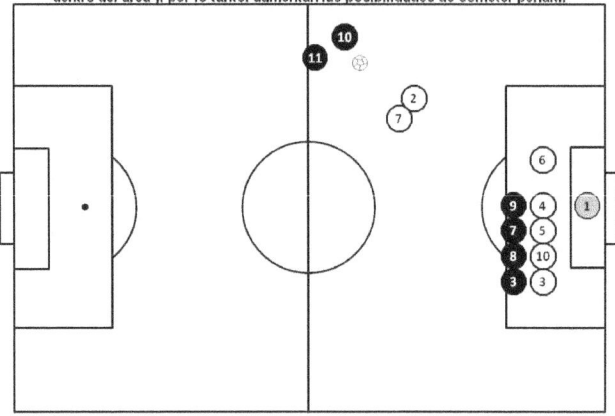

En este ejemplo, la línea defensiva se encuentra excesivamente retrasada y, dentro del área, dificulta la intervención del portero y favorece la confusión y la aparición de rechaces, lo que juega a favor del rival. Todo ello, sin olvidar el hecho de que cualquier contacto será dentro del área y, por lo tanto, aumentan las posibilidades de cometer penalti.

⑤ **C**   *Infantil de segundo año (sub-14)*
- Faltas laterales.
    - Juego aéreo y marcaje a balón parado. Enlazar con Marcaje.
    - Marcaje combinado:
        - Zona.
            - Al menos, un jugador en zona:
            - En la zona de rechace.
            - En la corta.
        - Individual. Enlazar con Marcaje.
- Estrategia defensiva:
    - A la hora de establecer el número de jugadores que defiende y el que queda reservado para el contraataque, tener en cuenta que los jugadores situados en la barrera pueden ser jugadores ofensivos tan pronto como el balón les supere.

⑥ **B**   Cadete de primer año (sub-15)
- Faltas laterales. Estrategia defensiva:
    - Marcaje combinado:
        - Zona.
            - Al menos, un jugador en zona:
            - En la zona de rechace.
            - En la corta.
        - Individual. Enlazar con Marcaje.
    - Línea defensiva adelantada y dinámica (no estática):
        - Adelantado punto de partida de la línea defensiva, con el fin de alejar a los jugadores rivales de la zona de remate.

- Optimizar el movimiento coordinado de repliegue en el momento previo al saque, sin perder las referencias de marcaje, con el objetivo de atacar al balón de frente.
- Papel activo del portero en el espacio que existe entre la portería y la línea defensiva.
- Ver gráfico 155.
  o Introducir el marcaje zonal.
- Bloqueos. Pautas para contrarrestar los bloqueos ofensivos del rival. Enlazar con Saque de esquina defensivo. GRÁFICO 156.

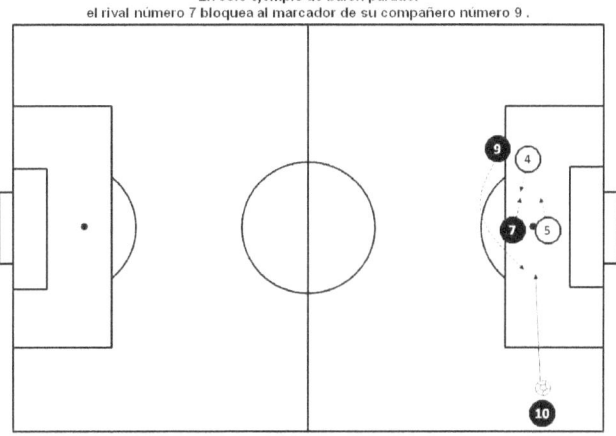

En este ejemplo de balón parado, el rival número 7 bloquea al marcador de su compañero número 9.

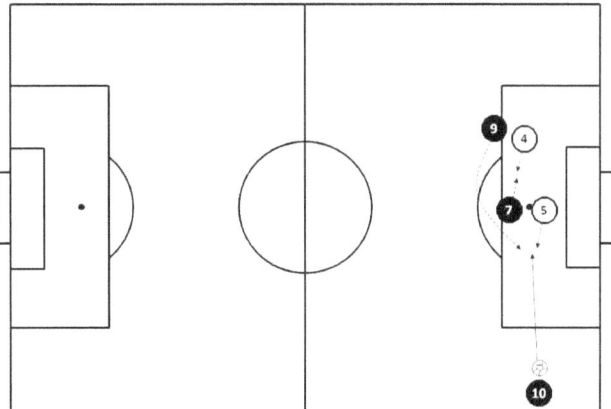

Si el jugador número 5 es capaz de entender lo que está pasando, podrá tomar la decisión de abandonar el marcaje del rival número 7 para seguir al número 9. En definitiva, se habría producido un intercambio de marcas.

- Interpretación, guiada por el cuerpo técnico, de las jugadas de estrategia ofensivas del rival para, si procede, prever estrategias defensivas específicas en los saques de falta del contrario. Enlazar con Saber competir.

⑦ **B**   Cadete de segundo año (sub-16)
- Faltas laterales. Estrategia defensiva:
    o Marcaje zonal:
- Introducción. Capacidad autónoma por parte del jugador para entender e interpretar el planteamiento ofensivo del rival en este tipo de jugadas. Toma de decisiones en función de él. Enlazar con Saber competir.

⑧ **B**   Juvenil de primer año (sub-17)
- Porteros. Optimizar la capacidad de comunicación:
    o Voz de mando.
    o Organización de la estrategia defensiva.
    o Enlazar con Porteros + defensas (defensivo).
- Capacidad autónoma por parte del jugador para entender e interpretar el planteamiento ofensivo del rival en este tipo de jugadas. Toma de decisiones en función de él. Enlazar con Saber competir.
- Estudio y análisis de las jugadas de estrategia del rival por parte del cuerpo técnico y, si procede, diseño de estrategias defensivas que permitan contrarrestarlas.
    o Faltas laterales. Rendimiento. Posicionamiento vertical de la línea defensiva (más adelantada o más retrasada) en función de:
        - Nivel de los porteros en el juego aéreo. Adelantar la línea tiene sentido si el portero es capaz de salir y aprovechar el espacio libre dentro del área: a más nivel del portero en el juego aéreo, aumentan las posibilidades de adelantar más la línea.
        - Nivel de los defensas en el juego aéreo en comparación con los atacantes rivales: si el balance es desfavorable, mayor motivo para adelantar la línea y suplir mediante la estrategia defensiva las carencias en los apartados técnico y físico.
        - Nivel táctico de los jugadores para coordinar con éxito el movimiento colectivo de retrasar unos metros la posición vertical de la defensa con el fin de atacar al balón de frente y no corriendo de espaldas. Si este movimiento no es eficaz, adelantar la línea puede convertirse en un inconveniente más que en una ventaja.
        - Ver gráfico 155.

⊕ ■   Juvenil de segundo año (sub-18) – Juvenil de tercer año (sub-19)
- Estudio y análisis de las jugadas de estrategia del rival por parte del cuerpo técnico y, si procede, diseño de estrategias defensivas que permitan contrarrestarlas.

6.5.2.6. SAQUE DE PENALTI DEFENSIVO

Contrarrestar los lanzamientos de penalti del rival depende en un porcentaje casi total de la actuación del portero. Entendiendo que los factores entrenables en ese ámbito pertenecen al campo de la técnica individual del portero (de la cual no se ocupa este libro), nos centraremos sólo en el entrenamiento del resto de conceptos que, partiendo del fallo en el lanzamiento inicial, pueden ayudar a conseguir que la jugada no termine en gol.

⑩ C   Benjamín de primer año (sub-9)
- Conocer, desde un punto de vista práctico y aplicado al juego, la regla del penalti:
    - Durante el desarrollo de un partido.
    - En una tanda de penaltis.
    o Enlazar con Reglas de juego.
- Posicionamiento básico en la zona de rechace.

① C   Benjamín de segundo año (sub-10)
- No hay objetivos nuevos en esta etapa.

② C   Alevín de primer año (sub-11)
- No hay objetivos nuevos en esta etapa.

③ C   Alevín de segundo año (sub-12)
- No hay objetivos nuevos en esta etapa.

④ C   Infantil de primer año (sub-13)
- No hay objetivos nuevos en esta etapa.

⑤ C   Infantil de segundo año (sub-14)
- No hay objetivos nuevos en esta etapa.

⑥ C   Cadete de primer año (sub-15)
- No hay objetivos nuevos en esta etapa.

⑦ **C**   Cadete de segundo año (sub-16)
- Optimizar la colocación en la zona de rechace en un tiro de penalti (durante el desarrollo del partido):
    o Rechace frontal, rechace por derecha y rechace por izquierda.
    o Rechace largo y rechace corto.
    o Perfil de rechace (diestro y zurdo).
    o Jugadores más adelantados:
        ▪ Vigilancia ofensiva.
        ▪ Preparación del contraataque.

⊕ **R**   Juvenil de primer año (sub-17) – Juvenil de tercer año (sub-19)
- Rendimiento. El entrenamiento y la estrategia del Saque de penalti defensivo se planifica en función de los objetivos pendientes de años anteriores, de las necesidades de la competición y con el objetivo de generar rendimiento.

6.6. OTROS CONCEPTOS

6.6.1. Sistemas de juego

Utilizaremos, en lo relativo a los sistemas de juego, la siguiente nomenclatura:

- Sistema de juego de base: sería el sistema de juego que el equipo utiliza de forma habitual y el que le define en circunstancias normales.

- Sistema de juego ofensivo: sería el sistema de juego que el equipo utiliza cuando decide variar su posicionamiento, con el fin de incrementar sus opciones de generar ocasiones de gol.

- Sistema de juego defensivo: sería el sistema de juego que el equipo utiliza cuando decide variar su posicionamiento, con el fin de disminuir las opciones del equipo rival para generar ocasiones de gol.

- Sistema de juego de 10 jugadores: sería el sistema de juego que el equipo utiliza cuando cuenta con menos de 11 jugadores. Podrá ser, igualmente:
    o De base.
    o Ofensivo.
    o Defensivo.

- En todos estos sistemas de juego estarían incluidas sus variantes ofensivas y defensivas: por ejemplo, el sistema de juego de base puede ser un 1-4-3-3 en ataque y un 1-4-1-4-1 en defensa.

(in) **C**   Prebenjamín (sub-8)
- Un sistema de juego de base para todo el año.

① **C**   Benjamín de primer año (sub-9)
- Un sistema de juego de base para todo el año.

② **C**   Benjamín de segundo año (sub-10)
- Un sistema de juego de base para todo el año.

③ **C**   Alevín de primer año (sub-11)
- Un sistema de juego de base para todo el año.

④ **C**   Alevín de segundo año (sub-12)
- Entrenar y utilizar durante la competición, en función de las circunstancias:
    - Un sistema de juego de base.
    - Un sistema de juego de 10 jugadores:
        - De base.
- Introducir al jugador en la elección y gestión de los sistemas de juego de forma autónoma: decisión en entrenamientos del sistema de juego que emplear en juegos modificados y ubicación de los jugadores.

⑤ **C**   Infantil de primer año (sub-13)
- Entrenar y utilizar durante la competición, en función de las circunstancias:
    - Un sistema de juego de base.
    - Un sistema de juego ofensivo.
    - Un sistema de juego de 10 jugadores:
        - De base.
        - Ofensivo.

⑥ **B**   Infantil de segundo año (sub-14)
- Entrenar y utilizar durante la competición, en función de las circunstancias:
    - Un sistema de juego de base.
    - Un sistema de juego ofensivo.
    - Un sistema de juego de 10 jugadores:
        - De base.

- Ofensivo.

⑦ **A**   Cadete de primer año (sub-15)
- Entrenar y utilizar durante la competición, en función de las circunstancias:
    - Un sistema de juego de base.
    - Un sistema de juego ofensivo.
    - Un sistema de juego defensivo.
    - Un sistema de juego de 10 jugadores:
        - De base.
        - Ofensivo.
        - Defensivo.

⑧ **A**   Cadete de segundo año (sub-16)
- Entrenar y utilizar durante la competición, en función de las circunstancias:
    - Uno o varios sistemas de juego de base, en función de la competición.
    - Un sistema de juego ofensivo.
    - Un sistema de juego defensivo.
    - Un sistema de juego de 10 jugadores:
        - De base.
        - Ofensivo.
        - Defensivo.
- Optimizar la capacidad del jugador en la elección y gestión de los sistemas de juego de forma autónoma: decisión en entrenamientos del sistema de juego que emplear en juegos modificados y ubicación de los jugadores, en función de las circunstancias del juego.

⑨ **A**   Juvenil de primer año (sub-17)
- Entrenar y utilizar durante la competición, en función de las circunstancias:
    - Uno o varios sistemas de juego de base, en función de la competición.
    - Un sistema de juego ofensivo.
    - Un sistema de juego defensivo.
    - Un sistema de juego de 10 jugadores:
        - De base.
        - Ofensivo.
        - Defensivo.

◉ 🅁   Juvenil de segundo año (sub-18) – Juvenil de tercer año (sub-19)
- El planteamiento y el entrenamiento de los sistemas de juego se realiza en función de la competición, con el objetivo de generar rendimiento.

6.6.2. Polivalencia

①   Prebenjamín (sub-8)
- En los entrenamientos y en la competición (si la hay), todos los niños juegan en todas las posiciones, incluso en la de portero e incluidos los zurdos en la derecha y los diestros en la izquierda.

②   Benjamín de primer año (sub-9)
- En los entrenamientos, todos los niños juegan en todas las posiciones, incluso en la de portero e incluidos los zurdos en la derecha y los diestros en la izquierda.
- En la competición, el único especialista absoluto es el portero. El resto de los jugadores debe pasar por todas las demarcaciones a lo largo de la temporada, estableciendo un sistema en forma de rueda, similar al que se utiliza en voleibol.

③   Benjamín de segundo año (sub-10)
- En los entrenamientos, todos los niños juegan en todas las posiciones, incluso en la de portero e incluidos los zurdos en la derecha y los diestros en la izquierda.
- En la competición, el único especialista absoluto es el portero. El resto de los jugadores deberá disputar como máximo el 50% de sus minutos totales en una misma demarcación.

④   Alevín de primer año (sub-11)
- Tanto en los entrenamientos como en la competición, los jugadores de campo disputarán como máximo el 60% de sus minutos totales en una misma demarcación.

⑤   Alevín de segundo año (sub-12)
- Tanto en los entrenamientos como en la competición, los jugadores de campo disputarán como máximo el 70% de sus minutos totales en una misma demarcación.

⑥ Infantil de primer año (sub-13)
- Tanto en los entrenamientos como en la competición, los jugadores de campo disputarán como máximo el 80% de sus minutos totales en una misma demarcación.

⑦ Infantil de segundo año (sub-14)
- Tanto en los entrenamientos como en la competición, los jugadores de campo disputarán como máximo el 80% de sus minutos totales en una misma demarcación.

⊕ Cadete de primer año (sub-15) - Juvenil de tercer año (sub-19)
- La polivalencia del jugador será una herramienta al servicio de las necesidades del equipo en la competición.

6.6.3. Participación en la competición

① Prebenjamín (sub-8)
- La recomendación es que los prebenjamines no participen en una competición oficial. Ésta implica exigencias de tipo táctico derivadas de la búsqueda de un resultado, que son contraproducentes para la experimentación de acciones técnicas o tácticas y su asimilación. Se trata de una edad en la que es positivo el aprendizaje del fútbol sin un contexto de competición.
- En el caso de que se participe en una competición oficial:
  - Modalidad de fútbol-5.
  - Cada jugador deberá disputar como mínimo el 50% de los minutos que esté disponible.

② Benjamín de primer año (sub-9)
- Modalidad de fútbol-7.
- Cada jugador deberá disputar como mínimo el 50% de los minutos que esté disponible.

③ Benjamín de segundo año (sub-10)
- Modalidad de fútbol-7.
- Cada jugador deberá disputar como mínimo el 50% de los minutos que esté disponible.

④ Alevín de primer año (sub-11)
- Modalidad de fútbol-8.

- Cada jugador deberá disputar como mínimo el 40% de los minutos que esté disponible.

⑤   Alevín de segundo año (sub-12)
- Modalidad de fútbol-8.
- Cada jugador deberá disputar como mínimo el 40% de los minutos que esté disponible.

⑥   Infantil de primer año (sub-13)
- Modalidad de fútbol-11.
- Cada jugador deberá disputar como mínimo el 30% de los minutos que esté disponible.

⑦   Infantil de segundo año (sub-14)
- Modalidad de fútbol-11.
- Cada jugador deberá disputar como mínimo el 30% de los minutos que esté disponible.

⑧   Cadete de primer año (sub-15)
- Modalidad de fútbol-11.
- Cada jugador deberá disputar como mínimo el 30% de los minutos que esté disponible.

⑨   Cadete de segundo año (sub-16)
- Modalidad de fútbol-11.
- Cada jugador deberá disputar como mínimo el 25% de los minutos que esté disponible.

①   Juvenil de primer año (sub-17)
- Modalidad de fútbol-11.
- Cada jugador deberá disputar como mínimo el 20% de los minutos que esté disponible.

①   Juvenil de segundo año (sub-18)
- Modalidad de fútbol-11.
- Cada jugador deberá disputar como mínimo el 15% de los minutos que esté disponible.

①   Juvenil de tercer año (sub-19)
- Modalidad de fútbol-11.

- Cada jugador deberá disputar como mínimo el 10% de los minutos que esté disponible.

6.6.4. Reglas de juego

El aprendizaje de las reglas de juego se llevará a cabo desde un punto de vista práctico y aplicado al juego, siempre presentándolo desde el punto de vista desde el que las contempla el jugador.

Las reglas de juego que llamaremos elementales son aquéllas normas (incluyendo de forma prioritaria los aspectos prácticos que llevan asociados, como por ejemplo saber que un tiro libre directo se puede sacar rápidamente sin necesidad de que el árbitro dé permiso para ello o que el simple hecho de poner las manos sobre la espalda de un rival puede ser sancionado con falta sin necesidad de haberle empujado) que el futbolista necesita conocer de forma imprescindible para jugar:

- Limites del terreno de juego, áreas, privilegios y limitaciones del portero.
- Infracciones: faltas e infracciones por jugar con las manos. Penaltis.
- Normas de los distintos saques a balón parado: saques de banda, tiros libres directos e indirectos (ofensivos y defensivos).
- Sanciones disciplinarias: advertencias y tarjetas.
- Comunicación con el árbitro: dónde se encuentran los límites.

Las reglas de juego que llamaremos de Fase 2 son aquéllas que permitirán al jugador tener un conocimiento más profundo y especializado del reglamento, con el fin de obtener un mayor rendimiento, dentro de los límites de la deportividad.

Un objetivo común para todas las edades será el conocimiento práctico de las novedades que cada temporada se introducen en relación con las reglas de juego.

(In) C   Prebenjamín (sub-8)
- Introducción a todas las reglas del juego, en los partidos de entrenamiento.

① C   Benjamín de primer año (sub-9)
- Conocer, desde un punto de vista práctico y aplicado al juego, las reglas de juego elementales. El objetivo es no cometer infracciones por desconocimiento.

- En el caso de los saques, repetir y corregir los errores, puesto que el fin es formativo. Enlazar con todas las acciones del saque a balón parado.

② **B** Benjamín de segundo año (sub-10)
- No hay objetivos nuevos en esta etapa.

③ **C** Alevín de primer año (sub-11)
- Optimizar el conocimiento de las reglas de juego elementales y minimizar todo lo posible las infracciones por desconocimiento.
- Continuar corrigiendo los saques mal ejecutados, pero el infractor perderá la posesión.
- Palabras y expresiones que no permite el reglamento (por ejemplo, gritar '¡mía!'). Enlazar con Hábitos de comunicación.

④ **C** Alevín de segundo año (sub-12)
- No hay objetivos nuevos en esta etapa.

⑤ **C** Infantil de primer año (sub-13)
- No hay objetivos nuevos en esta etapa.

⑥ **C** Infantil de segundo año (sub-14)
- No hay objetivos nuevos en esta etapa.

⑦ **C** Cadete de primer año (sub-15)
- Partiendo de un grado de conocimiento alto de las reglas de juego elementales, su cumplimiento puede ser manejado por el jugador de forma consciente para, dentro de unos límites de comportamiento deportivo, obtener rendimiento en la competición. Enlazar con Rendimiento y con Saber competir.
- Introducción a las reglas de juego de Fase 2.

⑧ **C** Cadete de segundo año (sub-16)
- No hay objetivos nuevos en esta etapa.

⑨ **B** Juvenil de primer año (sub-17)
- No hay objetivos nuevos en esta etapa.

⊕ **R** Juvenil de segundo año (sub-18) – Juvenil de tercer año (sub-19)
- El conocimiento y gestión de las normas de juego elementales y de Fase 2 en el desarrollo de un partido tiene como objetivo generar

rendimiento en la competición. Enlazar con Rendimiento y con Saber competir.

6.6.5. Entrenamiento individual

No olvidemos que el objetivo es individual, por supuesto a través de un medio que es colectivo. En última instancia, queremos que futbolistas de la cantera (el mayor número posible) alcancen el mayor nivel posible y eso implica una dimensión individual (promocionará Diego o Abel o Marcos o Ángel y no el Juvenil B o el Juvenil A). Por lo tanto, la detección de fortalezas y debilidades individuales y su potenciación (en el primer caso) o su corrección (en el caso de las debilidades) será un aspecto fundamental en el proceso de formación de futbolistas.

(in) B   Benjamín de primer año (sub-9)
- Detección de carencias individuales en cualquier ámbito (técnico, táctico, físico, psicológico, etc...) y desarrollo de entrenamientos individuales específicos para corregirlas o mejorarlas.
- Detección de fortalezas individuales en cualquier ámbito y desarrollo de entrenamientos individuales específicos para potenciarlas.

① B   Benjamín de segundo año (sub-10)
- Continuidad de los objetivos descritos.

② B   Alevín de primer año (sub10)
- Continuidad de los objetivos descritos.

③ A   Alevín de segundo año (sub11)
- Continuidad de los objetivos descritos.

④ A   Infantil de primer año (sub12)
- Continuidad de los objetivos descritos.

⑤ A   Infantil de segundo año (sub13)
- Continuidad de los objetivos descritos.

⑥ A   Cadete de primer año (sub14)
- Continuidad de los objetivos descritos.

⑦ **B**   Cadete de segundo año (sub15)
- Continuidad de los objetivos descritos.

⑧ **R**   Juvenil de primer año (sub16)
- Corrección de carencias y potenciación de fortalezas individuales, en función de las exigencias de la competición.

⑨ **R**   Juvenil de segundo año (sub17)
- Continuidad de los objetivos descritos.

① **R**   Juvenil de tercer año (sub18)
- Continuidad de los objetivos descritos.

6.6.6. Rendimiento

Aunque la exigencia de resultados dentro de la competición siempre estará presente en entrenamientos y partidos, en cualquier categoría y edad, como el objetivo final del desarrollo individual y colectivo de los jugadores y los equipos, su introducción debe ser paulatina, con el paso de los años.

Si no se controla bien, la demanda de resultados a un grupo de jugadores puede terminar dejando en un segundo plano los objetivos formativos, por lo que medir esa exigencia se convierte en algo prioritario.

A esa demanda de resultados le llamaremos aquí Rendimiento y podría ser entendido este factor pensando en siguiente pregunta: 'si hubiera que elegir, ¿es preferible que el equipo realice un buen partido, en el que alcance los objetivos formativos propuestos hasta ahora, y que pierda o que gane aunque no haya realizado un buen encuentro en términos generales?'.

Rendimiento no es la exigencia que vamos a pedir a los jugadores para que se apliquen con intensidad y concentración en las tareas. Ni siquiera es la demanda de éxito que vamos a pedir en la competición para alcanzar los objetivos que habían sido propuestos. Todo ello estaría dentro de lo que entenderíamos como formación.

Vinculamos Rendimiento exclusivamente a la obtención de resultados. Rendimiento es el grado de orientación a resultados que vamos a dar y a exigir a los jugadores, siendo capaces, tanto técnicos como futbolistas, de leer las circunstancias del encuentro, del rival, del contexto, para realizar, si procede, adaptaciones puntuales que permitan competir en mejores condiciones y acercarse a la obtención de la victoria.

⓪ **C**   Prebenjamín (sub-8)
- La proporción entre formación y Rendimiento será:
    - Formación: 95%.
    - Rendimiento: 5%.

① **C**   *Benjamín de primer año (sub-9)*
- La proporción entre formación y Rendimiento será:
    - Formación: 90%.
    - Rendimiento: 10%.

② **C**   Benjamín de segundo año (sub-10)
- La proporción entre formación y Rendimiento será:
    - Formación: 85%.
    - Rendimiento: 15%.

③ **C**   Alevín de primer año (sub-11)
- La proporción entre formación y Rendimiento será:
    - Formación: 80%.
    - Rendimiento: 20%.

④ **C**   Alevín de segundo año (sub-12)
- La proporción entre formación y Rendimiento será:
    - Formación: 75%.
    - Rendimiento: 25%.

⑤ **C**   Infantil de primer año (sub-13)
- La proporción entre formación y Rendimiento será:
    - Formación: 70%.
    - Rendimiento: 30%.

⑥ **B**   Infantil de segundo año (sub-14)
- La proporción entre formación y Rendimiento será:
    - Formación: 65%.
    - Rendimiento: 35%.

⑦ **B**   Cadete de primer año (sub-15)
- La proporción entre formación y Rendimiento será:
    - Formación: 60%.
    - Rendimiento: 40%.

⑧ **B**   Cadete de segundo año (sub-16)
- La proporción entre formación y Rendimiento será:
    - Formación: 50%.
    - Rendimiento: 50%.

⑨ **A**   Juvenil de primer año (sub-17)
- La proporción entre formación y Rendimiento será:
    - Formación: 40%.
    - Rendimiento: 60%.

① **A**   Juvenil de segundo año (sub-18)
- La proporción entre formación y Rendimiento será:
    - Formación: 30%.
    - Rendimiento: 70%.

① **A**   Juvenil de tercer año (sub-19)
- La proporción entre formación y Rendimiento será:
    - Formación: 20%.
    - Rendimiento: 80%.

6.6.7. Sociedades

Por sociedades, entendemos grupos, normalmente de dos jugadores, que se entienden de una forma especialmente positiva dentro del terreno de juego. En las edades tempranas, el foco estará centrado en observar y detectar esas asociaciones espontáneas. Más adelante, el cuerpo técnico intervendrá de forma activa para potenciarlas.

⑩ **C**   Benjamín de primer año (sub-9)
- Observar y detectar las posibles sociedades espontáneas entre los jugadores del equipo.

① **C**   Benjamín de segundo año (sub-10)
- No hay objetivos nuevos en esta etapa.

② **C**   Alevín de primer año (sub-11)
- No hay objetivos nuevos en esta etapa.

③ **C**   Alevín de segundo año (sub-12)
- No hay objetivos nuevos en esta etapa.

④ **C**   Infantil de primer año (sub-13)
- Además de observar y detectar las posibles sociedades espontáneas entre jugadores del equipo, intervenir de forma activa para potenciarlas, colocando juntos de manera frecuente a los futbolistas afines en entrenamientos y en partidos.

⑤ **C**   Infantil de segundo año (sub-14)
- No hay objetivos nuevos en esta etapa.

⑥ **C**   Cadete de primer año (sub-15)
- No hay objetivos nuevos en esta etapa.

⑦ **C**   Cadete de segundo año (sub-16)
- Introducir tareas de entrenamiento destinadas a potenciar sociedades entre jugadores.

⑧ **B**   Juvenil de primer año (sub-17)
- No hay objetivos nuevos en esta etapa.

⑨ **B**   Juvenil de segundo año (sub-18)
- No hay objetivos nuevos en esta etapa.

⑩ **R**   Juvenil de tercer año (sub-19)
- Potenciar las sociedades que existan en el equipo, con el objetivo de generar rendimiento.

6.7. CONTENIDOS DE PSICOLOGÍA

6.7.1. Saber competir

⑩ **B**   Benjamín de primer año (sub-9)
- Mentalidad ganadora.
    - No todos los jugadores son ganadores y ambiciosos por naturaleza.
    - La mentalidad ganadora se puede despertar, fomentar y potenciar mediante tareas de entrenamiento en las que exista un ganador y un perdedor.
    - El objetivo será que, por voluntad propia, el jugador no sea conformista, que no juegue sólo por diversión, sin importar el re-

sultado: debe querer ganar en todo lo que haga. Esto luego se trasladará al terreno de juego, durante la competición.
- Los límites de la mentalidad ganadora:
    - El jugador debe darlo todo dentro del campo y esforzarse durante el juego para intentar ganar.
    - Sin embargo, cuando el árbitro pita el final, el resultado es inamovible. Hay que ayudar al jugador a asimilar esta norma indiscutible y a saber separar el tiempo de juego (en el que tiene la oportunidad de influir en el resultado) del que no lo es (en el que ya no hay nada que hacer). Esto está relacionado con la naturaleza del fútbol como juego: no es ni más (ni menos) que un juego.
    - Potenciada y entendida de forma correcta, dentro de sus límites, la mentalidad ganadora sólo generará consecuencias positivas para el equipo. Mal entendida, puede llevar a desviaciones que deriven en comportamientos negativos de los jugadores, como por ejemplo: excesivo nerviosismo, frustración desmesurada ante fallos y derrotas, manifestaciones de violencia o comportamientos individualistas o egoístas.
    - Enlazar con Imagen y responsabilidad.
- La mentalidad ganadora no debe ser una imposición ni una forma de exigencia desmesurada para el jugador. Debe interiorizarla en la medida de lo posible, de acuerdo a su personalidad, y debe servirle para divertirse compitiendo, para disfrutar plenamente del fútbol. Al mismo tiempo, el colectivo saldrá beneficiado con la mentalidad ganadora individual de cada individuo.

- Automatizar que, tras haber cometido una falta en cualquier parte del campo, el jugador más cercano, sin dar la espalda al balón, se coloca cerca de él para disuadir del saque rápido por parte del rival. El resto del equipo, sin dar la espalda al balón, realizará un rápido repliegue. Enlazar con Saque de falta defensivo.

① **B**   Benjamín de segundo año (sub-10)
- Agresividad defensiva. Ir fuerte en todas las acciones. Enlazar con Entrada.
- Fomentar las actitudes valientes cuando la situación es desfavorable o al menos no es favorable. Es preferible un jugador que lo intenta y se equivoca que otro que se acobarda y se esconde.

② **B**   Alevín de primer año (sub-11)
- Introducir el concepto de contundencia: en zonas peligrosas, no siempre hay que quedarse con el balón. Exigencia mínima en esta edad, pero gradualmente creciente durante los tres próximos años (Alevín de segundo año, Infantil de primer año e Infantil de segundo año). Enlazar con Despeje y con Porteros + defensas (defensivo).

③ **B**   Alevín de segundo año (sub-12)
- Toma de decisiones. Tener en cuenta las características de los compañeros a la hora de tomar las decisiones dentro del campo: por ejemplo, realizar los pases dirigidos a la pierna buena de los compañeros o elegir dar un pase al pie o al espacio en función de las características técnicas y la velocidad del compañero que lo va a recibir.
- Introducir al jugador en el análisis personal en el terreno de juego del equipo rival y de sus jugadores, con el fin de ser consciente de sus características ofensivas y defensivas y de tomar decisiones en función de ellas.
- Diferenciar las zonas del campo en función de si es pertinente o no asumir riesgos. Enlazar con Fase de iniciación, con Porteros + defensas (ofensivo), con Centrocampistas (ofensivo) y con Delanteros (ofensivo).

④ **B**   Infantil de primer año (sub-13)
- Mentalidad ganadora:
  - Independientemente del planteamiento táctico, el equipo en colectivo y los jugadores de forma individual deben tener la voluntad de ser protagonistas en el juego, de imponer su planteamiento y de ser mejores que el rival. Eso implica ambición, proactividad y amor propio.
  - La actitud tras conseguir un gol debe ser buscar otro, independientemente del resultado.
- Esfuerzo continuo. Los partidos duran hasta que el árbitro pita el final:
  - Ningún encuentro se da por perdido hasta que el partido concluye.
  - Ningún encuentro se da por ganado hasta que finaliza.
  - Gestión de resultados engañosos:
    - Los resultados de dos o más goles, que parecen sentenciar un partido y que conducen a la relajación, se convierten con mucha facilidad en marcadores apretados que dan alas al equipo que iba por detrás y lo daba todo por

perdido, y crean muchas dudas en el que iba por delante y ya pensaba en el partido siguiente.

⑤ **B** Infantil de segundo año (sub-14)
- Ayudar al jugador a gestionar durante el partido la ansiedad de ir por detrás en el marcador. Debe ser consciente de que el rival perderá tiempo y bajará el ritmo del juego. Está en su derecho (la única forma de impedirlo es evitando previamente que controle el marcador) y perder los nervios sólo agravará la situación. El jugador debe ser pragmático y centrarse sólo en lo que puede controlar y depende de él.

⑥ **A** Cadete de primer año (sub-15)
- Consciencia por parte del jugador de que comienza una etapa de fútbol diferente a las anteriores. A partir de este momento, existirá más contacto físico, más fuerza, y no valdrá sólo con el talento técnico. Éste será imprescindible, pero habrá que añadir otro tipo de recursos. Muchos jugadores que habían destacado positivamente hasta ahora pueden tener problemas si no logran adaptarse.
- Optimizar la capacidad del jugador de analizar personalmente en el terreno de juego al equipo rival y a sus jugadores, con el fin de ser consciente de sus características ofensivas, defensivas y de estrategia, y de tomar decisiones en función de ellas.
- Manejo de las reglas de juego por el jugador para, dentro de unos límites de comportamiento deportivo, obtener rendimiento en la competición. Enlazar con Reglas de juego.
- Toma de decisiones. Tener en cuenta las características de los compañeros en comparación con las de los rivales a la hora de tomar las decisiones dentro del campo: por ejemplo, orientar prioritariamente el juego ofensivo hacia un sector del campo en el que existe superioridad del equipo respecto al rival o estrechar la ayuda defensiva a un compañero que se enfrenta a un rival potencialmente superior en el uno contra uno.
- Falta táctica. Cuándo y cómo hacerla. Enlazar con Entrada.
- Contundencia. Rebajar el riesgo y minimizar los errores. Enlazar con Porteros + defensas (defensivo).
- Introducir al jugador en la importancia de tomar consciencia del 'momento' del partido, de sus características (minuto, resultado, grado de cansancio del equipo y del rival, expulsiones, etcétera), con el fin de tomar decisiones referentes al juego, que ayuden al equipo a obtener un resultado favorable. Por ejemplo: ralentizar un saque a balón para-

do porque el rival está dominando y creando peligro y es necesario tomar aire, acelerarlo porque ocurre todo lo contrario, provocar 1x1 contra rivales amonestados o manejar el ritmo de juego (alto o bajo) en función del tiempo y del marcador.
- Introducir al jugador en una mentalidad práctica e inteligente basada en reconocer y aceptar que el fútbol es un deporte muy complejo en el que entran en juego muchos factores deportivos y extradeportivos, como la casi inevitable presencia de errores por parte de los jugadores y de los árbitros o las artimañas psicológicas que puede usar el contrario para intentar 'sacarnos del partido'. A partir de ahí, con inteligencia y pragmatismo, el jugador debe orientar todas sus acciones, deportivas y extradeportivas, hacia el objetivo final del juego: conseguir la victoria. En este sentido, no tienen cabida:
  - Distracciones provocadas por piques personales con los jugadores o técnicos rivales.
  - Distracciones provocadas por posibles errores arbitrales.
  - Comportamientos egoístas que antepongan el lucimiento personal sobre el interés del equipo.
  - Reproches a los compañeros que no harán sino empeorar su rendimiento.
  - Mentalidades débiles que no sepan superar de forma inmediata los errores o los resultados adversos que se produzcan en el juego:
    - Los errores se analizan una vez terminado el partido. Durante el mismo, es vital la capacidad para eliminar de la cabeza los errores cometidos y así centrarse con garantías en la siguiente jugada.
    - El jugador dividirá siempre la evaluación de su rendimiento en al menos dos partes: la ofensiva y la defensiva. Si en uno de ellos no tiene su día, se centrará en optimizar su rendimiento en el otro.
- Jugadores amonestados. Gestión de las tarjetas amarillas. Conforme el jugador supera etapas de formación, las amonestaciones por parte de los colegiados son cada vez más frecuentes. Los futbolistas deberán aprender a desenvolverse en el terreno de juego con una tarjeta amarilla, algo que supone un matiz considerable respecto a no tenerla, puesto que deberán limitarse o extremar la precaución en varios aspectos como:
  - Realizar entradas y acciones defensivas en general que no impliquen riesgo de recibir una segunda tarjeta.

- Protestar al árbitro.
- Verse envuelto en disputas o tanganas con contrarios.
- Celebrar goles con comportamientos que el reglamento sanciona con amonestación.
- Perder tiempo en cualquier modalidad.
- Sacar jugadas a balón parado:
  - Porque, sin intención de perder tiempo, pueden terminar en amonestación por este motivo (por ejemplo, porque ningún compañero se desmarca en un saque de falta y el saque se retrasa más de la cuenta).
  - También puede ocurrir que se saque sin permiso del árbitro cuando un compañero había pedido distancia sin que el jugador le hubiera escuchado.
- Formar parte de las barreras en los tiros libres del contrario, puesto que si la barrera se adelanta en bloque, el jugador que recibe el pelotazo puede ser el cabeza de turco sancionado.
- Entrar al terreno de juego sin permiso del árbitro tras haber sido atendido.
- Retirarse del terreno de juego demasiado despacio a la hora de ser sustituido.
- Enlazar con Reglas de juego.

⑦ **A**   Cadete de segundo año (sub-16)

- Mentalidad ganadora. Optimizar la concepción del fútbol por parte del jugador como un juego que sólo se disfruta en su plenitud mediante la competición:
  - El jugador debe disfrutar compitiendo, en contextos en los que hay algo en juego para el ganador.
  - Dentro del terreno de juego, el jugador no debe ser conformista: debe esforzarse sin reservas para conseguir la victoria.
    - Siempre evaluará de forma individual su rendimiento en un partido, dividiéndolo al menos en dos partes: la ofensiva y la defensiva. Buscará una alta nota en las dos y no sólo en una de ellas.
  - Como norma, se celebrarán los objetivos finales conseguidos, no las victorias puntuales.
- Manejar la variable arbitral. En cada partido, el futbolista debe identificar lo más rápidamente posible el tipo de colegiado que tiene delante y actuar, siempre con inteligencia, en función ello. Por ejemplo:
  - ¿Árbitro dialogante o tarjetero?

- o ¿Pita en función de quien grita o realmente tiene un criterio definido?
- o ¿Hace caso de las protestas o no sirve de nada formularlas?
- o ¿Es permisivo con el fuera de juego o tiene el 'silbato rápido' cuando hay un balón en profundidad?
- o ¿Detiene el juego con facilidad (lo pita todo) o deja seguir (y es más permisivo)?
- o ¿Puedo adelantar el balón respecto al punto donde se ha cometido una falta o es escrupuloso en ese sentido y es mejor no enfadarle con este tipo de cosas?
- o ¿Cuál es la actitud del contrario respecto al árbitro? (Hay que intentar que el rival no gane la iniciativa en este sentido).
- Manejar la presión. Los ambientes de máxima tensión y en los que hay mucho en juego no deben ser hostiles para el futbolista, sino todo lo contrario: deben convertirse en los entornos en los que el jugador se sienta más cómodo. Enlazar con Nivel de activación.
- Gestionar correctamente los minutos clave de un partido. A lo largo de un encuentro, hay momentos puntuales que, de forma general, resultan especialmente peligroso para el equipo y que, por lo tanto, deben ser jugados siempre con una especial concentración.
    - o Por ejemplo:
        - Primeros y últimos minutos de cada tiempo.
        - Minutos posteriores a la consecución de un gol (a favor o en contra, dependiendo de lo que suponga para el marcador y la tendencia del partido).
        - Minutos posteriores a alguna circunstancia que reactive el partido a favor del rival cuando éste se mostraba plano (por ejemplo, una expulsión en nuestras filas o una clara ocasión a favor del contrario).
    - o El objetivo será que, consciente de su importancia, en lugar de dejarse sorprender por el rival, el equipo se crezca e incremente su agresividad y concentración en esos minutos clave, limitando mucho de esta forma las posibilidades de éxito del contrario.

⑧ **A** Juvenil de primer año (sub-17)
- Control personal de las faltas que se llevan cometidas, intentando medirlas en función del criterio que pueda tener el árbitro. El objetivo será evitar en la media de lo posible recibir tarjetas.
- Optimizar la capacidad del jugador para analizar y conocer el 'momento' del partido, sus características (minuto, resultado, grado de

cansancio del equipo y del rival, expulsiones, etcétera), con el fin de tomar decisiones referentes al juego, que ayuden al equipo a obtener un resultado favorable.
- Incidir especialmente en saber 'cerrar los partidos' en los minutos finales, con marcador favorable, ralentizando el ritmo de juego, evitando riesgos y procurando que ocurran pocas cosas, dejando morir el partido en definitiva.

⑨ **A**   Juvenil de segundo año (sub-18)
- Gestión personal de las tarjetas amarillas acumuladas en la competición oficial. Con un fin formativo y de aprendizaje para el futuro, se contabilizarán las amonestaciones y se impondrá algún tipo de sanción, independientemente de que la organización del campeonato realmente sancione con partidos de suspensión la acumulación de un determinado número de tarjetas amarillas.

① **A**   Juvenil de tercer año (sub-19)
- No hay objetivos nuevos en esta etapa.

6.7.2. Imagen y responsabilidad

⑩ **C**   Prebenjamín (sub-8)
- Responsabilidad. Introducir al jugador en un sistema organizado de preparación y cuidado del material. Los encargados son los responsables del material de entrenamiento en cada sesión y, en general, el grupo entero lo es durante todo el año.
- Puntualidad. Utilización de refuerzos positivos.
- Uniformidad. Utilización de refuerzos positivos.
- Organización del equipo:
  - Entrenamientos:
    - Todos los jugadores salen juntos del vestuario.
    - Todos los jugadores vuelven juntos al vestuario.
  - Partidos:
    - Durante el calentamiento y durante el descanso, definición de tareas para:
      - Jugadores titulares.
      - Jugadores suplentes.
      - Jugadores no convocados.
- Aspectos disciplinarios. Expulsiones no accidentales o no justificadas:
  - Sanciones económicas a los técnicos.
- Actitud de padres y aficionados:

- o Detectar y reportar posibles comportamientos conflictivos que afecten a la educación de los jugadores y a la imagen del equipo para, si procede llevar a cabo acciones que contribuyan a moderarlos.
- Relación con los otros actores del fútbol:
    - o Padres y público propio:
        - Introducción. No hacer caso a las indicaciones que lleguen desde la grada.
    - o Jugadores y cuerpo técnico contrario:
        - Saludar sistemáticamente a los rivales antes y después de los partidos.
    - o Árbitros:
        - Aprender a respetar todas las decisiones del árbitro. Si es preciso, se trata de un factor entrenable.

① B   Benjamín de primer año (sub-9)
- Responsabilidad. Introducir al jugador, mediante el refuerzo positivo, en la idea de que es él, y no sus padres, el responsable de obligaciones como:
    - o Preparar la mochila de entrenamiento y no olvidar nada.
    - o Atarse los cordones de las botas.
    - o Recordar las horas de convocatoria y las normas internas del equipo.
    - o Presentar las notas de clase.
- Concentraciones y convivencias:
    - o En una situación de este tipo, los jugadores no son niños individuales, sino que representan a miembros del club, por lo que su comportamiento debe ser diferente al que puedan desarrollar en su vida privada. Se les exige una mayor dosis de responsabilidad y de corrección en sus acciones y en su vocabulario, tanto en los espacios públicos, como privados.
- Utilización de los teléfonos móviles. Establecer normas y utilización de refuerzos positivos.
- Saber perder:
    - o El jugador deja de competir cuando el árbitro pita el final del partido. A partir de ese momento, hay que aceptar el resultado con deportividad. Enlazar con Saber competir.
    - o No llorar en el campo. Salir con la cabeza alta.
    - o Felicitar de forma sistemática a los rivales.

② **B**   Benjamín de segundo año (sub-10)
- Uniformidad. Utilización de sanciones deportivas.
- Saber ganar:
    - Respetar siempre al rival. En caso de superioridad extrema, evitar acciones del juego que puedan resultar ofensivas. La mejor forma de tratar con respeto al rival es jugar todo el partido al 100% de intensidad y lograr el mayor número de goles posible.

③ **B**   Alevín de primer año (sub-11)
- Responsabilidad. Utilización de sanciones deportivas:
    - Preparación y cuidado del material.
    - Es el jugador, y no sus padres, el responsable de obligaciones como:
        - Preparar la mochila de entrenamiento y no olvidar nada.
        - Recordar las horas de convocatoria y las normas internas del equipo.
        - Presentar las notas de clase.
- Deportividad:
    - Cuidar detalles como:
        - No intentar engañar al árbitro.
        - No sacar ventaja del juego con acciones antideportivas o similares, como la clásica acción de devolver en saque de banda al rival el balón que ha tirado fuera para que un jugador sea atendido y presionarle después.
        - Ceder en acciones sin importancia a corto plazo, pero que refuerzan la imagen de equipo limpio del club.

④ **B**   Alevín de segundo año (sub-12)
- Aspectos disciplinarios. Expulsiones no accidentales o no justificadas:
    - Sanciones deportivas a los jugadores.
- Lenguaje respetuoso al hablar con el árbitro y con los contrarios. Enlazar con Hábitos de comunicación.

⑤ **A**   Infantil de primer año (sub-13)
- No hay objetivos nuevos en esta etapa.

⑥ **A**   Infantil de segundo año (sub-14)
- Concentraciones y convivencias:
    - Utilización de sanciones deportivas.
- Relación con los otros actores del fútbol:
    - Jugadores y cuerpo técnico contrario:

- Máxima competitividad dentro del terreno de juego y máxima cordialidad fuera de él.
        - Árbitros:
            - Máxima cordialidad con el árbitro, una persona más, fuera del terreno de juego. Lo que haya pasado dentro, debe quedar ahí cuando el partido termina.
    - Saber ganar:
        - Evitar caer en la prepotencia, en cualquiera de sus manifestaciones.
        - Capacidad de autocrítica y de superación. Siempre hay algo que mejorar.
    - Saber perder:
        - Actuar en general del mismo modo que si se hubiera ganado.
        - Ser humilde y centrar la derrota sólo en los aspectos que sean responsabilidad directa del equipo y de cada jugador. Evitar centrarse en otros, aunque hayan sido evidentes.
    - Nuevas tecnologías. Redes sociales:
        - En las redes sociales, cuando la persona habla como jugador y no en un ámbito privado, los jugadores representan a miembros del club, por lo que el contenido y la forma de sus interacciones debe ser responsable y correcto, evitando juicios extremistas tanto sobre el equipo o sobre miembros del equipo, como sobre terceros.

⑦ **A**   Cadete de primer año (sub-15)
- Utilización de los teléfonos móviles. Establecer normas y utilización de sanciones deportivas.
- Puntualidad. Utilización de sanciones deportivas.
- Relación con los otros actores del fútbol:
    - Público contrario:
        - No interactuar nunca con la grada.
    - Árbitros y jugadores y cuerpo técnico contrarios:
        - Utilizar la interrelación con los rivales como un elemento más del juego. Como tal, debe ir encaminada al objetivo colectivo, que es ganar. Por lo tanto, la interrelación con los rivales no estará marcada ni por intereses personales ni por guerras particulares. Enlazar con Saber competir.
- Saber perder:
    - En las situaciones más emocionales e impulsivas, dirigirse rápidamente al vestuario sin realizar ningún gesto, ni positivo, ni negativo.

⑧ **A**   Cadete de segundo año (sub-16)
- No hay objetivos nuevos en esta etapa.

⑨ **A**   Juvenil de primer año (sub-17)
- No hay objetivos nuevos en esta etapa.

⊕ **A**   Juvenil de segundo año (sub-18) – Juvenil de tercer año (sub-19)
- Relación con la prensa, si procede. Enlazar con Hábitos de comunicación.
- Concentraciones y convivencias:
    o Utilización de sanciones económicas.
- Utilización de los teléfonos móviles. Establecer normas y utilización de sanciones económicas.
- Puntualidad. Utilización de sanciones económicas.
- Uniformidad. Utilización de sanciones económicas.
- Aspectos disciplinarios. Expulsiones no accidentales o no justificadas:
    o Sanciones económicas a los jugadores.

6.7.3. Hábitos de comunicación

⑩ **B**   Benjamín de primer año (sub-9)
- Cortar de raíz los reproches a los compañeros y las actitudes y comportamientos egoístas.
- Comunicación con los padres dentro del campo. No atender sus indicaciones: escuchar sólo al cuerpo técnico y a los compañeros. Enlazar con Imagen y responsabilidad y con Concentración.
- El portero debe ayudar, mediante la comunicación, que su defensa adelante su posición, manteniendo una distancia razonable respecto al centro del campo y al balón. Enlazar con Porteros (ofensivo).

① **B**   Benjamín de segundo año (sub-10)
- Fomentar y premiar el refuerzo positivo al compañero, como una fórmula de relación positiva entre amigos y como un objetivo pragmático, pues si un compañero ha fallado, lo mejor para el grupo es que no se venga abajo y que se recupere anímicamente para la siguiente acción en la que intervenga.
- Porteros. Contribuir a la organización, mediante la comunicación, de las vigilancias ofensivas. Enlazar con Porteros (ofensivo).
- Pautas básicas de comunicación interpersonal dentro del terreno de juego en situaciones favorables. Se trata de crear una dinámica de comunicación positiva dentro del grupo, sobre el terreno de juego, cuando las cosas van bien:

- Hablar dentro del campo es bueno y necesario:
    - Para colocarse y coordinarse.
    - Para mantener la tensión idónea y el factor anímico del grupo.
    - Para intercambiar información valiosa y optimizar el rendimiento del compañero.
- Hablar fuerte y claro.
- Hablar con educación.
- Fomentar los mensajes optimistas.
- Evitar los reproches y fomentar el refuerzo positivo.

② B   Alevín de primer año (sub-11)
- Porteros y centrales. Incidir en la comunicación dentro del área en la fase defensiva. Enlazar con Porteros + defensas (defensivo).
- Cómo pedir el balón al compañero: con sentido y de forma puntual, y no todos gritando a la vez. Hablar ayuda, pero es más importante moverse de forma correcta y pertinente. Enlazar con Movimiento sin balón.
- Palabras y expresiones que no permite el reglamento. Enlazar con Reglas de juego.
- Comunicación con el cuerpo técnico:
    - Por este orden: escuchar mucho, pensar y reflexionar, y, sólo si es necesario, hablar después.
    - Hablar al cuerpo técnico sin miedo, fuerte, claro y con educación.
    - No contestar de forma sistemática a las correcciones que el cuerpo técnico realice, especialmente en público.
    - Plantear siempre que sea necesario las inquietudes y necesidades al cuerpo técnico, pero en privado.

③ B   Alevín de segundo año (sub-12)
- Porteros. Optimizar la capacidad de contribuir, mediante la comunicación, a la fase ofensiva del equipo (la cual debe conocer bien). Enlazar con Porteros (ofensivo).
- Porteros y centrales. Optimizar la comunicación dentro del área en la fase defensiva. Enlazar con Porteros + defensas (defensivo).
- Pautas básicas de comunicación interpersonal en situaciones de crisis. Las pautas de comunicación desarrolladas durante los años anteriores son aplicadas a momentos de estrés, normalmente motivados por un

resultado desfavorable o por una situación de superioridad por parte del rival.
- Comunicación en la fase defensiva para organizar los marcajes cuando los jugadores cambian de una zona a otra diferente. Enlazar con Marcaje.
- Marcaje en jugadas a balón parado defensivas: protocolos de comunicación para la organización de las marcas. Enlazar con Marcaje (a balón parado).
- Comunicación con el árbitro y con el contrario: respeto y educación. Enlazar con Imagen y responsabilidad.

④ B   Infantil de primer año (sub-13)
- Comunicación de porteros y defensas con la línea de centrocampistas cuando la línea defensiva retrasa en bloque su posición, con el fin de contribuir a que se mantenga la distancia entre líneas vertical. Enlazar con Porteros + defensas (defensivo) y con Defensas + centrocampistas (defensivo).
- Facilitar al compañero información sobre la posición de los rivales cuando va a realizar un control: ¿está solo? ¿puede controlar? ¿puede girar? Enlazar con Control.

⑤ B   Infantil de segundo año (sub-14)
- Comunicación entre centrales y medios centro para organizar las marcas de los puntas y media puntas rivales. Enlazar con Defensas + centrocampistas (defensivo).

⑥ B   Cadete de primer año (sub-15)
- No hay objetivos nuevos en esta etapa.

⑦ B   Cadete de segundo año (sub-16)
- Presión. Hábitos de comunicación en el cambio de ritmo defensivo colectivo del equipo. Enlazar con Presión.

⑧ B   Juvenil de primer año (sub-17)
- No hay objetivos nuevos en esta etapa.

⑨ B   Juvenil de segundo año (sub-18)
- Si procede, pautas de comunicación para relacionarse con la prensa. Enlazar con Imagen y responsabilidad.

① B   Juvenil de tercer año (sub-19)
- No hay objetivos nuevos en esta etapa.

6.7.4. Concentración

(in) C   **Benjamín de primer año (sub-9)**
- Atención, comprensión y asimilación de los jugadores ante las explicaciones y enseñanzas del cuerpo técnico. Observar y detectar fortalezas y debilidades, individuales y colectivas, en este sentido. Buscar la mejora natural de estos conceptos, por la reiteración que conlleva la sucesión de los entrenamientos.
- Intensidad y duración. Grado de profundidad con que un jugador es capaz de concentrarse en una tarea y tiempo que es capaz de mantenerlo antes de distraerse. Observar y detectar fortalezas y debilidades, individuales y colectivas. Buscar la mejora natural, por la reiteración que conlleva la sucesión de los entrenamientos.
- Reforzar que, sobre el campo, que el jugador no preste atención ni a los padres, ni a la grada. Observación y orientación al jugador. Enlazar con Imagen y responsabilidad.

(in) C   **Benjamín de segundo año (sub-10)**
- No hay objetivos nuevos en esta etapa.

① B   **Alevín de primer año (sub-11)**
- El cuerpo técnico pasa de una actitud de observación a otra en la que transmite al jugador la necesidad de que los objetivos descritos se manifiesten de forma cotidiana.
- El nivel de concentración individual y colectivo exigido irá creciendo gradualmente durante los cuatro años siguientes, partiendo de un nivel muy elemental en Alevín de primer año (sub-11) y llegando a otro muy superior (siempre teniendo en cuenta las limitaciones que implica la edad) en Infantil de segundo año (sub-14).
- Exceso de concentración. Detección y tratamiento primario de los jugadores que alcanzan grados de concentración excesivos, con las consecuencias negativas que ello conlleva (por ejemplo, bloqueos emocionales, ansiedad o bajo rendimiento respecto a sus posibilidades reales).

② B   **Alevín de segundo año (sub-12)**
- No hay objetivos nuevos en esta etapa.
- Exigencia específica en el caso de los defensas y el portero. Enlazar con Porteros + defensas (defensivo).

③ **B**   Infantil de primer año (sub-13)
- Introducción de estrategias psicológicas específicas para optimizar los niveles de concentración individual y colectivo, como la visualización o la relajación.
- Enlazar con Nivel de activación.

④ **A**   Infantil de segundo año (sub-14)
- Máximo grado de exigencia de concentración (siempre teniendo en cuenta las limitaciones que implica la edad). Si se alcanza esa alta capacidad de concentración individual y colectiva, durante el próximo año la concentración podrá dejar de ser sólo un fin en sí misma y pasará a representar además una herramienta psicológica que permitirá al jugador alcanzar otros fines.

⑤ **B**   Cadete de primer año (sub-15)
- Evaluación de la capacidad de concentración individual y colectiva.
- Concentración en la tarea como herramienta psicológica. Si el nivel general lo permite (si no, esperaremos el momento adecuado), potenciaremos el concepto de concentración en la tarea, como una herramienta para conseguir una mayor efectividad en lo que hacemos: durante el tiempo que dura el ejercicio, me concentro en la tarea y rendiré más y aprenderé más; durante el tiempo que dura el entrenamiento, me concentro en las tareas y obtendré mayor provecho. Y sobre todo, si las circunstancias que me rodean son negativas (resultado, ambiente en contra, situación personal, juego violento por parte del rival...), la concentración en la tarea, aislándome conscientemente del contexto, me ayudará a sostener y mejorar mi rendimiento, sin dejar que éste se vea afectado por las connotaciones negativas del entorno.

⑥ **A**   Cadete de segundo año (sub-16)
- Vincular la concentración en la tarea con la autograduación del estrés que se está enseñando en relación con el nivel de activación.

⑦ **R**   Juvenil de primer año (sub-17) – Juvenil de tercer año (sub-19)
- Rendimiento. La concentración en la tarea se focaliza directamente a generar rendimiento en la competición.

6.7.5. Nivel de activación

(in) C   Benjamín de primer año (sub-9)
- Guiado y regulado por el cuerpo técnico.

(in) C   Benjamín de segundo año (sub-10)
- Guiado y regulado por el cuerpo técnico.

(in) C   Alevín de primer año (sub-11)
- Guiado y regulado por el cuerpo técnico.
- Exceso de nivel de activación individual. Detección y tratamiento precoz de los jugadores con un nivel de activación excesivo (por motivación o por estrés) y que, como consecuencia, ven mermado su rendimiento sobre el terreno de juego.

① B   Alevín de segundo año (sub-12)
- No hay objetivos nuevos en esta etapa.

② B   Infantil de primer año (sub-13)
- Nivel de activación individual. Mientras el nivel de activación colectivo continúa siendo guiado y regulado por el cuerpo técnico, introducimos al jugador en el concepto de su nivel de activación individual: que tome consciencia de él, que sepa medirlo. Será la base para enseñarle en posteriores etapas a regularlo por sí mismo y a optimizarlo.
    o Nivel de motivación.
    o Nivel de autoconfianza.
    o Nivel de estrés.

③ B   Infantil de segundo año (sub-14)
- Nivel de activación colectivo, guiado y regulado por el cuerpo técnico.
- Motivación del jugador:
    o Establecimiento y consciencia de sus objetivos, como individuo. Objetivos:
        - Individuales.
        - Colectivos.
        - A largo, a medio y a corto plazo.
    o Asesoramiento al jugador para la gestión por sí mismo de desviaciones en su grado de motivación:
        - Por exceso.

- Por defecto.

④ **B**   Cadete de primer año (sub-15)
- Nivel de activación colectivo, guiado y regulado por el cuerpo técnico.
- Autoconfianza del jugador:
  - Asesoramiento al jugador para la gestión por sí mismo de desviaciones en su grado de autoconfianza:
    - Por exceso.
    - Por defecto.

⑤ **A**   Cadete de segundo año (sub-16)
- Estrés del jugador:
  - Asesoramiento al jugador para la gestión por sí mismo de desviaciones en su grado de autoconfianza:
    - Por exceso.
    - Por defecto.
  - Enlazar con Saber competir.
- Combinar el liderazgo del cuerpo técnico guiando y graduando el nivel de activación colectivo, con el papel activo del jugador, evaluando y graduando su nivel de activación individual.

⑥ **A**   Juvenil de primer año (sub-17)
- No hay objetivos nuevos en esta etapa.

⑦ **A**   Juvenil de segundo año (sub-18)
- No hay objetivos nuevos en esta etapa.

⑧ **A**   Juvenil de tercer año (sub-19)
- No hay objetivos nuevos en esta etapa.

6.7.6. Compatibilidad escolar

El tiempo que el jugador emplea al deporte resta dedicación a la actividad escolar. Como norma, hay tiempo para todo y el niño o adolescente que se organiza, puede dedicar tiempo suficiente para estudiar. Quien decide jugar al fútbol o a cualquier deporte debe entender que se trata de una elección que implica un sacrificio y un esfuerzo añadido respecto a los otros compañeros de clase que no tienen este tipo de actividades extraescolares tan exigentes. Encontrar el tiempo suficiente para estudiar es una responsabilidad de quien realmente disfruta con el deporte y no quiere renunciar a él.

Como medida educativa y para evitar que, ante las malas notas de aquellos niños que no consiguen compatibilizar la vida escolar y la deportiva, los padres opten por privar al chico de la segunda, debemos tomar la iniciativa e involucrarnos activamente pidiendo al jugador las calificaciones escolares periódicamente e imponiendo sanciones deportivas a los futbolistas cuyo rendimiento académico sea deficiente. Asimismo, es necesario dar facilidades cuando el niño, de forma excepcional lo requiera (el clásico "tengo un examen importante y no puedo venir a entrenar").

Estas normas generales estarán matizadas por la edad del niño y por el nivel de profesionalismo de cada club, que determinará el grado de compromiso que asumen y que se exige a los jugadores.

ⓘ C   Prebenjamín (sub-8)
- Como medida introductoria, solicitar al jugador las calificaciones escolares de forma periódica.
- Realizar comentarios de estas calificaciones, fundamentalmente como refuerzo positivo.

① C   Benjamín de primer año (sub-9)
- No hay objetivos nuevos en esta etapa.

② B   Benjamín de segundo año (sub-10)
- No hay objetivos nuevos en esta etapa.

③ B   Alevín de primer año (sub-11)
- Adoptar, de acuerdo con las normas del club y en coordinación con los padres, sanciones deportivas en el caso de que el rendimiento escolar del alumno sea negativo. El objetivo es trasladar la responsabilidad al niño para que organice y aproveche su tiempo de estudio.
- Como norma general, el jugador no puede faltar a entrenar por motivos de estudios. Debe ser capaz de organizar sus tareas y de programar su tiempo de estudio con antelación. De forma excepcional, si lo requiere, el jugador tendrá facilidades para faltar a entrenar por motivos de estudios.

④ B   Alevín de segundo año (sub-12)
- No hay objetivos nuevos en esta etapa.

⑤ **A**   Infantil de primer año (sub-13)
- No hay objetivos nuevos en esta etapa.

⑥ **A**   Infantil de segundo año (sub-14)
- No hay objetivos nuevos en esta etapa.

⑦ **A**   Cadete de primer año (sub-15)
- No hay objetivos nuevos en esta etapa.

⑧ **A**   Cadete de segundo año (sub-16)
- No hay objetivos nuevos en esta etapa.

⑨ **B**   Juvenil de primer año (sub-17)
- Control y evaluación de las calificaciones escolares implicando directamente al jugador. Los padres no intervienen ya en este proceso. Asesoramiento al jugador, sin imposiciones ni sanciones, como una forma de preparación para la etapa posterior.
- Como norma general, el jugador no puede faltar a entrenar por motivos de estudios. Debe ser capaz de organizar sus tareas y de programar su tiempo de estudio con antelación. De forma excepcional, si lo requiere, el jugador tendrá facilidades para faltar a entrenar por motivos de estudios.

① **C**   Juvenil de segundo año (sub-18)
- Los estudios son ya una responsabilidad exclusiva del jugador. No se pedirán las calificaciones escolares y la justificación de estudios para faltar a entrenar será equiparable a cualquier otra.

① **C**   Juvenil de tercer año (sub-19)
- No hay objetivos nuevos en esta etapa.

7. EPÍLOGOS

7.1. PROPUESTA DE ENTRENAMIENTO TÁCTICO PARA MEJORAR LA VELOCIDAD EN EL JUEGO OFENSIVO

Sea cual sea el estilo de juego ofensivo de un equipo, manifestar el principio de velocidad en el mismo es un requisito siempre necesario, sobre todo en las zonas de creación y finalización. Recordemos que velocidad es la suma de rapidez y precisión, por lo que nunca se puede confundir velocidad con prisas y precipitación.

La velocidad en el juego ofensivo es básicamente el resultado de combinar con éxito otros dos principios ofensivos –movimientos sin balón y ritmo de juego– además de la imprescindible precisión en la ejecución técnica.

La velocidad en el juego ofensivo no tiene sentido en sí misma en el juego real si no se combina con otros principios tácticos, como la profundidad o la orientación, pero puede ser entrenada de forma específica e independiente para optimizar su mejora.

Plantearemos a continuación una propuesta de tareas de entrenamiento, repartidas a lo largo de tres sesiones, cuyo objetivo principal es potenciar la manifestación del principio de velocidad en el juego ofensivo del equipo.

SESIÓN 1

1. Posesión de cero a tres. Tareas de posesión en las que, de forma evolutiva, se establecen restricciones y objetivos, con el fin de aplicar en cada fase lo asimilado en la anterior. En realidad, introducimos una norma restrictiva que permite manifestar y asimilar un principio táctico. En la siguiente fase, se retira la norma (y se pone otra), pero se incentiva seguir manifestando el principio táctico asimilado por convicción, no por obligación.

TAREA 1.1.
Descripción:
- 6x6 en un espacio de 25x25 metros.
Normas:
- El balón se pasa con las manos y el poseedor no puede desplazarse.

- El equipo que suma veinte pases consecutivos suma un punto y sigue en posesión del balón.

Objetivos:

Este juego, utilizado muchas veces con un fin eminentemente lúdico, es un medio muy interesante para entrenar de forma natural un estilo de juego ofensivo basado en los pases y no en las conducciones.

Además, la propia dinámica del ejercicio fomenta la manifestación de las siguientes premisas:

- Tocar y moverse (incentiva las paredes)
- Generar líneas de pase constantes respecto al poseedor del balón (puesto que no puede moverse), mediante movimientos sin balón (apoyos, desmarques y gestión de espacios libres).
- Pasar el balón al primer compañero que ofrece un buen apoyo (no esperar al 'pase perfecto', reteniendo el balón). La meta (sumar pases) hace que lo importante sea soltar el balón y no retenerlo (ahora, lo importante es eso; luego, más adelante, tendremos tiempo de matizarlo para no jugar a lo loco).

GRÁFICO 171

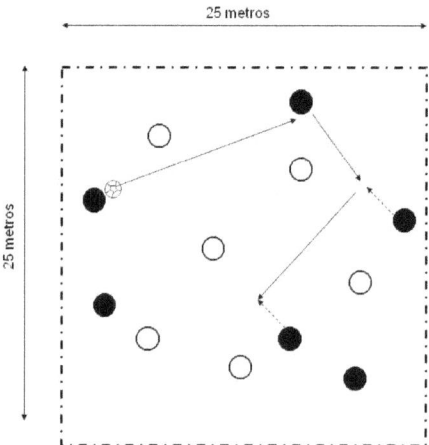

TAREA 1.2.

Descripción:
- 4x4+4 comodines ofensivos exteriores en un espacio de 20x20 metros.

Normas:
- Dos toques para los jugadores interiores y un toque para los comodines exteriores.

- A lo largo del ejercicio, se establecen metas como, por ejemplo, enlazar 8 pases de forma consecutiva, sumar 5 pases pero contando sólo los que se realizan al primer toque o realizar 3 paredes en total.
- El equipo que completa el reto en cuestión elige entre continuar en el centro (rey de la pista) o descansar en el exterior (es muy recomendable esta dinámica competitiva entre tres equipos ya que mantiene la concentración y la motivación constantes).

Objetivos:
Trasladamos del juego 1.1 los siguientes objetivos:
- Pasar en lugar de conducir
- Tocar y moverse
- Ofrecer líneas de pase constantes al poseedor del balón
- Pasar el balón al primer compañero que ofrece una línea de pase válida, sin esperar al 'pase perfecto'.

Se trata de jugar como si todavía usáramos las manos y las normas del ejercicio anterior, pero ahora con los pies.

Además, añadimos un nuevo objetivo que viene dado (obligado) por las normas del ejercicio:
- Jugar a uno o dos toques

GRÁFICO 172

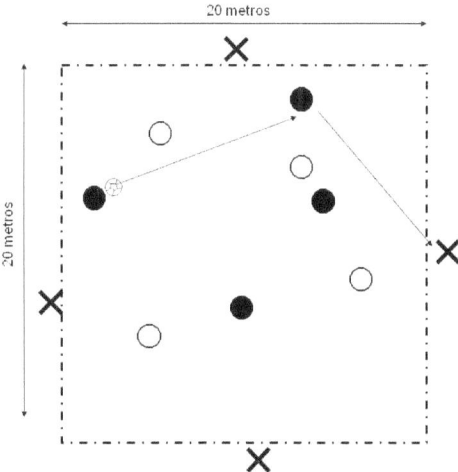

TAREA 1.3.
Descripción y normas:
- Mismo juego (1.2), con toques libres para todos los jugadores.
- Mantener la dinámica competitiva entre los tres equipos.

Objetivos:
Se persiguen los mismos objetivos que en los ejercicios anteriores, pero ahora no existen ni normas ni restricciones. Se trata de que el jugador los lleve a cabo por convicción y hábito, no por obligación:
- Pasar en lugar de conducir (ahora ninguna norma le impide conducir y regatear, por lo que cada jugador deberá tomar decisiones y discernir cuándo procede una excepción y cuándo no).
- Jugar a uno o dos toques
- Tocar y moverse (seguir fomentando las paredes)
- Ofrecer líneas de pase constantes al poseedor del balón
- Pasar el balón al primer compañero que ofrece una línea de pase válida, sin esperar al 'pase perfecto'.

SESIÓN 2
Juego de fútbol de cero a tres.
Se repite la misma dinámica que en la sesión 1 (mano, limitación de toques y toques libres) para primero asimilar por obligación ciertos principios y manifestarlos después por convicción, cuando la norma restrictiva ya no existe.
Con la mano, se repite el ejercicio 1.1 del día 1, pero con el pie se utiliza el siguiente ejercicio:
Descripción:
- 4x4+4 comodines ofensivos exteriores en un espacio de 20x20 metros.
- Cuatro porterías pequeñas, cada una a 8 metros en diagonal de cada esquina.

Normas:
- Dos toques para los jugadores interiores y un toque para los comodines exteriores.
- El ejercicio se divide en dos fases. En la primera, se juega igual que en 1.2 del día 1. Cuando un equipo alcanza la meta propuesta (por ejemplo, 8 pases consecutivos), se pasa a la fase 2: las cuatro porterías exteriores 'se abren' y el equipo poseedor debe anotar en cualquiera de ellas (tirando desde dentro del 20x20) para elegir entre continuar en el centro o descansar en el exterior.
- Al cabo de unos minutos (por ejemplo, 15), se juega con toques libres.

Objetivos principales:
- Se mantienen los mismos 5 objetivos descritos en la sesión 1 y se trasladan al siguiente ejercicio conforme se alteran las normas.

- Nos centramos por lo tanto en la velocidad del juego (rapidez y precisión), en el 'cómo' se mueve el balón.
Objetivos secundarios:
- Introducimos de forma secundaria el factor de la orientación del juego (a través de las porterías), que nos permitirá incidir también en algunos principios relacionados con el 'dónde' se mueve el balón.
GRÁFICO 173

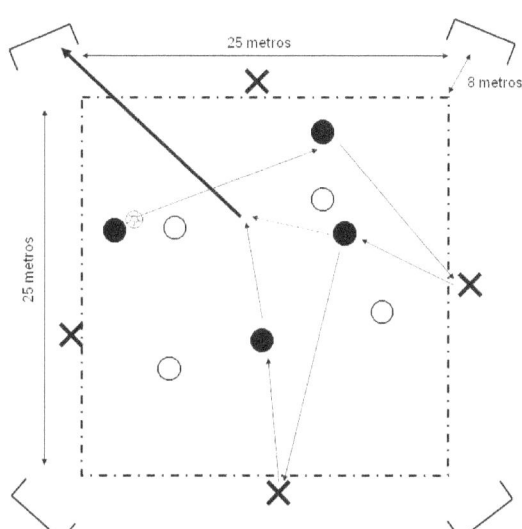

SESIÓN 3
Partido de cero a tres.
De nuevo, utilizamos la dinámica mano-limitación de toques-libre de los días anteriores, pero en esta oportunidad utilizamos desde el inicio un campo rectangular con porterías, que permite combinar plenamente los principios relativos a la orientación del juego con los de velocidad que hemos estado ensayando.

Descripción:
- 8x8 (ambos equipos con un sistema 1-3-3-1) en un campo de 60x40 metros (mitad de un campo de fútbol-11), con porterías grandes.

Normas:
Partido con las normas habituales de fútbol, excepto las que siguen a continuación:
- Durante los minutos iniciales (por ejemplo, los 10 primeros), se juega con la mano (mismas normas que en el ejercicio 1.1 del día 1) y se anota el gol con la cabeza.
- El siguiente paso, como en los días anteriores será jugar con los pies, limitando los toques (dos por jugador).

- Por último, se juega libre.

Objetivos principales:
- La secuencia de los cinco objetivos, según se juegue con la mano, con toques limitados o libre, será la misma que la de la primera y la segunda sesión.
- En cada ejercicio eliminamos una norma o restricción, pero mantenemos los objetivos de juego que aquélla perseguía (para desarrollarlos por convicción y no por obligación).
- La existencia de zonas de finalización y de porterías hace todavía más interesante la toma de decisiones por parte del jugador sobre cuándo regatear y cuándo pasar (el regate es un tesoro escaso en el fútbol y no se trata en ningún caso de coartarlo).

Objetivos secundarios:
- Los objetivos relativos a la velocidad de juego ofensivo se integran en este ejercicio con los de orientación del juego.
- Por ejemplo: el toque de cara, la profundidad, la amplitud o los cambios de orientación (son muy interesantes en este sentido las posibilidades que ofrece el juego con la mano para asimilar estos conceptos y combinarlos con el principio de velocidad).

GRÁFICO 174

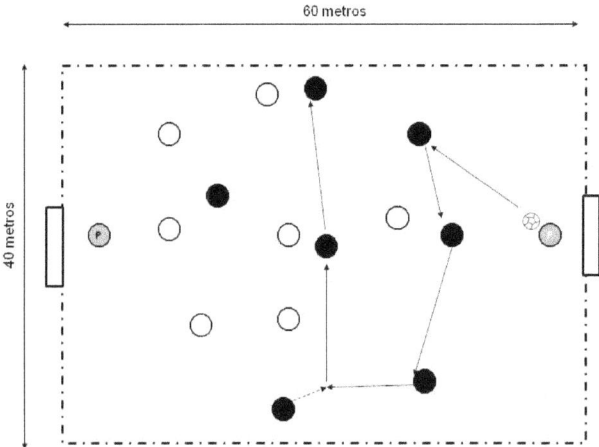

Sugerencia:

Si queremos entrenar plenamente la velocidad en el juego ofensivo, el técnico debe concienciarse para priorizar este concepto por encima de otros. Por ejemplo, durante los ejercicios propuestos para el tercer día, al tratarse de un partido de 8x8, se manifestarán muchos conceptos del juego, como la iniciación del mismo o todo el bloque de principios defensivos que manejemos.

Con seguridad, habrá errores que corregir e incluso es posible que el entrenamiento de la velocidad ofensiva los agrave.

Por esto, es necesario ser conscientes de que el objetivo principal es manifestar adecuadamente la velocidad en el juego y tal vez no sea el momento de parar el partido para corregir una incorrecta posición del lateral, una mala presión sobre el poseedor o una mala iniciación por parte de la defensa. El juego será más libre, más primario.

La velocidad ofensiva es un principio táctico muy valioso y al mismo tiempo básico y simple, al que merece la pena dedicar tiempo exclusivo y sobre el que es fácil construir después con mejores cimientos la estructura táctica del equipo y matizar otros conceptos más complejos.

7.2. EL TÉCNICO DE FÚTBOL BASE, ¿UN ENTRENADOR DE RENDIMIENTO FRUSTRADO?

Los entrenadores podemos ser los mejores aliados del fútbol base o sus mayores enemigos. Todo dependerá de hasta qué punto el técnico sea consciente del tipo de equipo de fútbol que está entrenando – social, formativo o rendimiento – y de su capacidad y voluntad para entender y responder a las necesidades de cada uno de ellos. Cuando el entrenador pierde esta referencia, se desvía paulatinamente del camino que demanda su grupo para acabar incluso restándole más de lo que suma.

Centrándonos en los conceptos 'fútbol formativo' y 'fútbol de rendimiento', las siguientes gráficas son una propuesta de cómo se combinan ambos factores a lo largo de los años de formación de un futbolista.

GRÁFICO 175

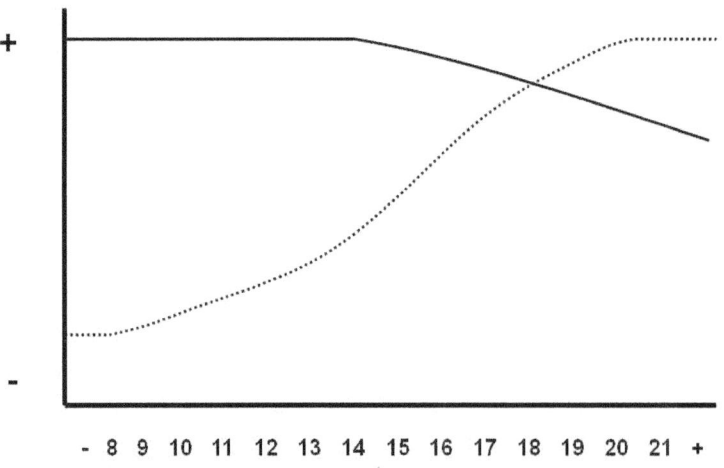

Gráficos extraídos de Ferrer, Nacho (2012). *Fútbol: El entrenador de éxito*. Sevilla, Wanceulen Editorial Deportiva.

De entrada, todos los técnicos tenemos un esquema similar a éste en la cabeza y sabemos que en las categorías de base es preferible que los jugadores aprendan y mejoren, al margen del resultado, mientras que sólo en otras etapas mucho más maduras el objetivo clasificatorio es el principal. La competición en estas edades debería ser un medio, no un fin. Lo sabemos.

¿Por qué entonces encontramos en las primeras edades elementos de puro rendimiento? Es fácil imaginar ejemplos: planificaciones de alevines a corto plazo, basadas en el rival del sábado, en lugar de planificaciones a largo plazo con objetivos anuales; planteamientos tácticos de infantiles que enseñan al futbolista a jugar en función del rival antes de haber asimilado suficientemente los conceptos generales de este deporte; horas de entrenamiento en benjamines dedicadas a las jugadas de estrategia con el fin principal de generar rendimiento...

La respuesta la encontramos en el pasado como jugador del entrenador, en sus aspiraciones personales y en su perfil como técnico:

Si el entrenador toma su experiencia como jugador para dirigir un grupo de alevines o de infantiles, deberá hacer un esfuerzo enorme por adaptarla a un contexto totalmente diferente de formación. Como jugador, las sesiones estaban enfocadas a hacer frente de la mejor forma posible al rival del domingo siguiente. Ahora, las prioridades son otras. El ex futbolista que comienza a entrenar en la élite competitiva lo tiene muchísimo más fácil que el que lo hace en una edad de formación. Entrenar (bien) en etapas formativas no es nada fácil.

En cuanto a las aspiraciones personales y al perfil como técnico, entramos en el terreno de la voluntad, de lo que el técnico realmente quiere, de lo que le gusta y le apasiona. Vocacionalmente, ¿soy un entrenador de formación o un entrenador de rendimiento? Es una pregunta muy sencilla a la que, según mi experiencia, la mayoría responde eligiendo la segunda opción. Nos gusta competir, nos apasiona sacar rendimiento a un grupo. ¿Estamos por lo tanto en el fútbol de formación sólo porque no nos queda más remedio, porque es un medio para llegar al fútbol de rendimiento?

Es una mala noticia para la formación de futbolistas, ámbito donde se requiere técnicos con pasión y con talento para ese tipo de fútbol tan específico y donde se suele decir que deberían estar los mejores entrenadores porque es la fase más importante para la buena salud del fútbol de un país. Pero resulta que la mayoría está sólo de paso porque quiere progresar, quiere entrenar jugadores más mayores, si no adultos, y mientras espera, trata a los alevines y a los infantiles como a profesionales.

No ayuda en absoluto el hecho de que normalmente en la base se cobre menos que en edades mayores y que sea casi imposible ser profesional del fútbol trabajando como técnico de formación. Tal vez si el entrenador de base fuera más reconocido en todos los aspectos, algunas voluntades enfocadas al rendimiento reconsiderarían su vocación.

Lo ideal para el fútbol de cualquier país sería contar con entrenadores especializados, por conocimiento y por vocación, en el fútbol base. Entrenadores que quisieran pasar toda su vida entrenando a los pequeños, porque es lo que les apasiona, aprendiendo, mejorando y perfeccionándose a sí mismos temporada tras temporada. En pocos años, serían especialistas en esas edades. Ahora mismo, en España los hay, y muy buenos, pero son muy pocos. Necesitamos más, muchos más. En realidad, necesitamos más técnicos de base que de rendimiento por una cuestión puramente numérica.

Como conseguir esto parece una utopía, para ser pragmáticos, podemos empezar simplemente por apelar a nuestra responsabilidad como técnicos. Por ejemplo:

Imaginemos que queremos llegar a entrenar en Tercera División como mínimo, pero ahora mismo somos técnicos de un equipo infantil de segundo año. No podemos tratar al grupo como lo que no es (no son futbolistas adultos ni profesionales), por lo que respetemos su edad, sus necesidades de aprendizaje (de acuerdo con la gráfica de la parte superior) y, cuando al final de la temporada nos feliciten por nuestro buen trabajo y nos pregunten qué equipo queremos entrenar en el club, diremos que algo más enfocado al rendimiento. Mientras que eso se convierte en realidad, seamos pacientes, disfrutemos todo lo posible del fútbol de formación (igual hasta termina enganchándonos) y no pongamos nuestros intereses personales por encima del sentido común y del bien de los 20 jóvenes jugadores de una plantilla.

El fútbol formativo es apasionante e incluso más gratificante que el de rendimiento, que es más oscuro de lo que parece a simple vista. A pesar de ser adictivo, el fútbol de rendimiento genera canas. El formativo rejuvenece.

Muchos futbolistas profesionales escogen a algún entrenador de su etapa de formación cuando se les pregunta por el técnico que más les ha marcado en su carrera. Y los motivos que suelen dar son dos: con él aprendieron y con él disfrutaron como nunca del fútbol. Para ellos, estos técnicos, más que entrenadores, fueron maestros.

8. ÍNDICE DE GRÁFICOS

GRÁFICO 001	20
GRÁFICO 002	202
GRÁFICO 003	202
GRÁFICO 004	203
GRÁFICO 005	203
GRÁFICO 006	204
GRÁFICO 007	204
GRÁFICO 008	205
GRÁFICO 009	207
GRÁFICO 010	208
GRÁFICO 011	209
GRÁFICO 012	210
GRÁFICO 013	211
GRÁFICO 014	212
GRÁFICO 015	213
GRÁFICO 016	214
GRÁFICO 017	215
GRÁFICO 018	218
GRÁFICO 019	220
GRÁFICO 020	222
GRÁFICO 021	273
GRÁFICO 022	275
GRÁFICO 023	165
GRÁFICO 024	166
GRÁFICO 025	167
GRÁFICO 026	168
GRÁFICO 027	169
GRÁFICO 028	170
GRÁFICO 029	171
GRÁFICO 030	172
GRÁFICO 031	173
GRÁFICO 032	64
GRÁFICO 033	65
GRÁFICO 034	66
GRÁFICO 035	49
GRÁFICO 036	50
GRÁFICO 037	50
GRÁFICO 038	51
GRÁFICO 039	53

GRÁFICO 040	268
GRÁFICO 041	270
GRÁFICO 042	271
GRÁFICO 043	272
GRÁFICO 044	70
GRÁFICO 045	71
GRÁFICO 046	71
GRÁFICO 047	277
GRÁFICO 048	279
GRÁFICO 049	280
GRÁFICO 050	176
GRÁFICO 051	179
GRÁFICO 052	180
GRÁFICO 053	180
GRÁFICO 054	181
GRÁFICO 055	183
GRÁFICO 056	184
GRÁFICO 057	193
GRÁFICO 058	187
GRÁFICO 059	130
GRÁFICO 060	131
GRÁFICO 061	133
GRÁFICO 062	133
GRÁFICO 063	134
GRÁFICO 064	135
GRÁFICO 065	135
GRÁFICO 066	136
GRÁFICO 067	137
GRÁFICO 068	138
GRÁFICO 069	139
GRÁFICO 070	140
GRÁFICO 071	141
GRÁFICO 072	141
GRÁFICO 073	109
GRÁFICO 074	110
GRÁFICO 075	110
GRÁFICO 076	111
GRÁFICO 077	111
GRÁFICO 078	112
GRÁFICO 079	113
GRÁFICO 080	114
GRÁFICO 081	115
GRÁFICO 082	116
GRÁFICO 083	117
GRÁFICO 084	117

GRÁFICO 085	118
GRÁFICO 086	119
GRÁFICO 087	120
GRÁFICO 088	120
GRÁFICO 089	121
GRÁFICO 090	122
GRÁFICO 091	122
GRÁFICO 092	124
GRÁFICO 093	126
GRÁFICO 094	244
GRÁFICO 095	244
GRÁFICO 096	247
GRÁFICO 097	247
GRÁFICO 098	248
GRÁFICO 099	42
GRÁFICO 100	43
GRÁFICO 101	80
GRÁFICO 102	81
GRÁFICO 103	82
GRÁFICO 104	84
GRÁFICO 105	86
GRÁFICO 106	88
GRÁFICO 107	89
GRÁFICO 108	90
GRÁFICO 109	90
GRÁFICO 110	91
GRÁFICO 111	92
GRÁFICO 112	94
GRÁFICO 113	94
GRÁFICO 114	95
GRÁFICO 115	96
GRÁFICO 116	98
GRÁFICO 117	46
GRÁFICO 118	157
GRÁFICO 119	252
GRÁFICO 120	253
GRÁFICO 121	254
GRÁFICO 122	255
GRÁFICO 123	256
GRÁFICO 124	259
GRÁFICO 125	260
GRÁFICO 126	261
GRÁFICO 127	263
GRÁFICO 128	265
GRÁFICO 129	266
GRÁFICO 130	159

GRÁFICO 131	160
GRÁFICO 132	160
GRÁFICO 133	161
GRÁFICO 134	162
GRÁFICO 135	162
GRÁFICO 136	228
GRÁFICO 137	229
GRÁFICO 138	231
GRÁFICO 139	232
GRÁFICO 140	234
GRÁFICO 141	74
GRÁFICO 142	75
GRÁFICO 143	76
GRÁFICO 144	77
GRÁFICO 145	194
GRÁFICO 146	195
GRÁFICO 147	196
GRÁFICO 148	197
GRÁFICO 149	198
GRÁFICO 150	200
GRÁFICO 151	298
GRÁFICO 152	299
GRÁFICO 153	288
GRÁFICO 154	303
GRÁFICO 155	304
GRÁFICO 156	307
GRÁFICO 157	291
GRÁFICO 158	238
GRÁFICO 159	239
GRÁFICO 160	241
GRÁFICO 161	242
GRÁFICO 162	144
GRÁFICO 163	146
GRÁFICO 164	147
GRÁFICO 165	148
GRÁFICO 166	149
GRÁFICO 167	151
GRÁFICO 168	152
GRÁFICO 169	153
GRÁFICO 170	154
GRÁFICO 171	344
GRÁFICO 172	345
GRÁFICO 173	347
GRÁFICO 174	348
GRÁFICO 175	350

www.ingramcontent.com/pod-product-compliance
Lightning Source LLC
Chambersburg PA
CBHW080542230426
43663CB00015B/2673